企业刑事合规与风险防控全流程

伍志坚 邢 鑫 黄明建 主编

法律出版社
LAW PRESS·CHINA
北京

图书在版编目(CIP)数据

企业刑事合规与风险防控全流程 / 伍志坚，邢鑫，黄明建主编. -- 北京 : 法律出版社，2023
ISBN 978 - 7 - 5197 - 7747 - 0

Ⅰ. ①企… Ⅱ. ①伍… ②邢… ③黄… Ⅲ. ①企业法 - 研究 - 中国②企业 - 刑事犯罪 - 风险管理 - 研究 - 中国 Ⅳ. ①D922.291.914②D924.114

中国国家版本馆 CIP 数据核字(2023)第 054202 号

企业刑事合规与风险防控全流程
QIYE XINGSHI HEGUI YU FENGXIAN FANGKONG QUANLIUCHENG

伍志坚 邢 鑫 黄明建 主编

策划编辑 林 蕊 周 洁
责任编辑 林 蕊 周 洁
装帧设计 汪奇峰

出版发行 法律出版社
编辑统筹 司法实务出版分社
责任校对 王晓萍
责任印制 胡晓雅
经 销 新华书店

开本 710 毫米 × 1000 毫米 1/16
印张 22.5 **字数** 436 千
版本 2023 年 4 月第 1 版
印次 2023 年 4 月第 1 次印刷
印刷 三河市兴达印务有限公司

地址:北京市丰台区莲花池西里 7 号(100073)
网址:www.lawpress.com.cn
投稿邮箱:info@lawpress.com.cn
举报盗版邮箱:jbwq@lawpress.com.cn

销售电话:010 - 83938349
客服电话:010 - 83938350
咨询电话:010 - 63939796

书号:ISBN 978 - 7 - 5197 - 7747 - 0
定价:81.00 元

凡购买本社图书,如有印装错误,我社负责退换。电话:010 - 83938349

本书编委会

序言一

“转型决定生存,风险决定取舍,合规决定未来”。企业合规是近年来的热门话题,也是当前法律市场兴起的一项新型业务,吸引了不少企业管理者、法律服务工作者的关注。

有关企业刑事合规的问题更受企业关注。究其原因,主要有两点:一是源于企业对刑事法律风险的“未知”;二是刑事法律后果的“严重性”,这些都会激发企业管理者的好奇心,并促使其更为关注自身业务发展过程中可能触及的刑事法律风险,从而想方设法避免刑事法律风险,以免遭受严厉的刑事处罚,影响企业正常经营。

但是,企业应如何“想方设法避免刑事风险”?如何建立足以抵御刑事风险的合规防控机制?这些问题对于一般的企业界人士来说,往往会一筹莫展、无计可施。而本书的出版,或许能在一定程度上帮助企业经营管理人员找到方向和方法。

为了方便企业经营管理人员对刑事合规与风险防控有比较全面的了解,在内容选择和章节编排方面,本书除对企业常见刑事法律风险防控进行介绍之外,还专辟“刑事合规概述”一章,对刑事合规的定义、目的、涉案企业合规第三方监督评估机制、涉案企业合规整改以及企业涉案前合规管理体系建设等内容进行专门介绍。这样,本书的内容就涵盖了刑事风险防控事前、事中、事后各个阶段,既有刑事风险防控的实体内容,也有刑事风险防控的程序。

在具体介绍企业常见刑事法律风险及其防控时,本书从纵向与横向两个维度出发构建防控网络:首先,按企业设立环节、经营环节、注销环节进行“纵向”编排,刑事风险防控涵盖企业从出生(设立)到死亡(注销)的全过程;其次,按企业经营管理的领域进行“横向”编排,刑事风险防控涵盖劳动用工、财务会计、税收征缴、安全生产、产品质量、知识产权、广告宣传、合同管理、公平交易、企业融资、资本市场、环境保护、土地管理、海关监管、商业贿赂、职务廉洁、妨碍司法等各个领域和方面。通过纵向与横向结合,力求编织严密的企业常见刑事法律风险防控网络,让企业和企业家少走弯路、避免误入歧途。

为了增强本书内容的实务性、可操作性，本书除对刑事合规、刑事法律风险防控的一些基础理论进行介绍之外，主要是采用"典型案例"分析的方式进行场景式介绍，将法律规定、法律风险融入案例中，便于企业经营管理人员对相关刑事法律风险有更直观、更感性的认识，同时，本书还辅以"风险防控指南""律师评析"等专栏，针对可能出现的刑事风险，提出比较明确的、具有可操作性的风险防控建议和指引，以期对企业经营管理人员有更直接的帮助。

另外，本书还梳理、总结了涉案企业合规第三方监督评估机制的相关理论与实践成果，为企业管理者与相关法律服务工作者提供多元化的合规视角，全面了解我国刑事合规改革从试点到推开、从初级阶段到现阶段的发展历程。

衷心希望本书可以为企业开展刑事合规与风险防控工作提供有价值的参考，起到一定的指引作用，从而为实现依法治企，助力企业行稳致远而略尽绵薄之力。同时，也预祝广大读者们能从本书中汲取营养，受到启发，获得灵感。

诚然，企业刑事合规与风险防控过程中涉及的法律问题纷繁复杂，囿于篇幅和能力所限，本书只是对其中一些常见的法律问题做一个粗浅的介绍，读者如果希望对某个问题做详细了解或者深入研究，还需要查找其他更进一步的资料以及针对具体问题咨询专业人士，寻求更详细具体、更具针对性的法律咨询意见。

最后，请允许笔者对创作团队的每位成员表示最由衷的感谢和最崇高的敬意，因为你们的奉献和付出，成就了本书！感谢参与本书写作的全体编委会成员；感谢广东国智律师事务所在本书写作过程中给予的支持，尤其是对本书初稿提出过修改意见的各位同事。当然，由于时间和水平有限，书中难免存在疏漏和不妥之处，这些都应当由我们参与编写的人员来承担，同时敬请广大读者朋友们批评指正。

伍志坚

2023 年 3 月 1 日

序言二

随着市场经济的发展和社会法治化的推进，企业合规受到越来越多关注。2018年11月1日，习近平总书记在民营企业座谈会上指出："民营企业家要讲正气、走正道，做到聚精会神办企业、遵纪守法搞经营，在合法合规中提高企业竞争能力。守法经营，这是任何企业都必须遵守的原则，也是长远发展之道。要练好企业内功，特别是要提高经营能力、管理水平，完善法人治理结构，鼓励有条件的民营企业建立现代企业制度。"党的二十大报告明确提出："优化民营企业发展环境，依法保护民营企业产权和企业家权益，促进民营经济发展壮大。"为了贯彻落实上述保护民营企业健康发展的精神，最高司法机关出台了一系列的政策措施，明确提出"对涉嫌犯罪的民营企业负责人能不捕的不捕，能不诉的不诉，能判缓刑的就提出判缓刑"的建议。近年来，国内多家大型企业行贿受贿案，以及证券公司未履行信息披露义务等案件，尤其是中兴通讯案件之后，人们意识到我国企业也亟待建构完善的合规体系。企业犯罪后 ·旦对单位负责人追责后，给企业员工带来的巨大社会经济压力是不容忽视的，因此企业主需要对企业合规和企业刑事合规有更加深刻完整的认识。

关于合规，国际社会有一个经典的表述："合规就是预测、识别和解决管理风险及道德风险，同时重构制度以完善合规。"企业合规主要从公司日常管理、行政监管以及刑事犯罪认定三个层面，进行合规处理以减免处罚。刑事处罚是最严厉的处罚方式，刑事合规必然成为企业运行的前提和底线。所谓企业刑事合规，顾名思义，就是企业运行及其员工的行为需要合乎包括《刑法》、相关司法解释及与《刑法》相衔接的各种部门法中的刑事法律规范。通过刑事合规，企业在经营中可以减少因自身或者其他关联主体的违法犯罪行为，受到国内外司法机关刑事追究的风险。

企业随着发展规模的扩大，所面临的刑事风险也会增多。根据不同主体的责任归属，企业刑事合规还包括对企业自身刑事责任、员工责任、关联公司责任、第三方责任之间的认定和切割；根据事态发展阶段，企业刑事合规包括事前预防、事中调查和事后的整改处理。如果没有建立起全过程的合规制度，一旦任何一个员工、分支机构、合作对象涉及刑事风险而没有得到企业的重视和及时处理，都可能会追究企业的刑事责任。

一直以来，企业都习惯花费大量的人力、物力、财力去应对事后的处罚，而没有重视事前预防和风险防控。企业在处理刑事风险上，不应该再保持事后救火的态度，而应联合专业法律团队，主动出击防御。

对企业来说，当务之急是了解各类刑事犯罪的立法和司法趋势，防范刑事风险。常见的企业合规内容主要有：环保合规、工程安全合规、数据安全合规、反商业贿赂合规、反洗钱合规等。不同行业根据其业务性质、工作流程等存在不同的刑事风险，如房地产行业最常涉及的刑事罪名有非法经营、串通投标，以及非法转让、倒卖土地使用权罪；矿产行业涉及非法采矿和非法占用耕地、林地等刑事风险；金融行业可能涉及非法吸收公众存款、集资诈骗、洗钱及贷款类犯罪等；互联网行业则应重点关注侵犯公民个人信息、侵犯知识产权问题等。

认识到刑事风险后，企业应有针对性地采取一整套机制，提高抵御刑事风险的能力。应从规章制度入手，对日常经营管理行为进行监督，根据企业的业务行为制定重点关注合规的义务清单，规范预防流程中可能出现的刑事风险，对刑事风险进行识别和预警，并提供完善的合规操作进行指引，同时日常组织文化宣讲，提高员工的法律意识，提高对合规的底线意识。

与企业自身进行刑事合规相比，律师在更具专业性的同时，还能以更加客观中立的目光去审视企业存在的刑事风险。律师展开刑事合规业务必然是全流程的，从公司的日常业务中进行事前合规，搭建合规体系，预防刑事风险发生；在面临风险时进行事中合规，展开调查，进行风险评估，制定应对方案；当检察院办理单位犯罪案件时提供有针对性的事后合规，与检察机关之间合作，协助企业进行合规整改；如有必要，律师还可以在后续刑事程序中为涉案企业、个体提供刑事辩护。

刑事合规是一片巨大的蓝海，宏观意义上，有利于民营企业在合法合规的前提下健康发展，优化社会整体营商环境；微观意义上，对每一个企业、员工及法律从业者都提出了更高的要求，更好地适用刑事合规以实现惩罚与预防的双重目的。

谨以此书献给我最敬爱的外公侯延栋。

邢　鑫

2023 年 3 月 1 日

序言三

企业刑事合规是一种现代企业治理方式，是指企业为预防、发现和避免刑事法律风险而采取的一整套内控机制，本质上要求企业的日常经营、管理行为都要符合刑事法律规范。这里的刑事法律规范不仅包括《刑法》，还包括相关的司法解释以及与刑法相衔接的行业准则、商业惯例、道德规范等。

刑事合规是企业合规的重中之重，我国目前的刑事合规是以检察机关为主导的促进涉案企业合规化整改的司法制度，主要是一种事后合规，即针对涉案企业采取的一种激励性的整改措施。随着涉案企业合规改革试点在全国检察机关中全面推开，构建以预防为主、事前防范的企业刑事合规体系显得尤为重要。

《中央企业合规管理办法》自 2022 年 10 月 1 日起正式施行。其发布实施有助于落实打造"治理完善、经营合规、管理规范、守法诚信"的法治央企目标。中央企业应实行事前制度规范、事中动态监管、事后监督问责的全覆盖、全链条的合规管理体系。随着央企合规体系的全面建立，作为一项企业日常经营所需的防范法律风险的内控制度，事前刑事合规越来越被企业所重视，企业刑事合规的内需开始迅猛增长。

笔者自从事律师工作以来，先后担任数百家政府机关、企事业单位常年法律顾问，接受与企业经营相关的刑事法律咨询逾万件，亲自办理了大量企业及企业家涉刑案件，其中不乏具有重大社会影响力的案件。在提供法律服务过程中，我们发现许多企业普遍存在刑事合规问题：一是管理者法律意识淡薄，对法律没有敬畏之心。部分企业盲目追求超额利润，在巨大的利诱面前，往往选择铤而走险，践踏法律底线；部分企业迷信"权力""关系"能摆平一切，把行贿送礼、违法犯罪干成了家常便饭，遇到刑事案件不是选择听取律师意见，而是首先找"关系"平事、"捞人"；部分企业虽已认识到自身经营行为存在法律风险，但基于普遍性违法的心理，认为"选择性执法，轮不到自己"或者寄希望于舍财免灾，直到受到刑事处罚，才后悔莫及。二是刑事法律知识缺乏，对企业违规、违法、犯罪产生的法律后果估计不足，对经营中可能存在的法律风险没有足够的认知与防范，直到案发后才知晓后果严重。三是内控机制缺失，未能建立完整有效的合规管理体系，经营中缺乏流程、标准和监管机制，对企业商业模式、经营行为缺乏事前合规性审查，导致刑事犯罪易发、多发。四是企业法律经费投入严重不足、法律部门处于边缘地位，很多企业在搞“关系”上一掷千金，在法律风控经费投入上十分吝啬。五是缺乏专业人员辅导，聘请的法律顾问偏重于民商事领域，缺乏刑事领域实战经验和专业技能，无法满足企业在重大经营决策中的刑事合规需求。

居安思危，未雨绸缪，才能将刑事风险点扼杀在摇篮之中，才能在出现问题之后快速定位危机源头并采取正确的应对措施，最大限度地保障企业的权益，维护企业的长久发展。每一个企业涉刑案件的背后，都折射出不同层面的刑事合规问题，正因为有无数企业遭遇刑事犯罪的惨痛教训，刑事合规才显得尤为重要、不可或缺。如果每个企业都有良好的刑事合规体系，那么在实务中违法、犯罪的风险就会降低很多，因此造成的损失也会减少很多。构建企业刑事合规体系是个系统工程，本书旨在通过对企业经营中高频、易发的刑事风险点进行有针对性的梳理、分析、阐述和说明，深入剖析企业经营中每个环节的刑事风险，提前识别和防范风险，推动企业刑事合规治理的标准化、流程化、规范化建设，为企业建立事前防范为主的刑事合规体系提供必要的法律支持与专业支撑。

市面上已有有关刑事合规的书籍，但笔者认为，本书有以下三个方面特点：

其一，本书结合了《中央企业合规管理办法》、《最高人民检察院、司法部、财政部等关于建立涉案企业合规第三方监督评估机制的指导意见（试行）》、涉案企业合规典型案例等最新规定及典型案例，适应了刑事合规的最新变化和要求。

其二，本书以案例为基础，以法律法规、司法解释为依据，以法律风险防范为立足点，旨在帮助企业建立刑事合规体系，提前识别和防范经营中的刑事风险点，体现了源头治理、防患于未然的合规经营理念。

其三，本书提示的刑事合规风险点非常具有典型性，涉及的都是企业经营中高频、易发的风险点，涵盖企业从设立、经营到注销的全流程，本书的案例均为精选案例，更具有代表性，指向更精准，提示更明确，实用性更强。

本书在编撰过程中，内容多少存在缺憾，欢迎各位专家、学者、读者不吝赐教，对本书的不足之处给予批评和指正。

最后，希望本书的出版能为中国企业刑事合规体系建设和刑事法律风险防控贡献绵薄之力！

黄明建

2023 年 3 月 1 日

目　录 CONTENTS

第一章
刑事合规概述

一、刑事合规的定义

刑事合规并非一个明确的法律概念，在法律法规以及规范性文件中，并没有对刑事合规作出明确具体的定义；刑事合规一词，往往是人们在日常工作和生活中的通俗表述，在涉案企业合规司法实践过程中，检察机关在相关法律文书中会使用“刑事合规”的表述（如《企业刑事合规告知书》）①。一般认为，刑事合规，是指企业为了预防和避免刑事风险、刑事责任而进行的企业合规管理体系建设，包括事前合规与事后合规。事前合规，是指企业涉及犯罪之前，为预防刑事法律风险的产生而做的合规管理体系建设。事后合规，是指企业涉及犯罪之后，人民检察院给企业的一个激励机制，对符合企业合规改革试点适用条件的企业，人民检察院交由第三方监督评估机制管理委员会选任组成的第三方监督评估组织，对涉案企业的合规承诺进行调查、评估、监督和考察，涉案企业进行合规整改并通过第三方监督评估机制考核的，可获得从宽处置或不起诉的结果。也就是说，企业在涉嫌犯罪行为发生后，可通过建立或者完善合规计划来换取宽大处理。

需要说明的是，我国法律对企业的“事前合规”还没有明确具体的刑事激励机制，如果企业涉嫌犯罪，不会因为涉案企业事前已经建立合规管理体系而必然获得从宽处理。但是，个别地方（如江苏省张家港市）已经在进行“事前合规”的尝试，其经验做法也获得了最高人民检察院和全国工商联的肯定认可，不排除今后在全国推广的可能性。② 张家港市人民检察院探索将合规建设从企业涉嫌犯罪“事后合规”向“事

---

① 参见《最高人民检察院发布四起企业合规改革试点典型案例（2021 年 6 月 3 日）》之案例一“张家港市 L 公司、张某甲等人污染环境案”以及最高人民检察院印发的《涉案企业合规典型案例（第三批）》案例五“福建省三明市 X 公司、杨某某、王某某串通投标案”。另外，在最高人民法院已经发布的“涉案企业合规典型案例”中，也大量出现“刑事合规”一词。

② 参见《［苏州］张家港市企业事前合规建设经验做法获全国工商联肯定》，载 http://www.jstz.org.cn/a/20210510/1620633430301.shtml；《张家港市企业事前合规建设经验做法获最高检和全国工商联肯定认可》，载 http://szzjg.jsjc.gov.cn/yw/202105/t20210521_1223803.shtml。

前合规”推进，体现了检察机关不仅关注企业在涉嫌犯罪后的纠错整改，同样关注未涉案企业的日常合规治理机制构建、执行情况等具有预防性的合规建设。

二、刑事合规的目的

（一）事前合规的目的

事前合规是企业预防犯罪的有效方法，对企业来说，其目的主要包括三个方面：一是可以预防和降低企业及企业经营者在企业经营过程中（追求经济利益时）的刑事法律风险。二是可以使企业避免因为触犯刑事犯罪而招致重大财产和经济损失，保全财富积累，同时能增强企业守法能力、提升企业的商业声誉，从而获得更多更好的商业机会，为企业创造更多的商业价值。三是可以在合规体系建设过程中，不断改善企业治理结构，增强企业核心竞争力。企业合规体系的构建过程，也就是对企业内控机制与法律法规之间的适应性、内控制度的合理性与有效性的评估和改进过程，由此推动形成“经营与风控”两手抓的良性治理格局，增强企业发展的软实力与综合竞争力。

企业的刑事法律风险，是指企业及其工作人员在企业经营过程中因触犯刑事法律而可能面临刑事追诉、受到刑事处罚的风险。不同于普通的民商事法律风险，刑事法律风险极具毁灭性，不仅会给企业经营者带来牢狱之灾，还会给企业带来灭顶之灾。近年来，越来越多的民营企业或企业家因缺乏合规意识而触犯刑事法律，构成刑事犯罪，导致企业破产倒闭、企业家锒铛入狱的严重后果。毫不夸张地说，刑事法律是悬在企业和企业经营者头上的一把“达摩克利斯之剑”，企业和企业家稍有不慎，就会遭遇刑事法律风险。如国内著名的“三鹿奶粉案”，三鹿集团经过40多年的创业，成为国内知名的大企业，2006年位居国际知名杂志《福布斯》评选的“中国顶尖企业百强”乳品行业第一位。作为乳品行业的龙头老大，其在生产过程中，触犯法律，隐瞒奶粉中三聚氰胺超标等质量安全问题，而被相关部门立案调查。最终，三鹿集团原董事长兼总经理、党委书记田某因犯生产、销售伪劣产品罪，被判处无期徒刑，剥夺政治权利终身，并处罚金。不久之后，三鹿集团也在短短几个月内因此破产，不禁令人扼腕。

可想而知，合规应为每个企业长远发展、屹立不倒的制胜法宝，但目前国内许多企业还未意识到合规的重要性时，部分海外投资的企业家已在海外贸易过程中付出了惨重的代价。2018年，华为公司副董事长孟女士在加拿大温哥华机场转机时，在未违反加拿大任何法律的情况下竟遭到加方的拘留，以“华为公司涉嫌违反美国对伊朗的贸易制裁规定，向伊朗出售敏感科技产品，在与伊朗交易过程中使用美元结算后又通过做假账的方式掩盖犯罪行为，触犯了美国法律”为由，运用自创的“长臂管辖权”

要求与其有引渡条约的加方对孟女士实施抓捕。这无妄之灾，使孟女士和华为公司陷入重重危机，从此遭受长达3年的磨难。

综观事件的来龙去脉，尽管背后的真相存在许多不为人知的经济、政治因素，但不难发现，此次事件还是我国企业在境外投资的实践经验不足、对海外法的合规意识薄弱所致。美国的“长臂管辖权”对于我国高科技企业来说既是一种风险，又是某种意义上的认可，换言之，我国企业被美国的“长臂”攻击，说明该企业的未来发展前景一片光明，具有巨大的发展潜力和广阔的发展前途。因此，广大企业应勇敢理性地正视美国的“长臂管辖”，加快建立健全企业合规风控体系，以高标准的合规风控及运营水平鞭笞自身，并大力培育国内外法的合规意识教育，筑牢合规防火墙，为企业的长远稳健发展保驾护航。

总而言之，以刑事事前合规为本，其他合规为辅，是企业客观存在的生存理念和必然的发展方向。特别是在当前国内反腐扫黑推进的大形势下，合规对企业和企业经营者的生存与发展的价值和意义不断凸显。

（二）事后合规的目的

事后合规，是指涉案企业被刑事立案调查之后，在符合企业合规改革适用条件之下，进行的合规整改，是一种旨在弥补涉案企业制度建设和监管漏洞的局部型自疗机制，主要目的是防止涉案企业再次发生相同或者类似的违法犯罪，有利于降低涉案企业的犯罪率。

第三方机制下的涉案企业合规就属于事后合规，是在检察机关主导下，由涉案企业作出合规承诺、合规计划，并在第三方组织的监督下落实的合规整改。根据最高人民检察院发布的企业合规改革试点典型案例显示，有效的事后合规是涉案企业避免、降低刑事风险的最后一道防护线，在一定程度上可以帮助涉案企业实现从宽处罚或免于处罚、不起诉。

三、我国企业刑事合规改革的发展历史

（一）我国刑事合规改革的背景

2017年1月6日发布的《最高人民检察院关于充分履行检察职能加强产权司法保护的意见》，对加强产权检察司法保护、规范司法行为等提出明确要求，规定在办案中要坚持罪刑法定等原则，严格区分经济纠纷与经济犯罪、企业正当融资与非法集资的界限，严禁以刑事手段插手经济纠纷。

2017年12月发布的《最高人民检察院关于充分发挥职能作用营造保护企业家合法权益的法治环境支持企业家创新创业的通知》，要求各级检察机关紧密结合检察

工作实际，综合发挥打击、预防、监督、教育、保护等检察职能，为企业家健康成长和事业发展营造宽松法治环境，切实强化企业家人身财富安全感，增强和激励企业家创新创业信心。

2020 年 1 月，时任最高人民检察院检察长张军在全国检察长会议上指出：一方面，以更大的力度保护民营企业和企业家合法权益，切实做到依法能不捕的不捕、能不诉的不诉、能不判实刑的就提出适用缓刑建议。另一方面，也要有力推动民营企业筑牢守法合规经营底线。

2020 年 2 月发布的《中共中央政法委员会、最高人民法院、最高人民检察院、公安部、司法部关于政法机关依法保障疫情防控期间复工复产的意见》指出，认真贯彻“少捕慎诉”司法理念，明确慎重使用逮捕和查封、扣押、冻结等强制性措施。办理涉企业案件，能够采取较为轻缓、宽和措施的，尽量不采用限制人身、财产权利的强制性措施。需要查封、扣押、冻结的，一般应当预留必要的流动资金和往来账户；对于涉案企业正在投入生产运营和正在用于科技创新、产品研发的设备、资金和技术资料等，原则上依法不予查封、扣押、冻结，确需提取犯罪证据的，可以采取拍照、复制、现场勘验等方式提取。对有自首、立功表现，积极认罪悔罪，没有社会危险性的经营者，可依法不采取羁押强制措施。对处于侦查、起诉和审判阶段在押的企业经营者，及时开展羁押必要性审查，对于变更强制措施不影响诉讼顺利进行，没有继续羁押必要的，依法及时变更强制措施。对羁押中需要处理企业紧急事务的，应根据案件办理情况尽量允许其通过适当方式处理。

（二）最高人民检察院关于涉案企业合规改革试点工作的进程

2020 年 3 月，最高人民检察院率先在 6 个基层检察院（分别是上海市浦东新区、金山区检察院，广东省深圳市南山区、宝安区检察院，江苏省张家港市检察院以及山东省郯城县检察院）开展第一批涉案企业合规改革的试点工作。

2021 年 4 月发布的《最高人民检察院关于开展企业合规改革试点工作的方案》，正式启动第二批涉案企业合规改革试点工作，试点范围涉及北京、辽宁、上海、江苏、浙江、福建、山东、湖北、湖南、广东 10 个省（直辖市）。

2021 年 6 月发布的《最高人民检察院、司法部、财政部、生态环境部、国务院国有资产监督管理委员会、国家税务总局、国家市场监督管理总局、全国工商联、中国国际贸易促进委员会关于建立涉案企业合规第三方监督评估机制的指导意见（试行）》，对第三方机制的适用对象、适用条件、相关主体的组成和职责、第三方机制的启动和运行程序等作出明确规定，大大推进企业合规改革试点工作，使得我国涉案企业合规改革进程进入新阶段。

2021 年 6 月，最高人民检察院首次公布第一批涉案企业合规的典型案例，这彰显了检察机关有效惩治与预防企业违法犯罪的合规改革精神,同时给各地检察机关的合规改革工作指明方向。

2021 年 12 月,最高人民检察院发布第二批涉案企业合规的典型案例,该批典型案例主要以适用第三方监督评估机制为核心,着力反映企业合规流程、第三方机制的启动与运行、合规整改效果、检察机关的主导作用以及典型意义等。

2022 年 1 月发布的《最高人民检察院、国务院国资委、财政部、全国工商联会、司法部、生态环境部、税务总局、市场监管总局、中国贸促会〈关于建立涉案企业合规第三方监督评估机制的指导意见(试行)〉实施细则》和《涉案企业合规第三方监督评估机制专业人员选任管理办法(试行)》,进一步规范第三方机制、第三方机制管委会、第三方机制组成人员的相关内容。

2022 年 4 月 2 日,最高人民检察院会同全国工商联专门召开会议正式"官宣"涉案企业合规改革试点在全国检察机关全面推开。

2022 年 4 月 19 日,中华全国工商业联合会、最高人民检察院、司法部、财政部、生态环境部、国务院国有资产监督管理委员会、国家税务总局、国家市场监督管理总局、中国国际贸易促进委员会共同制定《涉案企业合规建设、评估和审查办法(试行)》,再次明确第三方机制的相关工作,为涉案企业合规第三方监督评估机制开创新局面。

2022 年 8 月 10 日,最高人民检察院发布第三批涉案企业合规典型案例,这也是当年 4 月最高人民检察院部署在全国范围全面推开涉案企业合规改革试点工作之后,首次发布涉案企业合规典型案例。

四、涉案企业合规第三方监督评估机制

(一)涉案企业合规第三方监督评估机制的定义

涉案企业合规第三方监督评估机制(以下简称第三方机制),是指人民检察院在办理涉企犯罪案件时,对符合企业合规改革试点适用条件的,交由第三方监督评估机制管理委员会选任组成的第三方监督评估组织,对涉案企业的合规承诺进行调查、评估、监督和考察。考察结果作为人民检察院依法处理案件的重要参考。

我国建立涉案企业合规第三方监督评估机制的根本目的在于协助企业开展合规建设,促进企业合规经营,从而预防和减少犯罪。随着涉案企业合规改革试点的全国推开,第三方监督评估机制也将在全国范围展开。根据最高人民检察院官网《涉案企业合规改革用好第三方机制》[①]刊载的数据显示,截至 2022 年 5 月底,全国检察机关

---

① 载最高人民检察院官网,https://www.spp.gov.cn/spp/zdgz/202206/t20220628_561161.shtml。

共办理企业合规案件 1777 件，其中对整改合规的 333 家企业、1106 人依法作出不起诉决定；对涉案企业 1222 家中，有 14 家涉案企业未通过考核评估；对适用第三方机制的案件更是多达 1197 件，占全部合规案件的 67.36%。截至 2022 年 6 月全国已有第三方机制专业人员 6007 人，其中省级专业人员 1102 人，专业机构达 70 家。由此可见，我国在推动涉案企业合规改革过程中，也重在发展与落实第三方监督评估机制，充分发挥第三方监督评估机制的独立作用。

关于涉案企业合规第三方监督评估机制的相关规定，除《最高人民检察院关于开展企业合规改革试点工作方案》《关于建立涉案企业合规第三方监督评估机制的指导意见（试行）》《〈关于建立涉案企业合规第三方监督评估机制的指导意见（试行）〉实施细则》《涉案企业合规第三方监督评估机制专业人员选任管理办法（试行）》《涉案企业合规建设、评估和审查办法（试行）》外，各省、市也相继颁布了有关第三方监督评估机制的地方性文件，如《广东省涉案企业合规第三方监督评估机制实施办法（试行）》《广东省涉案企业合规第三方监督评估机制管理委员会工作规则（试行）》《广东省涉案企业合规第三方监督评估机制专业人员选任管理办法（试行）》《广东省涉案企业合规第三方监督评估组织运行规则（试行）》等。因此，涉案企业在进行合规整改时，不仅要研究最高人民检察院等部门颁布的最新规定，还要研究本地的地方性规定，以确保企业合规整改符合相关规定。

（二）适用第三方机制的案件类型

第三方机制适用于公司、企业等市场主体在生产经营活动中涉及的经济犯罪、职务犯罪等案件，既包括公司、企业等实施的单位犯罪案件，也包括公司、企业实际控制人、经营管理人员、关键技术人员等实施的与生产经营活动密切相关的犯罪案件。

对于同时符合下列条件的涉企犯罪案件，人民检察院可以根据案件情况适用第三方机制：

1. 涉案企业、个人认罪认罚；

2. 涉案企业能够正常生产经营，承诺建立或者完善企业合规制度，具备启动第三方机制的基本条件；

3. 涉案企业自愿适用第三方机制。

另外，《最高人民检察院、司法部、财政部等关于建立涉案企业合规第三方监督评估机制的指导意见（试行）》并未以法定刑的高低作为适用第三方机制的条件或限制。实践中，有人理解认为，适用第三方机制的涉企案件，一般是可能被判处 3 年以下有期徒刑、拘役、管制或单处罚金的轻罪案件；但 2022 年 4 月 2 日，最高人民检察院会同全国工商联召开的专门会议中提出“对于涉案企业责任人可能判处三年以上有期徒刑的涉企犯罪案件，以及重大疑难复杂案件，各省级检察院要认真落实统一把关、逐案审核职责，全面综合评估涉案企业运行状况、责任人犯罪情节及认罪认罚情况等综合因素，确保积极稳妥、依法规范”。根据该会议精神，对于可能判处3年以上有期徒刑的涉企犯罪案件以及重大疑难复杂案件，经各省级检察院审核后，也可以依法规范适用第三方机制。

对于具有下列情形之一的涉企犯罪案件，不适用企业合规试点以及第三方机制：

1. 个人为进行违法犯罪活动而设立公司、企业的；
2. 公司、企业设立后以实施犯罪为主要活动的；
3. 公司、企业人员盗用单位名义实施犯罪的；
4. 涉嫌危害国家安全犯罪、恐怖活动犯罪的；
5. 其他不宜适用的情形。

（三）第三方监督评估机制管理委员会

第三方监督评估机制管理委员会由最高人民检察院、国务院国有资产监督管理委员会、财政部、全国工商联会同司法部、生态环境部、国家税务总局、国家市场监督管理总局、中国国际贸易促进委员会等部门组建，全国工商联负责承担管委会的日常工作，国务院国有资产监督管理委员会、财政部负责承担管委会中涉及国有企业的日常工作。第三方监督评估机制管理委员会的职责如下：

1. 研究制定涉及第三方机制的规范性文件；
2. 研究论证第三方机制涉及的重大法律政策问题；
3. 研究制定第三方机制专业人员名录库的入库条件和管理办法；
4. 研究制定第三方监督评估组织及其人员的工作保障和激励制度；
5. 对试点地方第三方监督评估机制管理委员会和第三方监督评估组织开展日常监督和巡回检查；
6. 协调相关成员单位对所属或者主管的中华全国律师协会、中国注册会计师协会、中国企业联合会、中国注册税务师协会、中国贸促会全国企业合规委员会（中国贸促会商事法律服务中心）以及其他行业协会、商会、机构等在企业合规领域的业务指导，研究制定涉企犯罪的合规考察标准；
7. 统筹协调全国范围内第三方机制的其他工作。

试点地方第三方监督评估机制管理委员会由试点地方的人民检察院和国资委、财政部门、工商联结合本地实际情况组建。试点地方第三方监督评估机制管理委员会的职责如下：

1. 建立本地区第三方机制专业人员名录库，并根据各方意见建议和工作实际进行动态管理；
2. 负责本地区第三方监督评估组织及其成员的日常选任、培训、考核工作，确保其依法依规履行职责；

3. 对选任组成的第三方监督评估组织及其成员开展日常监督和巡回检查；

4. 对第三方监督评估组织的成员违反本指导意见的规定，或者实施其他违反社会公德、职业伦理的行为，严重损害第三方监督评估组织形象或公信力的，及时向有关主管机关、协会等提出惩戒建议，涉嫌违法犯罪的，及时向公安司法机关报案或者举报，并将其列入第三方机制专业人员名录库黑名单；

5. 统筹协调本地区第三方机制的其他工作。

（四）第三方监督评估组织

第三方监督评估组织（又称“第三方组织”），是指第三方监督评估机制管理委员会根据案件具体情况以及涉案企业类型（需要综合考虑案件涉嫌罪名、复杂程度以及涉案企业类型、规模、经营范围、主营业务等因素），从本地区第三方机制专业人员名录库分类随机抽取人员组成的负责对涉案企业的合规承诺及其完成情况进行调查、评估、监督和考察的临时性组织。如果专业人员名录库中没有相关领域专业人员的，第三方机制管委会可以采取协商邀请的方式，商请有关专业人员参加第三方组织。同一个第三方组织一般负责监督评估一个涉案企业。同一案件涉及多个涉案企业，或者涉案企业之间存在明显关联关系的，可以由同一个第三方组织负责监督评估。第三方监督评估组织一般由 3 至 7 名成员组成，而小微企业的第三方监督评估组织可以由 2 名成员组成，成员通常包括律师、注册会计师、税务师（注册税务师）等专业人才。另外，同一名专业人员在不存在利益关系、保障工作质量的条件下，可以同时担任一个以上第三方组织的组成人员。

第三方监督评估组织应依法、独立、公正开展监督考察工作，不得出现第三方监督评估组织与涉案企业存在利益输送或者其他行为。涉案企业或其人员在第三方机制运行期间，认为第三方监督评估组织或者组成人员存在行为不当或者涉嫌违法犯罪的，可以向负责选任第三方监督评估组织的第三方监督评估机制管理委员会反映或者提出异议，或者向负责办理案件的人民检察院提出申诉、控告。

根据《最高人民检察院、司法部、财政部等关于建立涉案企业合规第三方监督评估机制的指导意见（试行）》的规定，第三方监督评估组织的职责如下：

1. 合规考察期前：应当要求涉案企业提交专项或者多项合规计划，并明确合规计划的承诺完成时限；应当对涉案企业合规计划的可行性、有效性与全面性进行审查，提出修改完善的意见建议，并根据案件具体情况和涉案企业承诺履行的期限，确定合规考察期限。

2. 合规考察期内：可以定期或者不定期对涉案企业合规计划履行情况进行检查和评估，可以要求涉案企业定期书面报告合规计划的执行情况，同时抄送负责办理案件的人民检察院；发现涉案企业或其人员尚未被办案机关掌握的犯罪事实或者新实施的犯罪行为，应当中止第三方监督评估程序，并向负责办理案件的人民检察院报告。

3. 合规考察期届满后：应当对涉案企业的合规计划完成情况进行全面检查、评估和考核，并制作合规考察书面报告，报送负责选任第三方监督评估组织的第三方监督评估机制管理委员会和负责办理案件的人民检察院。

第三方监督评估组织及其组成人员应当履行下列义务：

1. 遵纪守法，勤勉尽责，客观中立；

2. 不得泄露履职过程中知悉的国家秘密、商业秘密和个人隐私；

3. 不得利用履职便利，索取、收受贿赂或者非法侵占涉案企业、个人的财物；

4. 不得利用履职便利，干扰涉案企业正常生产经营活动。

第三方组织组成人员系律师、注册会计师、税务师（注册税务师）等中介组织人员的，在履行第三方监督评估职责期间不得违反规定接受可能有利益关系的业务；在履行第三方监督评估职责结束后 2 年以内，上述人员及其所在中介组织不得接受涉案企业、个人或者其他有利益关系的单位、人员的业务。

第三方组织组成人员系律师、注册会计师、税务师（注册税务师）等中介组织人员的，在履行第三方监督评估职责期间不得违反规定接受可能有利益关系的业务；在履行第三方监督评估职责结束后 2 年[①]以内，上述人员及其所在中介组织不得接受涉案企业、人员或者其他有利益关系的单位、人员的业务。

根据《涉案企业合规建设、评估和审查办法（试行）》第十六条的规定，经第三方监督评估机制管理委员会和人民检察院审查，认为第三方组织已经完成监督评估工作的，由第三方监督评估机制管理委员会宣告第三方组织解散。

（五）第三方机制的启动

根据《最高人民检察院、司法部、财政部等关于建立涉案企业合规第三方监督评估机制的指导意见（试行）》的规定，第三方机制的启动，包括以下两个方面：

1. 检察机关主动启动：人民检察院在办理涉企犯罪案件时，应当注意审查是否符合企业合规试点以及第三方机制的适用条件，并及时听取涉案企业、个人的意见。经审查认为符合适用条件的，应当商请本地区第三方机制管委会启动第三方机制。公

① 注：根据 2021 年 6 月 3 日发布的《最高人民检察院、司法部、财政部等关于建立涉案企业合规第三方监督评估机制的指导意见（试行）》第十七条规定，不得接受涉案企业、人员或者其他有利益关系的单位、人员的业务的期限为“履行第三方监督评估职责结束后一年以内”，但是，根据 2022 年 1 月 4 日发布的《最高人民检察院、司法部、财政部等〈关于建立涉案企业合规第三方监督评估机制的指导意见（试行）〉实施细则》第三十八条规定，该期限为“履行第三方监督评估职责结束后二年以内”。

安机关、纪检监察机关等办案机关提出适当建议的，人民检察院参照前款规定处理。

2. 涉案企业向检察机关申请启动：涉案企业、个人及其辩护人、诉讼代理人或者其他相关单位、人员提出适用企业合规试点以及第三方机制申请的，人民检察院应当依法受理并进行审查。

不管通过哪种方式启动第三方机制，人民检察院经审查后认为涉企犯罪案件符合第三方机制适用条件的，可以商请本地区第三方监督评估机制管理委员会启动第三方机制。第三方监督评估机制管理委员会应当根据案件具体情况以及涉案企业类型，从专业人员名录库中分类随机抽取人员组成第三方监督评估组织，并向社会公示。需要注意的是，第三方监督评估机制管理委员会确定第三方监督评估组织组成人员名单后，应当报送负责办理案件的人民检察院备案。人民检察院或者涉案企业、个人、其他相关单位、人员对选任的第三方监督评估组织组成人员提出异议的，第三方监督评估机制管理委员会应当调查核实并视情况做出调整。

对于合规考察的启动时间，我国法律没有明确统一规定，但个别地方文件有规定。例如，《辽宁省人民检察院等十机关关于建立涉罪企业合规考察制度的意见》（辽检会字〔2020〕15号）第八条规定，检察机关应当自企业犯罪案件移送审查起诉之日起三十日内，对案件是否适用合规考察制度进行审查，并向涉罪企业、行政监管机关征询是否适用合规考察制度的意见。

考虑到小微企业的特殊性，在适用第三方机制时，对小微企业有一些特殊规定，主要体现在可以根据实际情况对合规计划进行简化，或者由检察机关直接对合规计划和整改报告进行审查等。例如，《最高人民检察院、司法部、财政部等〈关于建立涉案企业合规第三方监督评估机制的指导意见（试行）〉实施细则》第二十八条就明确规定："第三方组织根据涉案企业情况和工作需要，应当要求涉案企业提交单项或者多项合规计划，对于小微企业可以视情简化。"《涉案企业合规建设、评估和审查办法（试行）》第一条第四款规定："针对未启动第三方机制的小微企业合规，可以由人民检察院对其提交的合规计划和整改报告进行审查。"但是，对于小微犯罪企业应如何"视情简化"的问题，我国并未进一步明确。实务中，有的基层检察机关认为小微企业的合规整改是一种"简式合规整改"，"可以灵活运用实地走访、口头提醒与书面报告等多种监督考察相结合的方式，在两个月内对企业开展合规考察"。

（六）企业合规经评估符合要求后，涉案企业能获得的优惠

对于涉案企业合规建设经评估符合有效性标准的，人民检察院可以参考评估结论依法作出不批准逮捕、变更强制措施、不起诉的决定，或者向人民法院提出从宽处罚的量刑建议，或者向有关主管机关提出从宽处罚、处分的检察意见。

但是，对于涉案企业合规建设经评估未达到有效性标准或者采用弄虚作假手段

骗取评估结论的,人民检察院可以依法作出批准逮捕、起诉的决定,或者向人民法院提出从严处罚的量刑建议,或者向有关主管机关提出从严处罚、处分的检察意见。

(七)第三方监督评估机制存在的问题

随着涉案企业合规整改的深度推入,第三方监督评估机制以其天然的制度优势和程序的独立性,成为涉案企业合规整改的常规选择。但是,第三方监督评估机制所涉及的合规考察期限、合规考察标准、第三方组织组成人员的履职报酬以及启动条件等方面却存在一定问题,有待我国立法进一步明确。

1. 合规考察期限不明

合规是一项系统性工程,涉及企业经营、财物、管理等,较短的考察期限易使合规流于纸面,无法达到真正的实质合规的目的。司法实践中,我国各地检察机关所设置的合规考察期有所不同,通常都是在1年以内,比如,福建省泉州市洛江区人民检察院在审查起诉阶段设定5个月到12个月的考察期;浙江省宁波市人民检察院在审查起诉阶段设定了6个月到12个月的考察期;辽宁省人民检察院等十机关对涉罪企业的合规考察期设定为3个月以上、5个月以下,自检察机关作出合规考察决定之日起计算。

2. 合规考察评估的标准不明

根据《最高人民检察院、司法部、财政部等关于建立涉案企业合规第三方监督评估机制的指导意见(试行)》的规定,第三方监督评估组织应当对涉案企业合规计划的可行性、有效性与全面性进行审查,对涉案企业合规计划履行情况进行检查和评估。但我国各地普遍未发布有效合规计划的基本标准,因此第三方监督评估组织进行评估考察时属于无依据的状态。

3. 第三方监督评估组织的组成人员的履职报酬不明

一般来说,第三方监督评估机制管委会的日常经费,由其所在单位负责,但对于第三方监督评估组织的组成人员的履职报酬,我国并无明文规定。实务中,有的经办机关认为履职报酬应由涉案企业承担。尽管如此,但对于履职报酬的组成结构、支付依据、计算方式、支付时间以及涉案企业的承担能力等各方面问题,均在阻碍第三方机制的启动,处于立法空白状态,亟待我国立法明确。

4. 第三方机制启动条件的局限性

根据《最高人民检察院、司法部、财政部等关于建立涉案企业合规第三方监督评估机制的指导意见(试行)》第四条的规定,"涉案企业能够正常生产经营"是启动第三方机制的"基本条件"。但现实生活中,涉案企业往往因涉案而丧失生产经营能力,无法快速恢复正常的生产经营,进而影响第三方机制的启动。并且,企业一旦涉嫌违法犯罪,公安机关将采取一切行动将企业的资产予以查封、扣押、冻结,甚至对企业的主要负责人员采取强制措施，一度导致企业处于停摆状态，无法正常运营，更无法达到“能够正常生产经营”的条件。如此一来，即便涉案企业、人员认罪认罚，自愿适用第三方机制，也难以符合第三方机制启动的条件。

（八）律师作为第三方监督评估组织成员的作用

律师在企业合规第三方监督评估机制中，是作为专门性人才进入第三方机制专业人员名录库。在企业合规改革试点的实践中，律师受第三方监督评估机制管理委员会指派，然后以第三方监督评估组织的名义，承担对涉案企业合规整改和建设工作的调查、评估、监督和考察工作，并且在合规考察期届满后，制作合规考察书面报告提交给第三方监督评估机制管理委员会和负责办理案件的检察机关。

律师作为第三方监督评估组织的成员，主要职责如下：

1. 要求涉案企业提交合规计划或作出合规承诺；

2. 审查合规计划，对合规计划提出修改及完善的意见并确定考察期限；

3. 发现涉案企业有漏罪或者实施新罪的，终止第三方监督评估程序并如实报告；

4. 合规考察期内，对涉案企业合规计划履行情况进行评估并抄送检察机关；

5. 合规考察期满，对合规计划的完成情况进行全面考核，制作书面报告并抄送第三方监督评估机制管理委员会及检察机关。

律师作为第三方监督评估组织的组成人员之一，在法律实务方面具有一定的优势（既有扎实的法律理论功底，又有丰富的办案经验），在涉案企业的合规整改过程中发挥着非常重要的作用。律师在涉案企业的合规整改过程中，能够充分利用自身的专业能力和从业经验，及时了解涉案企业所涉领域的相关法律规范、行业标准和执法动态，进而对涉案企业的当前状态进行风险研判、精准定位，迅速确定涉案企业在内部治理结构、规章制度、人员管理等方面存在的不合规情况，从而监督指导涉案企业有针对性地进行合规整改。

五、涉案企业合规整改

“涉案企业合规整改”源于我国最高人民检察院于2020年起主导推行的“涉案企业合规改革”制度。该制度是最高人民检察院落实“少捕慎诉慎押”刑事司法政策，护航民营企业健康合规发展的重要举措。根据《关于开展企业合规改革试点工作方案》和《关于建立涉案企业合规第三方监督评估机制的指导意见（试行）》，目前所称的涉案企业合规整改主要是检察机关办理涉企刑事案件中，在依法做出不批准逮捕、不起诉决定或者根据认罪认罚从宽制度提出轻缓量刑建议等的同时，针对企业涉嫌具体犯罪，结合办案实际，适用企业合规试点及第三方机制，督促涉案企业作出合规承诺并积极整改落实，促进企业合规守法经营的一项制度安排。

对涉案企业来说,合规整改是争取不起诉或从宽处罚的机会,因此应当给予高度重视,积极配合第三方监督评估组织做好合规整改的相关工作。

(一)涉案企业合规整改的一般流程

第一步:涉案企业向第三方监督评估组织提交《合规计划书》,以及明确合规计划的完成期限。

第二步:第三方监督评估组织审查涉案企业合规计划,提出修改的意见建议,并根据案件具体情况和涉案企业承诺履行的期限,向负责办理案件的检察机关征求意见后,合理确定合规考察期限。

第三步:涉案企业根据第三方监督评估组织的修改建议,重新提交《合规计划书》。

第四步:涉案企业定期向第三方监督评估组织和检察机关书面报告合规计划的执行情况。一般至少提交两次(中期、末期)。需要提醒的是,合规计划执行情况报告,需对照之前提交的合规计划书进行撰写并提供相应的证明材料。因此落实合规计划的过程中,需注意留痕。

第五步:考察期限届满,第三方监督评估组织对涉案企业合规计划完成情况进行全面检查、评估考核,出具合规考察报告并分别提交检察机关和第三方监督评估组织机制管委会。

第六步:检察机关收到第三方监督评估组织提交的合规考察报告后,将根据考察报告的内容对涉案企业进行询问或向第三方监督评估组织提出意见建议,并将合规考察报告、合规计划、定期书面报告、证明材料等合规材料,作为依法不逮捕、不起诉以及变更强制措施的重要依据。

需要注意的是,根据涉案企业的合规整改情况,人民检察院对于拟作不批准逮捕、不起诉、变更强制措施等决定的涉企犯罪案件,可以根据《人民检察院审查案件听证工作规定》召开听证会,并邀请第三方组织组成人员到会发表意见。

第七步:检察机关经全面审查后,将结合具体情况对涉案企业作出不同的处理。比如,检察机关认为涉案企业仍存在违法犯罪隐患的,将结合合规材料,向涉案企业提出检察建议;认为涉案企业应予以行政处罚的,则向有关行政机关提出检察意见;认为涉案企业存在其他违法犯罪行为的,则将相关线索移送给有关主管机关处理;认为涉案企业拟作不批准逮捕、不起诉、变更强制措施决定的,则依法作出不批准逮捕、不起诉、变更强制措施的决定。

(二)涉案企业合规整改的具体措施

1. 认罪认罚且修复受损法益。认罪认罚是适用涉案企业合规制度的前提条件之一，涉案企业的认罪认罚有利于消减违法犯罪的主观恶性，换取检察机关的从宽处理。与此同时，涉案企业还应当全面停止涉罪违规违法行为，退缴违规违法所得，补缴税款和滞纳金并缴纳相关罚款，全力配合有关主管机关、公安机关、检察机关及第三方组织的相关工作。

2. 调查企业涉罪的直接原因，明确企业涉罪背后的治理问题与缺陷。企业涉罪常见的原因包括：企业的治理结构存在问题；企业的制度存在重大漏洞；企业的财务管理存在问题；企业缺乏合规审查机制及相关工作人员等。

3. 企业除对企业涉罪原因进行调查之外，还应对其他相关的潜在风险进行识别与评估。

4. 制作《合规计划书》。根据《最高人民检察院、司法部、财政部等关于建立涉案企业合规第三方监督评估机制的指导意见（试行）》）的规定，涉案企业提交的合规计划，主要围绕与企业涉罪有密切联系的企业内部治理结构、规章制度、人员管理等方面存在的问题，制定可能的合规管理规范，构建有效的合规组织体系，健全合规风险防范报告机制，弥补企业制度建设和监督管理漏洞，防止再次发生相同或者类似的违法犯罪。

实务中，《合规计划书》主要包括以下内容：公司基本情况、公司涉罪的原因；公司是否存在其他刑事法律风险；公司合规整改计划；合规整改阶段与期限。

企业提交合规计划书后，第三方监督评估组织将从以下三个方面进行重点审查：

（1）合规计划的可行性与可操作性；

（2）合规计划对涉案企业预防治理涉嫌的犯罪行为或者类似犯罪行为的实效性；

（3）合规计划是否涵盖涉案企业在合规领域的薄弱环节和明显漏洞。

为确保企业合规整改能通过第三方监督评估组织的评估，建议涉案企业打破内部的封闭管理模式，引入外部独立的专业机构或专业人员，发挥不同行业在合规管理方面的独立作用，确保合规整改取得实效。比如，聘请外部专业律师担任合规专项顾问，指导企业做好合规风险评估和制度修正工作；聘请外部独立的会计、税务、审计等专业人员，对企业内部的财务、税务等工作进行风险评估与监督等。

（三）涉案企业合规整改的注意事项

2022 年 4 月 2 日，最高人民检察院会同全国工商联专门召开“全国检察机关全面推开涉案企业合规改革试点工作部署会”，宣布涉案企业合规改革试点在全国检察机关全面推开，不再是部分地区的试点、示范工作。会议中，最高人民检察院强调，涉案企业的合规工作一定要防止“虚假整改”“纸面合规”，企业的合规计划应“量身定制”“有的放矢”，找准涉案问题，立足标本兼治，“因罪施救”“因案明规”，力求务实、精准、管用，做到有针对性、可操作性。然而，司法实践中，某些涉案企业的合规计划并不符合最高人民检察院强调的要求，过于形式化，没有真正发挥合规的实效作用。为做好涉案企业合规整改，应当注意以下事项：

1. 合规计划的针对性。不同于未涉案企业搭建的合规管理体系，涉案企业合规整改更侧重于对涉罪背后的企业治理缺陷的整改。无论从第三方监督评估组织或者检察机关的评估重点上来看，还是从合规考察的时间考量，合规计划必须具有针对性。

2. 合规整改的有效性。涉案企业的合规整改是否有效，是能否获得检察机关不予起诉的决定或者提出从宽处罚的量刑建议的关键因素。关于有效性的判断，我国尚没有统一的具体标准。司法实践中，有效性可从以下几个方面判断：(1)形式有效：围绕涉罪事项建立健全合规管理规范。(2)执行有效：构建合规组织体系，保障合规管理制度的运行。(3)结果有效：足以防止相同或者类似的犯罪发生。

3. 合规管理的持续性。企业合规整改不是一劳永逸的，随着企业的内外部环境的变化，企业所面临的风险也会变化。企业的合规管理应具有持续性。

（四）涉案企业合规整改的典型案例

典型案例在案例指导工作中发挥着举足轻重的作用，截至目前，最高人民检察院共发布三批合规改革试点典型案例，这些案例是从全国各地星罗棋布的案件中精心挑选，具备典型性的同时具有指导性和权威性。在明确司法理念，确定司法政策后，案例就是最直接、最有效的指导方式。合规改革的典型案例不仅可以指导一线检察官办案，也为其他执法司法部门提供了参考，同时是一次给企业和个人的法治宣传教育。重视典型案例，加强对典型案例的学习适用可以助力企业合规改革工作的全面有效开展。

1. 最高人民检察院公布第一批涉案企业合规的典型案例

案例一

张家港市L公司、张某甲等人污染环境案

一、基本案情

江苏省张家港市L化机有限公司（以下简称L公司）系从事不锈钢产品研发和生产的省级高科技民营企业，张某甲、张某乙、陆某某分别系该公司的总经理、副总经理、行政主管。

2018年下半年，L公司在未取得生态环境部门环境评价的情况下建设酸洗池，并于2019年2月私设暗管，将含有镍、铬等重金属的酸洗废水排放至生活污水管，造成

严重环境污染。苏州市张家港生态环境局现场检测，L公司排放井内积存水样中总镍浓度为29.4毫克/升、总铬浓度为29.2毫克/升，分别超过《污水综合排放标准》的29.4倍和19.5倍。2020年6月，张某甲、张某乙、陆某某主动向张家港市公安局投案，如实供述犯罪事实，自愿认罪认罚。

2020年8月，张家港市公安局以L公司及张某甲等人涉嫌污染环境罪向张家港市检察院移送审查起诉。张家港市检察院进行办案影响评估并听取L公司合规意愿后，指导该公司开展合规建设。

二、企业合规整改情况及处理结果

检察机关经审查认为，L公司及张某甲等人虽涉嫌污染环境罪，但排放污水量较小，尚未造成实质性危害后果，可以进行合规考察监督并参考考察情况依法决定是否适用不起诉。同时经调查，L公司系省级高科技民营企业，年均纳税400余万元、企业员工90余名、拥有专利20余件，部分产品突破国外垄断。如果公司及其主要经营管理人员被判刑，对国内相关技术领域将造成较大影响。鉴于此，2020年10月，检察机关向L公司送达《企业刑事合规告知书》，该公司在第一时间提交了书面合规承诺以及行业地位、科研力量、纳税贡献、承担社会责任等证明材料。

检察机关在认真审查调查报告、听取行政机关意见以及综合审查企业书面承诺的基础上，对L公司作出合规考察决定。随后，L公司聘请律师对合规建设进行初评，全面排查企业合规风险，制订详细合规计划，检察机关委托税务、生态环境、应急管理等部门对合规计划进行专业评估。L公司每月向检察机关书面汇报合规计划实施情况。2020年12月，组建以生态环境部门专业人员为组长的评估小组，对L公司整改情况及合规建设情况进行评估，经评估合格，通过合规考察。同月，检察机关邀请人民监督员、相关行政主管部门、工商联等各界代表，召开公开听证会，参会人员一致建议对L公司作不起诉处理。检察机关经审查认为，符合《刑事诉讼法》相关规定，当场公开宣告不起诉决定，并依法向生态环境部门提出对该公司给予行政处罚的检察意见。2021年3月，苏州市生态环境局根据《水污染防治法》有关规定，对L公司作出行政处罚决定。

通过开展合规建设，L公司实现了快速转型发展，逐步建立起完备的生产经营、财务管理、合规内控的管理体系，改变了野蛮粗放的发展运营模式，企业家和员工的责任感明显提高，企业抵御和防控经济风险的能力得到进一步增强。2021年L公司一季度销售收入同比增长275%，缴纳税收同比增长333%，成为所在地区增幅最大的企业。

三、典型意义

一是检察机关积极主动发挥合规主导责任。本案中，检察机关在办理涉企犯罪案件时，主动审查是否符合企业合规试点适用条件，并及时征询涉案企业、个人的意见，做好合规前期准备。在企业合规建设过程中，检察机关会同有关部门，对涉案企业合规计划及实施情况进行检查、评估、考察，引导涉案企业实质化合规整改，取得明显成效。

二是检察机关推动企业合规与检察听证、刑行衔接相结合。本案中，检察机关召开公开听证会，听取各方面意见后对涉案企业依法作出不起诉决定，以公开促公正，提升司法公信力。同时，检察机关结合企业合规情况，主动做好刑行衔接工作，提出检察意见移送有关主管机关处理，防止不起诉后一放了之。

案例二

上海市A公司、B公司、关某某虚开增值税专用发票案

一、基本案情

被告单位上海A医疗科技股份有限公司（以下简称A公司）、上海B科技有限公司（以下简称B公司），被告人关某某系A公司、B公司实际控制人。

2016年至2018年，关某某在经营A公司、B公司业务期间，在无真实货物交易的情况下，通过他人介绍，采用支付开票费的方式，让他人为两家公司虚开增值税专用发票共219份，价税合计2887余万元，其中税款419余万元已申报抵扣。2019年10月，关某某到案后如实供述上述犯罪事实并补缴涉案税款。

2020年6月，公安机关以A公司、B公司、关某某涉嫌虚开增值税专用发票罪移送检察机关审查起诉。上海市宝山区检察院受理案件后，走访涉案企业及有关方面了解情况，督促企业作出合规承诺并开展合规建设。

二、企业合规整改情况及处理结果

检察机关走访涉案企业了解经营情况，并向当地政府了解其纳税及容纳就业情况。经调查，涉案企业系我国某技术领域的领军企业、上海市高新技术企业，科技实力雄厚，对地方经济发展和增进就业有很大贡献。公司管理人员及员工学历普遍较高，对合规管理的接受度高、执行力强，企业合规具有可行性，检察机关遂督促企业作出合规承诺并开展合规建设。同时，检察机关先后赴多地税务机关对企业提供的纳税材料及涉案税额补缴情况进行核实，并针对关某某在审查起诉阶段提出的立功线索自行补充侦查，认为其具有立功情节。

2020年11月，检察机关以A公司、B公司、关某某涉嫌虚开增值税专用发票罪对其提起公诉并适用认罪认罚从宽制度。12月，上海市宝山区人民法院采纳检察机关全部量刑建议，以虚开增值税专用发票罪分别判处被告单位A公司罚金15万元，B公司罚金6万元，被告人关某某有期徒刑3年，缓刑5年。

法院判决后，检察机关联合税务机关上门回访，发现涉案企业的合规建设仍需进

一步完善，遂向其制发检察建议并公开宣告，建议进一步强化合法合规经营意识，严格业务监督流程，提升税收筹划和控制成本能力。检察机关在收到涉案企业对检察建议的回复后，又及时组织合规建设回头看。经了解，涉案企业已经逐步建立合规审计、内部调查、合规举报等有效合规制度，聘请专业人士进行税收筹划，大幅节约生产经营成本，提高市场占有份额。

三、典型意义

一是检察机关推动企业合规与适用认罪认罚从宽制度相结合。本案中，检察机关在督促企业作出合规承诺并开展合规建设的同时，通过适用认罪认罚从宽制度，坚持和落实能不判实刑的提出判缓刑的量刑建议等司法政策，努力让企业“活下来”“留得住”“经营得好”，取得更好地司法办案效果。

二是检察机关推动企业合规与检察建议相结合。本案中，检察机关会同税务机关在回访过程中，发现涉案企业在预防违法犯罪方面制度不健全、不落实，管理不完善，存在违法犯罪隐患，需要及时消除的，结合合规整改情况，向涉案企业制发检察建议，推动其深化实化合规建设，避免合规整改走过场、流于形式。

案例三

王某某、林某某、刘某乙对非国家工作人员行贿案

一、基本案情

深圳Y科技股份有限公司（以下简称Y公司）系深圳H智能技术有限公司（以下简称H公司）的音响设备供货商。Y公司业务员王某某，为了在H公司音响设备选型中获得照顾，向H公司采购员刘某甲陆续支付好处费25万元，并在刘某甲的暗示下向H公司技术总监陈某行贿24万余元。由王某某通过公司采购流程与深圳市A数码科技有限公司（以下简称A公司）签订采购合同，将资金转入至A公司账户，A公司将相关费用扣除后，将剩余的资金转入至陈某指定的账户中。Y公司副总裁刘某乙、财务总监林某某，对相关款项进行审核后，王某某从公司领取行贿款项实施行贿。

2019年10月，H公司向深圳市公安局南山分局报案，王某某、林某某、刘某乙及刘某甲、陈某相继到案。2020年3月，深圳市公安局南山分局以王某某、林某某、刘某乙涉嫌对非国家工作人员行贿罪，刘某甲、陈某涉嫌非国家工作人员受贿罪向深圳市南山区检察院移送审查起诉。

2020年4月，检察机关对王某某依据《刑事诉讼法》第一百七十七条第二款作出不起诉决定，对林某某、刘某乙依据《刑事诉讼法》第一百七十七条第一款作出不起诉决定，以陈某、刘某甲涉嫌非国家工作人员受贿罪向深圳市南山区法院提起公诉。同

月，深圳市南山区法院以非国家工作人员受贿罪判处被告人刘某甲有期徒刑6个月，判处被告人陈某拘役5个月。法院判决后，检察机关于2020年7月与Y公司签署合规监管协议，协助企业开展合规建设。

二、企业合规整改情况及处理结果

检察机关在司法办案过程中了解到，Y公司属于深圳市南山区拟上市的重点企业，该公司在专业音响领域处于国内领先地位，已经在开展上市前辅导，但本案暴露出Y公司在制度建设和日常管理中存在较大漏洞。检察机关与Y公司签署合规监管协议后，围绕与商业贿赂犯罪有密切联系的企业内部治理结构、规章制度、人员管理等方面存在的问题，制定可行的合规管理规范，构建有效的合规组织体系，健全合规风险防范报告机制，弥补企业制度建设和监督管理漏洞，防止再次发生相同或者类似的违法犯罪。Y公司对内部架构和人员进行了重整，着手制定企业内部反舞弊和防止商业贿赂指引等一系列规章制度，增加企业合规的专门人员。检察机关通过回访Y公司合规建设情况，针对企业可能涉及的知识产权等合规问题进一步提出指导意见，推动企业查漏补缺并重启了上市申报程序。

三、典型意义

本案中，检察机关积极推动企业合规与依法适用不起诉相结合。依法对涉案企业负责人作出不起诉决定，不是简单一放了之，而是通过对企业提出整改意见，推动企业合规建设，进行合规考察等后续工作，让涉案企业既为违法犯罪付出代价，又吸取教训建立健全防范再犯的合规制度，维护正常经济秩序。

案例四

新泰市J公司等建筑企业串通投标系列案件

一、基本案情

2013年以来，山东省新泰市J工程有限公司（以下简称J公司）等6家建筑企业，迫于张某黑社会性质组织的影响力，被要挟参与该涉黑组织骨干成员李某某（新城建筑工程公司经理，犯串通投标罪被判处有期徒刑1年6个月）组织的串通投标。李某某暗箱操作统一制作标书、统一控制报价，导致新泰市涉及管道节能改造、道路维修、楼房建设等全市13个建设工程项目被新城建筑工程公司中标。由张某黑社会性质组织案带出的5起串通投标案件，涉及该市1家民营企业、2家国有企业、3家集体企业，均为当地建筑业龙头企业，牵扯面大，社会关注度高。

2020年3月、4月，公安机关将上述5起串通投标案件移送新泰市检察院审查起诉。检察机关受理案件后，通过自行补充侦查进一步查清案件事实，同时深入企业开展调查，于2020年5月召开公开听证会，对J公司等6家企业作出不起诉决定。

二、企业合规整改情况及处理结果

检察机关通过自行补充侦查，查清J公司等6家企业被胁迫陪标的案件事实。6家企业案发时均受到涉黑组织骨干成员李某某的要挟，处于张某黑社会性质组织控制范围内，被迫出借建筑资质参与陪标，且没有获得任何非法利益。同时，检察机关实地到6家企业走访调查，掌握企业疫情防控常态化下复工复产情况及存在的困难问题；多次到住建部门座谈，了解到6家企业常年承接全市重点工程项目，年创税均达1000万元以上，其中1家企业年创税1亿余元，在繁荣地方经济、城乡建设、劳动力就业等方面作出了突出贡献。如作出起诉决定，6家企业3年内将无法参加任何招投标工程，并被列入银行贷款黑名单，将对企业发展、劳动力就业和全市经济社会稳定造成一定的影响。

2020年5月，泰安市两级检察机关邀请人民监督员等各界代表召开公开听证会，参会人员一致同意对J公司等6家企业及其负责人作不起诉处理。检察机关当场公开宣告不起诉决定，并依法向住建部门提出对6家企业给予行政处罚的检察意见，同时建议对近年来建筑行业的招投标情况进行全面细致摸排自查，净化建筑业招投标环境。听证会结束后，检察机关组织当地10家建筑企业、连同6家涉案企业负责人召开专题座谈会，宣讲企业合规知识，用身边案例警醒企业依法规范经营，从而实现了“办理一案、教育一片、治理社会面”的目的。

检察机关还向6家涉案企业发出检察建议，要求企业围绕所涉罪名及相关领域开展合规建设，并对合规建设情况进行跟踪监督，最后举办检察建议落实情况公开回复会，对合规建设情况进行验收，从源头上避免再发生类似违法犯罪问题。在合规建设过程中，6家涉案企业缴纳171万余元行政罚款，并对公司监事会作出人事调整，完善公司重大法务风险防控机制。此后6家被不起诉企业积极扩大就业规模，安置就业人数2000余人，先后中标20余项重大民生工程，中标工程总造价20余亿元。

三、典型意义

本案中，检察机关充分履行自行补充侦查职权，全面查清案件事实，开展社会调查，为适用企业合规提供充分依据。同时，检察机关推动企业合规与不起诉决定、检察听证、检察意见、检察建议等相关工作紧密结合，既推动对企业违法犯罪行为依法处罚、教育、矫治，使企业能够改过自新、合规守法经营，又能减少和预防企业再犯罪，使企业更主动地承担社会责任，同时推动当地建筑行业深层次问题的解决，为企业合规建设提供了生动的检察实践。

2. 最高人民检察院公布第二批涉案企业合规的典型案例

案例一

上海 J 公司、朱某某假冒注册商标案

一、基本案情

上海市 J 智能电器有限公司（以下简称 J 公司）注册成立于 2016 年 1 月，住所地位于浙江省嘉兴市秀洲区，公司以生产智能家居电器为主，拥有专利数百件，有效注册商标 3 件，近年来先后被评定为浙江省科技型中小企业、国家高新技术企业。公司有员工 2000 余人，年纳税总额 1 亿余元，被不起诉人朱某某系该公司股东及实际控制人。

2018 年 8 月，上海 T 智能科技有限公司（以下简称 T 公司）与 J 公司洽谈委托代加工事宜，约定由 J 公司为 T 公司代为加工智能垃圾桶，后因试产样品未达质量标准，且无法按时交货等原因，双方于 2018 年 12 月终止合作。为了挽回前期投资损失，2018 年 12 月至 2019 年 11 月，朱某某在未获得商标权利人 T 公司许可的情况下，组织公司员工生产假冒 T 公司注册商标的智能垃圾桶、垃圾盒，并对外销售获利，涉案金额达 560 万余元。2020 年 9 月 11 日，朱某某主动投案后被取保候审。案发后，J 公司认罪认罚，赔偿权利人 700 万元并取得谅解。2020 年 12 月 14 日，上海市公安局浦东分局以犯罪嫌疑单位 J 公司、犯罪嫌疑人朱某某涉嫌假冒注册商标罪移送浦东新区检察院审查起诉。

二、企业合规整改情况及效果

一是认真审查，对符合适用条件的企业开展合规试点。浦东新区检察院经审查认为，J 公司是一家高新技术企业，但公司管理层及员工法律意识淡薄，尤其对涉及商业秘密、专利权、商标权等民事侵权及刑事犯罪认识淡薄，在合同审核、财务审批、采购销售等环节均存在管理不善问题。鉴于 J 公司具有良好发展前景，犯罪嫌疑人朱某某有自首情节，并认罪认罚赔偿了 T 公司的损失，且该公司有合规建设意愿，具备启动第三方机制的基本条件，考虑其注册地、生产经营地和犯罪地分离的情况，有必要启动跨区域合规考察。

二是三级联动，开启跨区域合规第三方机制“绿色通道”。2021 年 4 月，浦东新区检察院根据沪浙苏皖四地检察院联合制定的《长三角区域检察协作工作办法》，向上海市检察院申请启动长三角跨区域协作机制，委托企业所在地的浙江省嘉兴市检察院、秀洲区检察院协助开展企业合规社会调查及第三方监督考察。两地检察机关签订《第三方监督评估委托函》，明确委托事项及各方职责，确立了“委托方发起”“受托方协助”“第三方执行”的合规考察异地协作模式，由秀洲区检察院根据最高人民

检察院等九部门联合下发的《关于建立涉案企业合规第三方监督评估机制的指导意见(试行)》成立第三方监督评估组织。随后,秀洲区检察院成立了由律师、区市场监督管理局、区科技局熟悉知识产权工作的专业人员组成的第三方监督评估组织,并邀请人大代表、政协委员对涉案企业同步开展监督考察。

三是有的放矢,确保合规计划"治标更治本"。浦东新区检察院结合办案中发现的经营管理不善情况,向J公司制发《合规风险告知书》,从合规风险排查、合规制度建设、合规运行体系及合规文化养成等方面提出整改建议,引导J公司作出合规承诺。第三方组织结合风险告知内容指导企业制订合规计划,明确合规计划的政策性和程序性规定,从责任分配、培训方案到奖惩制度,确保合规计划的针对性和实效性。同时,督促企业对合规计划涉及的组织体系、政策体系、程序体系和风险防控体系等主题进行分解,保证计划的可行性和有效性。J公司制定了包括制定合规章程、健全基层党组织、建立合规组织体系、制定知识产权专项合规政策体系、打造合规程序体系、提升企业合规意识等方面的递进式合规计划,并严格按照时间表扎实推进。

四是找准定位,动态衔接实现异地监管"客观有效"。监督考察期间,第三方组织通过问询谈话、走访调查,深入了解案件背景,帮助企业梳理合规、风控方面的管理漏洞,督促制定专项整改措施。根据第三方组织建议,J公司成立合规工作领导小组,修改公司章程,强化管理职责,先后制定知识产权管理、合同审批、保密管理、员工培训、风险控制等多项合规专项制度,设立合规专岗,实行管理、销售分离,建立合规举报途径,连续开展刑事合规、民事合规及知识产权保护专项培训,外聘合规专业团队定期对企业进行法律风险全面体检,并且每半个月提交一次阶段性书面报告。第三方组织通过书面审查、实地走访、听取汇报等形式,对合规阶段性成效进行监督检查。同时,浦东新区检察院为确保异地合规监管的有效性,制作了《企业合规监督考察反馈意见表》,实时动态跟进监督评估进度,对第三方组织成员组成、合规计划执行、企业定期书面报告、申诉控告处理等提出意见建议。

五是充分评估,确保监督考察及处理结果"公平公正"。考察期限届满,第三方组织评估认为,经过合规管理,J公司提升合规意识,完善组织架构,设立合规专岗,开展专项检查,建立制度指引,强化流程管理,健全风控机制,加强学习培训,完成了从合规组织体系建立到合规政策制定,从合规程序完善到合规文化建设等一系列整改,评定J公司合规整改合格。浦东新区检察院联合嘉兴市检察院、秀洲区检察院通过听取汇报、现场验收、公开评议等方式对监督考察结果的客观性充分论证。2021年9月10日,浦东新区检察院邀请人民监督员、侦查机关、异地检察机关代表等进行公开听证。经评议,参与听证各方一致同意对涉案企业及个人作出不起诉决定。

三、典型意义

1. 积极探索，为企业合规异地适用第三方机制开拓实践思路。针对涉案企业注册地、生产经营地和犯罪地分离的情况，上海、浙江检察机关依托长三角区域检察协作平台，通过个案办理探索建立企业合规异地协作工作机制，确立了“委托方发起”“受托方协助”“第三方执行”的合规考察异地协作模式，合力破解异地社会调查、监督考察、行刑衔接等难题，降低司法办案成本，提升办案质效，为推动区域行业现代化治理提供了实践样本。

2. 有序推进，切实防止社会调查“一托了之”。本案中，检察机关采取层层递进的工作方式，确保社会调查重点明确、调查结果全面客观。一是事前细化调查提纲。重点围绕涉案企业社会贡献度、企业发展前景、社会综合评价等开展协助调查，一并考察企业家的一贯表现，确保社会调查结果全面客观。二是事中加强沟通协调。浦东新区检察院多次赴浙江会商，就调查方式、调查内容及相关要求达成共识，形成办案合力。秀洲区检察院协调区市场监管、人社、税务、科技、工商联及行业协会，对涉案公司及个人开展全面调查。三是事后进行专项研讨。检察机关深入审查全部协查材料，研究认为涉案企业符合企业合规改革试点适用条件，并层报上级机关审核备案。

3. 完善机制，提升监督评估实际效果。本案中，秀洲区检察院联合当地13个部门出台规范性文件，探索构建企业合规“双组六机制”工作模式。“双组”，即检察机关牵头成立“合规监管考察组”和“合规指导组”两个工作组；“六机制”，即联席会议、合规培育、提前介入、会商通报、指导帮扶、审查监管六个协作机制。合规考察中，由合规监管考察组和合规指导组共同研究形成专业意见，并邀请人大代表、政协委员全程参与，提高监管考察的透明度和公信力。

4. 标本兼治，有效防治企业违法犯罪。从司法实践看，涉企经济犯罪成因复杂，许多涉及经济社会系统性、深层次矛盾问题，单靠刑事法律的“孤军作战”，难以取得良好的社会治理效果。本案中，检察机关开展企业合规改革以推动源头治理为着力点，针对办案发现的企业经营管理中的突出问题，通过第三方监督评估机制对涉案企业开展扎实有效的合规整改，促进企业依法合规经营发展，对于完善制度机制、形成治理合力具有积极意义。

案例二

张家港S公司、睢某某销售假冒注册商标的商品案

一、基本案情

张家港市S五交化贸易有限公司（以下简称S公司）2015年6月注册成立，注册资本200万元，在职员工3人，睢某某系该公司法定代表人、实际控制人。

2018 年 11 月 22 日，张家港市市场监督管理局在对 S 公司进行检查时，发现该公司疑似销售假冒“SKF”商标的轴承，并在其门店及仓库内查获标注“SKF”商标的各种型号轴承 27,829 个，金额共计 68 万余元。2018 年 12 月 17 日，张家港市市场监督管理局将该案移送至张家港市公安局。2019 年 2 月 14 日，斯凯孚(中国)有限公司出具书面的鉴别报告，认为所查获的标有“SKF”商标的轴承产品均为侵犯该公司注册商标专用权的产品。2019 年 2 月 15 日，张家港市公安局对本案立案侦查。

二、企业合规整改情况及效果

一是应公安机关邀请介入侦查。2021 年 5 月初，张家港市检察院应张家港市公安局邀请，派员介入听取案件情况。梳理在案证据，本案侦查工作的主要情况如下：第一，睢某某辩称涉案的轴承部分是从山东威海一旧货调剂市场打包购买，部分是从广州 H 公司、上海 J 公司购买，认为自己购进的都应该是正品。第二，公安机关经与广州 H 公司、上海 J 公司核实，上海 J 公司系授权的一级代理商，主要经营 SKF 等品牌轴承。广州 H 公司从上海 J 公司进购 SKF 轴承后进行销售，曾 3 次通过上海 J 公司直接发货给 S 公司，共计 54 万元。同时，公安机关对山东威海的旧货调剂市场进行了现场调查，发现该市场确实是二手交易市场，无法追溯货品源头。第三，斯凯孚(中国)有限公司出具书面鉴别报告时，未对查获的轴承及包装的真伪进行现场勘查，仅根据清点明细材料出具了鉴别说明和比对示例，且不愿再重新鉴定。此外，该案立案距今超过两年，已属“挂案”状态。

二是及时启动社会调查。检察机关向 S 公司、睢某某告知企业合规相关政策后，该公司分别向检察机关、公安机关递交了《提请开展刑事合规监督考察的申请书》。随后承办检察官走访企业和市场监督管理局、税务局等行政部门，实地查看公司经营现状、指导填写合规承诺、撰写调查报告。走访调查了解到，该公司系已实际经营 6 年的小微民营企业，因涉嫌犯罪被立案，一定程度上影响经营，资金周转困难，公司面临危机。该公司规章制度不健全，内部管理不完善，尤其是企业采购程序不规范，对供货商资质和货品来源审查不严，单据留存不全，还曾因接受虚开的增值税发票被税务机关行政处罚。检察机关经综合考虑，鉴于 S 公司有整改行为和较强的合规愿望，认为可以开展企业合规监督考察。

三是深入会商达成共识。检察机关认为，该案证明 S 公司及睢某某犯罪故意的证据不确实、不充分，公安机关也难以再查明轴承及包装的来源是否合法，案件久拖不决已处于“挂案”状态，亟待清理。检察机关与公安机关共同分析了相关情况，并就该案下一步处理进行会商，双方就企业合规、“挂案”清理工作达成共识。公安机关明确表示，如该公司通过企业合规监督考察时还没有新的证据进展，将作出撤案处理。

四是扎实推进合规考察。经向上级检察机关请示并向张家港市企业合规监管委员会报告后，张家港市检察院联合公安机关对 S 公司启动合规监督考察程序，确定 6

个月的整改考察期。同时，张家港市企业合规监管委员会根据第三方监督评估机制，从第三方监管人员库中随机抽取组建监督评估小组，跟踪S公司整改、评估合规计划落实情况。按照合规计划，S公司梳理企业风险点，制定《财务管理合规建设制度》《发票制发流程》《货物销售采购流程》等内部制度，并形成规范的公司合同模板。在税务方面，公司从以往直接与代账会计单线联系，转变为与会计所在单位签订合同，对财务人员应尽责任、单位管理职责进行书面约定。在知识产权方面，公司明确渠道商应提供品牌授权证明并备案，每笔发货都注明产品明细，做到采购来路明晰、底数清晰。合规整改期间，检察机关会同第三方监督评估小组，每月通过座谈会议、电话联系、查阅资料、实地检查等方式，特别是通过"不打招呼"的随机方式，检查企业合规建设情况。同时，检察机关还向公安机关通报企业合规建设进展情况，邀请参与合规检查，并认真吸收公安机关对合规制度完善提出的意见。2021年8月5日，鉴于该公司员工数少、业务单一、合规建设相对简易的情况，第三方监督评估小组提出缩短合规监督考察期限的建议。检察机关听取市场监督管理部门、税务部门意见后，决定将合规监督考察期限缩短至3个月。2021年8月16日至18日，第三方监督评估小组对该公司合规有效性进行评估，出具了合规建设合格有效的评估报告。

五是参考考察结果作出处理。2021年8月20日，张家港市检察院组织公开听证，综合考虑企业合规整改效果，就是否建议公安机关撤销案件听取意见，听证与会人员一致同意检察机关制发相关检察建议。当日，检察机关向公安机关发出检察建议，公安机关根据检察建议及时作出撤案处理，并移送市场监督管理部门作行政处罚。检察机关2个月后回访发现，S公司各项经营已步入正轨，因为合规建设，两家大型企业看中S公司合规资质与其建立了长期合作关系，业务预期翻几番，发展势头强劲。

三、典型意义

1. 对尚未进入检察环节的涉企"挂案"进行排查，采取与企业合规改革试点结合等方式能动清理。检察机关推进涉企"挂案"清理过程中，除依托统一业务应用系统中排除出相关数据外，还可以通过控告申诉、日常走访、服务企业平台等了解"挂案"线索。对尚未进入检察环节的案件，可采取介入侦查的形式，积极与公安机关开展个案会商。通过听取案件情况、审查在案证据、实地走访调查等工作，与公安机关共同分析是否属于"挂案"、"挂案"原因、"挂案"影响以及侦查取证方向、可行性等因素，分类施策、妥善处理。对符合合规监督考察的条件的案件，积极引导涉案企业开展合规整改，促进涉企"挂案"清理，最大限度降低"挂案"对企业生产经营的影响。

2. 严格把握企业合规监督考察条件、标准和工作程序，规范清理涉企"挂案"。通过企业合规促进"挂案"清理，在具体操作中应该重点把握三点：一是要通过走访调查，深入了解犯罪嫌疑人认罪悔罪态度、企业经营状况、社会贡献、合规意愿以及违法犯罪既往历史等情况，评估涉案企业是否符合开展合规监督考察的条件。二是要加强对外沟通，向公安机关讲清企业合规政策和涉企"挂案"清理意义，争取理解和支持。三是要依托第三方监督评估机制，客观公正地跟踪指导企业合规建设、评估合规有效性，以第三方监督评估结论为主要依据，听取行政机关以及公开听证等多方意见，做到"阳光"清理、规范清理。本案中，检察机关按照申请、调查、会商、考察等程序，规范推进企业合规，同时引入第三方组织对企业合规建设进行全程监督，值得肯定。

3. 与公安机关等有关部门积极配合，多措并举合力护航民营经济健康发展。为加强民营经济平等保护，2020 年 10 月以来，最高人民检察院与公安部联合部署开展涉民营企业刑事诉讼"挂案"专项清理工作。全国检察机关、公安机关强化协作、多措并举，一大批"挂案"得到有效清理，该撤案的及时撤案，该继续侦办的尽快突破，以实际行动服务"六稳""六保"大局，受到社会各界的广泛好评。同时，检察机关正在深入开展涉案企业合规改革试点，落实"少捕慎诉慎押"刑事司法政策，依法保护涉案企业和企业家人身和财产合法权益，向涉案企业提出整改意见，督促涉案企业作出合规承诺并积极整改。在日常"挂案"清理工作中，检察机关要针对涉案企业暴露出的经营管理、法律风险方面的突出问题，自觉开展企业合规工作，积极适用第三方监督评估机制，会同公安机关等有关部门综合运用经济、行政、刑事等手段，既促进涉案企业合规守法经营，也警示潜在缺乏规制约束的企业遵纪守法发展，逐步建立长效机制，实现精准监督。

案例三

山东沂南县 Y 公司、姚某明等人串通投标案

一、基本案情

山东省沂南县 Y 有限公司（以下简称 Y 公司）系专门从事家电销售及售后服务的有限责任公司，法定代表人姚某明。除 Y 公司外，姚某明还实际控制由其表哥姚某柱担任法定代表人的沂水县 H 电器有限公司（以下简称 H 公司）。

2016 年 9 月、2018 年 3 月、2020 年 6 月，犯罪嫌疑人姚某明为让 Y 公司中标沂水县农村义务教育学校取暖空调设备采购、沂水县第一、第四中学教室空调等招标项目，安排犯罪嫌疑人徐某（Y 公司员工）借用 H 公司等三家公司资质，通过暗箱操作统一制作标书、统一控制报价、协调专家评委等方式串通投标，后分别中标，中标金额共计 1134 万余元。2021 年 1 月，沂水县公安局以 Y 公司、姚某明等人涉嫌串通投标罪移送沂水县检察院审查起诉。

二、企业合规整改情况及效果

一是综合审查，确定案件纳入企业合规考察范围。沂水县检察院经审查认为，虽然该案中标金额较大，但Y公司姚某明等人有自首情节，主动认罪认罚，Y公司正处于快速发展阶段，在沂南县、沂水县空调销售市场占据较大份额，疫情期间带头捐款捐物，综合考虑企业社会贡献度、发展前景、社会综合评价、企业负责人一贯表现等情况，以及该企业在法律意识、商业伦理、人员管理、财务管理等方面存在的问题，决定对该案适用企业合规试点工作。2021年6月，沂水县检察院经征询涉案企业、个人同意，层报山东省检察院审核批准，对该案正式启动企业合规考察。

二是探索异地协作，对涉案企业开展第三方监督评估。结合涉案企业Y公司所在地为沂南县、犯罪地为沂水县的实际，沂水县检察院多次与两地第三方机制管委会及沂南县检察院沟通交流，共同签订《企业合规异地协作协议》，并由沂南、沂水两地第三方机制管委会从专业人员名录库中抽取律师、市场监管、工商联人员5人组建第三方组织，对Y公司合规建设开展监督评估。第三方组织多次深入企业实地走访、考察，主动约谈企业负责人，全面了解企业情况，诊断出Y公司在风险防控、日常管理方面存在缺乏招投标管理制度，内部审批不严，账簿登记不实，守法意识不强，工资发放不规范等诸多问题，指导企业制定覆盖生产经营全过程、各环节和管理层级的合规计划，确定3个月的考察期。整改过程中，第三方组织每月将合规计划执行情况通报双方检察机关及第三方机制管委会，四方会商后对合规计划及执行情况提出修改完善意见建议，定期跟踪调度，并于考察期满后出具对涉案企业的合规考察报告。同时，沂水县检察院积极建议县工商联、县市场监管局指派专人，参照Y公司合规计划，一并督促做好关联企业H公司的合规整改。

三是组建巡回检查小组，对第三方组织履职情况开展“飞行监管”。沂水县第三方机制管委会制定《沂水县企业合规改革试点巡回检查小组工作方案》，结合本案案情，选取6名熟悉企业经营和法律知识的人大代表、政协委员、人民监督员组成巡回检查小组。巡回检查小组和办案检察官通过不预先告知的方式，深入到两个企业进行实地座谈，现场抽查Y公司近期中标的招标项目，对第三方组织履职情况以及企业合规整改情况进行“飞行监管”。通过现场核查，认为涉案企业整改到位，未发现第三方组织不客观公正履职情况。

四是延伸检察职能，扩大办案效果。承办检察官在全面审查合规考察报告和案件情况的基础上，提出拟不起诉意见。为确保公开公正，检察机关邀请政协委员、人民监督员和第三方机制管委会成员等5人组成听证团，对该案进行合规验收听证，听证人员一致同意检察机关意见。2021年10月，沂水县检察院经综合评估案情、企业合规整改、公开听证等情况，认为Y公司、姚某明等人主动投案、认罪认罚，主观恶性较小，串通投标次数较少，且案发后有效进行企业合规整改，建立健全相关制度机制堵塞管理漏洞,依法合规经营不断创造利税,社会危害性较小,对Y公司、姚某明等人依法作出相对不起诉决定。同时,针对办案过程中发现的问题,沂水县检察院建议行政主管部门对Y公司及其他公司出借资质的行为依法处理;向财政、教育、市场监管三部门发出完善招投标管理、堵塞制度漏洞等检察建议,建议进一步严格落实行贿犯罪查询、政府采购活动中违法违规行为查询等制度规定,加强对招标代理公司管理。

当地市场监管等部门积极采纳检察建议,开展招投标领域专项整治,对2021年以来60余个招投标项目全面清查,发现标前审查不严格、招标代理机构管理不规范等问题21个,并针对问题逐项整改;举办行业管理人员、招标代理机构专题培训,建立健全投标单位标前承诺制度、违法违规行为强制查询制度,对专项整治以来中标项目进行动态跟踪,畅通违法行为举报途径、加大惩罚力度,强化行政监管,有效遏制了串标、围标等违法行为发生。

三、典型意义

1. 积极探索,对第三方组织开展"飞行监管"。该案中,为确保企业合规建设和第三方组织监督工作依法、规范、有序进行,第三方机制管委会组建巡回检查小组,探索建立"飞行监管"机制,对第三方组织及其组成人员的履职情况开展不预先告知的现场抽查和跟踪监督。实践中,第三方机制管委会可以牵头组建巡回检查小组,邀请人大代表、政协委员、人民监督员、退休法官、检察官以及会计、审计、法律、合规等相关领域的专家学者担任巡回检查小组成员开展巡回检查,并将检查情况及时报告第三方机制管委会及其联席会议,提出改进工作的意见建议。

2. 强化协作配合,促进关联企业共同整改。该案探索建立第三方监督评估异地协作模式,对涉案企业开展合规建设。同时由行政主管部门加强对关联企业合规整改的监督指导。经过共同监管,涉案企业及关联企业专门聘请法律顾问进行合规建设,同时建立每月述职谈合规、合规学习、员工管理、财务管理、举报制度等相关机制。整改期间,Y公司参与了六个项目的招投标,依法合规承揽工程2000余万元,稳定持续提供就业岗位200余个。同时,各职能部门在各自管理环节落实"谁执法,谁普法",加强正面引导和反面警示,让招投标领域相关从业人员正确判断自己的行为性质,遵规守法,加强行业自律。

3. 注重行业治理,实现"办理一案、治理一片"效果。近年来,不法分子为经济利益所驱动,在工程建设、设备采购等多个领域大肆"串标""围标",不仅严重扰乱市场经济秩序,侵害其他招投标当事人合法利益,还给工程质量、安全管理带来隐患,各方务必高度重视,采取有力措施加以解决。该案中,检察机关积极延伸办案职能,主动作为,注重加强与相关行政主管部门的沟通协作,用好公开听证、检察意见、检察建议组合拳,促进从个案合规提升为行业合规,助力在招投标领域形成合规建设的法治氛围,努力实现"办理一起案件、扶助一批企业、规范一个行业"的良好示范效应。

案例四

随州市Z公司康某某等人重大责任事故案

一、基本案情

湖北省随州市Z有限公司(以下简称Z公司)系当地重点引进的外资在华食品加工企业,康某某、周某某、朱某某分别系该公司行政总监、安环部责任人、行政部负责人。

2020年4月15日,Z公司与随州市高新区某保洁经营部法定代表人曹某某签订污水沟清理协议,将食品厂洗衣房至污水站下水道、污水沟内垃圾、污泥的清理工作交由曹某某承包。2020年4月23日,曹某某与其同事刘某某违规进入未将盖板挖开的污水沟内作业时,有硫化氢等有毒气体溢出,导致二人与前来救助的吴某某先后中毒身亡。随州市政府事故调查组经调查后认定该事故为一起生产安全责任事故。曹某某作为清污工程的承包方,不具备有限空间作业的安全生产条件,在未为作业人员配备应急救援装备及物资、未对作业人员进行安全培训的情况下,违规从事污水沟清淤作业,导致事故发生,对事故负有直接责任。康某某、周某某、朱某某作为Z公司分管和负责安全生产的责任人,在与曹某某签订合同以及曹某某实施清污工程期间把关不严,未认真履行相关工作职责,未及时发现事故隐患,导致发生较大生产安全事故。案发后,康某某、周某某、朱某某先后被公安机关采取取保候审措施,Z公司分别对曹某某等三人的家属进行赔偿,取得了谅解。2021年1月22日,随州市公安局曾都区分局以康某某、周某某、朱某某涉嫌重大责任事故罪移送随州市曾都区检察院审查起诉。

二、企业合规整改情况及效果

一是审查启动企业合规考察。曾都区检察院经审查认为,康某某等人涉嫌重大责任事故罪,属于企业人员在生产经营履职过程中的过失犯罪,同时反映出涉案企业存在安全生产管理制度不健全、操作规程执行不到位等问题。事故报告认定被害人曹某某对事故负有直接责任,结合三名犯罪嫌疑人的相应管理职责,应当属于次要责任。三人认罪认罚,有自首情节,依法可以从宽、减轻处罚。Z公司系外资在华企业,是当地引进的重点企业,每年依法纳税,并解决2500余人的就业问题,对当地经济助力很大。且Z公司所属集团正在积极准备上市,如果公司管理人员被判刑,对公司发展将造成较大影响。2021年5月,检察机关征询Z公司意见后,Z公司提交了开展企业合规的申请书、书面合规承诺以及企业经营状况、纳税就业、社会贡献度等证明材料,检察机关经审查对Z公司作出合规考察决定。

二是精心组织第三方监督评估。检察机关委托当地应急管理局、市场监督管理局、工商联等第三方监督评估机制管委会成员单位以及安全生产协会，共同组成了第三方监督评估组织。第三方组织指导涉案企业结合事故调查报告和整改要求，按照合规管理体系的标准格式制订、完善合规计划；建立以法定代表人为负责人、企业部门全覆盖的合规组织架构；健全企业经营管理需接受合规审查和评估的审查监督、风险预警机制；完善安全生产管理制度和定期检查排查机制，从制度上预防安全事故再发生，初步形成安全生产领域“合规模板”。Z公司在合规监管过程中积极整改并向第三方组织书面汇报合规计划实施情况。2021年8月，第三方组织对Z公司合规整改及合规建设情况进行评估，并报第三方机制管委会审核，Z公司通过企业合规考察。

三是公开听证依法作出不起诉决定。检察机关在收到评估报告和审核意见后组织召开公开听证会，邀请省人大代表、省政协委员、人民监督员、公安机关和行政监管部门代表、工商联代表以及第三方组织代表参加听证，参会人员一致同意检察机关对康某某等三人作不起诉处理。2021年8月24日，检察机关依法对康某某、周某某、朱某某作出不起诉决定。

Z公司通过开展合规建设，逐步建立起完备的生产经营、安全防范、合规内控的管理体系，企业管理人员和员工的安全生产意识和责任感明显增强，生产效益得到进一步提升。

三、典型意义

1. 检察机关积极稳妥在涉企危害生产安全犯罪案件中适用企业合规，推动当地企业强化安全生产意识。检察机关为遏制本地生产安全事故多发频发势头，保护人民群众生命财产安全，教育警示相关企业建立健全安全生产管理制度，积极稳妥选择在安全生产领域开展企业合规改革试点。涉企危害生产安全犯罪具有不同于涉企经济犯罪、职务犯罪的特点，检察机关需要更加深入细致地开展社会调查，对涉企危害生产安全犯罪的社会危害性以及合规整改的必要性、可行性进行全面评估，确保涉案企业“真整改”“真合规”，切实防止“边整改”“边违规”。

2. 检察机关在企业合规试点中注意“因罪施救”“因案明规”。在合规整改期间，检察机关针对危害生产安全犯罪的特点，建议第三方组织对企业合规整改情况定期或不定期进行检查，确保企业合规整改措施落实落细。同时，第三方组织还根据检察机关建议，要求企业定期组织安全生产全面排查和专项检查，组织作业人员学习生产安全操作规程，加强施工承包方安全资质审查，配备生产作业防护设备，聘请专家对企业人员进行专项安全教育培训并考试考核。涉案企业通过合规整改，提高了安全生产隐患排查和事故防范能力，有效防止再次发生危害生产安全违法行为。

3. 检察机关积极适用第三方机制，确保监督评估的专业性。本案中，检察机关紧密结合涉企危害生产安全犯罪特点，有针对性加强与第三方机制管委会沟通协调，由安全生产领域相关行政执法机关、行业协会人员组成第三方组织，应急管理部门相关人员担任牵头人，提升监督评估专业性。第三方组织围绕本案中造成生产安全责任事故的重要因素，如未认真核验承包方作业人员劳动防护用品、应急救援物资配备等情况，未及时发现承包方劳动防护用品配备不到位等问题，指导涉案企业及其相关人员结合履行合规计划，认真落实安全生产职责，细致排查消除安全生产隐患，确保合规整改取得实效。

案例五

深圳X公司走私普通货物案

一、基本案情

X股份有限公司（以下简称X公司）系国内水果行业的龙头企业。2018年开始，X公司从其收购的T公司进口榴梿销售给国内客户。张某某为T公司总经理，负责在泰国采购榴梿并包装、报关运输至我国香港特区；曲某某为X公司副总裁，分管公司进口业务；李某、程某分别为X公司业务经理，负责具体对接榴梿进口报关、财务记账、货款支付等。

X公司进口榴梿海运主要委托深圳、珠海两地的S公司（另案处理）代理报关。在报关过程中，由S公司每月发布虚假“指导价”，X公司根据指导价制作虚假采购合同及发票用于报关，报关价格低于实际成本价格。2018年至2019年，X公司多次要求以实际成本价报关，均被S公司以统一报价容易快速通关等行业惯例为由拒绝。2019年4月后，双方经商议最终决定以实际成本价报关。

2019年12月12日，张某某、曲某某、李某、程某被抓获归案。经深圳海关计核，2018年3月至2019年4月，X公司通过S公司低报价格进口榴梿415柜，偷逃税款合计397万余元。案发后，X公司规范了报关行为，主动补缴了税款。2020年1月17日，深圳市检察院以走私普通货物罪对张某某、曲某某批准逮捕，以无新的社会危险性为由对程某、李某作出不批准逮捕决定。2020年3月3日，为支持疫情期间企业复工复产，根据深圳市检察院建议，张某某、曲某某变更强制措施为取保候审。2020年6月17日，深圳海关缉私局以X公司、张某某、曲某某、李某、程某涉嫌走私普通货物罪移送深圳市检察院审查起诉。

二、企业合规整改情况及效果

一是精准问诊，指导涉案企业扎实开展合规建设。2020年3月，在深圳市检察院的建议下，X公司开始启动为期一年的进口业务合规整改工作。X公司制订的合规计划主要针对与走私犯罪有密切联系的企业内部治理结构、规章制度、人员管理等方面存在的问题，制定可行的合规管理规范，构建有效的合规组织体系，完善相关业务管理流程,健全合规风险防范报告机制,弥补企业制度建设和监督管理漏洞,防止再次发生类似违法犯罪。经过前期合规整改,X公司在集团层面设立了合规管理委员会,合规部、内控部与审计部形成合规风险管理的三道防线。加强代理报关公司合规管理,明确在合同履行时的责任划分。聘请进口合规领域的律师事务所、会计师事务所对重点法律风险及其防范措施提供专业意见,完善业务流程和内控制度。建立合规风险识别、合规培训、合规举报调查、合规绩效考核等合规体系运行机制,积极开展合规文化建设。X公司还制定专项预算,为企业合规体系建设和维护提供持续的人力和资金保障。合规建设期间,X公司被宝安区促进企业合规建设委员会(以下简称宝安区合规委)列为首批合规建设示范企业。鉴于该公司积极开展企业合规整改,建立了较为完善的合规管理体系,实现合规管理对所有业务及流程的全覆盖,取得阶段性良好效果,为进一步支持民营企业复工复产,深圳市检察院于2020年9月9日对X公司及涉案人员作出相对不起诉处理,X公司被不起诉后继续进行合规整改。

二是认真开展第三方监督评估,确保企业合规整改效果。为检验合规整改效果,避免"纸面合规""形式合规",深圳市宝安区检察院受深圳市检察院委托,于2021年6月向宝安区合规委提出申请,宝安区合规委组织成立了企业合规第三方监督评估工作组,对X公司合规整改情况进行评估验收和回访考察。第三方工作组通过查阅资料、现场检查、听取汇报、针对性提问、调查问卷等方式进行考察评估并形成考察意见。工作组经考察认为,X集团的合规整改取得了明显效果,制定了可行的合规管理规范,在合规组织体系、制度体系、运行机制、合规文化建设等方面搭建起了基本有效的合规管理体系,弥补了企业违法违规行为的管理漏洞,从而能够有效防范企业再次发生相同或者类似的违法犯罪。通过合规互认的方式,相关考察意见将作为深圳海关对X公司作出行政处理决定的重要参考。为了确保合规整改的持续性,考察结束后,第三方工作组继续对X集团进行为期一年的回访考察。

三是强化合规引导,做好刑事司法与行政管理、行业治理的衔接贯通。深圳市检察院在该案办理过程中,在合规整改结果互认、合规从宽处理等方面加强与深圳海关的沟通协作,形成治理合力,共同指导X公司做好合规整改,发挥龙头企业在行业治理的示范作用。整改期间,X公司积极推动行业生态良性发展,不仅主动配合海关总署关税司工作,不定期提供公司进口水果的采购价格,作为海关总署出具验估价格参数的参照标准,还参与行业协会调研、探讨开展定期价格审查评估与监督机制。针对案件办理过程中发现的行政监管漏洞、价格低报等行业普遍性问题,深圳市检察院依法向深圳海关发出《检察建议书》并得到采纳。深圳海关已就完善进口水果价格管理机制向海关总署提出合理化建议,并对报关行业开展规范化管理以及加强普法宣讲,引导企业守法自律。

开展合规整改以来，X集团在合法合规的基础上，实现了年营业收入25%、年进口额60%的逆势同比增长。2021年8月10日X集团被评为深圳市宝安区“3A”（3A：海关认证、纳税信用、公共信用）信用企业，同年9月9日被评为诚信合规示范企业。

三、典型意义

1. 落实“少捕慎诉慎押”刑事司法政策，降低办案对企业正常生产经营的影响。该案中，鉴于X公司长期以正规报关为主，不是低报走私犯意的提起者，系共同犯罪的从犯，案发后积极与海关、银行合作，探索水果进口合规经营模式，深圳市检察院经过社会危险性量化评估，对重要业务人员李某、程某作出不捕决定。在跟踪侦查进展，深入了解涉案企业复工复产状况的基础上，深圳市检察院对两名高管张某某、曲某某启动捕后羁押必要性审查。经审查，深圳市检察院认为该案事实已经查清，主要证据已收集完毕，建议侦查机关将两名高管变更强制措施回归企业。后侦查机关根据建议及时对张某某、曲某某变更为取保候审，有效避免企业生产停顿带来的严重影响。

2. 坚守法定办案期限，探索合规考察不局限于办案期限的模式。企业合规改革试点要依法有序推进，不能随意突破法律。改革试点中，如何处理合规考察期限和办案期限的关系是亟须厘清的重要问题。根据案件采取强制措施方式的不同，至多存在6个半月或1年的不同办案期限。本案中，涉案企业作为大型民营企业，其涉案合规风险点及合规管理体系建设较为复杂，合规整改时间无法在案件办理期限内完成。作为企业合规改革第一批试点地区，深圳检察机关根据涉案企业阶段性的合规整改情况作出不起诉决定后，持续督促其进行合规整改，合规考察期限届满后通过第三方工作组开展合规监督评估，确保合规整改充分开展、取得实效。

3. 积极促成“合规互认”，彰显企业合规程序价值。检察机关对涉案企业作出不起诉决定后，行政执法机关仍需对涉案企业行政处罚的，检察机关可以提出检察意见。在企业合规整改期限较长的情况下，合规程序往往横跨多个法律程序，前一法律程序中已经开展的企业合规能否得到下一法律程序的认可，是改革试点实践中普遍存在的问题。本案中，深圳市检察机关对涉案企业开展第三方监督评估后，积极促成“合规互认”，将企业合规计划、定期书面报告、合规考察报告等移送深圳海关，作为海关作出处理决定的重要参考，彰显了企业合规的程序价值。

4. 设置考察回访程序，确保合规监管延续性。企业合规监督评估后，涉案企业合规体系是否能实现持续有效地运转，直接关系到合规整改的实效。本案中，第三方工作组针对涉案企业合规管理体系建设尚待完善之处，再进行为期1年的企业合规跟踪回访，助力企业通过持续、全面合规打造核心竞争力。

案例六

海南文昌市S公司、翁某某掩饰、隐瞒犯罪所得案

一、基本案情

海南省文昌市S科技开发有限公司(以下简称S公司)系当地高新技术民营企业,翁某某系该公司厂长。

2015年至2016年,张某某(另案处理)在海南省文昌市翁田镇某处实施非法采矿,经张某某雇请的王某某(另案处理)联系,将采挖的石英砂出售给S公司。S公司厂长翁某某为解决生产原料来源问题,在明知石英砂为非法采挖的情况下,仍予以收购,共计3.69万吨。随后,翁某某安排公司财务部门通过公司员工陈某某及翁某某个人账户,将购砂款转账支付给王某某,王某某再将钱取出交给张某某。经审计,S公司支付石英砂款共计125万余元。

2020年2月,文昌市公安局在侦查张某某涉恶犯罪团伙案件时,发现翁某某涉嫌掩饰、隐瞒犯罪所得犯罪线索。2021年1月,翁某某经公安机关传唤到案后,如实供述犯罪事实,自愿认罪认罚。2021年2月,文昌市公安局以翁某某涉嫌掩饰、隐瞒犯罪所得罪移送文昌市检察院审查起诉。检察机关经审查,以涉嫌掩饰、隐瞒犯罪所得罪追加S公司为被告单位。

二、企业合规整改情况及效果

一是认真审查启动企业合规。检察机关经审查了解,S公司、翁某某涉嫌掩饰、隐瞒犯罪所得罪,反映出该公司及其管理人员过度关注生产效益,片面追求经济利益,法律意识较为淡薄。S公司系高新技术民营企业,生产的产品广泛应用于航天、新能源、芯片等领域,曾荣获全国优秀民营科技企业创新奖,现有员工80余人,年产值2000余万元。2021年3月,经S公司申请,检察机关启动合规整改程序,要求该公司对自身存在的管理漏洞进行全面自查并开展合规整改。2021年4月,S公司提交了合规整改承诺书,由公司董事会审核通过,并经检察机关审查同意,企业按照要求进行合规整改。

二是扎实开展第三方监督评估。2021年7月,由文昌市自然资源和规划局、市场监督管理局、税务局、综合行政执法局、工商联等单位的相关人员以及人大代表、政协委员、律师代表等组成的第三方监督评估组织,对S公司合规整改情况进行评估验收。2021年8月,第三方监督评估组织出具评估验收报告,认为S公司已经按照要求进行合规整改,建立了较为完善的内控制度和管理机制,可以对类似的刑事合规风险进行识别并有效预防违法犯罪。检察机关就S公司是否符合从宽处理条件及案发后合规整改评估情况举行公开听证会,充分听取人大代表、政协委员、律师代表和相关

行政部门负责人的意见，还邀请人民监督员参加，全程接受监督。听证会上，听证员、人民监督员一致同意检察机关对S公司和翁某某的从宽处理意见，同时认可该企业的整改结果。

三是综合考虑提出轻缓量刑建议。2021年9月，文昌市检察院根据案情，结合企业合规整改情况，以S公司、翁某某涉嫌掩饰、隐瞒犯罪所得罪依法提起公诉，并提出轻缓量刑建议。2021年11月，文昌市法院采纳检察机关全部量刑建议，以掩饰、隐瞒犯罪所得罪分别判处被告单位S公司罚金3万元；被告人翁某某有期徒刑1年，缓刑1年6个月，并处罚金人民币1万元；退缴的赃款125万余元予以没收，上缴国库。判决已生效。

三、典型意义

1. 非试点地区在法律框架内积极开展企业合规改革相关工作。文昌市检察院充分认识开展涉案企业合规改革工作的重大意义，作为非试点地区积极主动作为，全面梳理排查2020年以来受理的涉企刑事案件，建立涉企案件台账，通过严把企业合规案件的条件和范围，精心选定开展企业合规改革工作的重点案件。

2. 结合案发原因，指导企业制订切实可行的合规计划。检察机关经审查认为，S公司在合规经营方面主要存在两个方面的明显漏洞，首先是合同签订履行存在违法风险，其次是财务管理存在违规漏洞。鉴于此，有针对性地指导企业重点围绕建立健全内部监督管理制度进行整改，督促企业在业务审批流程中增加合规性审查环节，建立起业务流程审批—法律事务审核（合规性审查）—资金收支规范—集团公司审计四个方面全流程监管体系，有效防控无书面合同交易、坐支现金等突出问题。

3. 根据本地实际，推动第三方监督评估机制规范运行。作为非试点地区，检察机关商请当地自然资源和规划局、市场监督管理局、税务局、综合行政执法局、工商联等单位的业务骨干以及人大代表、律师代表组成第三方组织对S公司合规整改情况进行评估验收，评估方式包括召开座谈会、查阅公司资料和台账、对经营场所检查走访等。各方面专业人员在此基础上结合各自职责范围出具评估验收报告，督促涉案企业履行合规承诺，促进企业合规经营。

4. 充分履行检察职能，确保合规工作取得实效。本案中，检察机关结合办案发现、研判企业管理制度上的漏洞，向涉案企业制发检察建议，有针对性地指出问题，提出整改建议要求，督促涉案企业履行合规承诺。同时，还派员不定期走访S公司及相关单位，持续对合规整改进行跟踪检查并提出意见建议。整改完成后，及时公开听证，做到“能听证、尽听证”。目前，S公司在合规整改完成后，已妥善解决生产原料来源问题，经营状况良好。

3. 最高人民检察院公布第三批涉案企业合规的典型案例

案例一

上海Z公司、陈某某等人非法获取计算机信息系统数据案

一、基本案情

上海Z网络科技有限公司（以下简称Z公司）成立于2016年1月，系一家为本地商户提供数字化转型服务的互联网大数据公司。Z公司现有员工1000余人，年纳税总额1000余万元，已帮助2万余家商户完成数字化转型，拥有计算机软件著作权10余件，2020年被评定为高新技术企业。被不起诉人陈某某、汤某某、王某某等人分别系该公司首席技术官、核心技术人员。

2019年至2020年，在未经上海E信息科技有限公司（以下简称E公司，系国内特大型美食外卖平台企业）授权许可的情况下，Z公司为了以提供超范围数据服务吸引更多的客户，由公司首席技术官陈某某指使汤某某等多名公司技术人员，通过"外爬""内爬"等爬虫程序（按照一定的规则，在网上自动抓取数据的程序），非法获取E公司运营的外卖平台（以下简称E平台）数据。其中，汤某某技术团队实施"外爬"，以非法技术手段，或利用E平台网页漏洞，突破、绕开E公司设置的IP限制、验证码验证等网络安全措施，通过爬虫程序大量获取E公司存储的店铺信息等数据。王某某技术团队实施"内爬"，利用掌握的登录E平台商户端的账号、密码及自行设计的浏览器插件，违反E平台商户端协议，通过爬虫程序大量获取E公司存储的订单信息等数据。上述行为造成E公司存储的具有巨大商业价值的海量商户信息被非法获取，同时造成E公司流量成本增加，直接经济损失人民币4万余元。

案发后，Z公司、陈某某等人均认罪认罚，Z公司积极赔偿被害单位经济损失并取得谅解。2020年8月14日，上海市公安局普陀分局以陈某某等人涉嫌非法获取计算机信息系统数据罪提请上海市普陀区检察院审查逮捕。8月21日，普陀区检察院经审查认为，陈某某等人不具有法律规定的社会危险性，依法决定不批准逮捕。2021年6月25日，上海市公安局普陀分局以陈某某等人涉嫌非法获取计算机信息系统数据罪移送普陀区检察院审查起诉。2022年5月，普陀区检察院依法对犯罪嫌疑单位Z公司、犯罪嫌疑人陈某某等14人作出不起诉决定。

二、企业合规整改情况及效果

一是介入侦查，把准案件定性。因本案罪名涉及专业领域、作案手法复杂，侦查之初，普陀区检察院即应公安机关邀请介入侦查，引导取证，明确鉴定方向。一方面，引导公安机关固定Z公司爬虫程序、云服务器电子数据，以查清爬虫的运行模式、被爬取的数据属性等关键事实并加以鉴定。同时，走访被害企业，深入核实被害企业数

据防护措施、直接经济损失等，为认定案件事实补充完善证据链条。另一方面，引导公安机关在讯问时关注作案动机、Z公司现状及发展前景等与企业合规相关的问题，督促Z公司积极赔偿被害企业损失，消除影响，同时会同执法司法机关、监管部门、专家学者，围绕爬虫的技术原理、合法性边界、法律适用及数据合规重点、难点，深入开展研讨交流，为案件定性、开展企业合规整改奠定工作基础。

二是认真审查，启动合规考察。案件移送审查起诉后，普陀区检察院经实地走访Z公司查看经营现状以及会同监管部门研商公司运营情况发现，Z公司管理层及员工存在重技术开发、轻数据合规等问题，此次爬取数据出于自身拓展业务的动机，未进行二次售卖。考虑到Z公司系成长型科创企业，陈某某等14名涉案人员均认罪认罚，积极赔偿E公司经济损失并取得谅解，Z公司合规整改意愿强烈，提交了《适用刑事合规不起诉申请书》及企业经营情况、社会贡献度等书面证明材料，检察机关经审查对Z公司作出合规考察决定。

三是因案制宜，围绕数据合规专项计划精准"开方"，对涉案企业开展专业第三方监督评估。经走访座谈、办案调研，普陀区检察院发现，Z公司存在管理盲区、制度空白、技术滥用等合规风险，遂向Z公司制发《合规检察建议书》，从数据合规管理、数据风险识别、评估与处理、数据合规运行与保障等方面提出整改建议。Z公司积极整改，并聘请法律顾问制订数据合规专项整改计划。同时，鉴于开展数据合规的专业性要求较高，本案第三方组织吸纳网信办、知名互联网安全企业、产业促进社会组织等的专家成员，通过询问谈话、走访调查、审查资料、召开培训会等形式，全程监督Z公司数据合规整改工作。第一，数据来源合规。Z公司与E公司达成合规数据交互约定，彻底销毁相关爬虫程序及源代码，对非法获取的涉案数据进行无害化处理，并与E平台API数据接口直连，实现数据来源合法化。第二，数据安全合规。Z公司设立数据安全官，专项负责数据安全及个人信息安全保护工作；构建数据安全管理体系，制定、落实《数据分类分级管理制度》《员工安全管理等级》；加入区级态势感知平台，提升安全威胁的识别、响应处置能力，分拆服务，提高云访问权限，数据及时脱敏、加密，增强网络攻击防护能力。第三，数据管理制度合规。Z公司建立数据合规委员会，制定常态化合规管理制度，开展合规年度报告。

四是"云听证"，确保监督评估考察公正透明。三个月考察期限届满，第三方组织评估认为，涉案企业与个人积极进行合规整改，建立合规组织、完善制度规范、提升技术能级，已完成数据合规建设的整改措施。2022年2月，评定Z公司合规整改合格。普陀区检察院通过听取汇报、现场验收、公开评议等方式对监督考察结果予以充分审查。为保障涉案企业及时复工复产，同年4月28日，普陀区检察院因疫情开展"云听证"，邀请全国人大代表、人民监督员、侦查机关、第三方组织、被害单位等线上参加或旁听。经评议，参与听证各方一致同意对涉案人员作出不起诉决定。同年5月10

日，检察机关经审查后认为，因本案犯罪情节轻微，Z公司及犯罪嫌疑人具有坦白、认罪认罚等法定从宽处罚情节，积极退赔被害企业损失并取得谅解，系初犯，主观恶性小，社会危害性不大，且Z公司合规整改经第三方考察评估合格，依法对Z公司、陈某某等人分别作出不起诉决定。

五是企业合规整改见实效、显长效。为确保企业将数据合规内化为长效机制，根据检察机关不定期回访工作了解，Z公司认真落实合规整改，与E平台达成数据交互合作，通过API数据接口直连，合法合规获取平台数据。同时，Z公司将其与E平台的合作模式进行复制、移植，与3家大型互联网企业达成数据合作。Z公司通过扎实开展企业合规，建立健全数据合规长效机制，公司实现稳步发展，分支机构在全国覆盖面进一步扩大，员工人数比2020年年底增加400余人，2021年度全年营收2亿余元，纳税总额1700余万元。

三、典型意义

1. 合规准备工作前移，积极推动侦查过程中合规准备工作，为审查起诉阶段的合规监督考察奠定基础。本案中检察机关积极利用提前介入侦查，引导公安机关收集合规信息与材料，为后续合规工作的高效开展奠定坚实基础。对于挽救企业来说，早合规优于晚合规，检察机关应当与侦查机关密切配合、相向而行，综合运用好介入侦查引导取证、审查逮捕、强制性措施适用等法定职权，把促进合规的工作做在前面，推动合规改革释放出最优效果。

2. 组建专业化第三方组织，提升涉案企业数据合规监督评估的有效性。检察机关立足区域内互联网产业集聚特点，推动设立涉互联网第三方专业人员名录库。针对涉及"网络爬虫"等数据合规专业领域情况，检察机关经社会调查认定涉案企业符合企业合规第三方机制适用条件，商请第三方机制管委会从专类名录库中抽取了由互联网行业管理部门、行业龙头企业和专业协会人员组成的第三方组织，为第三方机制运转提供专业性、公正性、协同性支撑。检察机关依托第三方组织的专业优势，以召开评估工作现场会的形式对涉案企业合规计划的可信性、有效性与全面性进行充分审查，围绕案件反映的数据获取问题开展"因罪施救""因案明规"，督促涉案企业构建有效的数据合规整改体系，做到"真合身""真管用"。

3. 能动履职强化审查把关，多措并举保障企业有效推进合规整改。本案中，检察机关在依法适用第三方机制的基础上，一是强化主导责任，因案制宜加强合规考察的审查把关，主动听取第三方组织对企业合规整改的考察情况，协调有关行政机关将涉案企业纳入监测平台，统筹数据专项合规与全面合规，确保企业合规整改措施全方位落实落细，避免出现"纸面合规""形式合规"。二是延伸合规激励，秉持惩治与挽救并重，加强检企沟通对接，充分听取被害企业意见，积极推动双方企业实现和解，促成涉案企业与数据来源方达成合规数据交互协议，确保数据来源的合法化，最大限度维护涉案企业正常生产经营。三是深化科技赋能,立足疫情防控常态化下的办案要求,通过"云听证"审查方式兼顾办案公开与效率,召开由全国人大代表、第三方组织、涉案企业参加的线上座谈,听取各方意见,延伸办案效果,实现线上线下对接、场内场外联动,以公开促公正、赢公信。

4.由点及面推动行业治理,助力构建健康清朗的网络生态环境。推动网络空间法治化治理,促进互联网企业守法经营,是检察机关依法能动履职、促进诉源治理肩负的重要责任。数字化转型背景下衍生出的数据侵权、网络犯罪问题,亟须规范引导以保障数字经济高质量发展。本案中,涉案企业与被害企业均为大型互联网科创企业,普陀区检察院深化社会综合治理,依法打击网络灰黑产业链的同时,推动促进互联网行业建立数据合规经营体系。一方面,通过案件办理、检察建议、法治宣传等方式,深入涉案企业所在园区引导广大互联网企业树立数据合规意识,从源头防止再次发生类似违法犯罪。另一方面,以"我管"促"都管"助力营造企业合规文化,推动区政府相关部门、司法机关及30余家区内互联网企业深入落实《普陀区互联网企业合规共识框架》,发布《互联网企业常见刑事法律风险防控提示》,为企业风险防范、合规经营提供法律支持,努力实现"办理一个案件、形成一个合规标准、规范一个行业"的良好效果。

案例二

王某某泄露内幕信息、金某某内幕交易案

一、基本案情

广东K电子科技股份有限公司(以下简称K公司)长期从事汽车电子产品研发制造,连续多年获国家火炬计划重点高新技术企业称号,创设国家级驰名商标,取得700余项专利及软件著作权,2018年开始打造占地30万平方米、可容纳300余家企业的产业园,已被认定为国家级科技企业孵化器。被告人王某某系K公司副总经理、董事会秘书。

2016年12月,K公司拟向深圳市C科技股份有限公司(以下简称C公司)出售全资子公司。2017年1月15日,K公司实际控制人卢某某与C公司时任总经理张某某达成合作意向。同年2月9日,双方正式签署《收购意向协议》,同日下午C公司向深交所进行报备,于次日开始停牌。同年4月7日,C公司发布复牌公告,宣布与K公司终止资产重组。经中国证券监督管理委员会认定,上述收购事项在公开前属于内幕信息,内幕信息敏感期为2017年1月15日至4月7日。被告人王某某作为K公司董事会秘书,自动议开始知悉重组计划,参与重组事项,系内幕信息的知情人员。

2016年12月和2017年2月9日,被告人王某某两次向其好友被告人金某某泄

露重组计划和时间进程。被告人金某某获取内幕信息后，为非法获利，于2017年2月9日紧急筹集资金，使用本人证券账户买入C公司股票8.37万股，成交金额人民币411万余元，复牌后陆续卖出，金某某亏损合计人民币50余万元。

2021年8月10日，北京市公安局以王某某、金某某涉嫌内幕交易罪向北京市检察院第二分院（以下简称市检二分院）移送审查起诉。审查起诉期间，市检二分院对K公司开展企业合规工作，合规考察结束后结合犯罪事实和企业合规整改情况对被告人提出有期徒刑2年至2年半，适用缓刑，并处罚金的量刑建议，与二被告人签署认罪认罚具结书。2021年12月30日，市检二分院以泄露内幕信息罪、内幕交易罪分别对王某某、金某某提起公诉。2022年1月28日，北京市第二中级人民法院作出一审判决，认可检察机关指控事实和罪名，认为检察机关开展的合规工作有利于促进企业合法守规经营，优化营商环境，可在量刑时酌情考虑，采纳市检二分院提出的量刑建议，以泄露内幕信息罪判处王某某有期徒刑2年，缓刑2年，并处罚金人民币10万元，以内幕交易罪判处金某某有期徒刑2年，缓刑2年，并处罚金人民币20万元。

二、企业合规整改情况及效果

一是强化事先审查，确保个人犯罪中企业合规开展必要性。案件办理期间，K公司提出王某某被羁押造成公司业务陷入停滞，主动作出合规经营承诺。市检二分院向K公司负责人、投资人及合作伙伴多方核实，调取企业项目资质、决策会议记录等证明材料，了解到K公司正处于从生产制造模式向产融运营模式转型的关键阶段，王某某长期负责战略规划、投融资等工作，因其羁押已造成多个投融资和招商项目搁浅，导致涉10亿元投资的产业园项目停滞，王某某对企业当下正常经营和持续发展确有重要作用。市检二分院综合考虑犯罪情节、案件查证情况及王某某认罪认罚意愿，及时回应企业需求，变更王某某强制措施为取保候审。同时，鉴于K公司具有良好发展前景，且有合规建设意愿，检察机关经审查评估犯罪行为危害、个人态度、履职影响及整改必要性等因素，于2021年9月8日启动企业合规工作。

二是找准合规风险点，精准提出检察建议。市检二分院结合案件审查情况，在K公司保密制度缺失、人员保密意识淡薄等表象问题外，挖掘出治理结构风险、经营决策风险、制度运行漏洞以及外部关联公司风险等多项深层次合规风险，为制发精准有效的合规整改检察建议奠定基础。2021年10月11日，针对投资参股型企业经营特点，检察机关向K公司制发检察建议书，建议K公司及其必要的关联公司、子公司共同整改，同步建立资本运作信息保密专项制度，并通过调整治理结构、配备责任主体、规范工作程序、加强员工培训等管控措施保障制度落实。

三是及时启动第三方监督评估机制，监督引导企业进行专项整改。为进一步实现检察建议具体化、可行化和专业化落地，确保企业合规整改取得实效，市检二分院决定适用第三方监督评估机制，监督、引导涉案企业进行合规整改。第三方组织对照检察建议，在尽职调查基础上，根据股权控制关系、业务关联程度、管理层交叉任职情况等因素筛选出三家重要子公司同步参加整改，以合规风险自查清单形式引导企业逐员、逐部门排查合规风险点并作出具体整改承诺，以监管清单形式对企业合规计划提出专业性意见。在第三方组织监督、引导下，K公司制订了涵盖组织体系、保密对象、制度重建、运行保障、意识文化以及主体延伸等多个层面的信息保密专项合规计划，并聘请专业合规团队辅导公司逐项完成，规范配置经营决策权，建立体系化信息保密管理和考核制度，新设合规管理责任部门，实现合规管理流程全覆盖，组织开展了辐射内部员工、关联公司以及产业园区企业的专项培训。

四是注重多措并施，确保合规审查结果科学公正。2021年12月20日，经过2个月合规考察，第三方组织参照检察建议和相关合规指引对K公司整改情况进行评价。针对此次专项合规整改特点，量身定制了包括检察建议完成情况、合规方案、合规文化培育等12个模块65项评价要素的评价体系，将企业合规整改工作逐项拆解评分，再累加汇总，最终第三方组织认为K公司整改效果达到良好等级，并出具了合规考察报告。2021年12月23日，市检二分院邀请多位合规领域专家学者作为听证员举行听证会进行公开验收，听证员认真听取合规工作各参与主体介绍涉案企业整改情况，追问评估考察方式、合规责任主体、合规经费投入等细节问题，并在经过闭门评议后发表听证意见，一致同意通过K公司合规整改验收。

2022年5月，K公司完成整改以来，产业园项目已顺利竣工等待验收，王某某主导的约2000万元投资和基金项目均已按照新规章制度稳步推进。

三、典型意义

1.积极稳妥探索可能判处较重刑罚案件适用合规改革的全流程办案机制。本案中犯罪嫌疑人可能判处3年以上有期徒刑，但在涉案企业的经营活动中具有难以替代的作用，简单化起诉、判刑不利于涉案企业正常经营发展，且企业具有强烈的合规意愿。检察机关在侦查、起诉与审判三个主要程序环节上均充分利用了合规工作的有效措施，通过在侦查程序中慎重采取强制措施、在审查起诉环节督促开展专项合规整改、起诉后基于合规整改情况提出宽缓的量刑建议，融通了三个主要程序环节中的合规工作，对可能判处较重刑罚案件如何适用合规改革作出有益探索。

2.充分发挥检察职能优势，探索检察机关全流程主导的合规路径。检察机关多措并举进行合理安排、科学衔接、有效配置，积极实践“检察建议宏观把控+检察主导第三方考察+检察听证事后监督”的企业合规路径。一方面借助案件审查和检察建议调查程序，深入挖掘犯罪成因，避免“头痛医头，脚痛医脚”式合规；另一方面积极推动检察建议与第三方监督评估相互融通，并通过第三方组织《工作周报》《定期书面报告》等联系机制动态掌握整改进程，及时解决整改问题；此外，在整改结束后向第三方组织和专家学者借智借力，以第三方组织量化式评估验收确保评价体系公开透明，以公开听证展示合规依法公正。

3. 因案施治，依托专项合规推动民营企业完善法人治理结构。本案虽是针对泄露内幕信息和内幕交易犯罪案件开展的专项合规，但检察机关发现并通过第三方组织调查了解到，K公司存在家族式治理、关键人控制、实际决策人与职权分离等民营企业常见的内控失调现象，如脱离个案的特殊情况片面开展专项合规势必不能取得良好效果。为此，检察机关决定以内幕信息保密合规为契机，推动涉案企业向现代企业法人治理结构积极转变，为企业的健康发展打牢法治根基。

4. 依托涉案企业合规改革试点，强化资本市场非上市公司内幕信息保密合规管理，涵养资本市场法治生态。资本市场是信息市场加信心市场，健全内幕信息保密合规管理，是提振投资信心的重要体现。但内幕交易案件暴露出，企业内幕信息保密管理缺失会引起内幕信息泄密风险，诱发内幕交易，在扰乱证券市场秩序的同时，侵害了广大投资者的合法权益。尤其是作为上市公司交易对方的非上市公司，在行政监管相对薄弱的情况下，更应该加强自身合规管理。该案作为全国首例开展涉案企业合规工作的证券犯罪案件，检察机关坚持惩治犯罪与助力维护资本市场秩序并重，依托涉案企业合规改革积极推动资本市场非上市公司更新合规理念，对标上市公司健全自身合规管理体系，培养全链条合规意识，将外部监管类规定内化为自律合规要求，提高资本运作规范化水平，助力营造资本市场良好法治环境。

案例三

江苏F公司、严某某、王某某提供虚假证明文件案

一、基本案情

被告人严某某、王某某分别是江苏F土地房地产评估咨询有限公司（以下简称F公司）的估价师和总经理。

2019年1月，F公司接受委托为G工贸实业有限公司（以下简称G公司）协议搬迁项目进行征收估价，先是采取整体收益法形成了总价为2.23亿余元的评估报告初稿。为满足G公司要求，王某某要求严某某将涉案地块评估单价提高。严某某在无事实依据的情况下，通过随意调整评估报告中营业收益率，将单价自2.16万元提高至2.38万元，后又经王某某许可，通过加入丈量面积与证载面积差等方式，再次将单价提高到2.4万余元，最终形成的《房屋征收分户估价报告》将房屋评估总价定为2.49亿余元。后相关部门按此评估报告进行拆迁补偿，造成国家经济损失2576万余元。

2021年5月6日，江苏省南京市公安局江宁分局以F公司、严某某、王某某涉嫌提供虚假证明文件罪向南京市江宁区检察院移送审查起诉。2021年6月6日，江宁

区检察院依法对严某某、王某某以提供虚假证明文件罪提起公诉。2021年9月17日，南京市江宁区法院以提供虚假证明文件罪判处严某某有期徒刑2年，罚金10万元；判处王某某有期徒刑1年6个月，缓刑2年，罚金8万元。2022年1月30日，江宁区检察院依法对F公司作出不起诉决定。

二、企业合规整改情况及效果

一是开展办案影响评估，充分论证合规必要性、可行性。受理案件后，江宁区检察院对涉案企业开展办案影响评估，调取涉案企业工商信息、纳税、就业等材料；到涉案企业了解行业资质、业务流程、监督管理制度设置；到城乡建设委员会、房屋征收指导中心、住房保障和房产局等行政主管机关，了解土地、房地产征迁谈判、评估、补偿相关规定。F公司从业人员39人，曾获评市优秀估价机构、诚信单位，涉案导致公司参与的多项招投标业务停滞，经营面临困难。江宁区检察院评估后认为，涉案企业以往经营和纳税均正常，案发后企业和个人认罪认罚，且主动提交合规申请，承诺建立企业合规制度。鉴于此，江宁区检察院决定启动企业合规，确定为期6个月的合规考察期。

二是立足小微企业实际，发挥检察主导作用，探索开展简式合规。涉案企业属于小微企业，江宁区检察院决定对企业涉案的房地产估价业务开展简式合规。包括指导涉案企业开展风险自查，形成自查报告；结合案件办理中暴露出的问题，指导企业修订合规计划；围绕13个风险点，制发检察建议，督促企业查漏补缺。涉案企业依据指导设立合规部门、修订员工手册、制定《评估业务合规管理制度》、委托研发线上审批的OA系统、组织开展业务技术规范培训和合规管理制度培训。为降低合规成本、减轻企业经济负担，由江宁区检察院直接开展合规监管、评估，设置合规整改时间表，要求涉案企业明确整改节点、按时序推进。同时为确保合规监管评估的专业性和公平性，邀请三名专业人员协助检察机关开展合规监管、评估。经过6个月的合规整改，江宁区检察院组织公开听证，对合规整改进行评估验收。

三是区别对待，分别处理涉案民营企业和责任人。鉴于两名责任人严重违反职业道德、违法出具证明文件，造成国家经济损失巨大，江宁区检察院于2021年6月6日依法对严某某、王某某以提供虚假证明文件罪提起公诉。同时，对涉案企业开展合规工作和监管验收，经综合审查认定F公司通过评估验收。2022年1月30日，江宁区检察院依法对F公司作出不起诉决定。

三、典型意义

1. 量身定制，对符合条件的小微企业积极探索简式合规监管。检察机关开展企业合规要准确把握企业合规案件适用条件与企业适用范围，因案制宜，根据企业类型的不同开展具有针对性的企业合规工作。小微企业在治理模式、业务规模、员工数量、资金能力、风险防范等方面与大中型企业存在显著差异。检察机关应当结合小微企业的自身特点，积极探索适合小微企业的合规模式，在保证合规计划制定、实施、验收评估等基本环节的同时，通过简化程序、降低合规成本、制定与大中型企业不同的监管标准等简式合规管理，激发小微企业做实合规的积极性。

2. 有的放矢，检察机关在简式合规计划的审查、监管、评估过程中应发挥主导作用。针对小微企业的合规整改，未启动第三方机制的，可以根据《涉案企业合规建设、评估和审查办法（试行）》的规定，由检察机关对其提交的合规计划和整改报告进行审查，主导合规监管和验收评估。一是根据案件具体情况主动听取公安机关等部门的意见，建立合规监管互通机制；二是设置合规时间表，要求涉案企业明确整改节点、按时序推进；三是依据时间表，采取“定向 + 随机”的方式考察合规进展；四是选择专家学者、行政主管机关、侦查机关代表组成评估小组，同时组织公开听证对合规整改进行评估验收。

3. 区分责任，落细落实民营经济司法保护政策。检察机关在办理涉民营企业案件时，应当贯彻宽严相济刑事政策。一方面，对于确有重大过错的涉案企业责任人依法予以惩处；另一方面，对于涉案企业积极适用企业合规，针对与企业涉嫌犯罪有密切联系的企业内部治理结构、规章制度等问题开展合规整改，帮助企业弥补制度建设和监督管理方面的漏洞，从源头防止再次发生相同或类似违法犯罪。通过对合规考察合格的涉案企业依法作出不起诉决定，积极落实“六稳”“六保”。

案例四

广西陆川县23家矿山企业非法采矿案

一、基本案情

广西壮族自治区陆川县Y公司等23家涉案矿山企业系开采销售建筑用花岗岩、高岭土等持证矿山企业（全县当时有持证矿山企业36家）。23家涉案矿山企业共有员工2000余人，年度纳税总额6000多万元。

2019年至2020年，Y公司等23家涉案矿山企业在各自矿区内超深度或超范围越界开采建筑用花岗岩、高岭土等原矿，涉案价值人民币21.69万元至1447.68万元不等。2021年5月，陆川县公安局对该23家矿山企业以涉嫌非法采矿罪立案侦查，陆川县检察院派员提前介入引导侦查。2021年8月开始，陆川县公安局陆续将该系列案件移送陆川县检察院审查起诉。案发后，涉案矿山企业陆续主动退缴违法所得、缴纳罚金，相关责任人也主动投案、认罪认罚、主动提出合规意愿。2021年10月，陆川县检察院对Y公司等第一批6家涉案矿山企业启动合规工作，经第三方组织对6家涉案矿山企业合规整改情况进行评估合格后，依法对Y公司等2家矿山企业及其责任人、L石场等4家矿山企业责任人作出不起诉决定。

2022年1月，陆川县检察院对D公司等17家涉案矿山企业陆续启动合规工作，截至2022年5月底已有3家涉案企业通过第三方组织考察评估合格，拟对相关企业和责任人作不起诉处理。尚有14家涉案企业因配合全县“半边山”整治进度正在进行整改中，由于有的涉案企业涉案金额较大，且因客观原因不能及时完成全部回填、复绿等环境修复义务，待合规考察结束后，将依据考察结果和案件具体情节依法作出处理决定。截至2021年12月，陆川县检察院依法对2家涉案企业和6名犯罪嫌疑人作出不起诉决定，其余案件正在参照已结案件的模式有序办理中。

二、企业合规整改情况及效果

一是综合审查，积极稳妥在非法采矿案件中适用企业合规。陆川县检察院经调查发现，全县持证矿山企业大部分于10多年前批准设立，由于当时生产技术条件、工艺和管理要求等历史原因，矿区设置普遍不科学、不合理，如矿区范围小，划界不合理，矿区大多设置在半山腰、半边山等，且涉案企业多为小型企业，普遍内部管理制度不完善，员工法律意识淡薄。如果就案办案对众多的涉案企业及相关人员予以追诉，将对全县矿产行业、地方经济造成严重影响，也直接影响2000余人就业。2021年10月，陆川县检察院经综合研判，并层报上级检察院同意后，决定探索对非法采矿系列案适用企业合规。

二是依托“四化”模式，深入推进涉案企业合规改革。陆川县检察院主动向当地党委、政府汇报案件办理过程中遇到的问题和困难，积极争取支持，并促成县政府牵头成立了县矿山企业合规工作领导小组，协调各相关单位协同开展工作，实现企业合规工作推进“系统化”。通过矿山行业风险大排查，梳理矿山企业存在的高发易发风险点，解决矿山行业普遍性问题，推动矿山治理“行业化”。由检察长牵头、抽调刑事检察、公益诉讼检察和行政检察部门业务骨干组成工作专班，集中办理涉企业合规案件，确保办案团队“专业化”。利用检察大数据赋能企业合规，检察大数据同步接入全县矿山视频监控系统及部分行政机关执法数据系统，及时掌握矿山企业整改情况，并对合规计划确定、整改情况评估、拟作处理决定等关键环节举行公开听证，力求办案过程“透明化”。

三是建立以第三方组织为主，其他部门配合的监督考察机制。以第三方监督评估机制管理委员会选任的地质、安监、测绘等专业人员组成的第三方组织为主，相关行政机关参与，共同对全县矿山企业进行风险大排查。根据排查出的非法占用林地、环保污染、超载、爆破、安全用电、高陡边坡、职业病防治等8大类38项风险点，为矿山企业量身制定了《矿山行业企业合规管理计划编制提纲》。第三方组织实地考察企业合规整改情况时，办案检察官、行政机关代表共同参与。第三方组织形成考察评估报告后，检察机关向相关行政机关书面征求意见，并邀请派员参加听证会。

四是企业合规与公益诉讼、检察建议同步开展，促进行业全面合规。案发后，陆川县检察院提前介入引导侦查，了解案件情况，针对办案中发现的突出问题，通过公益诉讼诉前磋商督促林业部门对7家非法占用林地的矿山企业进行查处；通过发送检察建议督促卫生健康部门对1家企业不按要求申报职业病预防情况落实监管职责，确保企业合规整改的刚性。2021年12月，第一批6家涉案矿山企业合规考察期限届满，经第三方组织评估，认为6家涉案矿山企业均已逐步建立完备的生产经营、安全防范、合规内控的管理体系，完成了回填、复绿等环境修复义务。陆川县检察院举行公开听证会，参与听证各方一致同意检察机关对相关企业和人员作不起诉的意见。2021年12月31日，陆川县检察院依法对Y公司等2家涉案矿山企业及其责任人、L石场等4家涉案矿山企业责任人作出不起诉决定。通过企业合规整改、公益诉讼和检察建议方式，督促相关行政部门履行监管职责和涉案企业进行合规整改，有力推动了全县矿山行业全面合规、守法经营。

五是构建良好合规文化，推动采矿行业转型升级。陆川县检察院联合县自然资源局等部门，组织全县30多家持证矿山企业召开警示教育会，以案说法，激发了当地矿山行业开展合规建设的积极性。针对矿山企业矿区范围设置不科学、不合理，容易造成安全隐患等问题，以矿山企业合规整改为契机，督促县自然资源局等部门对原有不科学、不合理并具备整治条件的矿山采取予以注销，通过科学规划、踏勘，重新划定矿区范围，整治“半边山”采石场，优化矿山开发布局，推动采矿行业转型升级。涉案企业通过扎实开展合规整改，提升了相关软硬件设施，其中5家企业完成绿色矿山验收，2家企业年经营收入达到2000万元以上。

三、典型意义

1. 依法能动履职，服务保障地方采矿行业高质量发展。检察机关办理非法采矿犯罪案件，应当充分考量犯罪事实和情节、案发原因背景、对当地经济社会的影响等因素，准确把握法律政策界限和开展企业合规范围条件，既要有力打击犯罪挽回国家损失，也要充分考虑司法办案对就业、税收、行业发展的影响，努力实现办案政治效果、社会效果与法律效果的有机统一。

2. 创新工作方式，强化对第三方组织的履职监督。该系列案中，各涉案企业的情况不一，合规建设内容专业性强，矿山企业在生产经营中动态变化多。为实现检察机关对第三方组织的履职有效性监督，陆川县检察院通过对涉案矿山企业合规整改前后的情况以无人机拍摄进行3D建模，立体展现整改成效，作为评估第三方组织履职情况及涉案企业合规整改情况的客观依据。通过县矿山企业合规工作领导小组协调，检察机关对接全县矿山视频监控系统以及部分行政机关行政执法数据库，实时掌握涉案矿山企业动态，积极应用大数据法律监督工具，强化对第三方组织履职监督，确保合规考察成效。

3. 刑事检察与公益诉讼检察业务实质性融合，提升检察工作质效。一方面，检察机关要牢牢把握职责定位，推动“四大检察”协同发力，建立健全检察机关各内设机构办案协作机制。另一方面，在办理破坏环境资源保护类犯罪案件中，检察机关在提前介入阶段即可开展公益诉讼诉前磋商，针对案件反映的突出问题制发行政检察建议，以公益诉讼检察监督企业合规整改落实情况，加大公共利益司法保护力度。

4. 启动行业合规，推动检察机关落实诉源治理责任。陆川县检察院结合当地矿山行业经济发展特点，会同主管部门研究针对行业顽瘴痼疾的整治措施，以系列案推动行业治理，助力矿山行业领域形成合规建设的法治氛围。通过矿山“行业合规”建设，当地政府加快推进“半边山”矿山整治工作。企业合规在优化当地矿山企业布局、督促矿山转型升级、促进经济有序发展等方面起到积极促进作用，实现“办理一类案件、规范一个行业”的良好效果。

案例五

福建省三明市X公司、杨某某、王某某串通投标案

一、基本案情

福建省三明市X公司（以下简称X公司）系当地拥有高资质高技术的通信技术规模级设计、施工、集成企业。杨某某系X公司法定代表人、总经理；王某某系X公司副总经理，负责对外招投标、施工及结算等业务。

X公司在投标三明市公安局交警支队3个智能交通系统维保项目过程中，与其他公司串通，由X公司制作标书、垫付保证金，并派遣X公司员工冒充参与串标公司的投标代理人进行竞标，最终上述3个项目均由X公司中标施工建设，中标金额共计603万余元。上述项目现已施工完毕，并通过工程验收决算。案发后杨某某、王某某主动投案。2021年4月，三明市公安局三元分局以X公司、杨某某、王某某涉嫌串通投标罪向三明市三元区检察院移送审查起诉。2022年1月，检察机关依法对X公司、杨某某、王某某作出不起诉决定。

二、企业合规整改情况及效果

一是深入社会调查启动企业合规。检察机关经审查了解，X公司系具有涉密信息系统集成资质乙级等多项资质、多项专利的高资质、发展型民营企业，企业综合实力在福建省同行业排名前20名，是三明市该行业的龙头企业，累计纳税7000余万元、企业员工100余名、拥有专利20余件。案发后，公司面临巨大危机，大量人员有失业风险，对当地经济和行业发展产生一定负面影响。审查起诉阶段，检察机关向X公司送达《企业刑事合规告知书》，该公司在第一时间提交了书面合规承诺以及行业地位、科研力量、纳税贡献、承担社会责任等证明材料。X公司及杨某某、王某某均自愿认罪认罚，涉案项目已施工完毕，并通过竣工验收决算，无实质性危害后果。检察

机关经过实地走访调研，X公司的合规承诺具有真实性、自愿性，符合企业合规相关规定。检察机关在认真审查调查案件事实、听取行政机关意见以及审查企业书面承诺和证明材料基础上，综合考虑企业发展前景、社会贡献、一贯表现及企业当前暴露出的经营管理机制疏漏，2021年9月启动合规考察程序，确定了3个月的合规考察期。

二是扎实开展第三方监督评估。三明市第三方监督评估机制管委会指定3名专业人员组成第三方组织，对X公司启动企业合规监督考察程序。整改期间，检察机关多次与第三方组织、企业专业律师团队会商，针对X公司在投标经营活动方面存在的风险漏洞，指导企业修订、完善《企业合规整改方案》和《企业合规工作计划》，有针对性地督促企业健全内控机制及合规管理体系。X公司积极对照实施，及时汇报进展情况。检察机关会同第三方组织对合规计划执行情况不定期开展灵活多样的跟踪检查评估。

三是公开听证后作出不起诉决定。2022年1月，第三方组织对X公司企业合规整改进行验收，经评估通过合规考察。检察机关组织召开听证会，听取人大代表、政协委员、人民监督员、侦查机关及社会群众代表对X公司合规整改的意见，听证员一致认可企业整改成效。同月，检察机关经综合审查认为，X公司、杨某某、王某某等人主动投案、认罪认罚、主观恶性较小，相关项目业已施工完毕并通过验收，未给社会造成不良影响。且X公司案发后积极开展有效合规整改，建立健全相关制度机制，堵塞管理漏洞，确保依法经营，不断创造利税，依法对X公司、杨某某、王某某作出不起诉决定。

四是持续做好不起诉后跟踪回访。检察机关经综合考察听取各方意见后，依法作出不起诉决定，让企业“活下去”，有机会“经营好”，X公司对参与投标的13个项目均进行合规审核，最终中标2个项目，金额100多万元。检察机关开展“回头看”，要求X公司对已整改到位部分加强常态监管，较为薄弱环节持续整改。而后检察机关邀请第三方监管人员围绕企业已整改问题及关联持续建设领域进行跟踪回访，继续为企业依法合规经营提供普法服务，确保合规整改效果能够“长效长治”。

三、典型意义

1. 严格把握企业合规适用标准、条件，围绕企业特点全面做好合规前调查。对于涉案高技术型民营企业，检察机关会同有关部门，对涉案公司开展社会调查，通过市场监管、人社、税务、工商联等平台，调查其社会贡献度、发展前景、社会评价、处罚记录等。同时研判发案原因，查找其经营风险和管理缺漏，以“合规告知书+检察建议书”形式，提出整改建议，使涉案企业“合规入脑”，督促其作出合规承诺。检察机关在社会调查时，主动审查涉案公司是否符合适用条件，及时征询涉案企业、个人的意见，与本地区第三方机制管委会提前沟通，做好合规前期准备。

2. 多方协作优化合规计划，严格督促企业逐条对照落实。依托第三方监督评估机制向相关行业领域的专家“借智借力”，立足X公司自身问题，结合相关领域的合规标准，指导企业优化合规计划，对合规体系运行涉及的组织架构、事项流程、内控机制、风险整改、文化培塑等进行分解细化，从提升合规意识、规范投标业务操作到健全配套内部资金流向监管审计等层面，严格按照时间表监督落实，做到点面衔接，实现“合规入心”。检察机关还会同第三方组织通过多次实地走访X公司，与律师团队等会商研讨，指导X公司对合规计划进行修订完善，为后续推进第三方监督评估创造重要前提条件。

3. 综合运用多类型评估、考察机制，确保涉案企业合规整改实质化。评估程序上，坚持问题导向，逐条对照合规计划检视企业整改效果，防止走过场的“纸面合规”。考察方式上，采取灵活、有效方式，不拘泥于特定形式，在不影响正常生产经营的前提下，融合开展实地考察、听取汇报、查阅资料、组织座谈、同业参照等组合方式，推动合规建设，强化员工守法意识。企业通过评估后，检察机关接续用好公开听证、人民监督员监督、人大代表、政协委员监督等方式，以公开促公正，确保合规验收环节的质量效果，实现合规“成效入档”，避免合规建设流于形式。

六、企业涉案前合规管理体系建设

目前，我国涉案企业合规改革试点工作取得显著成效。涉案企业合规固然是政策红利，但“打铁必须自身硬”，企业重点还是应当建立自身的合规体系，在涉罪之前预防刑事风险的发生。虽然我国法律对企业的“事前合规”还没有明确的刑事激励机制，但是，当企业发生刑事风险的情形下，已做合规管理体系建设的企业会给检察机关以及第三方组织留下良好的印象，在刑事追究时争取从宽处理的机会更大。目前，江苏省张家港市已经开始对“事前合规”进行尝试，其经验做法有可能在今后进行推广。对于事前合规，建议企业可从以下几个方面建立“务实、精准、管用”的合规管理体系。

（一）搭建有效可行的合规管理组织架构

建设合规管理体系，企业应搭建符合自身特色、有效可行的合规管理组织架构。实务中，可从以下层面进行搭建：

1. 在治理层面，企业可由董事会或执行董事负责合规管理决策及规划、合规制度、年度报告的批准工作，决定合规管理部门的设置及人员任免，提出监督罢免建议等。

2. 在管理层面，可由企业的高级管理人员承担合规管理工作中的组织领导及统筹协调，如制定合规管理规划，提出项目决策的合规意见，汇报重大合规事项，起草合规年度报告等,并聘请专业的法律顾问团队参与其中。

3.在执行层面,可由企业的法务部或合规部协同各部门负责日常的合规工作的执行,如组织开展合规风险预警,重大项目的合规审查,受理违规举报调查等。

依此层层相扣,每个部门及其工作人员充分发挥自身优势,落实各自的合规职责,形成管理合力,共同搭建更为完善、合规的组织架构。

(二)制定系统的合规制度

建设合规管理体系,企业应制定系统的合规制度。现实生活中,企业无论追求何种目标、构建何种管理系统,都离不开规章制度。完善的合规制度应涵盖企业生产经营的全过程和各方面,并对企业内部的每一位人员的日常行为起到根本性的引导作用。

对此,建议企业可结合常见的刑事法律风险领域(如重大决策交易行为、反舞弊、反商业贿赂、产品质量、财务会计)量身制定对应的合规制度,明确告知员工在业务实操中,哪些可以做,哪些不可以做,并明确刑事法律后果是什么,确保每一项合规管理规定得以发挥实效、落实到位,成为企业内部的合规指引手册。

(三)制定系统的合规培训制度

建设合规管理体系,企业需要重视合规培训,结合法治宣传教育,建立制度化、常态化培训机制,以确保企业相关部门及员工理解、遵循企业合规目标和要求。

合规培训开展的要求从时间安排角度,可以根据企业业务发展及合规培训开展的要求,定期开展合规培训。从人员和部门覆盖率角度,可以根据企业的规模及企业人员及部门的数量安排培训,建议对企业核心及风险较大的业务部门及其相应管理人员进行培训。从培训人员角度,由合规管理执行人员或者组织安排培训人员,具体培训人员可以是合规管理组织成员,也可以委托第三方专业机构人员。

(四)完善合规的管理方式

建设合规管理体系,企业应完善合规管理方式。有效的合规管理方式,将大力推动合规战略的实施及合规计划的执行。对此,我们建议企业完善、健全现有的合规管理机制,改良现有的合规管理方式,大力强化从理论到实践、从行为准则到制度体系、从评价到考核等各环节的转变力度,全面提升企业内部管理水平,以零容忍的管理态度整治违法违纪行为,促进企业依法合规经营,不断实现自我革新、自我净化。

(五)制定合规的运行与保障机制

合规管理制度、合规管理组织架构等都已经建立完善的情况下,合规管理执行人员及组织应该将其落实至日常经营管理活动中,并接受合规管理人员的监督指导,及时向合规管理领导人员及组织报告合规管理情况,即落实合规管理。

(1)制定合规的考核机制

合规的考核机制,是指企业内部加强合规考核评价,把合规管理情况纳入对各部门和负责人的年度综合考核,细化评价指标。对所属部门和员工合规职责履行情况进行评价,并将结果作为年度考核结果、评先选优、员工个人职位升迁、部门资源调配等工作的重要依据。

(2)制定举报奖励制度

举报奖励制度,是指为了加强内部合规管理,防止企业各种不正当行为以及违法违规等行为,保障举报管理工作规范进行所建立的制度。

设置合规管理监督组织,为举报管理部门的常设机构,负责企业的日常举报管理事务。举报部门接到相关人员举报后,应在第一时间予以立案调查,满足一定条件的,将举报事实和调查情况反馈给合规管理领导部门。举报人可以采用电话、电子邮件、手机短信、信函、当面举报等方式,既可以选择实名,也可以选择匿名。

向举报管理部门举报的人员,其人身权利、财产权利、工作权利、名誉权利和其他合法权益应受到保护。对于经过调查核实的举报案件,符合相关条件的,根据案件性质对举报人员给予相应的奖励。

(3)制定合规的管理问责制度

企业应当建立违规行为的处罚制度,明晰违规责任范围,细化惩处标准,畅通举报渠道,针对反映的问题和线索,及时召集相关部门展开调查,发现确实存在违规行为的,应当严肃追究违规部门及人员责任。

(六)培养良好的合规文化

建设合规管理管理体系,企业应培养良好的合规文化。良好的合规文化,是企业强化合规经营、规避刑事风险的基础,同时,良好的合规文化必然影响每一个高层人员的管理决策及每一位普通员工的日常行为。实务中,建议企业可在以下几个方面培养良好的合规文化。

首先,企业管理人员尤其是企业高管应带头学法、守法,严格规范自身行为,提高自身的合规思维,不断深化合规的处事方式,推动企业合规发展。同时,企业应增强员工合规经营的意识和技能,让合规理念、合规要求渗入每个员工,使每个员工在日常生产经营中自觉做到遵纪守法,恪守合规准则。

其次,企业可制定合规手册及员工行为准则,定期对员工开展全面合规培训,要求员工学习不低于一定学时的合规知识,并结合实践案例,增强涉及刑事风险系数高且高频领域的项目经理、财务等重要岗位人员的合规意识,对于违法违规的员工进行公开处理，并将合规考核作为员工任免晋升的条件之一，以促进合规机制的有效落实。

最后，企业还可充分利用微信公众号或抖音小视频等新媒体的媒介推广宣传企业的合规文化，以增强员工对合规文化的理解与认知，拓宽员工的合规意识，提高员工应对刑事法律风险的能力。

总而言之，合规已成大势所趋，建立有效性、全面性的合规管理体系，是企业迈向新时代的必经之路，更是严防刑事法律风险的必然要求。企业只有早日建立全面、规范、科学的合规管理体系，方能在最大限度上抵挡其在境内外面临的刑事法律风险，确保企业的长期良性可持续发展。

七、国家监察制度与“两法衔接”机制对企业刑事风险的影响

2001 年 4 月，为了打击破坏市场经济秩序犯罪活动，加强行政执法机关对涉嫌市场经济犯罪案件向司法机关移交的工作力度，严防行政执法机关的渎职行为，确保每一个涉嫌市场经济犯罪的犯罪嫌疑人得到司法制裁，提升司法公信力，国务院特颁布《关于整顿和规范市场经济秩序的决定》，明确要求相关部门“加强行政执法与刑事执法的衔接，建立信息共享、沟通便捷、防范有力、查处及时的打击经济犯罪的协作机制，对破坏市场经济秩序构成犯罪行为的，及时移送司法机关处理”。此乃“两法衔接”机制的首次亮相。同年 7 月，为了解决行政执法机关向司法机关移送涉嫌刑事案件无法可依的问题，国务院特颁布《行政执法机关移送涉嫌犯罪案件的规定》，此乃我国首次以法规的形式确立“两法衔接”机制，标志我国“两法衔接”机制加快推进了中国法治化进程。

2018 年 3 月，第十三届全国人民代表大会第一次会议审议通过《宪法》（修正案）和《监察法》，从宪法层面确立了监察委员会的国家机构地位，使我国的政治架构从“一府两院”改为“一府一委两院”，其中“一委”即“国家监察委员会”，标志着我国监察体制改革取得重要成果。《监察法》实施后，监察委员会和中央纪委陆续出台了《国家监察委员会管辖规定（试行）》等一系列的工作衔接办法和实施细则，全面梳理纪检监察业务流程，围绕理顺纪法贯通和法法衔接机制进行流程再造，为开展各项工作提供制度遵循。2018 年 10 月，新修改的《刑事诉讼法》明确了侦查权内涵，与《监察法》关于监察调查权的规定密切衔接，以法律形式划定刑事侦查权与监察调查权的边界，体现了监察委员会中作为反腐败工作机构和检察机关作为国家公诉机关的职责定位。2019 年 10 月，第十三届全国人大常委会第十四次会议表决通过《全国人民代表大会常务委员会关于国家监察委员会制定监察法规的决定》，明确国家监察委员会有权根据宪法和法律制定监察法规。

由此可见，“两法衔接”机制与《监察法》的相继出台，使广大企业或企业高管在

依法依规经营方面高悬一把“达摩克利斯之剑”。这不仅向广大企业或企业高管释放出很强烈的反腐信号，同时敲响了企业在生产经营各个领域的警钟，对企业在刑事法律风险方面产生以下影响：

1. 合规管理不当、合规意识薄弱的企业或企业高管随时可能因触及行贿、受贿、滥用职权等违法犯罪行为而受到监察机关的调查，这在一定程度上将对企业生产经营或高管人身自由产生一定的影响。根据《监察法》的有关规定，在满足一定要求及其条件下，监察机关有权对被调查人采取谈话、讯问、询问、调取、查封、冻结、搜查、留置等多种监察手段，并根据监督、调查的结果，对被调查人作出以下处置结果：谈话提醒、批评教育、责令检查或者予以诫勉；作出警告、记过、记大过、降级、撤职、开除等政务处分决定；直接作出问责决定；认为犯罪事实清楚，证据确实充分的，制作起诉意见书，连同案卷材料、证据一并移送检察院依法审查、提起公诉；对违法取得的财物予以没收、追缴或责令退赔等。对于合规管理不当的企业或合规意识不强的高管来说，其极有可能正游走于违法犯罪的边缘却一无所知，随时可能因违法犯罪而面临监察机关的监督、调查，使企业的生产经营受到影响，甚至高管的人身自由受到剥夺，身陷囹圄。对此，《监察法》和“两法衔接”机制的有机结合，不仅对企业的合规管理水平提出新的更高的要求，更是告诫各大企业或高管应不断增强自身的合规管理能力，树立合规管理意识，加快建立健全合规管理机制，预防违法犯罪行为发生。

2. 生产经营不合规、不守法、不清廉、不诚实的企业将随时面临被群众举报、被有关执法机关调查或侦查、被司法机关予以刑事追究的合规风险。“两法衔接”机制与《监察法》的双管齐下，在一定程度上打击了企业内部贪污腐败乱象，严惩了企业在安全生产领域中的违法违规行为，维护了社会主义市场经济秩序。为了进一步加大对不合规行为的管控力度，《监察法》第二十五条和第三十六条明文规定，对于报案或举报的，监察机关应当接受并按照有关规定处理。监察机关将严格按照程序开展工作，建立问题线索处置、调查、审理各部门相互协调、相互制约的工作机制。该规定拓宽了群众监督的渠道，保障了群众的监督权，极大鼓舞了广大企业员工、企业交易方积极通过举报、报案等方式向监察机关反映企业内部不合规现象或企业高管贪污贿赂、滥用职权等违法行为。再加上“两法衔接”机制的高效运作，把部分涉嫌犯罪的案件从一般的行政执法中分流出来，由司法机关予以刑事追究，使不合规的企业无所遁形。这些行动表明，企业在安全生产过程中应当按合规要求适时转变生产经营模式，自觉恪守安全生产的底线，筑牢安全生产红线。

3. 不合规的企业或高管人员一旦受到行政监管或党纪处分，其面临的后果不再是简单的行政处罚，而可能是更为严重的刑事处罚。在法治社会发展进程中，因企业合规管理不当、合规体系不完善或合规机制不健全等原因，常常出现企业违规生产、高管人员腐败、商誉败坏等社会现象。但随着“两法衔接”机制和《监察法》的应运而生,我国明确对企业的安全生产违法违规行为和内部腐败现象采取零容忍的打压态度,大力严惩“有案不移”“以罚代刑”“有罪不究”的执法人员失职渎职行为,同时表明了我国对各大企业的合规管理体系建设的高度重视,致力于从根源上治理不合规企业的现象。对于一些漠视法律、在违法边缘上公然试探的企业或企业家,其面临的后果将不再是普通的行政处罚,而是更为严重的刑事处罚。对此,广大企业应大力建立健全合规管理体系,将“依法合规”的生存理念深深植入安全生产经营的方方面面中。

八、企业常见刑事法律风险及合规建议

(一)企业刑事法律风险的常见领域

企业的刑事法律风险贯穿于企业设立、生产经营、注销清算等各个阶段,涵盖了劳动用工、财务会计、税收征缴、安全生产、产品质量、知识产权、广告宣传、合同管理、公平交易、企业融资、资本市场、环境保护、土地管理、海关监管等各个方面。然而,最为常见的刑事法律风险主要集中在以下领域:

1. 在市场经营领域,企业常见的刑事法律风险为企业内部管理制度不健全,交易管理制度不完善,未严格按照规章制度履行决策和审批程序,未建立诚信经营体系及自查自纠的整改机制等。其通常表现为合同诈骗、商业贿赂、不正当竞争、虚假广告、强迫交易、串通投标、提供虚假证明文件等,最终可能引起的刑事罪名有合同诈骗罪、行贿罪、侵犯知识产权罪、虚假广告罪、强迫交易罪、串通投标罪、提供虚假证明文件罪等。

2. 在安全生产领域,企业常见的刑事法律风险为未建立规范的安全生产制度,未严格按照安全管理规定进行生产或作业等。其通常表现为未依法取得安全许可证件或安全许可证件已过期、被吊销、注销后仍从事生产经营活动,或者采取非法手段(如行贿、提供虚假材料)故意逃避安全监管部门的监督与检查,或者在安全事故发生后故意阻挠抢救工作,恶意逃避刑事责任等,最终可能引起的刑事罪名有重大责任事故罪、重大劳动安全事故罪等。

3. 在产品质量领域,企业常见的刑事法律风险为企业未建立健全产品质量标准体系,未严格把控产品质量关口,未树立正确的质量意识等。其通常表现为生产、销售伪劣产品,生产、销售有毒有害食品,生产、销售假药等,最终可能引起的刑事罪名有生产、销售伪劣产品罪,生产、销售有毒有害食品罪,生产、销售假药罪等。

4. 在劳动用工领域,企业常见的刑事法律风险为不遵守《劳动法》等法律法规,未建立健全劳动用工管理制度,未树立正确的用工理念等。其通常表现为强迫他人劳动,拒不支付他人劳动报酬,或擅自雇用童工从事危险作业等,最终可能引起的刑事

罪名有强迫劳动罪、雇用童工从事危重劳动罪、拒不支付劳动报酬罪等。

5. 在知识产权领域，企业常见的刑事法律风险为不遵守有关知识产权的法律法规，未树立正确的知识产权保护意识，侵犯他人知识产权成果等。其通常表现为侵犯著作权、销售假冒注册商标的商品、假冒他人的注册商标、假冒专利、侵犯他人商业秘密等，最终可能引起的刑事罪名有侵犯著作权罪、销售假冒注册商标的商品罪、假冒注册商标罪、假冒专利罪、侵犯商业秘密罪等。

6. 在环境保护领域，企业常见的刑事法律风险为未遵守国家有关环境保护的法律法规，缺乏环境保护意识。其通常表现为违法超标排污、未取得排污许可证擅自排污、违规处置有放射性的危险废物等，所触犯的刑事罪名有污染环境罪等。

7. 在财务税收领域，企业常见的刑事法律风险为未建立健全财务管理制度，未严格按照审批程序开展财务工作，未树立依法纳税意识等。其通常表现为虚开增值税专用发票、逃避缴纳税款、非法购买增值税专用发票等，最终可能引起的刑事罪名有虚开增值税专用发票罪、逃税罪、非法购买增值税专用发票罪等。

（二）常见刑事法律风险的合规建议

面对常见的刑事法律风险，企业应结合自身实际情况，建立事前防范、事中监控、事后控制的多重预防机制，实现刑事法律风险的全程管控。

1. 做好事前防范

在生产经营过程中，企业面临最大的风险莫过于刑事法律风险，若企业对刑事法律风险不设防，经营管理不规范，其将付出十分沉痛的代价，重则承担刑事责任，轻则被行政处罚，同时将给企业带来经济下行、声誉受损、道德败坏等负面影响，严重影响企业的正常发展。对此，建议企业从以下方面做好事前防范：

（1）定期开展刑事风控培训活动，提前了解生产经营中可能触及的刑事罪名和法律后果，并不断提高内部管理层及员工的法律意识，避免企业内部人员逾越法律底线。在了解、分析各刑事罪名及法律后果后，企业还应做好内部法制宣传工作，营造全员学法、守法、用法的工作氛围。

（2）建立法务部门，对企业生产经营业务（尤其是重大投资项目、重大经营活动）进行不定期的刑事风险排查，及时制定刑事风险防控策略，将刑事风险消灭在萌芽期。

（3）聘请专业人士（如常年法律顾问）协助企业建立健全合规体系，规范企业生产经营活动，对企业投资、经营、交易等各个方面提出刑事风险规避意见，从而有效防范刑事法律风险。

（4）日常经营中，重视对重大事项的证据收集与保存，做好关键证据的保护。除合法、合规、安全生产经营外，企业应具备证据保存意识，做好日常项目的证据收集、保存、归档工作。

2. 做好事中监控

当企业的事前防范无法阻却刑事法律风险时，如何确保刑事法律风险得到有效的管控，是企业值得深思的问题。对此，建议企业从以下方面做好事中监控：

（1）在业务管理方面，企业可在员工开展日常业务过程中，对员工的日常行为或当前项目的开展内容加强检查力度和管理力度，如对员工的行为或当前的项目内容进行突击检查、抽查，确保员工的行为和当前的项目内容合规化，及时将不合规的行为予以纠正，将不合规的项目予以停止整顿。

（2）在财务审计方面，企业的财务审计人员应定期审查企业内部的会计报表、会计凭证及发票报销等内容，严防违法、违规情况发生。

（3）在投诉举报方面，企业应设立专门的投诉举报部门，鼓励每位员工匿名向负责投诉举报的部门揭发企业内部的不合规行为，并鼓励投诉者提供相应的违法违规线索，以便企业及时查处，确保不合规行为得到严密管控。

3. 做好事后控制

当企业的事前防范不到位且事中监控机制失灵时，如何使企业的刑事法律风险降至最小值，是企业当前最迫切的任务。对此，建议企业从以下两个阶段做好事后控制：

（1）在执法调查机关介入前，企业应启动内部自查自纠整改机制，由法务部门、合规部门召集其他部门一同审查可能涉及的违法违规材料或文件，共同找出涉嫌违法违规甚至刑事问题，并将整合的违法违规、刑事问题交由法务部门、合规部门予以诊断、分析，从而制订有效、全面的刑事风控方案或计划，并依据该方案或计划开展整改行动，在最大限度上将刑事处罚降级转化成行政处罚或经济赔偿。

（2）在执法调查机关介入后，企业负责对接的人员应积极配合执法调查机关的执法调查工作，全面提供涉案的文件资料，如实告知案件真实情况。对于于己有利的事实、情节和证据，应主动反复向执法调查机关展示并说理，尽可能消除执法调查机关的质疑，同时充分利用执法调查程序，将被动转为主动，争取对自己最有利的处理结果。

第二章
企业设立环节的刑事风险及防控

第一节　虚报注册资本罪

一、罪名概述

1. 罪名简介

虚报注册资本罪，是指申请公司登记的个人或者单位，使用虚假证明文件或者采取其他欺诈手段，虚报注册资本，欺骗公司登记主管部门，取得公司登记，虚报注册资本数额巨大、后果严重或者有其他严重情节的行为。

2. 立案标准

《最高人民检察院、公安部关于公安机关管辖的刑事案件立案追诉标准的规定(二)》第三条规定，“申请公司登记使用虚假证明文件或者采取其他欺诈手段虚报注册资本，欺骗公司登记主管部门，取得公司登记，涉嫌下列情形之一的，应予立案追诉：(一)法定注册资本最低限额在六百万元以下，虚报数额占其应缴出资数额百分之六十以上的；(二)法定注册资本最低限额超过六百万元，虚报数额占其应缴出资数额百分之三十以上的；(三)造成投资者或者其他债权人直接经济损失累计数额在五十万元以上的；(四)虽未达到上述数额标准，但具有下列情形之一的：1. 二年内因虚报注册资本受过二次以上行政处罚，又虚报注册资本的；2. 向公司登记主管人员行贿的；3. 为进行违法活动而注册的。(五)其他后果严重或者有其他严重情节的情形。本条只适用于依法实行注册资本实缴登记制的公司”。

需要说明的是，2014 年我国《公司法》修改，将公司注册资本实缴制修改为认缴制，只有特殊行业实行实缴制。根据《全国人民代表大会常务委员会关于〈中华人民共和国刑法〉第一百五十八条、第一百五十九条的解释》的规定，虚报注册资本罪只适用于依法实行注册资本实缴登记制的公司。根据国务院印发的《注册资本登记制度改革方案》，现行法律、行政法规以及国务院决定明确规定实行实缴出资的行业包括：采取募集方式设立的股份有限公司、商业银行、外资银行、金融资产管理公司、信托公司、财务公司、金融租赁公司、汽车金融公司、消费金融公司、货币经纪公司、村镇银行、贷款公司、农村信用合作联社、农村资金互助社、证券公司、期货公司、基金管理公司、保险公司、保险专业代理机构和保险经纪人、外资保险公司、直销企业、对外劳务合作企业、融资性担保公司、劳务派遣企业、典当行、保险资产管理公司、小额贷款公司等。

3. 量刑标准

《刑法》第一百五十八条规定，"申请公司登记使用虚假证明文件或者采取其他欺诈手段虚报注册资本，欺骗公司登记主管部门，取得公司登记，虚报注册资本数额巨大、后果严重或者有其他严重情节的，处三年以下有期徒刑或者拘役，并处或者单处虚报注册资本金额百分之一以上百分之五以下罚金。单位犯前款罪的，对单位判处罚金，并对其直接负责的主管人员和其他直接责任人员，处三年以下有期徒刑或者拘役"。

二、风险防控建议

1. 由于本罪只适用于依法实行注册资本实缴登记制的公司，因此，公司成立时，务必认清自身的主体性质。如果是现行法律、行政法规以及国务院明确规定实行注册资本实缴登记制的行业，必须依法履行出资义务，不得使用虚假证明文件或者其他欺诈手段虚报注册资本欺骗登记主管部门，以取得公司登记。

2. 在确定注册资本金额时，应该量力而行，根据自身资金实力情况确定合适的注册资本金额；切勿好大喜功，片面认为注册资本金额越大越好，否则，如果注册资本不实，就会埋下刑事风险隐患，得不偿失。

三、典型案例

余某松虚报注册资本案①

【基本案情】

2014年6月，余某松与娄某、许某以认缴方式共同出资人民币2亿元，成立贵州佰年瑞银担保有限公司（以下简称佰年瑞银公司），从事非金融性担保业务，后三人欲将公司经营范围变更为融资性担保，根据相关法律规定，从事融资性担保公司注册资本必须为实缴，上述三人并无实际出缴注册资本能力，余某松遂以公司法定代理人身份找到贵州华某财务有限公司，委托该公司为其办理上述公司的工商登记及验资，并为此支付180万元手续费用，贵州华某财务有限公司遂找到"赵卓宇"借款2亿元，以

① 审理法院：贵阳市中级人民法院，案号：（2018）黔01刑终52号。

余某松、娄某、许某身份开设银行卡并以三人名义于2014年6月13日将2亿元资金转入佰年瑞银公司银行账户内作为公司注册资本，同年6月16日公司通过会计机构验资审查，当日上述公司注册资本2亿元便由公司银行账户转出。2017年7月24日佰年瑞银公司经贵州省金融工作办公室颁发融资性担保机构经营许可证，7月29日佰年瑞银公司经贵州省贵安新区工商行政管理局登记办法营业执照，取得工商登记。

【裁判结果】

余某松犯虚报注册资本罪，判处有期徒刑1年5个月，缓刑2年，并处罚金人民币200万元。

【律师评析】

本案涉及的是余某松在实行注册资本实缴登记制下虚报注册资本金额，是否构成虚报注册资本罪的问题。

我国《刑法》第一百五十八条规定，"申请公司登记使用虚假证明文件或者采取其他欺诈手段虚报注册资本，欺骗公司登记主管部门，取得公司登记，虚报注册资本数额巨大、后果严重或者有其他严重情节的，处三年以下有期徒刑或者拘役，并处或者单处虚报注册资本金额百分之一以上百分之五以下罚金。单位犯前款罪的，对单位判处罚金，并对其直接负责的主管人员和其他直接责任人员，处三年以下有期徒刑或者拘役"。

本案中，余某松主观上明知登记融资担保公司需实缴注册资本，仍伙同他人采用代垫资的欺诈手段虚报注册资本，欺骗公司登记主管部门，取得公司登记，虚报注册资本人民币2亿元，数额巨大，其行为触犯《刑法》，构成虚报注册资本罪。

实务中，有的企业为了营造强大的商业形象，展示雄厚的经济实力，不惜使用虚假证明文件或者采取其他欺诈手段虚报注册资本，欺骗公司登记主管部门，取得公司登记。这种虚报或造假的行为将给企业引来刑事风险，进而触犯本罪。因此，企业应当诚信经营，坚决杜绝虚报注册资本金额的行为。

第二节　虚假出资、抽逃出资罪

一、罪名概述

1. 罪名简介

虚假出资、抽逃出资罪，是指依法实行注册资本实缴登记制的公司发起人、股东违反公司法的规定未交付货币、实物或者未转移财产权，虚假出资，或者在公司成立后又抽逃其出资，数额巨大、后果严重或者有其他严重情节的行为。

2. 立案标准

《最高人民检察院、公安部关于公安机关管辖的刑事案件立案追诉标准的规定（二）》第四条规定，"公司发起人、股东违反公司法的规定未交付货币、实物或者未转移财产权，虚假出资，或者在公司成立后又抽逃其出资，涉嫌下列情形之一的，应予立案追诉：（一）法定注册资本最低限额在六百万元以下，虚假出资、抽逃出资数额占其应缴出资数额百分之六十以上的；（二）法定注册资本最低限额超过六百万元，虚假出资、抽逃出资数额占其应缴出资数额百分之三十以上的；（三）造成公司、股东、债权人的直接经济损失累计数额在五十万元以上的；（四）虽未达到上述数额标准，但具有下列情形之一的：1. 致使公司资不抵债或者无法正常经营的；2. 公司发起人、股东合谋虚假出资、抽逃出资的；3. 二年内因虚假出资、抽逃出资受过二次以上行政处罚，又虚假出资、抽逃出资的；4. 利用虚假出资、抽逃出资所得资金进行违法活动的。（五）其他后果严重或者有其他严重情节的情形。本条只适用于依法实行注册资本实缴登记制的公司"。

3. 量刑标准

《刑法》第一百五十九条规定，"公司发起人、股东违反公司法的规定未交付货币、实物或者未转移财产权，虚假出资，或者在公司成立后又抽逃其出资，数额巨大、后果严重或者有其他严重情节的，处五年以下有期徒刑或者拘役，并处或者单处虚假出资金额或者抽逃出资金额百分之二以上百分之十以下罚金。单位犯前款罪的，对单位判处罚金，并对其直接负责的主管人员和其他直接责任人员，处五年以下有期徒刑或者拘役"。

二、风险防控建议

预防本罪的发生，核心是公司发起人、股东要做到如实出资、避免出资瑕疵。我国《公司法》第二十七条规定，股东可以用货币出资，也可以用实物、知识产权、土地使用权、股权、债权等可以用货币估价并可以依法转让的非货币财产作价出资；但是，法律、行政法规规定不得作为出资的财产除外。对作为出资的非货币财产应当评估作价，核实财产，不得高估或者低估作价。法律、行政法规对评估作价有规定的，从其规定。实务中，为避免触犯本罪，发起人、股东在出资时，应当注意以下几个方面：

1. 如果以货币方式出资的，建议通过银行转账等可以追溯的方式，将货币汇入公司指定账户，并在转账时注明款项用途为出资额等类似名目。

2. 如果以非货币方式出资的，各方股东应共同委托资产评估机构对资产价值进行评估，以评估价或者低于评估价认定缴付出资的数额。另外，要依法办理财产转让手续，将相关非货币财产转移、过户给公司。对于房屋所有权、土地使用权、知识产权等需办理变更登记手续方可转移财产权利的非货币财产，应及时办理过户登记手续，不能因为已将相关非货币财产交付公司实际使用而推迟办理过户手续。对于机械设备、货物、船舶、机动车等动产不需要办理变更登记的非货币财产出资，应及时实际交付给公司控制管理，并由公司确认收到，办理相关移交手续。

3. 及时出具出资证明书。根据《公司法》第三十一条的规定，有限责任公司成立后，应当向股东签发出资证明书。可见，公司发起人、股东在出资后有权要求公司出具出资证明书。这样做的目的是在发生争议时，公司发起人、股东可出具出资证明书，以证明自身已履行出资义务，进而规避出资不实、虚假出资的刑事风险，更好地维护自身权益。

4. 对于设定权利负担的出资财产，股东应当在交付出资前，将相应的权利负担解除。如果在一定时期内不能解除，发起人、股东应当提担保，且在工商登记中予以备案。

5. 避免用人力资源、名誉权和姓名权等具有人身属性的财产或权利出资，由于上述财产或权利无法用货币估价或依法转让，不能作为出资。

6. 加强公司内部财务管理，严格按照《会计法》的相关规定进行账务处理，避免公司发起人、股东通过虚构债权债务关系将出资转出。

三、典型案例

董某某虚假出资、抽逃出资罪案①

【基本案情】

2017 年 11 月至 12 月，董某某拟注册成立一家劳务派遣公司，该类公司实行资本实缴登记制且最低注册资本为人民币 200 万元，因缺乏资金用于验资，董某某从董某处借来人民币 200 万元用于验资。在取得验资报告后，董某某将公司账户内的人民币 200 万元注册资金抽出，并凭借该验资报告完成了某劳务派遣公司的注册。2018 年 6 月 6 日，董某某被余姚市市场监督管理局工作人员查获。

2019 年 1 月 11 日，董某某接民警电话通知后，主动到余姚市公安局兰江派出所投案，并如实供述了上述事实。

【裁判结果】

董某某犯抽逃出资罪，判处有期徒刑 1 年，缓刑 1 年，并处罚金 8 万元。

【律师评析】

本案涉及的是公司发起人在设立依法实行注册资本实缴登记制的公司时，将出

① 审理法院：余姚市人民法院，案号：(2019) 浙 0281 刑初 409 号。

资款项转入公司账户验资后又转出的行为，是否构成虚假出资、抽逃出资罪的问题。

根据《最高人民检察院、公安部关于公安机关管辖的刑事案件立案追诉标准的规定（二）》（2010年）第四条的规定，公司发起人、股东违反公司法的规定未交付货币、实物或者未转移财产权，虚假出资，或者在公司成立后又抽逃其出资，虚假出资、抽逃出资数额在30万元以上并占其应缴出资数额60%以上的，应予立案追诉。

本案中，某劳务派遣公司属于依法实行注册资本实缴登记制的公司，其法定注册资本最低限额为200万元，董某某作为某劳务派遣公司的发起人，将出资款项200万元转入公司账户验资后又全部转出的行为，构成虚假出资、抽逃出资罪。

实务中，有的企业发起人或股东往往在履行出资义务后以各种理由将出资款取回，还以为这种做法不会给企业的资产带来影响。但根据公司资本维持原则，公司的股东一旦履行出资义务，没有合法理由，未经法定程序，不得将出资取回，否则会危及公司独立法人财产，视为抽逃出资行为。对此，企业的发起人或股东随意将出资款转入公司账户验资后又转出的行为，已然触犯虚假出资、抽逃出资罪，是一种典型的违背诚实信用原则的经济犯罪。因此，应当坚决杜绝将出资款转入公司账户验资后又转出的虚假出资、抽逃出资行为。

第三章
劳动用工方面的刑事风险及防控

第一节　雇用童工从事危重劳动罪

一、罪名概述

1. 罪名简介

雇用童工从事危重劳动罪，是指违反劳动管理法规，雇用未满 16 周岁的未成年人从事超强度体力劳动，或者从事高空、井下作业，或者在爆炸性、易燃性、放射性、毒害性等危险环境下从事劳动，情节严重的行为。

2. 立案标准

《最高人民检察院、公安部关于公安机关管辖的刑事案件立案追诉标准的规定（一）》第三十二条的规定，"违反劳动管理法规，雇用未满十六周岁的未成年人从事国家规定的第四级体力劳动强度的劳动，或者从事高空、井下劳动，或者在爆炸性、易燃性、放射性、毒害性等危险环境下从事劳动，涉嫌下列情形之一的，应予立案追诉：（一）造成未满十六周岁的未成年人伤亡或者对其身体健康造成严重危害的；（二）雇用未满十六周岁的未成年人三人以上的；（三）以强迫、欺骗等手段雇用未满十六周岁的未成年人从事危重劳动的；（四）其他情节严重的情形"。

需要说明的是，本罪中的"雇用"只要求雇用，不要求强迫。

3. 量刑标准

《刑法》第二百四十四条之一规定，"违反劳动管理法规，雇用未满十六周岁的未成年人从事超强度体力劳动的，或者从事高空、井下作业的，或者在爆炸性、易燃性、放射性、毒害性等危险环境下从事劳动，情节严重的，对直接责任人员，处三年以下有期徒刑或者拘役，并处罚金；情节特别严重的，处三年以上七年以下有期徒刑，并处罚金。有前款行为，造成事故，又构成其他犯罪的，依照数罪并罚的规定处罚"。

二、风险防控建议

1. 用人单位招用人员时，应当严格核查被招用人员的身份证，不得录用未满 16

周岁的未成年人。对于录用人员，要求其提身份证复印件并妥善保管。实务中，需注意以下几点：

(1)童工是指未满16周岁的人，而非未满18周岁的人。年龄以周岁计算，并非虚岁。

(2)如对应聘者的身份证真伪性有所怀疑，应当要求出示学历证明、户口簿等，以确认其真实年龄。必要时，可通过当地公安机关核实应聘者身份证的真伪。

(3)为减少应聘者借用他人身份证的可能性，可让录用员工在第一次领取工资时再次出示身份证进行确认。

(4)文艺、体育单位经未成年人的父母或其他监护人同意，可以招用不满16周岁的专业文艺工作者、运动员。但用人单位应当保障被招用的不满16周岁未成年人的身心健康，保障其接受义务教育的权利。

2. 在招聘过程中，如发现有人借用、冒用他人的身份证参加应聘，立即向公安机关报案。

3. 在用工过程中，如果对某员工的年龄是否满16周岁产生怀疑(之前借用、冒用他人的身份证参加应聘)，立即进行调查核实；如发现确实误用未满16周岁的员工，应当立即终止其工作并通知当地劳动管理部门，同时送医院进行体检。

4. 对于“从事国家规定的第四级体力劳动强度的劳动，或者从事高空、井下劳动，或者在爆炸性、易燃性、放射性、毒害性等危险环境下从事劳动”的工作岗位，要从严审查劳动者的年龄，必要时，企业可以根据自身的实际情况，提出更严格的要求(如将从事上述岗位的年龄上调至18周岁或者以上年龄)。

三、典型案例

陈某雇用童工从事危重劳动案①

【基本案情】

陈某是汕头市金×华印务有限公司法定代表人、总经理。2007年3月11日，陈某非法雇用童工被害人李某某(1992年10月31日出生)到其公司工作，在明知该公司仓库存放易燃和具有危险性的甲苯或乙苯等溶剂的情况下，仍安排被害人李某某进入仓库工作。被害人李某某在无任何安全保护措施之下，抽取甲苯或乙苯等溶剂提供给印刷车间使用。同年4月15日下午2时许，被害人李某某在上述仓库内抽取上述溶剂，因操作不慎导致溶剂发生燃烧并蔓延，造成被害人李某某受伤。经广东省汕头市劳动能力鉴定委员会鉴定：被害人李某某的伤残等级为三级。

---

① 审理法院：汕头市龙湖区人民法院，案号：(2014)汕龙法刑初字第126号。

归案后,陈某如实供述自己的罪行,当庭自愿认罪,并对被害人李某某进行赔偿,取得被害人李某某的谅解,主动向国家预缴罚金,有悔罪表现。

【裁判结果】

陈某犯雇用童工从事危重劳动罪,判处有期徒刑3年,缓刑3年6个月,并处罚金人民币3000元。

【律师评析】

本案涉及的是企业雇用未满16周岁的未成年人在易燃性危险环境下从事劳动并至其伤残,是否构成雇用童工从事危重劳动罪的问题。

根据我国《刑法》第二百四十四条之一的规定,违反劳动管理法规,雇用未满16周岁的未成年人从事超强度体力劳动的,或者从事高空、井下作业的,或者在爆炸性、易燃性、放射性、毒害性等危险环境下从事劳动,情节严重的,对直接责任人员,处3年以下有期徒刑或者拘役,并处罚金。《最高人民检察院、公安部关于公安机关管辖的刑事案件立案追诉标准的规定(一)》第三十二条规定,情节严重的情形包括造成未满16周岁的未成年人伤亡或者对其身体健康造成严重危害。需要说明的是,对于情节特别严重,目前法律没有明确规定,司法实践中通常参照追诉标准酌情认定。

伤残等级分为一至十级,一级最严重,十级最轻。三级伤残是指伤残的第三级别,表现为:不能完全独立生活,需经常有人监护;各种活动受限,仅限于室内的活动;明显职业受限;社会交往困难。由此可见,三级伤残是比较严重的伤害。

本案中,陈某作为公司负责人,违反劳动管理法规,在明知该公司仓库存放易燃和具有危险性的甲苯或乙苯等溶剂的情况下,仍安排未满16周岁的李某某进入仓库工作,致其三级伤残,属于情节特别严重,其行为已触犯《刑法》第二百四十四条之一的规定,构成雇用童工从事危重劳动罪。

第二节 强迫劳动罪

一、罪名概述

1. 罪名简介

强迫劳动罪,是指以暴力、威胁或者限制人身自由的方法强迫他人劳动,或者明知他人以暴力、威胁或者限制人身自由的方法强迫他人劳动,而为其招募、运送人员或者有其他协助强迫他人劳动的行为。

2. 立案标准

根据《最高人民检察院、公安部关于公安机关管辖的刑事案件立案追诉标准规定

(一)的补充规定》第六条的规定,以暴力、威胁或者限制人身自由的方法强迫他人劳动的,或者明知他人以暴力、威胁或者限制人身自由的方法强迫他人劳动,为其招募、运送人员或者有其他协助强迫他人劳动行为的,应予立案追诉。

需要说明的是,《刑法修正案(八)》出台之前,以限制人身自由方法强迫职工劳动,情节严重的,才构成本罪。但《刑法修正案(八)》出台后,"情节严重"不再是本罪的构成要件,只要客观上以暴力、威胁或者限制人身自由的方法强迫他人劳动,或明知他人以暴力、威胁或者限制人身自由的方法强迫他人劳动,仍予以协助的,且主观上具有故意的,不需要达到"情节严重"也能构成本罪。当然,"情节严重"对量刑会产生影响,作为法定刑情节,其对应的法定刑幅度为"处三年以上十年以下有期徒刑,并处罚金",比一般情节要重。

3. 量刑标准

《刑法》第二百四十四条规定,"以暴力、威胁或者限制人身自由的方法强迫他人劳动的,处三年以下有期徒刑或者拘役,并处罚金;情节严重的,处三年以上十年以下有期徒刑,并处罚金。明知他人实施前款行为,为其招募、运送人员或者有其他协助强迫他人劳动行为的,依照前款的规定处罚。单位犯前两款罪的,对单位判处罚金,并对其直接负责的主管人员和其他直接责任人员,依照第一款的规定处罚"。

需要注意的是,强迫劳动使用的暴力、威胁或者限制人身自由手段往往容易侵害公民其他人身权利构成其他犯罪,因此,在强迫劳动案件可能还会涉及一罪与数罪的问题。行为人以限制人身自由的方法强迫他人劳动的,限制人身自由属于强迫劳动的手段行为,对行为人仍应以强迫劳动罪一罪定罪处罚;行为人强迫劳动本身已构成强迫劳动罪,又在日常工作中,实施暴力导致被害人人身严重伤害、死亡的,则分别构成强迫劳动罪和故意伤害罪、故意杀人罪,应当实行数罪并罚。

二、风险防控建议

1. 在用工中,应当杜绝粗暴的、以人身作为威胁的管理方式,切忌用暴力、威胁或者限制人身自由的方法强迫他人劳动。需要注意的是,强迫本单位职工以外的人劳动也构成本罪。

2. 在劳动用工以及人事管理方面,企业以及企业管理人员要牢固树立"以人为本"的理念,时刻遵守劳动法,处处尊重劳动者。强迫劳动往往都发生在平常漠视劳动法、不尊重劳动者的企业。

3. 在为其他用人单位介绍劳动用工前,务必事先对其进行尽职调查,对于可能存在强迫他人用工的用人单位,应拒绝一切协助。

4. 招工时与应聘者签订劳动合同,要注意审查应聘者的真实意愿,以排除应聘者受迫的可能性。因为强迫劳动的本质是违背劳动者的真实意愿,如果明知或应知劳动者系受他人所强迫仍旧录用，即便没有亲自实施暴力、威胁或者限制人身自由等行为，也有可能成立“其他协助强迫他人劳动行为”，从而面临刑事风险。

5. 我国《劳动法》第三十一条规定，劳动者提前30天以书面形式通知用工单位，可单方面解除劳动合同；第三十二条规定，在试用期内的；用人单位以暴力、威胁或者非法限制人身自由的手段强迫劳动的；用人单位未按照劳动合同约定支付劳动报酬或者提供劳动条件的，劳动者可以随时通知用人单位解除劳动合同。在这里需要特别强调的是，无论劳动者提出辞职（单方面解除劳动合同）的理由是否有法律依据，用人单位都不能以暴力、威胁或者限制人身自由的方法强迫劳动者继续劳动。

三、典型案例

朱某利、王某香和赵某强迫劳动案[①]

【基本案情】

朱某利、王某香夫妻在常熟市虞山镇环湖东36号共同经营服装加工作坊，在出现工人短缺后通过赵某招录工人，赵某在明知该作坊存在扣发工人工资现象的情况下，于2016年7月至10月，先后帮助招录龙某、陈某、邵某等十余人到该作坊工作，并向朱某利、王某香收取每名工人1700～2000元的中介费。工人至该作坊工作后，朱某利、王某香采用扣发工资（工资发放方式：每月发放生活费，年底结算工资）、言语威胁、由赵某暂扣工人身份证等方式，限制工人人身自由，强迫被害人龙某（2001年12月生）、陈某（2001年1月生）、张某1（2001年9月生）、李某1（2001年10月生）、李某2（2001年6月生）、李某3（2000年11月生）、邵某、姚某从事服装加工劳动，工作时间每天长达14～16小时，直至2016年11月25日案发。

2016年11月25日，被害人李某3、李某2向常熟市公安局报案，民警至常熟市虞山镇环湖东36号朱某利、王某香服装加工作坊内，将朱某利、王某香传唤至派出所接受询问，两人归案后均如实供述了犯罪事实；2016年12月4日，民警在张家港市杨舍镇百桥卡口将赵某抓获。

【裁判结果】

朱某利犯强迫劳动罪，判处有期徒刑9个月，并处罚金人民币5000元；赵某犯强迫劳动罪，判处有期徒刑9个月，缓刑1年，并处罚金人民币5000元；王某香犯强迫劳动罪，判处有期徒刑6个月，缓刑1年，并处罚金人民币3000元。

【律师评析】

本案涉及的是企业采用扣发工资、暂扣工人身份证等方式强迫工人劳动，以及明

① 审理法院：常熟市人民法院，案号：（2017）苏0581刑初598号。

知他人强迫他人劳动而为其招录员工的行为，是否构成强迫劳动罪的问题。

根据《刑法》第二百四十四条的规定，以暴力、威胁或者限制人身自由的方法强迫他人劳动的，处3年以下有期徒刑或者拘役，并处罚金；情节严重的，处3年以上10年以下有期徒刑，并处罚金。明知他人实施前款行为，为其招募、运送人员或者有其他协助强迫他人劳动行为的，依照前款的规定处罚。

本案中，虽然无暴力或者威胁行为，扣发工资和暂扣身份证的行为是否属于限制工人的人身自由，成为与否构成本罪的关键。关于扣发工资的行为，我国《劳动法》第五十条规定，工资应当以货币形式按月支付给劳动者本人，不得克扣或者无故拖欠劳动者的工资。“每月发放生活费，年底结算工资”的工资发放方式属于典型的拖欠工资，其目的是让工人不得不留下继续工作到年底。关于暂扣身份证的行为，根据我国《居民身份证法》第十五条的规定，任何组织或者个人不得扣押居民身份证。本案中的被害人因没有身份证，根本没法子离开，只能继续留下工作。综上所述，朱某利、王某香实施的扣发工人工资、暂扣工人身份证的行为既违反了《劳动法》《居民身份证法》，也触犯了《刑法》第二百四十四条第一款规定的不得以“限制人身自由的方法”强迫他人劳动的禁止性规定，造成了工人不想继续劳动却因经济利益受制于人或者人身自由受限而不得不参加劳动的局面。因此，朱某利、王某香的行为构成强迫劳动罪。对于赵某来说，其明知朱某利、王某香实施强迫劳动行为，仍为其招募、运送工人，其行为违反《刑法》第二百四十四条第二款的规定，应当以强迫劳动罪的共犯处罚。

实务中，一些企业认为克扣工资、暂扣身份证不是暴力行为，因此不会触犯《刑法》，最多也只是受到行政处罚。但由于工资、身份证的性质特殊，在人们的日常生活中起到不可或缺的重要作用。如果劳动者因工资未结清而被迫继续劳动、因身份证被暂扣而无法另寻他路时，这种克扣工资、暂扣身份证的行为无疑是一种变相的“限制人身自由的方法”，将可能涉嫌“强迫劳动罪”。对此，建议企业严格遵守《劳动法》《居民身份证法》等相关法律法规，做到按时足额发放劳动者工资，不克扣劳动者工资，不暂扣劳动者的身份证，不限制劳动者的人身自由。

第三节　拒不支付劳动报酬罪

一、罪名概述

1. 罪名简介

拒不支付劳动报酬罪，是指以转移财产、逃匿等方法逃避支付劳动者的劳动报酬或者有能力支付而不支付劳动者的劳动报酬，数额较大，经政府有关部门责令支付仍不支付的行为。

2. 立案标准

目前，我国法律对本罪并没有明确的立案标准规定，但《最高人民法院关于审理拒不支付劳动报酬刑事案件适用法律若干问题的解释》对本罪的量刑做了相关规定，可供参考。

《最高人民法院关于审理拒不支付劳动报酬刑事案件适用法律若干问题的解释》第二条规定，“以逃避支付劳动者的劳动报酬为目的，具有下列情形之一的，应当认定为刑法第二百七十六条之一第一款规定的‘以转移财产、逃匿等方法逃避支付劳动者的劳动报酬’：（一）隐匿财产、恶意清偿、虚构债务、虚假破产、虚假倒闭或者以其他方法转移、处分财产的；（二）逃跑、藏匿的；（三）隐匿、销毁或者篡改账目、职工名册、工资支付记录、考勤记录等与劳动报酬相关的材料的；（四）以其他方法逃避支付劳动报酬的”。

3. 量刑标准

《刑法》第二百七十六之一规定，“以转移财产、逃匿等方法逃避支付劳动者的劳动报酬或者有能力支付而不支付劳动者的劳动报酬，数额较大，经政府有关部门责令支付仍不支付的，处三年以下有期徒刑或者拘役，并处或者单处罚金；造成严重后果的，处三年以上七年以下有期徒刑，并处罚金。单位犯前款罪的，对单位判处罚金，并对其直接负责的主管人员和其他直接责任人员，依照前款的规定处罚。有前两款行为，尚未造成严重后果，在提起公诉前支付劳动者的劳动报酬，并依法承担相应赔偿责任的，可以减轻或者免除处罚”。

《最高人民法院关于审理拒不支付劳动报酬刑事案件适用法律若干问题的解释》第三条规定，“具有下列情形之一的，应当认定为刑法第二百七十六条之一第一款规定的‘数额较大’：（一）拒不支付一名劳动者三个月以上的劳动报酬且数额在五千元至二万元以上的；（二）拒不支付十名以上劳动者的劳动报酬且数额累计在三万元至十万元以上的。各省、自治区、直辖市高级人民法院可以根据本地区经济社会发展状况，在前款规定的数额幅度内，研究确定本地区执行的具体数额标准，报最高人民法院备案”。

该解释第五条规定，“拒不支付劳动者的劳动报酬，符合本解释第三条的规定，并具有下列情形之一的，应当认定为刑法第二百七十六条之一第一款规定的‘造成严重后果’：（一）造成劳动者或者其被赡养人、被扶养人、被抚养人的基本生活受到严重影响、重大疾病无法及时医治或者失学的；（二）对要求支付劳动报酬的劳动者使用暴力或者进行暴力威胁的；（三）造成其他严重后果的”。

该解释第六条规定，“拒不支付劳动者的劳动报酬，尚未造成严重后果，在刑事立案前支付劳动者的劳动报酬,并依法承担相应赔偿责任的,可以认定为情节显著轻微危害不大,不认为是犯罪;在提起公诉前支付劳动者的劳动报酬,并依法承担相应赔偿责任的,可以减轻或者免除刑事处罚;在一审宣判前支付劳动者的劳动报酬,并依法承担相应赔偿责任的,可以从轻处罚。对于免除刑事处罚的,可以根据案件的不同情况,予以训诫、责令具结悔过或者赔礼道歉。拒不支付劳动者的劳动报酬,造成严重后果,但在宣判前支付劳动者的劳动报酬,并依法承担相应赔偿责任的,可以酌情从宽处罚”。

二、风险防控建议

1. 企业应当尊重劳动者的权益,按时发放工资,不要在具有支付能力的情况下,恶意拖欠劳动者的工资。需要注意的是,企业不能以没有收到货款或工程款为由拒付工资;即使没有收到货款或工程款情况属实,也不能成为企业不履行工资给付义务的理由。

2. 如果企业出现经营困难,导致资金链断裂,也应当优先考虑支付拖欠的工人工资(注:企业破产时,劳动报酬作为破产债权,也是第一顺序清偿)。

3. 如果企业由于资金断裂,确实没有支付能力,不能及时足额支付劳动报酬,那么,在力所能及的范围内,可以先支付一部分劳动报酬,并对剩余部分作出合理安排,有资金时立即予以支付。

4. 企业应当积极面对“欠薪”问题,加强与员工的沟通,及时疏导员工情绪,耐心解释企业欠薪的原因,切不可采取“回避”甚至“逃避”的方式进行消极处理。一旦企业投资者或者经营管理人员“逃跑、藏匿”,就容易被认定为“以转移财产、逃匿等方法逃避支付劳动者的劳动报酬”,从而面临刑事风险。

5. 如果劳动监察等政府部门责令企业支付劳动者报酬,企业应当积极筹措资金,千方百计、竭尽全力及时、足额支付,确有困难的,可以通过协商、调解等方式,主动与劳动者沟通达成和解并与作出责令处罚的政府部门保持密切联系,以免引致刑事风险。

三、典型案例

广西贡×建设有限公司、廖某拒不支付劳动报酬案[①]

【基本案情】

广西中远职业学院是广西中×远源教育投资有限公司投资兴建的一个工程项

① 审理法院:扶绥县人民法院,案号:(2015)扶刑初字第184号。

目，广西贡×建设有限公司是经过注册的公司，从事建设工程总承包业务以及工程设计、工程施工、项目管理等业务范围，法定代表人为廖某。

2014年7月，广西贡×建设有限公司与广西中×远源教育投资有限公司签订了合同，由广西贡×建设有限公司承包建设广西中远职业学院。2014年8月28日至12月28日，廖某任广西贡×建设有限公司的法定代表人期间，广西贡×建设有限公司将承包的广西中远职业学院工程项目的土石方工程口头约定分包给陆某甲施工。陆某甲承包土石方工程后，组织李某、农某甲等14名民工对该工程进行施工。2014年12月，工程停工后，陆某甲经与广西中远职业学院的工程项目股东姚某华核算确认及业主方签字确认后，广西贡×建设有限公司盖章确认，广西中远职业学院4#、5#、6#、7#、8#实训楼基础挖方工程农民工工资为266,400元。2015年1月8日，陆某甲代表14名民工向扶绥县人力资源和社会保障局投诉，称广西贡×建设有限公司拒不支付14名民工的工资。扶绥县人力资源和社会保障局调查后，下达劳动保障监察限期改正指令书，责令广西贡×建设有限公司于2015年1月30日前改正并支付劳动者报酬。廖某作为广西贡×建设有限公司的法定代表人签收限期改正责令书，广西贡×建设有限公司没有在指定期限内支付农民工工资报酬。

2014年12月5日，广西贡×建设有限公司开户银行账户转入廖某个人银行账户400,000元。扶绥县人力资源和社会保障局于2015年2月7日将该案件相关材料移送扶绥县公安局，扶绥县公安局于同日决定对广西贡×建设有限公司拒不支付劳动报酬案立案侦查。2015年7月21日，廖某主动到扶绥县公安局投案，并如实供述其拖欠农民工工资的事实。2015年7月27日，廖某的妻子莫某将筹得的266,400元交至扶绥县公安局治安管理大队代发所欠的工资，扶绥县公安局治安管理大队根据广西贡×建设有限公司原来所确认的工资发放单另行造册发放了李某、农某甲等14名民工的工资共266,400元。

【裁判结果】

广西贡×建设有限公司犯拒不支付劳动报酬罪，判处罚金人民币3万元；廖某犯拒不支付劳动报酬罪，判处拘役6个月，缓刑1年，并处罚金人民币1万元。

【律师评析】

本案涉及的是工程总承包企业以转移财产的方法逃避支付劳动者的报酬，经政府有关部门责令支付仍不支付的行为，是否构成拒不支付劳动报酬罪的问题。

根据《刑法》第二百七十六之一第一款、第二款的规定，“以转移财产、逃匿等方法逃避支付劳动者的劳动报酬或者有能力支付而不支付劳动者的劳动报酬，数额较大，经政府有关部门责令支付仍不支付的，处三年以下有期徒刑或者拘役，并处或者单处罚金；造成严重后果的，处三年以上七年以下有期徒刑，并处罚金。单位犯前款罪的，对单位判处罚金，并对其直接负责的主管人员和其他直接责任人员，依照前款的规定处罚。”根据《最高人民法院关于审理拒不支付劳动报酬刑事案件适用法律若干问题的解释》第三条的规定，拒不支付10名以上劳动者的劳动报酬且数额累计在3万~10万元以上的，应当认定为《刑法》第二百七十六条之一第一款规定的“数额较大”。第四条第一款规定，经人力资源社会保障部门或者政府其他有关部门依法以限期整改指令书、行政处理决定书等文书责令支付劳动者的劳动报酬后，在指定的期限内仍不支付的，应当认定为《刑法》第二百七十六条之一第一款规定的“经政府有关部门责令支付仍不支付”，但有证据证明行为人有正当理由未知悉责令支付或者未及时支付劳动报酬的除外。

本案中，广西贡×建设有限公司作为承包广西中远职业学院项目工程的总承包企业，以转移财产的方法逃避支付劳动者的劳动报酬、有支付能力而拒不支付劳动者的劳动报酬，数额较大，经政府有关部门责令支付仍不支付，其行为触犯《刑法》第二百七十六条之一的规定，构成拒不支付劳动报酬罪；廖某作为直接负责的主管人员，应依法追究其刑事责任。

第四章
财务会计方面的刑事风险及防控

第一节　违规披露、不披露重要信息罪

一、罪名概述

1. 罪名简介

违规披露、不披露重要信息罪，是指依法负有信息披露义务的公司和企业，向股东和社会公众提供虚假的或者隐瞒重要事实的财务会计报告，或者对依法应当披露的其他重要信息不按照规定披露，严重损害股东或者其他人利益的行为。

2. 立案标准

《最高人民检察院、公安部关于公安机关管辖的刑事案件立案追诉标准的规定（二）》第六条规定，“依法负有信息披露义务的公司、企业向股东和社会公众提供虚假的或者隐瞒重要事实的财务会计报告，或者对依法应当披露的其他重要信息不按照规定披露，涉嫌下列情形之一的，应予立案追诉：（一）造成股东、债权人或者其他人直接经济损失数额累计在一百万元以上的；（二）虚增或者虚减资产达到当期披露的资产总额百分之三十以上的；（三）虚增或者虚减营业收入达到当期披露的营业收入总额百分之三十以上的；（四）虚增或者虚减利润达到当期披露的利润总额百分之三十以上的；（五）未按照规定披露的重大诉讼、仲裁、担保、关联交易或者其他重大事项所涉及的数额或者连续十二个月的累计数额达到最近一期披露的净资产百分之五十以上的；（六）致使不符合发行条件的公司、企业骗取发行核准或者注册并且上市交易的；（七）致使公司、企业发行的股票或者公司、企业债券、存托凭证或者国务院依法认定的其他证券被终止上市交易的；（八）在公司财务会计报告中将亏损披露为盈利，或者将盈利披露为亏损的；（九）多次提供虚假的或者隐瞒重要事实的财务会计报告，或者多次对依法应当披露的其他重要信息不按照规定披露的；（十）其他严重损害股东、债权人或者其他人利益，或者有其他严重情节的情形”。

3. 量刑标准

《刑法》第一百六十一条规定，“依法负有信息披露义务的公司、企业向股东和社会公众提供虚假的或者隐瞒重要事实的财务会计报告，或者对依法应当披露的其他重要信息不按照规定披露，严重损害股东或者其他人利益，或者有其他严重情节的，对其直接负责的主管人员和其他直接责任人员，处五年以下有期徒刑或者拘役，并处或者单处罚金；情节特别严重的，处五年以上十年以下有期徒刑，并处罚金。前款规定的公司、企业的控股股东、实际控制人实施或者组织、指使实施前款行为的，或者隐瞒相关事项导致前款规定的情形发生的，依照前款的规定处罚。犯前款罪的控股股东、实际控制人是单位的，对单位判处罚金，并对其直接负责的主管人员和其他直接责任人员，依照第一款的规定处罚”。

二、风险防控建议

1. 根据《公司法》以及其他相关法律规定，公司的财务会计报告应当包括以下的财务会计报表及附属明细表：资产负债表、损益表、财务状况变动表、利润分配表及财务情况说明等。这些报表或明细表都是为了帮助股东、社会公众理解会计报表有关内容所作的说明或解释。若负有信息披露义务的公司、企业向股东或社会公众提供虚假或隐瞒重要事实的财务会计报告，或不按照规定披露有关重要信息，损害股东或他人利益，或有其他严重情节的行为，将承担一定的法律责任。因此，负有信息披露义务的公司、企业应严格按照法律法规的规定披露相关重要信息，切不可轻视信息披露义务，招致不必要的刑事风险。

2. 企业应高度重视对大股东、实际控制人、公司管理层、董事会秘书、财务会计人员和相关业务人员的信息披露知识培训，着重提高上述人员对信息披露规则的把握以及对信息披露责任和可能造成的严重后果的认识。

3. 企业应积极完善信息披露规章制度，明确信息披露的负责部门以及主要责任人。

4. 企业应设立专门的监管部门对重要信息的披露工作进行监督检查，定期查阅、审核相关的文件或报告，保证披露的信息真实准确。

三、典型案例

于某青违规不披露重要信息案[①]

【基本案情】

江苏琼×高科技股份有限公司(以下简称江苏琼×公司),证券代码为002002,住所地为扬州市广陵区杭集镇曙光路,控股股东为琼×集团,实际控制人为于某青。2006年11月至2008年11月,时任江苏琼×公司法定代表人、董事长的于某青使用江苏琼×公司公章,以江苏琼×公司的名义,为明显不具有清偿能力的控股股东琼×集团等关联方提供24笔担保,担保金额共计人民币(以下币种同)16,035万元,占江苏琼×公司2008年12月31日经审计的净资产的101.29%。其中,2007年11月1日至2008年10月31日连续12个月的担保累计金额为12,005万元,占江苏琼×公司2008年12月31日经审计的净资产的75.83%。江苏琼×公司对上述担保事项未按规定履行临时公告披露义务,也未在2006年年报、2007年年报、2008年半年报中进行披露。截至2009年12月31日,琼花集团、于某青均通过以股抵债或者用减持股票款方式向债权人清偿了全部债务,江苏琼×公司的担保责任已经解除。

2009年6月24日,于某青主动到公安机关投案,如实供述了全部犯罪事实。2010年3月18日公安机关对该案立案侦查。

【裁判结果】

于某清犯违规不披露重要信息罪,判处拘役3个月,缓刑6个月,并处罚金人民币20万元。

【律师评析】

本案涉及的是股份有限责任公司未按照规定披露担保事项,是否构成违规披露、不披露重要信息罪的问题。

2010年5月7日颁布的《最高人民检察院、公安部关于公安机关管辖的刑事案件立案追诉标准的规定(二)》第六条第(四)项[②]规定,依法负有信息披露义务的公司、企业向股东和社会公众提供虚假的或者隐瞒重要事实的财务会计报告,或者对依法应当披露的其他重要信息不按照规定披露,未按照规定披露的重大诉讼、仲裁、担保、

---

① 参见北大法宝——登录“北大法宝”引证码查询系统(www. pkulaw. com/fbm),输入法宝引证码:CLI. C. 2129335查询。

② 《最高人民检察院、公安部关于公安机关管辖的刑事案件立案追诉标准的规定(二)》(2022年修订)于2022年5月15日施行。根据最新修订的规定,现该项内容改为:未按照规定披露的重大诉讼、仲裁、担保、关联交易或者其他重大事项所涉及的数额或者连续12个月的累计数额达到最近一期披露的净资产50%以上的。

关联交易或者其他重大事项所涉及的数额或者连续12个月的累计数额占净资产50%以上的,应予立案追诉。

本案中,时任公司董事长的于某青使用公司公章,以公司的名义,为明显不具有清偿能力的控股股东琼×集团等关联方提供24笔担保,担保金额共计16,035万元,该担保数额占公司净资产的101.29%,已超过法定的50%,而公司对上述担保事项未按规定履行临时公告披露义务,也未在2006年年报、2007年年报、2008年半年报中进行披露,已构成违规披露、不披露重要信息罪。

实务中,有的股份有限责任公司为了获取更多的投资或者保障自身的信誉,不惜向股东和社会公众提供虚假的财务会计报告或者隐瞒重要事实,或者未按照法律规定将应当披露的其他重要信息向股东或社会公众予以披露,严重损害股东或者其他人利益,该做法已然触犯违规披露、不披露重要信息罪。因此,企业应当依法将应当披露的重要信息向股东或者社会公众披露,主动维护股东或者其他人利益,避免触犯本罪。

第二节 隐匿、故意销毁会计凭证、会计账簿、财务会计报告罪

一、罪名概述

1. 罪名简介

隐匿、故意销毁会计凭证、会计账簿、财务会计报告罪,是指故意隐匿、故意销毁有法定保存义务的会计凭证和账簿、财务报告,情节严重的行为。

2. 立案标准

《最高人民检察院、公安部关于公安机关管辖的刑事案件立案追诉标准的规定(二)》第八条规定,"隐匿或者故意销毁依法应当保存的会计凭证、会计帐簿、财务会计报告,涉嫌下列情形之一的,应予立案追诉:(一)隐匿、故意销毁的会计凭证、会计帐簿、财务会计报告涉及金额在五十万元以上的;(二)依法应当向监察机关、司法机关、行政机关、有关主管部门等提供而隐匿、故意销毁或者拒不交出会计凭证、会计帐簿、财务会计报告的;(三)其他情节严重的情形"。

3. 量刑标准

《刑法》第一百六十二条之一规定,"隐匿或者故意销毁依法应当保存的会计凭证、会计帐簿、财务会计报告,情节严重的,处五年以下有期徒刑或者拘役,并处或者单处二万元以上二十万元以下罚金。单位犯前款罪的,对单位判处罚金,并对其直接负责的主管人员和其他直接责任人员,依照前款的规定处罚"。

二、风险防控建议

1. 会计凭证、会计账簿、财务会计报告是记载企业财务活动的重要凭证，是国家对企业财务管理的重要依据。企业应当谨慎保管会计凭证、会计账簿、财务会计报告等资料，做到专人监管，避免出现隐匿或销毁的风险。

2. 建立健全财务管理制度，对财务管理、财务内容、部门设置及人员管理作出明确规定，加强财务活动的监管，使之满足企业的正常运营需要。

3. 加强财务人员的教育培训，提高职业素养。在财务基础知识夯实下，应加强对财务人员的专项培训，使之有能力应对司法机关、行政机关或有关监管部门的监督检查工作。

三、典型案例

徐某鹏犯隐匿、故意销毁会计凭证、会计账簿、财务会计报告案①

【基本案情】

1999 年 2 月 10 日，原国有靖边县五金交电公司改制为私营靖边县五金交电有限公司（以下简称五金公司），并于 1999 年 5 月 24 日正式注册成立。从 1999 年 4 月起，徐某鹏一直担任该公司董事长。五金公司成立以后的几年里，主要通过出租房屋进行分散经营。2004 年 5 月 18 日，五金公司制定战略管理条例，作为公司章程的组成部分。从 2004 年 7 月起，全部出租房屋被收回，实行一体化经营，徐某鹏被推选为公司总经理。2004 年 10 月，五金公司电器商城开业。

2007 年 6 月，部分股东反映徐某鹏有经济问题，经董事会同意，五金公司成立了五名股东组成的内审组，对公司 2004 年 7 月至 2006 年年底的账务进行了审计，包括了电器商城的商品经营账，并摘抄了部分账务材料。2007 年 12 月底，部分股东又要查账，被徐某鹏拒绝。后徐某鹏还让公司的会计孙某斌将电器商城的商品经营账从五金公司的账务中分出来，并从孙某斌处拿走了电器商城商品经营的账务、凭证等会计资料。2008 年 1 月，五金公司部分股东向靖边县公安局举报徐某鹏涉嫌犯罪。2008 年 4 月至 2009 年 5 月，靖边县公安局先后四次向五金公司调取商品经营部分的会计资料，徐某鹏拒不提供其拿走的商品经营部分的账务、凭证等会计资料，其隐匿依法应当保存的会计凭证、会计账簿所涉及金额不小于 173.28 万元。

【裁判结果】

徐某鹏犯隐匿、故意销毁会计凭证、会计账簿、财务会计报告罪，判处有期徒刑 6

① 审理法院：靖边县人民法院，案号：（2010）靖刑初字第 106 号。

个月，并处罚金人民币10万元，罚金于判决生效后3个月内缴纳。

【律师评析】

本案涉及的是企业高级管理人员应公安机关要求提供会计资料而拒不提供、隐匿或故意销毁的行为，是否构成隐匿、故意销毁会计凭证、会计账簿、财务会计报告罪的问题。

《最高人民检察院、公安部关于公安机关管辖的刑事案件立案追诉标准的规定（二）》（2010年）第八条规定，“隐匿或者故意销毁依法应当保存的会计凭证、会计账簿、财务会计报告，涉嫌下列情形之一的，应予立案追诉：（一）隐匿、故意销毁的会计凭证、会计账簿、财务会计报告涉及金额在五十万元以上的；（二）依法应当向司法机关、行政机关、有关主管部门等提供而隐匿、故意销毁或者拒不交出会计凭证、会计账簿、财务会计报告的；（三）其他情节严重的情形”。

本案中，靖边县公安局先后四次向五金公司调取商品经营部分的会计资料，而徐某鹏拒不提供其拿走的商品经营部分的账务、凭证等会计资料，并且其隐匿依法应当保存的会计凭证、会计账簿所涉及金额已达173.28万元，其行为已构成隐匿、故意销毁会计凭证、会计账簿、财务会计报告罪。

实务中，有的企业高级管理人员为了平账或掩饰犯罪行为而故意销毁或者隐瞒依法应当保存的会计凭证、会计账簿、财务会计报告，该做法已然触犯隐匿、故意销毁会计凭证、会计账簿、财务会计报告罪。因此，企业在面对司法机关、行政机关或有关主管部门的调查时，应当依法向其提供会计凭证、会计账簿、财务会计报告，避免触犯本罪。

第三节　打击报复会计、统计人员罪

一、罪名概述

1. 罪名简介

打击报复会计、统计人员罪，是指公司、企业、事业单位、机关、团体的领导人员，对依法履行职责，抵制违反会计法、统计法行为的会计、统计人员实行打击报复，情节恶劣的行为。

2. 立案标准

根据《刑法》第二百五十五条的规定，公司、企业、事业单位、机关、团体的领导人员，对依法履行职责，抵制违反会计法、统计法行为的会计、统计人员实行打击报复，情节恶劣的，应当予以立案追诉。

3. 量刑标准

《刑法》第二百五十五条规定，公司、企业、事业单位、机关、团体的领导人，对依法履行职责、抵制违反会计法、统计法行为的会计、统计人员实行打击报复，情节恶劣的，处三年以下有期徒刑或者拘役。

二、风险防控建议

1. 企业应当认真学习国家相关法律法规，坚决抵制打击报复会计、统计人员的违法行为，树立正确的价值观。

2. 企业应当加强领导人员的法律培训，让领导人员了解打击报复会计、统计人员所涉嫌的法律风险及后果，并鼓励员工积极举报违法行为。

3. 企业应当建立合理的财务会计制度，定期公开财务报告情况，保证办事流程的透明化、公平化，避免他人对会计人员、统计人员予以打击报复，进而触犯本罪。

三、典型案例

张某某打击报复会计人员案[①]

【基本案情】

张某某，女，38 岁，某市肉联厂副厂长。1997 年上半年，某市某肉联厂财务科副科长兼主管会计彭某发现张某某在两笔业务中，损失严重，货款不能如数回笼，而张某某多次要彭某以无原始凭证报损的方式冲销此账，被彭某拒绝。1997 年 8 月，彭某对张某某的业务损失释评向有关部门先后进行口头和书面举报，张某某对此怀恨在心，伺机报复。1997 年 10 月，在研究中层领导班子的会议上，张某某提出免去彭某副科长职务，遭到其他人反对，张某某遂擅自停了彭某的职，不给彭某安排工作，并于 1997 年 10 月至 1998 年 1 月，多次在厂财务科、供销科等场所，经常以污秽的语言对彭某进行人身攻击，严重地侮辱了彭某的人格，损害了其身心健康，在职工中造成了极其恶劣的影响。在厂党总支会研究发展彭某为党员时，张某某又极力反对，称"彭某不做工作，到处告状，还不如一个普通工人"，并克扣彭某的职务津贴、报刊费等 1000 余元。

【裁判结果】

张某某犯打击报复会计人员罪，判处有期徒刑 1 年。

【律师评析】

本案涉及的是企业领导人员对依法履行职责、抵制违反会计法、统计法行为的会

---

① 参见曹子丹主编：《新刑法罪名量刑与案例通览》，吉林人民出版社 2000 年版，第 765 ~ 766 页。

计、统计人员实施打击报复的行为，是否构成打击报复会计、统计人员罪的问题。

我国《刑法》第二百五十五条规定，“公司、企业、事业单位、机关、团体的领导人，对依法履行职责、抵制违反会计法、统计法行为的会计、统计人员实行打击报复，情节恶劣的，处三年以下有期徒刑或者拘役”。

本案中，张某某身为某市肉联厂副厂长，指使财务科主管会计彭某作假账，遭到彭某的抵制后，对其进行打击报复，先后对其实行停职，扣发津贴等，并在公共场合对彭某进行人身攻击，使彭某的身心健康受到损害，其打击报复行为情节恶劣，其行为已构成打击报复会计人员罪。

实务中，有的企业领导人为了让会计人员、统计人员按照其要求办事，在遭到抑制之后，怀恨在心，无论是采用暴力手段（如殴打、暴力威胁）还是采取非暴力手段（如停职、降薪、无故辞退）进行打击报复，均可能涉嫌构成打击报复会计、统计人员罪。对此，企业领导人树立正确的经营理念，一方面，应当自觉遵守会计法、统计法的相关规定，坚持不做假账、不编造假数据；另一方面，对于依法履行职责、抵制违反会计法、统计法行为的会计、统计人员，应当予以尊重和包容，切不可实施打击报复，以免构成打击报复会计、统计人员罪。

第五章
税收征缴方面的刑事风险及防控

第一节　逃 税 罪

一、罪名概述

1. 罪名简介

逃税罪，是指纳税人采取欺骗、隐瞒手段进行虚假纳税申报或者不申报，逃避缴纳税款数额较大，并且占应纳税额10%以上，扣缴义务人采取欺骗、隐瞒等手段，不缴或者少缴已扣已收税款，数额较大或者因逃税受到两次行政处罚又逃税的行为。

2. 立案标准

《最高人民检察院、公安部关于公安机关管辖的刑事案件立案追诉标准的规定（二）》第五十二条规定，"逃避缴纳税款，涉嫌下列情形之一的，应予立案追诉：（一）纳税人采取欺骗、隐瞒手段进行虚假纳税申报或者不申报，逃避缴纳税款，数额在十万元以上并且占各税种应纳税总额百分之十以上，经税务机关依法下达追缴通知后，不补缴应纳税款、不缴纳滞纳金或者不接受行政处罚的；（二）纳税人五年内因逃避缴纳税款受过刑事处罚或者被税务机关给予二次以上行政处罚，又逃避缴纳税款，数额在十万元以上并且占各税种应纳税总额百分之十以上的；（三）扣缴义务人采取欺骗、隐瞒手段，不缴或者少缴已扣、已收税款，数额在十万元以上的。纳税人在公安机关立案后再补缴应纳税款、缴纳滞纳金或者接受行政处罚的，不影响刑事责任的追究"。

3. 量刑标准

《刑法》第二百零一条规定，"纳税人采取欺骗、隐瞒手段进行虚假纳税申报或者不申报，逃避缴纳税款数额较大并且占应纳税额百分之十以上的，处三年以下有期徒刑或者拘役，并处罚金；数额巨大并且占应纳税额百分之三十以上的，处三年以上七年以下有期徒刑，并处罚金。扣缴义务人采取前款所列手段，不缴或者少缴已扣、已收税款，数额较大的，依照前款的规定处罚。对多次实施前两款行为，未经处理的，按照累计数额计算。有第一款行为,经税务机关依法下达追缴通知后,补缴应纳税款,缴纳滞纳金,已受行政处罚的,不予追究刑事责任;但是,五年内因逃避缴纳税款受过刑事处罚或者被税务机关给予二次以上行政处罚的除外”。

二、风险防控建议

1. 一般情况下,企业采取欺骗、隐瞒手段进行虚假纳税申报或者不申报,并不会立即触犯刑律,还需要经过税务机关追缴程序;因此,企业收到税务机关下达的追缴税款通知后,应当高度重视,认真核查是否存在未依法足额纳税的情形;经核查,如果企业确实存在未依法足额纳税的情形,则应当积极面对,及时采取补救措施,依法补缴应纳税款、缴纳滞纳金以及依法接受行政处罚,切不可继续逃避、抗拒依法缴纳税款,导致不必要的刑事风险。

2. 如果因逃避缴纳税款受过刑事处罚或者被税务机关给予行政处罚,应当吸取教训,不要再犯;尤其值得注意的是,因逃避缴纳税款受过刑事处罚或者被税务机关给予 2 次以上行政处罚,在之后的 5 年内,如果再次逃避缴纳税款,无须经过税务机关追缴程序,即可直接认定构成逃税罪。

3. 应当加强源头治理,企业经营者应积极学习与税务有关的法律法规、国家政策,树立依法纳税意识。企业可以通过税务筹划合理避税,但务必摒弃逃税、偷税邪念。

4. 企业经营者与财务管理人员应熟悉企业应缴纳的税目和各税目的税率,并且应当了解缴税的时间节点,做到不遗漏、不迟延;遇有疑问,及时向税务主管部门或者税务专业人士咨询。

5. 企业应制定完善的财务管理制度,依法进行税务登记,如发生变更事项,应及时做好税务变更。同时,企业应建立真实准确的财务账簿,对于税务方面的内容要做到科学记录、严格保存。

6. 收到税务机关下达的追缴税款通知,如果企业认为自己没有逃税,应当积极与税务部门沟通,详细陈述相关理由,争取获得税务部门的认可,妥善解决相关争议,必要情况下,也可通过行政复议、行政诉讼进行救济。

7. 企业的发票事务如果管理不好,企业经营者不仅会触犯发票类犯罪,还可能触犯本罪。因此,企业应制定严格的发票管理制度,对于第三人为交易相对方代开的发票应慎重处理,尽量不要接受;对合法性存疑的发票要暂缓付款和暂缓申报抵扣其中的进项税金,待查证落实后再做处理。

三、典型案例

刘某、武宜荣×废渣再生利用金属有限公司逃税案[①]

【基本案情】

1. 武宜荣×废渣再生利用金属有限公司（以下简称荣×公司）、刘某逃税的事实

荣×公司成立于2006年9月4日，为一般纳税人，纳税识别号：45××××8。公司经营范围为有色金属矿加工，铅锌铜及合金，金银及合金等。2011年12月25日，荣×公司股东刘某、李某3、肖某良将股份转让给刘某，刘某占公司股份50.40%、罗某2占公司股份49.60%。同日制定《荣×公司章程（修订案）》，章程规定：执行董事、经理、监事共同经营、管理，执行董事为公司的法定代表人，法定代表人应在国家法律、法规以及本章程规定的职权范围内行使职权，履行义务，代表公司参加民事活动，对公司的生产经营和管理全面负责，接受本公司有关机关的监督。同月31日，荣×公司任命刘某为公司法定代表人、执行董事（兼经理）。2014年3月17日，荣×公司、股东刘某、罗某2（甲方）与武宜华某有色金属有限公司（乙方，以下简称华某公司）签订《公司承包经营合同》，双方约定承包期间为2014年3月17日至2022年3月16日，财政、税收渠道不变，承包经营的方式为：甲方在承包经营期限内将公司经营权提供给乙方，乙方为此每月支付甲方35万元，每月承包款于次月10日之前付清。华某公司指派一人作为公司的法定代表人，行使总经理的职权。2014年3月20日，华某公司与荣×公司签订《公司承包经营合同补充协议》，协议第二条约定：甲乙双方利益分配按荣×公司经营税后利润进行计算，分配比例为甲方得45%（承包款），乙方得55%。荣×公司没有利润甲方不收取承包款也不承担亏损。2014年6月4日，罗某2与陈某签订《股权转让协议》，罗某2将其占公司1%的股份转让给陈某，同日，全体股东签订《荣×公司股东会决议》，选举陈某担任公司法定代表人兼总经理，选举刘某担任公司执行董事，选举罗某2担任公司监事，并到武宜县工商局进行变更登记。协议签订后，华某公司实际指派李某2到荣×公司行使总经理的职权，罗某1担任公司副总经理，刘某与罗某1、李某2共同负责公司的管理。2014年10月，李某2与刘某、罗某1之间产生矛盾，李某2离开荣×公司，刘某、罗某1共同负责公司的管理。

2015年，武宜县国家税务局稽查局接到刘某的举报后，对荣×公司2012年1月1日至2014年12月31日的涉税情况进行了检查，2012年至2014年，荣×公司为偷逃纳税，公司的管理人员罗某1、李某2决定并授意财务人员采用设置“内外两套账”的

---

① 审理法院：武宜县人民法院，案号：（2020）桂1323刑初20号。

方式，用内账反映公司真实的经营情况，用外账隐瞒实际收入，以外账数据进行虚假纳税申报，刘某知晓该情况，也曾授意财务人员按照该方式实施逃税。荣×公司2012年度已缴纳增值税额307,173.04元，向税务机关申报纳税各税种总额307,173.04元，经检查调整后，各税种应纳税总额5,047,709.48元，偷税金额4,740,536.44元，占各税种应纳税总额93.91%；2013年度已缴纳增值税额1,003,037.73元，向税务机关申报纳税各税种总额1,136,450.50元，经检查调整后，各税种应纳税总额2,583,827.66元，偷税金额1,447,377.16元，占各税种应纳税总额56.02%；2014年度已缴纳增值税额428,943.90元，向税务机关申报纳税482,937.50元，经检查调整后，各税种应纳税总额2,640,634.87元，偷税金额2,157,697.37元，占各税种应纳税总额81.71%，其中2014年4月至9月偷税金额1,499,203.91元，占各税种应纳税总额56.77%。2012年至2014年，荣×公司隐瞒实际收入进行虚假纳税申报、逃税款合计8,345,610.97元。2017年3月18日，武宣县国家税务局稽查局向荣×公司下达《税务处理决定书》，责令其在15日内缴纳税款及滞纳金入库，逾期未缴清的将依照《税收征收管理法》的规定强制执行。同日，武宣县国家税务局稽查局还向荣×公司下达《税务行政处罚决定书》，对荣×公司处以所偷税款50%的罚款，罚款金额为4,172,805.49元。至今荣×公司拒不缴纳上述税款、滞纳金及罚款。

2017年4月21日，武宣县国家税务局工作人员到武宣县公安局报案称，经过武宣县国家税务局调查，荣×公司涉嫌逃税犯罪，要求依法移交给公安机关查处，后武宣县公安局立案侦查。

2. 荣×公司非法购买增值税专用发票的事实

罗某1与梅某相互认识，有业务上的往来。2014年4月，荣×公司的生产销售缺发票，需要购买一张增值税专用发票，李某2、罗某1在荣×公司与某冶化公司无实际购销货物的情况下，由李某2交代公司财务人员将4万元支付给梅某后，向梅某购买一张某冶化公司开具的发票号码为009××××1的增值税专用发票，用于荣×公司入账申报纳税，票据面额为500,316元。后因发票认证超期而无法申报纳税。

2015年，武宣县国家税务局依法对荣×公司涉嫌虚开增值税专用发票案件进行调查，经对资金流和物流进行检查，认定该公司2014年度没有购进与该份增值税专用发票对应的货物，涉嫌虚开增值税专用发票的税收违法事实成立，后依法移送公安机关侦查。

另查明，2019年8月8日9时许，侦查人员对罗某1居住的武宣镇某中心某栋李某送的房子三楼、四楼房间进行搜查，在其居住的房间衣柜内，提取到：荣×公司资料1本；购销合同1本、付款申请单1本、货物进出登记表2本、管理费用1本、产品购销合同材料1本。2019年10月20日，刘某被武宣县公安局列为网上追逃人员。2019年10月21日，刘某被广州铁路公安处珠海西车站派出所民警抓获，临时寄押在珠海市第一看守所,2019 年 10 月 24 日,武宣县公安局民警将刘某押解送到来宾市看守所。

【裁判结果】

1. 荣×公司犯逃税罪,判处罚金 50 万元;犯非法购买增值税专用发票罪,判处罚金 5 万元,数罪并罚,决定执行罚金 55 万元。

2. 刘某犯逃税罪,判处有期徒刑 3 年,并处罚金 30 万元。

【律师评析】

本案涉及的是虚假纳税申报的企业拒不缴纳税务机关要求追缴款项的行为,是否构成逃税罪的问题。

根据《最高人民检察院、公安部关于公安机关管辖的刑事案件立案追诉标准的规定(二)》(2010 年)第五十七条的规定,逃避缴纳税款,纳税人采取欺骗、隐瞒手段进行虚假纳税申报或者不申报,逃避缴纳税款,数额在 5 万元以上并且占各税种应纳税总额 10% 以上,经税务机关依法下达追缴通知后,不补缴应纳税款、不缴纳滞纳金或者不接受行政处罚的,应予立案追诉。

本案中,荣×公司多次采取隐瞒手段进行虚假纳税申报,逃避缴纳税款,数额均在 5 万元以上并且均占各税种应纳税总额 10% 以上,并且经县国家税务局稽查局依法下达《税务行政处罚决定书》要求其缴纳税款、滞纳金及罚款时,荣×公司均拒不缴纳,其行为已构成逃税罪。

实务中,有的企业为了逃避缴纳税款,采取欺骗、隐瞒手段进行虚假纳税申报或者不申报,经税务机关要求追缴时却拒不补缴的行为将可能触犯逃税罪。对此,企业应当按照国家相关法律法规按时足额的缴纳税款,不得采取欺骗、隐瞒手段进行虚假纳税申报或者不申报,避免触犯本罪。

第二节　抗 税 罪

一、罪名概述

1. 罪名简介

抗税罪,是指负有纳税义务的人或者企业、事业单位的直接责任人员,故意违反国家税收法规,采取公开抵制、对抗的方法,拒不缴纳税款,情节严重的行为。

2. 立案标准

《最高人民检察院、公安部关于公安机关管辖的刑事案件立案追诉标准的规定(二)》第五十三条规定,以暴力、威胁方法拒不缴纳税款,涉嫌下列情形之一的,应予立案追诉:(1)造成税务工作人员轻微伤以上的;(2)以给税务工作人员及其亲友的生命、健康、财产等造成损害为威胁,抗拒缴纳税款的;(3)聚众抗拒缴纳税款的;(4)以其他暴力、威胁方法拒不缴纳税款的。

3. 量刑标准

《刑法》第二百零二条规定,“以暴力、威胁方法拒不缴纳税款的,处三年以下有期徒刑或者拘役,并处拒缴税款一倍以上五倍以下罚金;情节严重的,处三年以上七年以下有期徒刑,并处拒缴税款一倍以上五倍以下罚金”。第二百一十二条规定,“犯本节第二百零一条至第二百零五条规定之罪,被判处罚金、没收财产的,在执行前,应当先由税务机关追缴税款和所骗取的出口退税款”。

《最高人民法院关于审理偷税抗税刑事案件具体应用法律若干问题的解释》第五条规定,实施抗税行为具有下列情形之一的,属于《刑法》第二百零二条规定的“情节严重”:(1)聚众抗税的首要分子;(2)抗税数额在十万元以上的;(3)多次抗税的;(4)故意伤害致人轻伤的;(5)具有其他严重情节。

二、风险防控建议

1. 企业经营者与财务管理人员应当树立依法纳税意识,摒弃暴力抗税的邪念,不断学习与税务有关的法律法规,积极关注、了解国家最新出台的税收优惠政策,防止因纳税政策、税率等内容的变更而引起不必要的工作失误。

2. 当征税部门进行税务核查或征税时,应积极配合征税人员的工作,任何情况下都不得以暴力、威胁等方式对抗征税人员。

3. 如果企业认为税务机关或者相关税务人员在工作过程中存在违法行为,企业可以通过行政复议、行政诉讼、投诉、举报等途径依法维护自身合法权益,切不可以身试法,采取暴力、威胁等方式进行对抗,拒绝缴纳税款。

三、典型案例

马某明抗税案[①]

【基本案情】

1994 年 9 月 1 日,马某明、沙某万、何某忠从宁蒗县新营盘乡收购一车苹果运往昆明销售。9 月 2 日上午 10 时许,途经 108 国道线武定县白路乡人民政府农业特产税查验征收站时,被稽查出所拉苹果数与完税证完税数不一致,农税干部叫马某明补缴漏缴税款时,马某明拒绝补缴税款。14 时许,运到 108 国道线武定县铁合金厂路段

① 审理法院:云南省武定县人民法院,案号:(1995)武刑初字第 4 号。

武定县城镇农业特产税查验征收站,被农税干部龙某海等人查获,要求补缴超运部分的税款,马某明不但不予补办,反而手持凳子、砖头等物殴打龙某海、廖某先、李某昌。龙某海等人到城镇公安派出所报案,马某明趁机向昆明脱逃。15时许,干警张某洪等人追到马某明,要求其回武定解决问题,马某明再次用石头攻击公安干警。后马某明被拘传到武定城镇派出所。经法医鉴定,龙某海为轻伤,廖某先、张某洪均为甲级轻微损伤,李某昌为乙级轻微损伤。三人住院治疗用去医疗费5595.78元。被告马某明所运苹果经过磅核实,净重达5810公斤。马某明应当补缴的抗税款为436.92元。

【裁判结果】

马某明犯抗税罪,判处有期徒刑1年6个月。马某明赔偿龙某海、廖跃光、张某洪三人医疗费5595.78元。

【律师评析】

本案涉及的是马某明采取暴力、威胁等手段抗税的行为,是否构成抗税罪的问题。

根据原《全国人大常务委员会关于惩治偷税、抗税犯罪的补充规定》第六条,本案应予立案追诉。

本案中,马某明明知外运苹果应当完税,为了逃避纳税,在被查处时公然采取暴力手段打伤农税干部和公安干警,其行为已构成抗税罪,并应承担民事赔偿责任。

实务中,有的企业经营者为了抗拒缴税,唆使员工采用暴力、威胁等手段与税务工作人员发生肢体冲突,这种抵制行为将可能触犯抗税罪。对此,企业在面对税务执法人员的依法征税时,应当主动上交应缴税款,避免触犯本罪。

第三节　逃避追缴欠税罪

一、罪名概述

1. 罪名简介

逃避追缴欠税罪,是指纳税义务人欠缴应纳税款,采取转移或者隐匿财产的手段,致使税务机关无法追缴欠缴的税款,数额在1万元以上的行为。

2. 立案标准

原《最高人民检察院、公安部关于经济犯罪案件追诉标准的规定》第五十一条规定,纳税人欠缴应纳税款,采取转移或者隐匿财产的手段,致使税务机关无法追缴欠缴的税款,数额在1万元以上的,应予追诉。

3. 量刑标准

《刑法》第二百零三条规定，“纳税人欠缴应纳税款，采取转移或者隐匿财产的手段，致使税务机关无法追缴欠缴的税款，数额在一万元以上不满十万元的，处三年以下有期徒刑或者拘役，并处或者单处欠缴税款一倍以上五倍以下罚金；数额在十万元以上的，处三年以上七年以下有期徒刑，并处欠缴税款一倍以上五倍以下罚金。第二百一十一条规定，单位犯本节第二百零一条、第二百零三条、第二百零四条、第二百零七条、第二百零八条、第二百零九条规定之罪的，对单位判处罚金，并对其直接负责的主管人员和其他直接责任人员，依照各该条的规定处罚。第二百一十二条规定，犯本节第二百零一条至第二百零五条规定之罪，被判处罚金、没收财产的，在执行前，应当先由税务机关追缴税款和所骗取的出口退税款”。

二、风险防控建议

1. 企业经营者应树立依法纳税意识，积极学习与税务有关的法律法规、国家政策，不得假借不合理的理由，不依法按时缴纳税款。

2. 任何时候都不要采取转移或者隐匿财产的手段，逃避税务机关追缴税款，只要是为了逃避税款，无论是转移、隐匿财产后欠税，还是欠税后开始转移、隐匿财产，均构成本罪。

3. 当企业存在欠税事实时，要积极补缴，任何情况下不得通过转移、隐匿公司财产的行为进行逃税。

4. 如果企业确实存在困难，不能按期缴纳税款，可以依法申请延期缴纳。根据《税收征收管理法》第三十一条第二款的规定，纳税人因有特殊困难，不能按期缴纳税款的，经省、自治区、直辖市国家税务局、地方税务局批准，可以延期缴纳税款，但是最长不得超过3个月。由此可见，当企业确实存在特殊困难不能按时交税的，可积极与税门部门沟通，争取可以延期缴纳税款。

三、典型案例

王某国逃避追缴欠税案①

【基本案情】

2008年佳木斯市广×房地产开发有限公司（以下简称广×公司）设立第一分公司，王某国任负责人。该分公司2009年开始开发建设佳木斯市向阳区天×家园楼盘。2013年天×家园楼盘基本销售完毕，但王某国只缴纳了部分税款。

---

① 审理法院：佳木斯市向阳区人民法院，案号：(2014)向刑初字第170号。

2011年5月佳木斯市向阳区地税局开始向广×公司第一分公司负责人王某国催缴税款,并于同年9月5日对天×家园F楼地下停车场和D楼10号门市进行了查封保全。王某国在明知天×家园F楼地下停车场已经被佳木斯市向阳区地税局保全的情况下,仍于2011年9月27日个人决定将包括F楼地下车库在内的佳木斯市向阳区天×家园D楼、F楼地下停车场作为抵押物,向佳木斯市东风区元×小额贷款有限责任公司抵押借款500万元人民币,而后将该借款归个人支配。后因无力偿还借款,致使天×家园D楼、F楼地下停车场被佳木斯市中级人民法院判决归佳木斯市东风区元×小额贷款有限责任公司所有,导致向阳区地税局无法收回广×公司第一分公司所欠税款共计人民币8,904,323.18元。2014年1月20日,王某国在云南省曲靖市被公安机关抓获。

【裁判结果】

王某国犯逃避追缴欠税罪,判处有期徒刑6年6个月,并处罚金900万元。

【律师评析】

本案涉及的是企业经营者采取转移或者隐匿财产的手段致使税务机关无法追缴欠缴的税款的行为,是否构成逃避追缴欠税罪的问题。

原《最高人民检察院、公安部关于经济犯罪案件追诉标准的规定》第五十一条规定,纳税人欠缴应纳税款,采取转移或者隐匿财产的手段,致使税务机关无法追缴欠缴的税款,数额在1万元以上的,应予追诉。

本案中,王某国在明知天×家园F楼地下停车场已经被佳木斯市向阳区地税局保全的情况下,仍决定将包括F楼地下车库在内的佳木斯市向阳区天×家园D楼、F楼地下停车场作为抵押物,向佳木斯市东风区元×小额贷款有限责任公司抵押借款500万元人民币,而后将该借款归个人支配。后因无力偿还借款,致使天×家园D楼、F楼地下停车场被佳木斯市中级人民法院判决归佳木斯市东风区元×小额贷款有限责任公司所有,导致向阳区地税局无法收回广×公司第一分公司所欠税款共计人民币8,904,323.18元,其行为已构成逃避追缴欠税罪。

实务中,有的企业经营者在欠缴应纳税款时,竟采取转移或者隐匿财产的手段,导致税务机关无法追缴欠缴的税款,该行为极可能触犯逃避追缴欠税罪。对此,企业应当依法按时足额缴纳应纳税款,坚决抵制以转移或隐匿财产的手段逃避纳税义务,避免触犯本罪。

第四节　虚开增值税专用发票、用于骗取出口退税、抵扣税款发票罪

一、罪名概述

1. 罪名简介

虚开增值税专用发票或者虚开用于骗取出口退税、抵扣税款的其他发票，是指有为他人虚开、为自己虚开、让他人为自己虚开、介绍他人虚开行为之一的，违反有关规范，使国家造成损失的行为。

2. 立案标准

《最高人民检察院、公安部关于公安机关管辖的刑事案件立案追诉标准的规定（二）》第五十六条规定，“虚开增值税专用发票或者虚开用于骗取出口退税、抵扣税款的其他发票，虚开的税款数额在十万元以上或者造成国家税款损失数额在五万元以上的，应予立案追诉”。

3. 量刑标准

《刑法》第二百零五条规定，“虚开增值税专用发票或者虚开用于骗取出口退税、抵扣税款的其他发票的，处三年以下有期徒刑或者拘役，并处二万元以上二十万元以下罚金；虚开的税款数额较大或者有其他严重情节的，处三年以上十年以下有期徒刑，并处五万元以上五十万元以下罚金；虚开的税款数额巨大或者有其他特别严重情节的，处十年以上有期徒刑或者无期徒刑，并处五万元以上五十万元以下罚金或者没收财产。单位犯本条规定之罪的，对单位判处罚金，并对其直接负责的主管人员和其他直接责任人员，处三年以下有期徒刑或者拘役；虚开的税款数额较大或者有其他严重情节的，处三年以上十年以下有期徒刑；虚开的税款数额巨大或者有其他特别严重情节的，处十年以上有期徒刑或者无期徒刑”。

二、风险防控建议

1. 为少缴税款购买发票做账、为了经济利益赚取税点虚开发票，这些都是发票类事务涉刑的红线。因此，企业要增强风险意识，严格抵制买发票抵税款、虚开发票赚税点的行为，防止因小失大。

2. 加强源头治理，建立依法开票的法律意识，摒弃虚开发票的邪念。企业经营者与财务人员应积极学习我国关于发票的法律法规和国家政策，树立依法开具发票的守法意识，从源头筑起第一道防火墙，消除侥幸心理。

3. 企业经营者一定要自重，在创造自身效益的同时，更要创造社会效益，带头

做依法纳税的模范，要杜绝为少缴税款而向其他企业购买发票或者要求其他企业帮助开具抵扣税款的发票。另外，企业应重视对财务人员的教育和培训，建立完善的监督制度，防止部分财务人员为一己之利为他人代开发票或进行其他违法活动。

4. 企业应制定严格的增值税专用发票管理制度，从增值税专用发票的购买、开具、保存等环节做好风险防范。财务人员开具增值税专用发票时应认真核对发票信息，防止出现发票缺联少页、填写错误、盖章不清晰等现象；保存发票时应设立发票登记簿，详细记载发票开具信息，按照税务部门要求进行销毁等。

5. 企业对已经取得的存在疑点的发票，应当谨慎对待，建议暂缓抵扣有关进项税额，并及时向税务部门求助、查证，包括向供货方企业所在地的税务机关求助、查证，请税务机关进行帮助调查、核实发票的性质、来源和业务的真实性。

6. 企业可能因为合作伙伴的违法行为而涉嫌触犯本罪。因此，企业在日常经营管理中应完善各项业务往来凭据，使各项具体业务可以追根溯源随时可以复盘，当合作伙伴企业出现违法行为时，能够通过完整的证据材料证明自身业务的合法性。

7. 企业采购货物时，尽量通过银行账户将货款划拨到供货企业的银行账户内，以防止销售方用他人的名义虚开发票。

三、典型案例

江阴市海×物资有限公司、陈某福虚开增值税专用发票、用于骗取出口退税、抵扣税款发票案[①]

【基本案情】

陈某福于2014年1月至2016年4月，在担任江阴市海×物资有限公司（以下简称海×公司）法定代表人及实际负责人期间，为偷逃税款，在无真实业务往来的情况下，以支付票面金额6.2%开票费的方式，通过侣某1（已判决）从山东鱼台华×纺织制品有限公司共虚开增值税专用发票51份，价税合计人民币5,616,150元，税额合计人民币816,016.78元。上述51份发票已由向税务机关申报抵扣，致使国家税款损失人民币816,016.78元。

案发后，陈某福于2017年12月19日主动到公安机关投案，并如实供述了上述犯罪事实。海×公司已于2018年6月补缴税款人民币816,016.78元。

---

① 审理法院：江阴市人民法院，案号：（2019）苏0281刑初639号。

【裁判结果】

1. 海×公司犯虚开增值税专用发票罪，判处罚金人民币20万元。

2. 陈某福犯虚开增值税专用发票罪，判处有期徒刑2年，缓刑2年3个月。

【律师评析】

本案涉及的是企业在没有真实货物交易的情况下，通过虚开增值税专用发票逃避缴纳税款的行为，是否构成虚开增值税专用发票罪的问题。

《最高人民检察院、公安部关于公安机关管辖的刑事案件立案追诉标准的规定（二）》（2010年）第六十一条规定，虚开增值税专用发票或者虚开用于骗取出口退税、抵扣税款的其他发票，虚开的税款数额在1万元以上或者致使国家税款被骗数额在5000元以上的，应予立案追诉。

本案中，海×公司的陈某福在担任法定代表人及实际负责人期间，为偷逃税款，在无真实业务往来的情况下，以支付票面金额6.2%开票费的方式，与侣某1结伙通过山东鱼台华×纺织制品有限公司虚开增值税专用发票51份，致使国家税款损失人民币816,016.78元，该行为已构成虚开增值税专用发票罪。

实务中，有的企业经营者与其他企业的负责人结伙，假造双方存在交易关系的证据材料，虚开增值税专用发票，企图偷逃税款，这种虚开增值税专用发票的行为极可能触犯虚开增值税专用发票罪。对此，企业应当诚信经营，依法申报增值税专用发票，抵扣相应的税款，坚决遏制以虚开增值税专用发票的手段偷逃税款，避免触犯本罪。

第五节　虚开发票罪

一、罪名概述

1. 罪名简介

虚开发票罪，是指为了牟取非法经济利益，违反国家发票管理规定，虚开增值税专用发票和用于骗取出口退税、抵扣税款发票以外的发票的行为。

2. 立案标准

《最高人民检察院、公安部关于公安机关管辖的刑事案件立案追诉标准的规定（二）》第五十七条规定，“虚开刑法第二百零五条规定以外的其他发票，涉嫌下列情形之一的，应予立案追诉：（一）虚开发票金额累计在五十万元以上的；（二）虚开发票一百份以上且票面金额在三十万元以上的；（三）五年内因虚开发票受过刑事处罚或者二次以上行政处罚，又虚开发票，数额达到第一、二项标准百分之六十以上的”。

3. 量刑标准

《刑法》第二百零五条之一规定，“虚开本法第二百零五条规定以外的其他发票，情节严重的，处二年以下有期徒刑、拘役或者管制，并处罚金；情节特别严重的，处二年以上七年以下有期徒刑，并处罚金。单位犯前款罪的，对单位判处罚金，并对其直接负责的主管人员和其他直接责任人员，依照前款的规定处罚”。

二、风险防控建议

1. 虚开发票罪是《刑法修正案（八）》新增加的犯罪，在《刑法》第二百零五条规定虚开增值税专用发票、用于骗取出口退税、抵扣税款发票罪的基础上，将虚开增值税专用发票或者用于骗取出口退税、抵扣税款的其他发票以外的其他发票，也纳入《刑法》的规范范围。

2. 由于“虚开发票罪”与“虚开增值税专用发票、用于骗取出口退税、抵扣税款发票罪”的主要区别在于犯罪对象不同，涉及“虚开增值税专用发票、用于骗取出口退税、抵扣税款发票罪”风险防控的建议，基本上也适用于“虚开发票罪”，在此不再赘述。

三、典型案例

盐城市富×房地产开发有限公司、江苏富×建设有限公司等虚开发票案①

【基本案情】

盐城市富×房地产开发有限公司（以下简称富×房地产公司）于2009年6月10日经工商部门登记设立，住所地盐城市大丰区健康东路97号，经营范围为房地产开发、销售、房屋租赁，法定代表人范某兵；江苏富×建设有限公司（以下简称富×建设公司）原系宿迁市龙×建筑工程有限公司，于1999年4月26日经工商部门登记设立，住所地为泗洪县青阳北路18号缔景大酒店20层，经营范围房屋建筑工程施工总承包一级（按资质证书经营）、销售建筑机械、民用建材、房屋租赁，法定代表人李某正；江苏富×园林景观工程有限公司（以下简称富×园林公司）原系江苏富×山河园林景观工程有限公司，于2011年2月25日经工商部门登记设立，住所地为泗洪县青阳北路18号缔景大酒店20层，经营范围园林景观绿化、亮化工程施工、室内外装饰工程施工、园林景观规划设计、种植、销售花草树木，法定代表人张某。

---

① 审理法院：盐城市中级人民法院，案号：（2018）苏09刑终668号。

2011年至2015年,富×房地产公司在开发盐城市大丰区“朝阳景都”项目过程中,为了少缴税款,公司财务主管田某军经与姜某计议后,先后安排并指使该公司副总经理姜某聪,公司会计许某红、徐某会及徐某炎等人通过伪造工程施工合同、付款证明、工程竣工决算书、工程造价审核报告书等开票资料,虚列、虚增盐城市大丰区“朝阳景都”项目实际工程量,让富×建设公司、富×园林公司冒用他人名义,为富×房地产公司从税务机关开具建筑业统一发票8张,虚开发票金额合计人民币(以下币种同)170,050,586.40元;其中,富×房地产公司虚开发票金额计170,050,586.40元,富×建设公司虚开发票金额计126,729,162.40元,富×园林公司虚开发票金额计19,465,260.00元,田某军参与虚开发票金额计170,050,586.40元,姜某聪参与虚开发票金额计29,702,173.00元,许某红参与虚开发票金额计40,337,433.00元,徐某会参与虚开发票金额计105,026,989.40元,徐某炎参与虚开发票金额97,026,989.40元。具体事实为:

1.2011年8月,在富×房地产公司与富×建设公司未发生实际桩基项目工程情况下,田某军经与姜某计议后,指使姜某聪及许某红,通过订立虚假的桩基工程施工合同,伪造桩基工程量确认书及付款证明等开票资料的方式,并由许某红代富×建设公司,于2011年8月30日到税务机关为富×房地产公司开具建筑业统一发票1张,虚开发票金额计29,702,173.00元。

2.2012年3月,田某军经与姜某计议后,指使许某红在“朝阳景都”景观工程合同价款为1018万元,实际工程结算价为11,264,740.00元的情况下,通过订立虚假景观工程施工合同、伪造付款证明等开票资料的方式,虚增工程造价,并由许某红代富×园林公司,于2012年3月16日到税务机关为富×房地产公司开具票面金额1390万元建筑业统一发票1张,虚开金额2,635,260.00元。

3.2013年4月,田某军经与姜某计议后,指使许某红、徐某会在“朝阳景都”消防工程实际工程造价为471.45万元的情况下,通过制作吴成联名义虚假消防工程施工合同及付款证明等开票资料的方式,虚增工程造价,由许某红以吴成联名义,于2013年4月13日到税务机关为富×房地产公司开具票面金额12,714,500.00元建筑业统一发票1张,虚开金额800万元。

4.2014年上半年,田某军经与姜某计议后,指使徐某炎在“朝阳景都”土建工程合同价372,124,051.00元,且土建发票已全部开出的情况下,制作虚假工程决算,虚构土建工程造价469,151,040.40元,并通过伪造朝阳景都工程竣工决算书、工程造价审核报告书、付款证明等开票资料的方式,由徐某会代江苏富×建设有限公司,于2014年5月26日到税务机关为富×房地产公司开具建筑业统一发票1张,虚开金额97,026,989.40元。

5.2015年5月,田某军经与姜某计议后,在无实际工程业务发生的情况下,通过虚构朝阳景都消防改造工程、附属工程、零星工程、景观工程，订立虚假的施工合同，伪造付款证明等开票资料的方式，安排人员于2015年5月28日以马某忠名义到税务机关为富×房地产公司开具朝阳景都消防改造工程金额7,479,270.00元建筑业统一发票1张，以邹某名义开具朝阳景都附属工程金额6,062,217.00元建筑业统一发票1张，以邹某名义开具朝阳景都零星工程金额2,314,677.00元建筑业统一发票1张，为富×园林公司代开具朝阳景都景观工程金额16,830,000.00元建筑业统一发票1张，虚开金额合计32,686,164.00元。

2017年9月17日，盐城市大丰地方税务局稽查局经调查，对富×房地产公司通过虚开发票、重复列支手段，虚增工程成本，逃避税款征收及涉税其他违法行为进行了处理，作出了盐城市大丰地方税务局大地税稽罚(2017)35号税务处理决定书，追缴富×房地产公司土地增值税、企业所得税合计63,639,639.61元，追缴房产税、印花税合计57,607.47元，追缴滞纳金24,467,067.27元；并据此作出盐城市大丰地方税务局大地税稽罚(2017)18号税务行政处罚决定书，对富×房地产公司因上述涉税违法行为罚款合计31,842,598.36元；该税务行政处罚决定书认定富×房地产公司通过虚开发票、重复列支的手段，虚增朝阳景都项目工程成本132,923,309.90元；其中，含虚增桩基工程开发成本22,332,866.50元，虚增消防工程开发成本800万元，虚增绿化工程开发成本2,635,260.00元，虚增土建工程开发成本97,026,989.40元，重复列支购门开发成本2,928,194.00元。

案发后，富×房地产公司已向盐城市大丰区地方税务局缴纳了上述的追缴及罚款款项。2017年8月8日、9日、15日，姜某聪、许某红、徐某炎先后被盐城市大丰区公安局抓获归案，2017年8月11日、9月4日，田某军、徐某会先后主动投案，归案后各均如实供述了自己的犯罪事实。

【裁判结果】

1. 富×房地产公司犯虚开发票罪，判处罚金人民币35万元。

2. 富×建设公司犯虚开发票罪，判处罚金人民币20万元。

3. 富×园林公司犯虚开发票罪，判处罚金人民币10万元。

4. 田某军犯虚开发票罪，判处有期徒刑1年8个月，并处罚金人民币25万元。

5. 姜某聪犯虚开发票罪，判处有期徒刑1年3个月，缓刑1年3个月，并处罚金人民币5万元。

6. 许某红犯虚开发票罪，判处有期徒刑1年4个月，缓刑1年6个月，并处罚金人民币6万元。

7. 徐某会犯虚开发票罪，判处有期徒刑1年6个月，缓刑1年6个月，并处罚金人民币10万元。

8. 徐某炎犯虚开发票罪，判处有期徒刑1年6个月，缓刑1年6个月，并处罚金人民币10万元。

【律师评析】

本案涉及的是企业通过伪造开票资料的方式虚开发票的行为,是否构成虚开发票罪的问题。

根据《刑法》第二百零五条之一的规定,虚开《刑法》第二百零五条规定以外的其他发票,情节严重的,构成虚开发票罪。单位犯前款罪的,对单位判处罚金,并对其直接负责的主管人员和其他直接责任人员进行处罚。

本案中,富×房地产公司在开发盐城市大丰区"朝阳景都"项目过程中,为了少缴税款,公司财务主管田某军经与姜某计议后,先后安排并指使该公司副总经理姜某聪,公司会计许某红、徐某会及徐某炎等人通过伪造工程施工合同、付款证明、工程竣工决算书、工程造价审核报告书等开票资料,虚列、虚增盐城市大丰区"朝阳景都"项目实际工程量,让富×建设公司、富×园林公司冒用他人名义,为富×房地产公司从税务机关开具建筑业统一发票8张,虚开发票金额合计人民币170,050,586.40元,该行为已构成虚开发票罪。

实务中,有的企业通过伪造工程施工合同、付款证明、工程竣工决算书、工程造价审核报告书等开票资料,虚列、虚增项目实际工程量,企图逃避巨额的税款,进而虚开发票的行为将可能触犯虚开发票罪。因此,企业应当诚信经营,依法缴纳应纳税款,坚决抵制以虚开发票的方式逃避纳税义务,避免触犯本罪。

第六节　骗取出口退税罪

一、罪名概述

1. 罪名简介

骗取出口退税罪,是指故意违反税收法规,采取以假报出口等欺骗手段,骗取国家出口退税款,数额较大的行为。

2. 立案标准

《最高人民检察院、公安部关于公安机关管辖的刑事案件立案追诉标准的规定(二)》第五十五条规定,"以假报出口或者其他欺骗手段,骗取国家出口退税款,数额在十万元以上的,应予立案追诉"。

3. 量刑标准

《刑法》第二百零四条第一款规定,"以假报出口或者其他欺骗手段,骗取国家出口退税款,数额较大的,处五年以下有期徒刑或者拘役,并处骗取税款一倍以上五倍以下罚金;数额巨大或者有其他严重情节的,处五年以上十年以下有期徒刑,并处骗取税款一倍以上五倍以下罚金;数额特别巨大或者有其他特别严重情节的,处十年以上有期徒刑或者无期徒刑,并处骗取税款一倍以上五倍以下罚金或者没收财产”。

《最高人民法院关于审理骗取出口退税刑事案件具体应用法律若干问题的解释》第三条规定,“骗取国家出口退税款 5 万元以上的,为刑法第二百零四条规定的‘数额较大’;骗取国家出口退税款 50 万元以上的,为刑法第二百零四条规定的‘数额巨大’;骗取国家出口退税款 250 万元以上的,为刑法第二百零四条规定的‘数额特别巨大’”。

第四条规定,“具有下列情形之一的,属于刑法第二百零四条规定的‘其他严重情节’:(一)造成国家税款损失 30 万元以上并且在第一审判决宣告前无法追回的;(二)因骗取国家出口退税行为受过行政处罚,两年内又骗取国家出口退税款数额在 30 万元以上的;(三)情节严重的其他情形”。

第五条规定,“具有下列情形之一的,属于刑法第二百零四条规定的‘其他特别严重情节’:(一)造成国家税款损失 150 万元以上并且在第一审判决宣告前无法追回的;(二)因骗取国家出口退税行为受过行政处罚,两年内又骗取国家出口退税款数额在 150 万元以上的;(三)情节特别严重的其他情形”。

其他量刑情节如下:(1)有进出口经营权的公司、企业,明知他人意欲骗取国家出口退税款,仍违反国家有关进出口经营的规定,允许他人自带客户、自带货源、自带汇票并自行报关,骗取国家出口退税款的,以本罪论处。(2)实施骗取国家出口退税行为,没有实际取得出口退税款的,可以比照既遂犯从轻或者减轻处罚。(3)国家工作人员参与实施骗取出口退税犯罪活动的,依照《刑法》第二百零四条第一款的规定从重处罚。(4)实施骗取出口退税犯罪,同时构成虚开增值税专用发票罪等其他犯罪的,依照刑法处罚较重的规定定罪处罚。

二、风险防控建议

1. 组织从事出口业务的员工认真学习与税务、海关有关的法律法规,树立守法意识,依法依规进行生产经营以及办理出口退税。

2. 建立合理的出口退税核算、审批及监管制度,指定专人负责,并设置相应的处罚机制。同时,完善企业日常生产经营管理,加强对于出口货物报关单、出口收汇核销单、出口货物专用缴款书等有关出口退税单据、凭证、增值税专用发票或者其他可以用于出口退税的发票等资料的管理。

3. 避免从事“四自三不见业务”。“四自三不见业务”,是指出口企业违反外贸经营的正常程序,在“客商”或中间人自带客户、自带货源、自带汇票、自行报关和出口企业不见出口货物、不见供货货主、不见外商的情况下进行所谓的“出口交易”业务。根据《最高人民法院关于审理骗取出口退税刑事案件具体应用法律若干问题的解释》第六条的规定,“有进出口经营权的公司、企业,明知他人意欲骗取国家出口退税款,仍违反国家有关进出口经营的规定,允许他人自带客户、自带货源、自带汇票并自行报关,骗取国家出口退税款的,依照刑法第二百零四条第一款、第二百一十一条的规定定罪处罚”。为此,企业在代理出口业务时,必须严格按照正常的贸易程序开展出口业务,实质参与出口交易活动,认真落实供货商的相关情况,确保出口业务的真实性,从而避免触碰“四自三不见业务”而涉嫌触犯本罪。

4. 对于可能触犯税务、海关法律的出口业务,应及时向退税部门咨询,请退税专业人员把关有无出口退税风险,以便及时依法采取对策,确保相关操作合法。对于新颁布的出口退税政策、法律法规,如果有不明白的地方,也应及时向相关部门咨询。对税务机关提出的退税问题,应当及时沟通、自查,确认相关事实并向税务机关反馈报告,最大限度化解、消灭税务风险。

三、典型案例

中国包×进出口陕西公司等骗取出口退税案①

【基本案情】

1998年2月,时任中国包×进出口陕西公司(以下简称包×公司)总经理的侯某万经该公司总经理助理刘某凯介绍,认识了广东骏×集团有限公司副经理林某(在逃),双方商定由林某以包×公司名义实施出口贸易,包×公司提供货物出口的手续和所需单证,从中收取每收汇1美元不低于3分人民币的利润,其余款项由林某自行支配。3月,侯某万应林某要求,指派刘某凯以包×公司的名义在中国银行深圳分行文锦渡支行开设结汇账户。4月,将公司财务章、法人印章交给林某。同时安排刘某凯和公司员工刘某、吴某宁等人将公司印鉴齐全的内外销合同、报关单、外汇核销单、商业发票等空白单证交给林某。嗣后,侯某万指使公司财务将林某返回的单证作成自营出口业务,虚构与潮阳市兴×针织有限公司、潮阳市溢×制衣有限公司等企业出口购货金额7071万元的事实,骗取国家出口退税款8,537,068.35元。为掩盖上述事实,侯某万指使刘某、钟某伪造了与林某所做业务的外销、内购合同。为了核对与对方的买单业务,侯某万又以对账为名,让刘某从西安外汇管理局借出包×公司整套外汇核销凭证,交给林某。

---

① 审理法院:陕西省高级人民法院,案号:(2003)陕刑二终字第165号。

【裁判结果】

包×公司犯骗取出口退税罪，判处罚金8,517,068.42元；侯某万犯骗取出口退税罪，判处有期徒刑10年。

【律师评析】

本案涉及的是企业虚构交易事实骗取国家出口退税的行为，是否构成骗取出口退税罪的问题。

本案中，包×公司的总经理侯某万，指使公司财务将林某返回的单证作成自营出口业务，虚构与潮阳市兴×针织有限公司、潮阳市溢×制衣有限公司等企业出口购货金额7071万元的事实，骗取国家出口退税款8,537,068.35元，其行为已构成骗取出口退税罪。

实务中，有的企业以假报出口或者其他欺骗手段，虚构与其他企业之间的交易事实，骗取国家出口退税的行为将涉嫌骗取出口退税罪。因此，企业应当诚信经营，坚决抵制以假报出口或者其他欺骗手段骗取国家出口退税的行为，避免触犯本罪。

第七节 持有伪造的发票罪

一、罪名概述

1. 罪名简介

持有伪造的发票罪，是指明知是伪造的发票而持有，并且数量较大的行为。

2. 立案标准

《最高人民检察院、公安部关于公安机关管辖的刑事案件立案追诉标准的规定（二）》第六十五条规定，“明知是伪造的发票而持有，涉嫌下列情形之一的，应予立案追诉：（一）持有伪造的增值税专用发票或者可以用于骗取出口退税、抵扣税款的其他发票五十份以上且票面税额累计在二十五万元以上的；（二）持有伪造的增值税专用发票或者可以用于骗取出口退税、抵扣税款的其他发票票面税额累计在五十万元以上的；（三）持有伪造的第一项规定以外的其他发票一百份以上且票面金额在五十万元以上的；（四）持有伪造的第一项规定以外的其他发票票面金额累计在一百万元以上的”。

3. 量刑标准

《刑法》第二百一十条之一规定，“明知是伪造的发票而持有，数量较大的，处二年以下有期徒刑、拘役或者管制，并处罚金；数量巨大的，处二年以上七年以下有期徒刑,并处罚金。单位犯前款罪的,对单位判处罚金,并对其直接负责的主管人员和其他直接责任人员,依照前款的规定处罚”。

二、风险防控建议

1. 建立企业财务凭证定期核查机制,要求财务人员对企业财务凭证定期进行核查,严防企业财务凭证中混杂不合法的发票。

2. 及时处理来源不明的发票,企业在不知情的情况下无意持有虚假发票的,应及时销毁,不得作为财务报销凭证,切勿怀有侥幸心理。

3. 对于交易对方提供的发票,如果存在疑问,务必及时核查并妥善处理。

三、典型案例

许某、钟某辉持有伪造的发票案①

【基本案情】

资阳恒×运业(集团)有限公司中运超长分公司(以下简称超长公司)于2005年12月22日登记成立,主要经营资阳市至广东省、福建省等多地超长路线班车客运业务。曹某(于2019年5月10日死亡)为公司股东、经理,全面负责公司管理,长期在广东省等地负责外地经营工作。许某为公司股东、副经理,负责公司的日常经营管理,长期负责公司本地经营工作。钟某辉为公司股东、办公室主任,负责公司的财务及税务工作,于2016年3月退股辞职。超长公司于2019年7月4日登记注销。

自2014年起,为了逃避税收、增加公司盈利,曹某从他处获得一批伪造的汽车定额发票后,安排公司驾驶员、售票员提供给需要发票的乘客。许某作为负责公司日常经营管理的主管人员、钟某辉作为负责公司财税工作的人员,明知该批汽车定额发票是伪造的,仍然将该批伪造的汽车定额发票长期存放在资阳市雁江区二楼财务办公室内,并安排或纵容驾驶员、售票员使用该批伪造的发票,以达到帮助公司逃避税收、增加盈利的目的。

2016年7月26日,公安民警接到他人举报超长公司持有疑似伪造的汽车定额发票2165份(票面金额共计89.665万元)。2020年3月18日,民警在资阳市雁江区柜子内,查获并扣押疑似伪造的汽车定额发票3.21万份(票面金额共计1042万元)。经国家税务总局资阳市税务局鉴定,上述疑似伪造的汽车定额发票均是假发票。

许某被民警挡获到案后如实供述了主要犯罪事实。钟某辉自动到案并如实供述

---

① 审理法院:资阳市雁江区人民法院,案号:(2020)川2002刑初259号。

了主要犯罪事实。

【裁判结果】

1. 许某犯持有伪造的发票罪，判处有期徒刑2年4个月，缓刑2年6个月，并处罚金人民币2万元。

2. 钟某辉犯持有伪造的发票罪，判处有期徒刑1年，缓刑1年6个月，并处罚金人民币1万元。

3. 随案移送的物证假发票予以没收，存档备查。

【律师评析】

本案涉及的是企业主管人员、财务人员持有伪造的发票的行为，是否构成持有伪造的发票罪的问题。

本案审理时，还没有《最高人民检察院、公安部关于公安机关管辖的刑事案件立案追诉标准的规定（二）》第六十五条的规定，但法院认为，虽没有明确的司法解释，但本案持有伪造发票数量达到立案标准的100倍以上，应认定为数量巨大。

本案中，为了帮助公司逃避税收、增加盈利，许某作为负责公司日常经营管理的主管人员、钟某辉作为负责公司财税工作的人员，二人明知汽车定额发票是伪造的，仍然将该批伪造的汽车定额发票长期存放在财务办公室内，并安排或纵容驾驶员、售票员使用该批伪造的发票，后经公安查获显示，二人共持有该批伪造的汽车定额发票高达3.21万份（票面金额共计1042万元），远远超出法定的发票数量及面额，其行为已构成持有伪造的发票罪。

实务中，有的企业负责人为了企业的利益，使用伪造发票的方式，企图逃避税收，但这种行为将可能涉嫌持有伪造的发票罪，具有极大的法律风险。因此，企业负责人应当加强员工的法律培训，禁止使用不法手段逃避税收，避免触犯本罪。

第六章
安全生产方面的刑事风险及防控

第一节　重大责任事故罪

一、罪名概述

1. 罪名简介

重大责任事故罪，是指在生产、作业中违反有关安全管理的规定，因而发生重大伤亡事故或者造成其他严重后果的行为。

2. 立案标准

《最高人民检察院、公安部关于公安机关管辖的刑事案件立案追诉标准的规定（一）》第八条规定，“在生产、作业中违反有关安全管理的规定，涉嫌下列情形之一的，应予立案追诉：（一）造成死亡一人以上，或者重伤三人以上；（二）造成直接经济损失五十万元以上的（注：2015 年 12 月 16 日施行的《最高人民法院、最高人民检察院关于办理危害生产安全刑事案件适用法律若干问题的解释》已经修改为一百万元起）；（三）发生矿山生产安全事故，造成直接经济损失一百万元以上的；（四）其他造成严重后果的情形”。

3. 量刑标准

《刑法》第一百三十四条第一款规定，“在生产、作业中违反有关安全管理的规定，因而发生重大伤亡事故或者造成其他严重后果的，处三年以下有期徒刑或者拘役；情节特别恶劣的，处三年以上七年以下有期徒刑”。

《最高人民法院、最高人民检察院关于办理危害生产安全刑事案件适用法律若干问题的解释》第六条的规定，“发生安全事故，具有下列之一的，应当认定为‘造成严重后果’或者‘发生重大伤亡事故或者造成其他严重后果’，对相关责任人员，处三年以下有期徒刑或者拘役：（一）造成死亡一人以上，或者重伤三人以上的；（二）造成直接经济损失一百万元以上的；（三）其他造成严重后果或者重大安全事故的情形”。

第七条规定，“因发生安全事故，具有下列情形之一的，对相关责任人员，处三年以上七年以下有期徒刑:(一)造成死亡三人以上或者重伤十人以上,负事故主要责任的;(二)造成直接经济损失五百万元以上,负事故主要责任的;(三)其他造成特别严重后果、情节特别恶劣或者后果特别严重的情形”。

第十二条规定,“具有下列情形之一的,从重处罚:(一)未依法取得安全许可证件或者安全许可证件过期、被暂扣、吊销、注销后从事生产经营活动的;(二)关闭、破坏必要的安全监控和报警设备的;(三)已经发现事故隐患,经有关部门或者个人提出后,仍不采取措施的;(四)一年内曾因危害生产安全违法犯罪活动受过行政处罚或者刑事处罚的;(五)采取弄虚作假、行贿等手段,故意逃避、阻挠负有安全监督管理职责的部门实施监督检查的;(六)安全事故发生后转移财产意图逃避承担责任的;(七)其他从重处罚的情形”。

第十三条规定,实施刑法第一百三十四条的犯罪行为,“在安全事故发生后积极组织、参与事故抢救,或者积极配合调查、主动赔偿损失的,可以酌情从轻处罚”。

二、风险防控建议

1. 加强职工的安全生产教育,树立安全生产意识,安全演练,增强职工对生产安全风险的防控能力。

2. 为职工提供符合标准的劳动用具、工服等劳动用品,保证其工作安全,并定期组织体检活动,保护职工的生命安全及身体健康。

3. 针对安全生产事故易发的薄弱环节,应建立健全安全事故预防机制,将事故隐患消灭在萌芽状态。制定出严格的安全生产管理制度后,企业在日常运行中要严格遵守执行,对于严重违反安全生产规章制度的员工,应给予相应惩罚。

4. 建立安全事故隐患举报奖励制度。处于生产一线的员工往往最先知道生产经营中的安全隐患,当安全隐患不是很严重时,员工能及时报告企业,企业就能及时排除隐患,避免安全事故发生。反之,如果没有奖励,很多员工往往会充耳不闻、熟视无睹,无视已然存在的安全隐患,乃至最终酿成大祸。

三、典型案例

陈某滨重大责任事故案①

【基本案情】

乌什县融×矿业有限责任公司(以下简称融×公司)成立于2004年7月,主要经营铅矿、锌矿地下开采,销售矿产品,刘某吾系公司董事长、主要控股人。2010年刘某

---

① 审理法院:新疆维吾尔自治区阿克苏地区乌什县人民法院,案号:(2018)新2927刑初392号。

吾任命欧某敏为公司副总经理，负责公司所有事务。2015年11月，刘某吾决定欧某敏为融×公司的法定代表人。2016年5月，刘某吾决定雷某柱为融×公司的法定代表人，雷某柱在公司没有行政职务，不参与公司生产经营管理，主要负责选矿的安全管理及开铲车、电工、采购、驾驶员等工作。融×公司成立后，依法取得位于乌什县阿合雅镇15村8组的坎岭铅锌矿的采矿权，该矿的安全生产许可证有效期限为2014年4月11日至2017年4月10日，采矿许可证有效期限为2010年12月21日至2017年12月21日。2017年4月至12月，该矿的安全生产许可证和采矿许可证到期后，一直以申请延续安全生产许可证需要整改隐患为由进行井巷掘进、布置工作面等超出隐患整改范围的井下作业。2017年3月，融×公司乌什县坎岭铅锌矿聘请阿克苏市信×拆除爆破有限责任公司（以下简称信×公司）为其进行爆破施工，爆破作业拓宽坑道，双方签订了《民爆物品管理使用合同》，合同期限至2018年1月1日。合同签订后，信×公司法定代表人陈某滨派遣保管员陈某1、杨某2、爆破员秦某、安全员赵某四人在融×公司开展爆破工作。2017年8月，刘某吾口头任命胡某辉为坎岭铅锌矿矿长，负责矿区生产全盘工作；任命严某云为坎岭铅锌矿副矿长，负责矿区井下工作，胡某辉和严某云均无阿克苏地区安全生产监督管理局培训合格后的矿长资质。2017年12月25日8时许，副矿长严某云带领谢某华、贾某明、向某2、向某国、唐某等17人下井清理井巷作业。13时20分许，爆破员秦某持由副矿长严某云签字的民爆物品申请领退凭证找库管陈某1审批炸药，先在雷管库房领取300发雷管交给安全员赵某送入井下，后杨某2、陈某1、秦某安三人将120公斤炸药送到井口，碰上胡某辉驾驶的拉矿渣的三轮车，让胡某辉开三轮车将炸药运至距离井口40米处。胡某辉运送矿渣，并通知井下负责人严某云："爆破公司的人要下井放炮，立即疏散井下人员。"然后继续向外运送矿渣，在返回矿洞20几米时，听到一声巨响，随后被气浪掀翻到三轮车下。胡某辉意识到可能发生了民爆物品爆炸，就沿井壁走到井下工作面，发现井下17名工人全部安全。后经勘查，信×公司爆破员秦某和安全员赵某当场死亡。

另查，2017年12月15日，秦某拿一沓空白民爆物品申请领退凭证叫严某云多签一些，严某云没有数多少张，就签了字。侦查机关在秦某的宿舍搜查出由负责人严某云签名的14张空白民爆物品申请领退凭证。"12·25"事故发生后，陈某滨积极与受害者家属达成调解协议，赔偿死者秦某家属74万元，赔偿死者赵某家属36万余元，并取得受害者家属的谅解。

【裁判结果】

1. 陈某滨犯重大责任事故罪，判处有期徒刑1年，缓刑2年。
2. 刘某吾犯重大责任事故罪，判处拘役6个月。
3. 欧某敏犯重大责任事故罪，判处拘役6个月。

4. 胡某辉犯重大责任事故罪，判处拘役6个月。

5. 严某云犯重大责任事故罪，判处拘役6个月。

【律师评析】

本案涉及的是企业在没有安全生产许可证的情况下开展生产活动或者未对合同交易方的安全生产许可证尽审慎义务的行为，是否构成重大责任事故罪的问题。

根据《最高人民检察院、公安部关于公安机关管辖的刑事案件立案追诉标准的规定(一)》第八条的规定，在生产、作业中违反有关安全管理的规定，造成死亡1人以上，或者重伤3人以上的，应予立案追诉。

本案中，融×公司的董事长刘某吾、副总经理欧某敏明知案涉矿区的安全生产许可证和采矿许可证均已到期，仍安排人员开展井巷掘进、布置工作面等超出隐患整改范围的井下作业。信×公司的法定代表人陈某滨未对融×公司的矿区安全生产许可证和采矿许可证尽到审慎义务，便与融×公司签订爆破合同，还安排保管员、爆破员等4人在融×公司开展爆破工作。胡某辉和严某云明知自身无阿克苏地区安全生产监督管理局培训合格后的矿长资质，仍负责案涉矿区的生产工作。以上五人的行为已违反我国相关安全管理规定，导致信×公司的爆破员秦某和安全员赵某在事故中当场死亡，已构成重大责任事故罪。

实务中，有的企业为了加快推进生产工作，通常在未取得安全生产许可证的前提下便开展相关工作，这种行为具有非常严重的安全隐患，极有可能涉嫌重大责任事故罪。因此，企业应当注重安全生产问题，切勿在没有安全生产许可证的前提下开展生产活动，避免触犯本罪。

第二节　强令违章冒险作业罪

一、罪名概述

1. 罪名简介

强令违章冒险作业罪，是指企业、工厂、矿山等单位的领导者、指挥者、调度者等在明知确实存在危险或者已经违章，工人的人身安全和国家、企业的财产安全没有保证，继续生产会发生严重后果的情况下，仍然不顾相关法律规定，以解雇、减薪以及其他威胁，强行命令或者胁迫下属进行作业，造成重大伤亡事故或者严重财产损失的行为。

2. 立案标准

《最高人民检察院、公安部关于公安机关管辖的刑事案件立案追诉标准的规定

(一)》第九条规定,“强令他人违章冒险作业,涉嫌下列情形之一的,应予立案追诉:(一)造成死亡一人以上,或者重伤三人以上;(二)造成直接经济损失五十万元以上的;(三)发生矿山生产安全事故,造成直接经济损失一百万元以上的;(四)其他造成严重后果的情形”。

3. 量刑标准

《刑法》第一百三十四条第二款规定,“强令他人违章冒险作业,或者明知存在重大事故隐患而不排除,仍冒险组织作业,因而发生重大伤亡事故或者造成其他严重后果的,处五年以下有期徒刑或者拘役;情节特别恶劣的,处五年以上有期徒刑”。

《最高人民法院、最高人民检察院关于办理危害生产安全刑事案件适用法律若干问题的解释》第六条规定,实施《刑法》第一百三十四条第二款规定的行为,因而发生安全事故,具有下列情形之一的,应当认定为“发生重大伤亡事故或者造成其他严重后果”,对相关责任人员处5年以下有期徒刑或者拘役:“(一)造成死亡一人以上,或者重伤三人以上的;(二)造成直接经济损失一百万元以上的;(三)其他造成严重后果或者重大安全事故的情形”。

该解释第七条规定,实施《刑法》第一百三十四条第二款规定的行为,因而发生安全事故,具有下列情形之一的,对相关责任人员,处五年以上有期徒刑:“(一)造成死亡三人以上或者重伤十人以上,负事故主要责任的;(二)造成直接经济损失五百万元以上,负事故主要责任的;(三)其他造成特别严重后果、情节特别恶劣或者后果特别严重的情形”。

二、风险防控建议

1. 组织参与生产作业的领导者、指挥者和调度者进行安全教育与相关法律法规培训,让其清楚安全生产作业的内容、操作流程、注意事项及强令下属违章冒险作业的法律后果,防止其乱指挥、调度,确保不出现“违章”冒险作业。

2. 建立完善民主机制,虚心听取员工的意见和建议,尤其是对员工提出的安全生产风险,应当及时组织评估和排查;在未能排除安全生产隐患的情况下,不能强令冒险作业。同时,建立全员参与的安全防范制度,允许员工对于强令冒险作业的行为进行投诉,让生产一线的员工对于强令冒险行为进行自觉抵制。

3. 设立企业内部的安全生产监督部门,对安全生产作业进行全程监督检查,使生产作业项目在规定时间内按照安全生产标准顺利完成。

三、典型案例

王某波强令违章冒险作业案[①]

【基本案情】

2013年2月25日，王某波到长阳响×高岭土矿任矿长。因该矿爆破员多已离开，只剩一个爆破员而不能正常作业，为了不停产，王某波违反《安全生产法》的规定，安排不具备爆破作业资格的田某某、侯某某分别带人进行爆破作业，并指使仓库保管员张某某向田某某、侯某某发放民爆物品。2013年6月25日，田某某在井下进行爆破作业时被炸身亡。事故发生后，王某波隐瞒事实真相，伪造交通事故现场而予以上报。2013年6月29日，长阳响×高岭土矿赔偿田某某亲属损失70万元。

【裁判结果】

王某波犯强令违章冒险作业罪，判处有期徒刑3年6个月。

【律师评析】

本案涉及的是企业领导者不顾法律规定安排没有爆破作业资格的人员开展爆破工作的行为，是否构成强令违章冒险作业罪的问题。

根据《最高人民检察院、公安部关于公安机关管辖的刑事案件立案追诉标准的规定(一)》的规定，强令他人违章冒险作业，造成死亡1人以上，或者重伤3人以上的，应予立案追诉。

本案中，长阳响×高岭土矿矿长王某波为了不停产，违反《安全生产法》的规定，安排不具备爆破作业资格的田某某、侯某某分别带人进行爆破作业，并指使仓库保管员张某某给田某某、侯某某发放民爆物品，致使田某某、侯某某的人身安全处于爆破危险之中，最后导致田某某被炸身亡，王某波的行为已构成强令违章冒险作业罪。

实务中，有的企业为了加快推进生产工作，在明知确实存在危险，继续生产会发生严重后果的情况下，仍然不顾相关法律规定，强行命令或者胁迫下属进行作业，此种行为造成重大伤亡事故或者严重财产损失的，将涉嫌强令违章冒险作业罪。因此，企业应当注重安全生产问题，禁止安排没有爆破作业资质的人员开展爆破工作，避免触犯本罪。

---

① 审理法院：长阳土家族自治县人民法院，案号：(2014)鄂长阳刑初字第00011号。

第三节 危险作业罪

一、罪名概述

1. 罪名简介

危险作业罪，是指在生产、作业中违反有关安全管理的规定，有《刑法》规定情形之一的，具有发生重大伤亡事故或者其他严重后果的现实危险的行为。危险作业罪的设立，意味着在安全生产领域即使未发生重大伤亡事故，但只要行为人的行为使《刑法》保护的安全生产作业法益处于危险状态，就会受到刑法的规制，行为人将被追究刑事责任。

2. 立案标准

在生产、作业中违反有关安全管理的规定，具备《刑法》第一百三十四条之一规定且具有发生重大伤亡事故或者其他严重后果的现实危险的行为，应当予以立案追诉。

3. 量刑标准

《刑法》第一百三十四条之一规定，“在生产、作业中违反有关安全管理的规定，有下列情形之一，具有发生重大伤亡事故或者其他严重后果的现实危险的，处一年以下有期徒刑、拘役或者管制：(一)关闭、破坏直接关系生产安全的监控、报警、防护、救生设备、设施，或者篡改、隐瞒、销毁其相关数据、信息的；(二)因存在重大事故隐患被依法责令停产停业、停止施工、停止使用有关设备、设施、场所或者立即采取排除危险的整改措施，而拒不执行的；(三)涉及安全生产的事项未经依法批准或者许可，擅自从事矿山开采、金属冶炼、建筑施工，以及危险物品生产、经营、储存等高度危险的生产作业活动的”。

二、风险防控建议

1. 企业应定期对生产、作业的工作人员进行安全生产培训，明确告知其在安全隐患发生后的处理措施及应对方案。

2. 建立安全事故奖惩机制，将安全隐患消灭在萌芽期。企业应鼓励员工敢于通报安全隐患事件，并予以嘉奖，而对于瞒报、谎报或不遵守安全管理规定的失职人员，应予以严厉惩罚，保证生产、作业在符合安全生产管理规定的情况下进行。

3. 企业应加大安全生产监管力度，将生产、作业的各个流程进行定期检查监督，一旦发现存在安全隐患，应及时通报给高层人员，并采取排除安全隐患的措施。

三、典型案例

余某某危险作业案[①]

【基本案情】

2021年1月28日，湖州市南浔区应急管理局组织多部门开展安全生产联合检查时，发现湖州蓝×建材公司戊烷储存场所及气化间存在多处安全隐患，其中戊烷储存场所未按要求设置可燃气体监测报警装置，属重大事故隐患。执法人员立即依法下达了《现场处理措施决定书》，责令该企业立即停止使用戊烷储罐和相关设备，并采取排除危险的整改措施；重大事故隐患排除后，经审查同意方可恢复使用。2021年3月2日，该公司负责人余某某在明知戊烷储罐和相关设备已被责令停止使用的情况下，未经任何整改，擅自下令恢复使用原有的戊烷储罐和相关设备。余某某还在储罐内戊烷消耗用尽后，又自行联系购买27.76吨戊烷用于生产作业。

2021年3月17日，湖州市南浔区应急管理局对该公司再次检查时，发现该公司储罐内存有戊烷约26吨，未进行任何整改仍在使用戊烷储罐和相关设备，存在重大事故隐患，具有发生泄漏、爆炸引发重大伤亡事故的现实危险。鉴于余某某拒不执行重大隐患整改决定的行为已涉嫌危险作业罪，湖州市南浔区应急管理局将该案移送公安机关依法处理。

2021年3月24日，湖州市公安局南浔区分局依法以涉嫌危险作业罪对犯罪嫌疑人余某某立案侦查并采取取保候审强制措施。2021年5月8日，湖州市南浔区人民法院以危险作业罪一审判处余某某有期徒刑8个月，缓刑1年。

【裁判结果】

余某某被判处有期徒刑8个月，缓刑1年。

【律师评析】

本案涉及的是企业经营者因存在重大事故隐患被依法责令停止使用有关设备、设施而拒不执行的行为，是否构成危险作业罪的问题。

我国《刑法》第一百三十四条之一规定，“在生产、作业中违反有关安全管理的规定，有下列情形之一，具有发生重大伤亡事故或者其他严重后果的现实危险的，处一年以下有期徒刑、拘役或者管制：(1)关闭、破坏直接关系生产安全的监控、报警、防护、救生设备、设施，或者篡改、隐瞒、销毁其相关数据、信息的；(2)因存在重大事故隐患被依法责令停产停业、停止施工、停止使用有关设备、设施、场所或者立即采取排除

---

① 参见《浙江省安全生产委员会办公室关于8起安全生产领域涉嫌危险作业罪典型案例的通报》，载https://yjt.zj.gov.cn/art/2021/5/17/art_1228991502_59050959.html。

危险的整改措施,而拒不执行的;(3)涉及安全生产的事项未经依法批准或者许可,擅自从事矿山开采、金属冶炼、建筑施工,以及危险物品生产、经营、储存等高度危险的生产作业活动的”。

本案中,湖州蓝×建材公司负责人余某某在明知戊烷储罐和相关设备已被责令停止使用的情况下,未经任何整改,擅自下令恢复使用原有的戊烷储罐和相关设备,并且在储罐内戊烷消耗用尽后,又自行联系购买27.76吨戊烷用于生产作业,该行为存在重大事故隐患,具有发生泄漏、爆炸引发重大伤亡事故的现实危险,加之余某某拒不执行重大隐患整改决定,其行为已构成危险作业罪。

实务中,有的企业为了继续开展生产工作、逃避生产责任,违规关闭、破坏直接关系生产安全的监控、报警、防护、救生设备、设施或者篡改、隐瞒、销毁其相关数据、信息;或者因存在重大事故隐患被依法责令停产停业、依法实施整改措施却拒不执行的行为均极有可能涉嫌危险作业罪。因此,企业应当注重安全生产问题,做好安全生产防护工作,积极采取排除安全风险的整改措施,避免触犯本罪。

第四节　重大劳动安全事故罪

一、罪名概述

1. 罪名简介

重大劳动安全事故罪,是指安全生产设施或者安全生产条件不符合国家规定,因而发生重大伤亡事故或者造成其他严重后果的行为。

2. 立案标准

《最高人民检察院、公安部关于公安机关管辖的刑事案件立案追诉标准的规定(一)》第十条规定,“安全生产设施或者安全生产条件不符合国家规定,涉嫌下列情形之一的,应予立案追诉:(一)造成死亡一人以上,或者重伤三人以上;(二)造成直接经济损失五十万元以上的;(三)发生矿山生产安全事故,造成直接经济损失一百万元以上的;(四)其他造成严重后果的情形”。

3. 量刑标准

《刑法》第一百三十五条规定,“安全生产设施或者安全生产条件不符合国家规定,因而发生重大伤亡事故或者造成其他严重后果的,对直接负责的主管人员和其他直接责任人员,处三年以下有期徒刑或者拘役;情节特别恶劣的,处三年以上七年以下有期徒刑”。

《最高人民法院、最高人民检察院关于办理危害生产安全刑事案件适用法律若干问题的解释》第六条规定，“实施刑法第一百三十二条、第一百三十四条第一款、第一百三十五条、第一百三十五条之一、第一百三十六条、第一百三十九条规定的行为，因而发生安全事故，具有下列情形之一的，应当认定为‘造成严重后果’或者‘发生重大伤亡事故或者造成其他严重后果’，对相关责任人员，处三年以下有期徒刑或者拘役：（一）造成死亡一人以上，或者重伤三人以上的；（二）造成直接经济损失一百万元以上的；（三）其他造成严重后果或者重大安全事故的情形”。

该解释第七条规定，“实施刑法第一百三十二条、第一百三十四条第一款、第一百三十五条、第一百三十五条之一、第一百三十六条、第一百三十九条规定的行为，因而发生安全事故，具有下列情形之一的，对相关责任人员，处三年以上七年以下有期徒刑：（一）造成死亡三人以上或者重伤十人以上，负事故主要责任的；（二）造成直接经济损失五百万元以上，负事故主要责任的；（三）其他造成特别严重后果、情节特别恶劣或者后果特别严重的情形”。

该解释第十二条规定，“实施刑法第一百三十二条、第一百三十四条至第一百三十九条之一规定的犯罪行为，具有下列情形之一的，从重处罚：（一）未依法取得安全许可证件或者安全许可证件过期、被暂扣、吊销、注销后从事生产经营活动的；（二）关闭、破坏必要的安全监控和报警设备的；（三）已经发现事故隐患，经有关部门或者个人提出后，仍不采取措施的；（四）一年内曾因危害生产安全违法犯罪活动受过行政处罚或者刑事处罚的；（五）采取弄虚作假、行贿等手段，故意逃避、阻挠负有安全监督管理职责的部门实施监督检查的；（六）安全事故发生后转移财产意图逃避承担责任的；（七）其他从重处罚的情形”。

二、风险防控建议

1. 配备安全生产设施，提高安全生产条件。完备的安全生产设施和良好的安全生产条件，是安全生产环境的基本要求，企业应为员工配备符合国家安全生产标准的设备及条件，保障生产、作业顺利进行。

2. 对生产设施、生产条件进行定期维修、检查，使其处于正常使用状态，不留隐患。

3. 加大对安全生产设施、安全生产条件的监管力度，一经发现不合格的生产设施或生产条件，应及时整改，并严惩相关人员的责任。

4. 事故发生后，应当迅速采取有效措施组织抢救，以避免发生重大伤亡事故或者造成其他严重后果。

5. 建立安全隐患举报奖励制度。员工将事故隐患报告企业后，应当及时采取措施排除隐患。

三、典型案例

赵某重大劳动安全事故案①

【基本案情】

2013年6月，平度市开发区石庄村赵某明以青岛和×建筑工程有限公司平度分公司名义，承包了青岛德×工业制品有限公司车间建设工程。2014年2月，赵某明将该工程的彩钢结构屋面板安装施工项目转包给了平度市蓼兰镇韩丘村侯某堂。同月，侯某堂又将此项目工程再转包给了无施工资质、未依法登记的赵某。后赵某组织未取得高处安装作业资质的工人十余人从事高处作业施工。施工过程中，赵某既未采取安全防范措施，也未对工人进行安全教育培训。2014年3月31日9时许，由于无劳动安全生产设施，劳动安全生产条件不符合国家关于建筑安装工人安全技术操作规程的要求，施工工人郭某友在钢结构车间屋顶安装彩钢瓦时，从屋顶摔落致死。经法医鉴定，郭某友系因高坠致多脏器损伤、创伤性失血性休克死亡。事故发生后，郭某友的哥哥郭某宝与赵某等于2014年4月1日10时40分到平度市安全生产监督管理局报案，当日12时，郭某宝向平度市公安局南村派出所报警，并同赵某一起到派出所接受询问。

另查明，在施工过程中，赵某负责施工、施工安排、工人出勤记录、支付工资和工人吃饭，并从侯某堂处支取工程钱款等事务。还查明，事故发生后，当事人自行协商自愿达成赔偿协议，其中，赵某明与侯某堂一次性赔偿给被害人亲属损失款人民币47万元，赵某一次性赔偿给被害人亲属损失款人民币8万元，均已即时清结。同时，被害人亲属对赵某行为予以谅解，要求对其从轻处罚。

【裁判结果】

赵某犯重大劳动安全事故罪，判处有期徒刑1年，缓刑2年。

【律师评析】

本案涉及的是赵某未按照国家规定提供安全生产设施导致重大伤亡事故发生，是否构成重大劳动安全事故罪的问题。

根据《最高人民检察院、公安部关于公安机关管辖的刑事案件立案追诉标准的规定(一)》第十条的规定，安全生产设施或者安全生产条件不符合国家规定，造成死亡1人以上，或者重伤3人以上的，应予立案追诉。

本案中，赵某在明知自身没有施工资质、未依法进行登记的情况下，将项目工程安排给没有高处安装作业资质的工人从事高处作业施工，且未对工人们采取安全防

---

① 审理法院：平度市人民法院，案号：(2014)平刑初字第533号。

范措施,也未对工人们进行安全教育培训,致使施工工人郭某友在高处安装彩钢瓦时从屋顶摔落致死,其行为已构成重大劳动安全事故罪。

实务中,有的包工头或者分包人为了节省生产成本、用人成本,在安排人员从事作业时不按照国家规定提供安全生产设施或者安全生产条件,导致作业人员的人身安全处于危险之中,又不采取任何措施予以防护,将可能涉嫌重大劳动安全事故罪。因此,企业应当注重安全生产防护,提高安全生产条件,积极排除安全隐患,避免触犯本罪。

第五节 消防责任事故罪

一、罪名概述

1. 罪名简介

消防责任事故罪,是指违反消防管理法规,经消防监督机构通知采取改正措施而拒绝执行,造成严重后果的行为。

2. 立案标准

《最高人民检察院、公安部关于公安机关管辖的刑事案件立案追诉标准的规定(一)》第十五条规定,"违反消防管理法规,经消防监督机构通知采取改正措施而拒绝执行,涉嫌下列情形之一的,应予立案追诉:(一)造成死亡一人以上,或者重伤三人以上;(二)造成直接经济损失五十万元以上的;(三)造成森林火灾,过火有林面积二公顷以上,或者过火疏林地、灌木林地、未成林地、苗圃地面积四公顷以上的;(四)其他造成严重后果的情形"。

3. 量刑标准

《刑法》第一百三十九条规定,"违反消防管理法规,经消防监督机构通知采取改正措施而拒绝执行,造成严重后果的,对直接责任人员,处三年以下有期徒刑或者拘役;后果特别严重的,处三年以上七年以下有期徒刑"。

《最高人民法院、最高人民检察院关于办理危害生产安全刑事案件适用法律若干问题的解释》第六条规定,"实施刑法第一百三十二条、第一百三十四条第一款、第一百三十五条、第一百三十五条之一、第一百三十六条、第一百三十九条规定的行为,因而发生安全事故,具有下列情形之一的,应当认定为'造成严重后果'或者'发生重大伤亡事故或者造成其他严重后果',对相关责任人员,处三年以下有期徒刑或者拘役:(一)造成死亡一人以上,或者重伤三人以上的;(二)造成直接经济损失一百万元以上的;(三)其他造成严重后果或者重大安全事故的情形"。

该解释第七条规定,"实施刑法第一百三十二条、第一百三十四条第一款、第一百三十五条、第一百三十五条之一、第一百三十六条、第一百三十九条规定的行为,因而发生安全事故,具有下列情形之一的,对相关责任人员,处三年以上七年以下有期徒刑:(一)造成死亡三人以上或者重伤十人以上,负事故主要责任的;(二)造成直接经济损失五百万元以上,负事故主要责任的;(三)其他造成特别严重后果、情节特别恶劣或者后果特别严重的情形”。

二、风险防控建议

1. 对消防监督机构下达的整改通知,企业应当高度重视,并积极采取有效措施予以改正。对于不按照整改通知要求进行整改的部门、个人予以严肃处理。

2. 严格遵守消防的相关法律法规,配备符合法律规定和企业需求的消防设施。同时,应加强消防设施的日常检修,定期开展消防演练、评比、奖惩活动,使全体员工熟知消防应急措施及处置方案。

3. 积极配合消防监督机构的监督、检查,如实报告相关情况,在消防监督机构的指导下,不断企业的提高消防安全工作水平。。

4. 当消防事故发生后,应当迅速采取有效措施组织抢救,以防发生重大伤亡事故或者造成其他严重后果,尽量将损失降到最低、责任减到最小(如果人员伤亡、经济损失等未达到《刑法》规定的“严重后果”程度,则不构成本罪)。

三、典型案例

潘某消防责任事故案①

【基本案情】

2012 年 3 月 26 日,潘某在沛县沛城镇孔庄煤矿西侧租赁厂房注册成立徐州瑞×塑业有限公司(以下简称瑞×公司)从事塑料编织袋加工销售经营。2012 年 8 月 27 日,其因未进行消防竣工消防备案,被沛县公安消防大队决定行政罚款 5000 元;2013 年 8 月 7 日,其因生产车间未按固定设置室内消防栓,被沛县公安消防大队决定责令整改;2013 年 9 月 24 日,其因车间未按固定设置室内消防栓被沛县公安消防大队决定行政罚款 5000 元。瑞×公司未按照要求进行整改。2013 年 12 月 1 日凌晨,瑞×公司所在的第四车间因机器故障起火,后发生火灾导致相邻的车间被引燃,造成厂房、设备、原材料等物品损失,经鉴定合计价值人民币 2,959,328.29 元。

另查明,潘某案发后积极赔偿厂房、设备所有人的经济损失,取得谅解。案发后,潘某主动投案,并如实供述自己的犯罪事实。

① 审理法院:沛县人民法院,案号:(2015)沛刑初字第 695 号。

【裁判结果】

潘某犯消防责任事故罪，判处有期徒刑2年，缓刑3年。

【律师评析】

本案涉及的是企业经营者违反消防管理法规，经消防监督机构通知采取改正措施而拒绝执行的行为，是否构成消防责任事故罪的问题。

根据《最高人民检察院、公安部关于公安机关管辖的刑事案件立案追诉标准的规定(一)》第十五条的规定，违反消防管理法规，经消防监督机构通知采取改正措施而拒绝执行，造成直接经济损失50万元以上的，应予立案追诉。

本案中，瑞×公司的负责人潘某未按照沛县公安消防大队的整改要求进行消防整改，导致瑞×公司所在的第四车间因机器故障起火，致使相邻的车间被引燃，造成厂房、设备、原材料等物品损失合计价值人民币2,959,328.29元，其行为已构成消防责任事故罪。

实务中，有的企业为了节省消防成本，未按照消防管理法规固定设置消防设施、设备，也不进行消防备案，导致室内的人身安全及财产安全长期处于危险之中，具有极大的安全隐患问题，如不积极采取整改措施，将可能涉嫌消防责任事故罪。因此，企业应当注重消防安全，积极排除消防隐患问题，避免触犯本罪。

第六节　不报、谎报安全事故罪

一、罪名概述

1. 罪名简介

不报、谎报安全事故罪，是指在安全事故发生后，负有报告职责的人员不报或者谎报事故情况，贻误事故抢救，情节严重的行为。

2. 立案标准

《最高人民检察院、公安部关于公安机关管辖的刑事案件立案追诉标准的规定(一)的补充规定》第一条规定，在《最高人民检察院公安部关于公安机关管辖的刑事案件立案追诉标准的规定(一)》第十五条后增加一条，作为第十五条之一：在安全事故发生后，负有报告职责的人员不报或者谎报事故情况，贻误事故抢救，涉嫌下列情形之一的，应予立案追诉：

1. 导致事故后果扩大，增加死亡1人以上，或者增加重伤3人以上，或者增加直接经济损失100万元以上的；

2. 实施下列行为之一，致使不能及时有效开展事故抢救的：

(1)决定不报、迟报、谎报事故情况或者指使、串通有关人员不报、迟报、谎报事故情况的;

(2)在事故抢救期间擅离职守或者逃匿的;

(3)伪造、破坏事故现场,或者转移、藏匿、毁灭遇难人员尸体,或者转移、藏匿受伤人员的;

(4)毁灭、伪造、隐匿与事故有关的图纸、记录、计算机数据等资料以及其他证据的;

3. 其他不报、谎报安全事故情节严重的情形。

本条规定的"负有报告职责的人员",是指负有组织、指挥或者管理职责的负责人、管理人员、实际控制人、投资人,以及其他负有报告职责的人员。

3. 量刑标准

《刑法》第一百三十九条之一规定,"在安全事故发生后,负有报告职责的人员不报或者谎报事故情况,贻误事故抢救,情节严重的,处三年以下有期徒刑或者拘役;情节特别严重的,处三年以上七年以下有期徒刑"。

《最高人民法院、最高人民检察院关于办理危害生产安全刑事案件适用法律若干问题的解释》第八条规定,"在安全事故发生后,负有报告职责的人员不报或者谎报事故情况,贻误事故抢救,具有下列情形之一的,应当认定为刑法第一百三十九条之一规定的'情节严重':(一)导致事故后果扩大,增加死亡一人以上,或者增加重伤三人以上,或者增加直接经济损失一百万元以上的;(二)实施下列行为之一,致使不能及时有效开展事故抢救的:1. 决定不报、迟报、谎报事故情况或者指使、串通有关人员不报、迟报、谎报事故情况的;2. 在事故抢救期间擅离职守或者逃匿的;3. 伪造、破坏事故现场,或者转移、藏匿、毁灭遇难人员尸体,或者转移、藏匿受伤人员的;4. 毁灭、伪造、隐匿与事故有关的图纸、记录、计算机数据等资料以及其他证据的;(三)其他情节严重的情形。具有下列情形之一的,应当认定为刑法第一百三十九条之一规定的'情节特别严重':(一)导致事故后果扩大,增加死亡三人以上,或者增加重伤十人以上,或者增加直接经济损失五百万元以上的;(二)采用暴力、胁迫、命令等方式阻止他人报告事故情况,导致事故后果扩大的;(三)其他情节特别严重的情形"。

二、风险防控建议

1. 安全事故发生后,企业应当如实上报,并积极组织事故抢救,严禁不报、谎报。

2. 企业应加强负有报告职责的人员的安全教育与培训,增强其安全责任意识与大局意识,使其认识到如实报告安全事故情况的重要性。

3. 企业应建立健全部门之间的沟通、交流机制,确保安全事故发生后得以积极响应与处理,做到早发现、早报告、早处理。

4. 企业领导和安全管理人员接到事故报告后应当迅速采取有效措施组织抢救，防止事故扩大，减少人员伤亡和财产损失。

三、典型案例

郝某强、孙某不报、谎报安全事故案①

【基本案情】

2012年3月，李某元的智×祥泰矿山机械设备有限公司承揽了平朔东×天矿洗煤厂的维修业务，由于李某元平时对维修工人安全生产不加强管理教育和培训，2013年2月3日18时左右，维修工人刘某亮不遵守操作规程，不系安全绳，在平朔东×天煤矿洗煤厂原煤仓检修作业时死亡。事故发生后，作为平朔东×天矿洗煤厂的单位负责人郝某强、孙某没有向相关单位进行报告。案发后，由李某元所在公司主动赔偿被害人刘某亮各项民事损失90万元，得到了被害人家属的谅解。

公诉机关认为，李某元之行为已构成重大责任事故罪，郝某强、孙某之行为均已构成不报、谎报安全事故罪，提请法院予以判处。在法庭审理过程中，李某元、郝某强、孙某当庭认罪态度较好。

【裁判结果】

1. 李某元犯重大责任事故罪，判处有期徒刑1年，缓刑1年。

2. 郝某强犯不报、谎报安全事故罪，免予刑事处罚。

3. 孙某犯不报、谎报安全事故罪，免予刑事处罚。

【律师评析】

本案涉及的是企业管理人员在事故发生后没有向相关单位进行报告的行为，是否构成不报、谎报安全事故罪的问题。

根据《最高人民检察院公安部关于公安机关管辖的刑事案件立案追诉标准的规定(一)》第十五条之一的规定，“在安全事故发生后，负有报告职责的人员不报或者谎报事故情况，贻误事故抢救，涉嫌下列情形之一的，应予立案追诉：(一)导致事故后果扩大，增加死亡1人以上，或者增加重伤3人以上，或者增加直接经济损失100万元以上的；(二)实施下列行为之一，致使不能及时有效开展事故抢救的：1. 决定不报、迟报、谎报事故情况或者指使、串通有关人员不报、迟报、谎报事故情况的；2. 在事故抢救期间擅离职守或者逃匿的；3. 伪造、破坏事故现场，或者转移、藏匿、毁灭遇难人员尸体，或者转移、藏匿受伤人员的；4. 毁灭、伪造、隐匿与事故有关的图纸、记录、计算机数据等资料以及其他证据的；(三)其他不报、谎报安全事故情节严重的情形”。

① 审理法院：朔州市朔城区人民法院，案号：(2014)朔刑初字第23号。

本案中，刘某亮在平朔东×天煤矿洗煤厂原煤仓检修作业时，因不系安全绳发生事故造成死亡。在事故发生后，作为洗煤厂的单位负责人郝某强、孙某负有报告责任，却没有向相关单位报告事故情况，其行为已构成不报、谎报安全事故罪。由于郝某强、孙某两人当庭认罪态度较好并妥善积极处理本案的民事赔偿，获得被害人家属的谅解，且本案犯罪情节轻微，故法院可以免予刑事处罚。

实务中，有的企业负责人为了逃避法律责任，在安全事故发生后，未及时将事故实情告知安全生产监管管理部门，反而采取虚报、瞒报的方式隐瞒实情，从而贻误事故抢救，致使人员伤亡，该行为将可能涉嫌不报、谎报安全事故罪。因此，企业的负责人应当注重安全生产问题，勇于承担安全生产责任，事故发生后应第一时间将事故实情禀报安全生产监管管理部门，不虚报、不瞒报，避免贻误事故抢救，从而避免触犯本罪。

第七章
产品质量方面的刑事风险及防控

第一节　生产、销售伪劣产品罪

一、罪名概述

1. 罪名简介

生产、销售伪劣产品罪，是指生产者、销售者在产品中掺杂、掺假，以假充真，以次充好或者以不合格产品冒充合格产品，销售金额达5万元以上的行为。生产、销售伪劣产品罪的犯罪行为是生产、销售行为。

2. 立案标准

《最高人民检察院、公安部关于公安机关管辖的刑事案件立案追诉标准的规定（一）》第十六条第一款规定，“生产者、销售者在产品中掺杂、掺假，以假充真，以次充好或者以不合格产品冒充合格产品，涉嫌下列情形之一的，应予立案追诉：（一）伪劣产品销售金额五万元以上的；（二）伪劣产品尚未销售，货值金额十五万元以上的；（三）伪劣产品销售金额不满五万元，但将已销售金额乘以三倍后，与尚未销售的伪劣产品货值金额合计十五万元以上的”。

3. 量刑标准

《刑法》第一百四十条规定，“生产者、销售者在产品中掺杂、掺假，以假充真，以次充好或者以不合格产品冒充合格产品，销售金额五万元以上不满二十万元的，处二年以下有期徒刑或者拘役，并处或者单处销售金额百分之五十以上二倍以下罚金；销售金额二十万元以上不满五十万元的，处二年以上七年以下有期徒刑，并处销售金额百分之五十以上二倍以下罚金；销售金额五十万元以上不满二百万元的，处七年以上有期徒刑，并处销售金额百分之五十以上二倍以下罚金；销售金额二百万元以上的，处十五年有期徒刑或者无期徒刑，并处销售金额百分之五十以上二倍以下罚金或者没收财产”。

根据《最高人民法院、最高人民检察院关于办理生产、销售伪劣商品刑事案件具体应用法律若干问题的解释》第二条第四款的规定，多次实施生产、销售伪劣产品行为，未经处理的,伪劣产品的销售金额或者货值金额累计计算。其第九条规定,知道或者应当知道他人实施生产、销售伪劣商品犯罪,而为其提供贷款、资金、账号、发票、证明、许可证件,或者提供生产、经营场所或者运输、仓储、保管、邮寄等便利条件,或者提供制假生产技术的,以生产、销售伪劣商品犯罪的共犯论处。其第十条规定,实施生产、销售伪劣商品犯罪,同时构成侵犯知识产权、非法经营等其他犯罪的,依照处罚较重的规定定罪处罚。其第十二条规定,国家机关工作人员参与生产、销售伪劣商品犯罪的,从重处罚。

需要说明的是,货值金额以违法生产、销售的伪劣产品的标价计算;没有标价的,按照同类合格产品的市场中间价格计算;货值金额难以确定的,按照国家计划内委员会、最高人民法院、最高人民检察院、公安部 1997 年 4 月 22 日联合发布的《扣押、追缴、没收物品估价管理办法》的规定,委托指定的估价机构确定。

二、风险防控建议

1. 加强产品质量管理,保证所生产、销售的产品符合国家标准或行业标准,如没有国家标准或行业标准,或者标准不明确的情况下,可以自行制定标准,并到相关政府部门备案,再按照备案后的标准进行生产和销售。

2. 建立产品质量监督部门,负责产品质量的检查、监督、评估、反馈等产品质量法实施工作。产品质量监督部门应切实履行职责,按照先前制定的产品质量监督管理规定对生产、销售环节进行监督,对于不符合质量要求的,应当立即要求整改。

3. 加强员工的道德教育与质量管理培训,真正在每一位员工心底里牢牢建立起“质量第一、品质至上”的质量观。同时,企业可聘请常年法律顾问,亦可定期聘请专业刑事律师到企业以讲座的形式对员工进行教育、培训,使员工正确理解本罪的犯罪构成、危害与刑罚。

三、典型案例

段某璞等人生产、销售伪劣产品案①

【基本案情】

2011 年下半年,蒋某军、段某璞、刘某锐在重庆市巴南区鱼洞天明村开办生产电线的厂家(未注册),在没有获得强制性认证及注册的情况下,生产并销售“江某牌”等品牌电线。2012 年 10 月左右,该厂迁至重庆市巴南区一品镇,蒋某军、段某璞、刘某锐共同出资成立重庆舟×电线电缆有限公司(以下简称重庆舟×公司),蒋某军任该公司法定代表人,负责公司的生产、技术指标的制定、技术指导、电线价格制定以及

① 审理法院:重庆市高级人民法院,案号:(2015)渝高法刑终字第 00018 号。

联系原材料的进购，段某璞负责财务、后勤、联系发货、联系电线商标以及合格证的制作，刘某锐负责电线电缆的销售。在生产过程中，蒋某军等人明确要求该厂的生产工人将所生产的线缆铜芯拉细，并直接使用不符合国家标准的铜进行线缆生产，生产出来的电线电缆均没有依照规定进行检验，并对外销售。

2011 年 10 月至 2013 年 4 月，蒋某军、段某璞、刘某锐等人通过降低线缆生产标准及假冒他人商标的方式将生产出来的电线电缆销售给艾某武等个体经营者以及朱某甲、黄某某等工程负责人，销售金额共计人民币 500 余万元。具体事实如下：

1. 2012 年 1 月，重庆市长寿区市政设施和环境卫生管理处通过政府采购中心对外招标采购 1700 圈型号为 RVS2 ×1.5 的双绞电线（俗称花线），朱某乙获知该消息后与段某璞签订购销合同，约定段某璞向朱某乙以 118 元/圈的价格销售 1700 圈规格为 RVS2 ×1.5 的电线，共计人民币 20.06 万元。合同签订后即由刘某锐与朱某乙联系供货。刘某锐直接从重庆渝州交易城一电线门市中调取相应型号的伪劣电线，部分换上了“江某牌”商标后发货至长寿环卫所。经检验，该批电线为不合格产品。

2. 2012 年 11 月，刘某锐与黄某某约定向黄某某供应价值 160 余万元的“渝 × 牌”电缆及布线用于重庆市永川区红河湾广场电力施工。之后，重庆舟 × 公司在没有“渝 × 牌”电线电缆生产资格的情况下，将该公司生产的不合格的电线电缆贴上假冒的“渝 × 牌”线缆的商标、合格证等，由段某璞签发送货单，雇人送至红河湾广场施工现场。其销售金额共计人民币 167 万余元。经检验，该批线缆为不合格产品。2013 年 5 月 31 日，重庆市永川区质量技术监督局以（永川）质监罚字（2013）D009 号行政处罚决定书对刘某锐处以罚款 49.6 万元。

3. 2012 年 11 月，胡某了解到朱某、朱某甲承包的綦江古剑山灯饰工程需要“泰 × 牌”电缆，便联系刘某锐，刘某锐称可以贴牌生产“泰 × 牌”电缆，胡某通过朱某将此信息转达给朱某甲，后由朱某甲与胡某联系购进“泰 × 牌”电缆事宜。2012 年 12 月 12 日，胡某将刘某锐介绍给朱某甲，刘某锐称可提供“泰 × 牌”非标电线，随后刘某锐与朱某甲签订了电缆购销合同。2013 年 1 月 9 日至 22 日，刘某锐分批次向朱某甲供货，由段某璞签发送货单，雇人将重庆舟 × 公司未获授权生产的“泰 × 牌”电线电缆送至綦江古剑山灯饰工程施工现场，销售金额共计 145 万余元。经检验，该批线缆为不合格产品。

4. 2011 年 12 月至 2013 年 3 月，蒋某军、段某璞、刘某锐将重庆舟 × 公司生产的价值人民币 56 万余元的伪劣电线销售给艾某武，艾某武在明知其系伪劣产品的情况下仍进行销售，销售金额共计人民币 32 万余元。案发后，从艾某武处扣押到价值约人民币 19 万余元的电线，经鉴定，该批电线为不合格产品。

5. 2011 年 12 月至 2013 年 3 月，蒋某军、段某璞、刘某锐将重庆舟 × 公司生产的价值 66 万余元的伪劣电线销售给陈某甲。

6.2012 年 2 月至 2013 年 3 月，蒋某军、段某璞、刘某锐将重庆舟×公司生产的价值 21 万余元的伪劣电线销售给喻某某。

7.2012 年 10 月至 2013 年 3 月，蒋某军、段某璞、刘某锐将重庆舟×公司生产的价值 13 万余元的伪劣电线销售给谭某某。案发后，从谭某某处扣押到价值约人民币 0.3 万元的电线，经鉴定，该批电线为不合格产品。

8.2012 年 10 月至 2013 年 3 月，蒋某军、段某璞、刘某锐将重庆舟×公司生产的价值 2 万余元的伪劣电线销售给陈某乙。

9.2012 年 10 月至 2013 年 3 月，蒋某军、段某璞、刘某锐将重庆舟×公司生产的价值 17 万余元的伪劣电线销售给杨某丙。

10.2012 年 11 月至 2013 年 3 月，蒋某军、段某璞、刘某锐将重庆舟×公司生产的价值 24 万余元的伪劣电线销售给赵某某。案发后，从赵某某处扣押到价值人民币 2 万余元的电线，经鉴定，该批电线为不合格产品。

11.2012 年 11 月至 2013 年 4 月，段某璞、刘某锐购买重庆舟×公司生产的价值 23 万余元的伪劣电线用于销售。

12.2013 年 3 月，蒋某军、段某璞、刘某锐将重庆舟×公司生产的价值 5 万余元的伪劣电线销售给唐某乙。

2013 年 4 月 4 日刘某锐被公安机关抓获归案，4 月 8 日段某璞、蒋某军、胡某被公安机关抓获归案，4 月 17 日原审艾某武被公安机关抓获归案；公安机关于 2013 年 4 月 5 日从重庆舟×公司扣押价值 9 万余元伪劣电线电缆及生产工具，2013 年 4 月 9 日从罗某甲处扣押 10 万余元的电线，2013 年 4 月 13 日从重庆舟×公司查扣价值 54 万余元的伪劣线缆、生产器械等一批（均未移送）。

【裁判结果】

1. 蒋某军犯生产、销售伪劣产品罪，判处有期徒刑 15 年，并处罚金 300 万元。

2. 段某璞犯生产、销售伪劣产品罪，判处有期徒刑 15 年，并处罚金 300 万元。

3. 刘某锐犯生产、销售伪劣产品罪，判处有期徒刑 13 年，并处罚金 280 万元（执行时对重庆市永川区质量技术监督局所处罚款 49.6 万元予以折抵）。

4. 胡某犯销售伪劣产品罪，判处有期徒刑 4 年，并处罚金 75 万元。

5. 艾某武犯销售伪劣产品罪，判处有期徒刑 3 年，缓刑 3 年，并处罚金 17 万元。

6. 对扣押在案的不合格电线、电缆及生产器械予以没收。

【律师评析】

本案涉及的是企业使用不符合国家标准的铜生产不合格的线缆产品并进行销售的行为，是否构成生产、销售伪劣产品罪的问题。

根据《最高人民检察院、公安部关于公安机关管辖的刑事案件立案追诉标准的规定（一）》第十六条的规定，生产者、销售者在产品中掺杂、掺假，以假充真，以次充好或者以不合格产品冒充合格产品，伪劣产品销售金额5万元以上的，应予立案追诉。

本案中，蒋某军、段某璞、刘某锐在生产过程中要求生产工人将所生产的线缆铜芯拉细，并直接使用不符合国家标准的铜进行线缆生产，所生产出来的电线电缆均没有依照规定进行检验，并对外销售，销售金额共计人民币500余万元，远远超出法律规定的5万元，该三人行为已构成生产、销售伪劣产品罪。胡某在明知刘某锐生产的"泰×牌"电缆是伪劣产品的情况下，仍协助刘某锐将伪劣电缆销售给朱某甲，销售金额高达145万余元，构成销售伪劣产品罪。艾某武在明知伪劣电线系伪劣产品的情况下仍进行销售，销售金额达人民币32万余元，已构成销售伪劣产品罪。

实务中，有的企业为达到减少生产成本、增加企业盈利的目的，通过生产、销售伪劣产品的方式开展生产活动，获得巨额的利润，该行为将涉嫌生产、销售伪劣产品罪。因此，企业的负责人应当保证所生产、销售的产品符合国家标准或行业标准，避免触犯本罪。

第二节　生产、销售有毒、有害食品罪

一、罪名概述

1. 罪名简介

生产、销售有毒、有害食品罪，是指生产者、销售者违反国家食品卫生管理法规，故意在生产、销售的食品中掺入有毒、有害的非食品原料的或者销售明知掺有有毒、有害的非食品原料的食品的行为。

2. 立案标准

《最高人民检察院、公安部关于公安机关管辖的刑事案件立案追诉标准的规定（一）》第二十条规定，"在生产、销售的食品中掺入有毒、有害的非食品原料的，或者销售明知掺有有毒、有害的非食品原料的食品的，应予立案追诉。使用盐酸克仑特罗（俗称"瘦肉精"）等禁止在饲料和动物饮用水中使用的药品或者含有该类药品的饲料养殖供人食用的动物，或者销售明知是使用该类药品或者含有该类药品的饲料养殖的供人食用的动物的，应予立案追诉。明知是使用盐酸克仑特罗等禁止在饲料和动物饮用水中使用的药品或者含有该类药品的饲料养殖的供人食用的动物，而提供屠宰等加工服务，或者销售其制品的，应予立案追诉"。

3. 量刑标准

《刑法》第一百四十四条规定，"在生产、销售的食品中掺入有毒、有害的非食品原料的，或者销售明知掺有有毒、有害的非食品原料的食品的，处五年以下有期徒刑，并处罚金；对人体健康造成严重危害或者有其他严重情节的，处五年以上十年以下有

期徒刑，并处罚金；致人死亡或者有其他特别严重情节的，依照本法第一百四十一条的规定处罚”。

《最高人民法院、最高人民检察院关于办理生产、销售伪劣商品刑事案件具体应用法律若干问题的解释》第五条规定，“生产、销售的有毒、有害食品被食用后，造成轻伤、重伤或者其他严重后果的，应认定为刑法第一百四十四条规定的‘对人体健康造成严重危害’。生产、销售的有毒、有害食品被食用后，致人严重残疾、三人以上重伤、十人以上轻伤或者造成其他特别严重后果的，应认定为‘对人体健康造成特别严重危害’”。

二、风险防控建议

1. 保证所生产、销售的食品符合国家标准或行业标准，如没有国家标准或行业标准，或者标准不明确的情况下，可以自行制定标准，并到相关政府部门备案，再按照备案后的标准进行生产和销售。

2. 加强食品原材料的监管，严格审查供应商的资质与证照，规范供应渠道，如发现有问题的食品原材料，应做好证据收集，并上报有关部门，配合相关部门的检查防止有毒、有害食品流入生产、销售环节。

3. 做好售后服务，对于消费者的食品反馈意见，应加以高度重视，及时查出食品安全问题所在，并加快整改，以防潜在的刑事风险。

4. 发现问题食品，根据相关法律规定以及行政主管部门的要求，将问题食品紧急召回，并妥善处理。

三、典型案例

王某超等生产、销售有毒、有害食品案①

【基本案情】

王某超系上海熊×乳品有限公司（以下简称熊×公司）法定代表人兼常务副总经理；洪某德系熊×公司总经理；陈某华系熊×公司副总经理。2008年10月，因受“三鹿事件”影响，熊×公司的销售客户福建晋江公司将1300余件熊×牌特级和三级全脂甜炼乳退回熊×公司。王某超、洪某德、陈某华为减少本公司的经济损失，在明知退回的熊×牌全脂甜炼乳三聚氰胺超标的情况下，仍于2008年12月30日召开由公司生产技术部负责人荣某、朱某、潘某参加的会议，决定将上述退回的熊×牌全脂甜炼乳按比例添加回炉生产炼奶酱，并于2009年2月起批量生产，直至2009年4月23日案发。熊×公司采用上述方式生产的炼奶酱合计6520余罐，价值36万余元，其中

---

① 审理法院：上海市第一中级人民法院，案号：（2010）沪一中刑终字第332号。

已销售3280余罐,价值20余万元。

案发后,经上海出入境检验检疫局动植物与食品检验检疫技术中心、上海市质量监督检验技术研究院对福建晋江公司退回的熊×牌全脂甜炼乳以及使用该甜炼乳回炉生产的炼奶酱进行抽样检测,所检产品三聚氰胺含量超标,其中最高值为34.1毫克/千克(国家临时管理限量值为2.5毫克/千克)。已销售的涉案炼奶酱召回率约94%。

【裁判结果】

1. 王某超犯生产、销售有毒、有害食品罪,判处有期徒刑5年,并处罚金人民币40万元。

2. 洪某德犯生产、销售有毒、有害食品罪,判处有期徒刑4年6个月,并处罚金人民币30万元。

3. 陈某华犯生产、销售有毒、有害食品罪,判处有期徒刑3年,并处罚金人民币20万元;查获的三聚氰胺含量超标的熊×甜炼乳及炼奶酱予以没收。

【律师评析】

本案涉及的是企业经营者将客户退回的三聚氰胺超标全脂甜炼乳用于产生炼奶酱并进行销售的行为,是否构成生产、销售有毒、有害食品罪的问题。

《最高人民检察院、公安部关于公安机关管辖的刑事案件立案追诉标准的规定(一)》第二十条第一款规定,在生产、销售的食品中掺入有毒、有害的非食品原料的,或者销售明知掺有有毒、有害的非食品原料的食品的,应予立案追诉。

本案中,王某超、洪某德、陈某华为减少本公司的经济损失,在明知退回的熊×牌全脂甜炼乳三聚氰胺超标的情况下,仍决定将退回的熊×牌全脂甜炼乳按比例添加回炉生产炼奶酱,并进行批量生产,已销售3280余罐,价值20余万元,该三人的行为已构成生产、销售有毒、有害食品罪。

实务中,有的企业经营者为了减少公司的经济损失、降低公司的运营成本,或者为了食品保鲜、防腐,故意在生产、销售的食品中掺入有毒、有害的非食品原料,或者销售明知掺有有毒、有害的非食品原料的食品,这些行为将涉嫌生产、销售有毒、有害食品罪。因此,企业应当加强食品原材料的监管,严格审查供应商的资质与证照,规范供应渠道,避免触犯本罪。

第三节　生产、销售不符合安全标准的食品罪

一、罪名概述

1. 罪名简介

生产、销售不符合安全标准的食品罪,是指生产、销售不符合卫生标准的食品或

足以造成严重食物中毒事故或者其他严重食源性疾患的行为。

2. 立案标准

《最高人民检察院、公安部关于公安机关管辖的刑事案件立案追诉标准的规定(一)》第十九条规定,“生产、销售不符合卫生标准的食品,涉嫌下列情形之一的,应予立案追诉:(一)含有可能导致严重食物中毒事故或者其他严重食源性疾患的超标准的有害细菌的;(二)含有可能导致严重食物中毒事故或者其他严重食源性疾患的超标准的其他污染物的。本条规定的‘不符合卫生标准的食品’,由省级以上卫生行政部门确定的机构进行鉴定”。

3. 量刑标准

《刑法》第一百四十三条规定,“生产、销售不符合食品安全标准的食品,足以造成严重食物中毒事故或者其他严重食源性疾病的,处三年以下有期徒刑或者拘役,并处罚金;对人体健康造成严重危害或者有其他严重情节的,处三年以上七年以下有期徒刑,并处罚金;后果特别严重的,处七年以上有期徒刑或者无期徒刑,并处罚金或者没收财产”。

《最高人民法院、最高人民检察院关于办理危害食品安全刑事案件适用法律若干问题的解释》第一条规定,“生产、销售不符合食品安全标准的食品,具有下列情形之一的,应当认定为刑法第一百四十三条规定的‘足以造成严重食物中毒事故或者其他严重食源性疾病’:(一)含有严重超出标准限量的致病性微生物、农药残留、兽药残留、生物毒素、重金属等污染物质以及其他严重危害人体健康的物质的;(二)属于病死、死因不明或者检验检疫不合格的畜、禽、兽、水产动物肉类及其制品的;(三)属于国家为防控疾病等特殊需要明令禁止生产、销售的;(四)特殊医学用途配方食品、专供婴幼儿的主辅食品营养成分严重不符合食品安全标准的;(五)其他足以造成严重食物中毒事故或者严重食源性疾病的情形”。

该解释第二条规定,“生产、销售不符合食品安全标准的食品,具有下列情形之一的,应当认定为刑法第一百四十三条规定的‘对人体健康造成严重危害’:(一)造成轻伤以上伤害的;(二)造成轻度残疾或者中度残疾的;(三)造成器官组织损伤导致一般功能障碍或者严重功能障碍的;(四)造成十人以上严重食物中毒或者其他严重食源性疾病的;(五)其他对人体健康造成严重危害的情形”。

该解释第三条规定,“生产、销售不符合食品安全标准的食品,具有下列情形之一的,应当认定为刑法第一百四十三条规定的‘其他严重情节’:(一)生产、销售金额二十万元以上的;(二)生产、销售金额十万元以上不满二十万元,不符合食品安全标准的食品数量较大或者生产、销售持续时间六个月以上的;(三)生产、销售金额十万元以上不满二十万元,属于特殊医学用途配方食品、专供婴幼儿的主辅食品;(四)生产、销售金额十万元以上不满二十万元,且在中小学校园、托幼机构、养老机构及周边向未成年人、老年人销售的;(五)生产、销售金额十万元以上不满二十万元,曾因危害食品安全犯罪受过刑事处罚或者二年内因危害食品安全违法行为受过行政处罚的;(六)其他情节严重的情形"。

第四条规定,"生产、销售不符合食品安全标准的食品,具有下列情形之一的,应当认定为刑法第一百四十三条规定的'后果特别严重':(一)致人死亡的;(二)造成重度残疾以上的;(三)造成三人以上重伤、中度残疾或者器官组织损伤导致严重功能障碍的;(四)造成十人以上轻伤、五人以上轻度残疾或者器官组织损伤导致一般功能障碍的;(五)造成三十人以上严重食物中毒或者其他严重食源性疾病的;(六)其他特别严重的后果"。

二、风险防控建议

1. 严格按照食品安全标准生产、销售食品。比如,没有食品安全标准,或者标准不明确的情况下,可以自行制定标准,并到相关政府部门备案,再按照备案后的标准进行生产和销售食品。

2. 加强食品原材料的监管,严格审查供应商的资质与证照,规范供应渠道,确保食品原材料来源合法。

3. 加强对食品生产、销售的场所、设施设备及生产、销售人员的监管与规范,定期对生产、销售的食品进行抽样检测,防止不符合国家标准、行业标准的食品流入市场。

4. 组织员工学习食品卫生管理法律法规,通过讲座的形式对典型案例进行剖析、解读,使员工正确理解本罪的犯罪构成、危害与刑罚。

5. 对于已过期食品,坚决召回或不销售,并督促人员予以销毁。

6. 食品已造成消费者食物中毒的,企业应当迅速采取有效措施组织抢救,防止事故扩大,减少人员伤亡和财产损失。

三、典型案例

张某甲生产销售不符合安全标准的食品案[①]

【基本案情】

2016年5月5日,吉林省食品稽查总队与长春市宽城区东广场派出所联合对长春金×龙食品有限公司(以下简称金×龙公司)进行执法检查,发现金×龙公司法人代表尹某甲伙同员工张某甲、尹某乙、张某乙正在使用无标识的鸡肉生产香肠,并将生产的香肠运至长春市宽城区光复路金斯龙熟食销售部由尹某丙进行销售。经查,

① 审理法院:长春市中级人民法院,案号:(2017)吉01刑终201号。

金×龙公司用来生产香肠的鸡肉不能说明来源且不能提供《动物产品检疫合格证明》，张某甲、尹某甲、张某乙、尹某乙明知是不能说明来源的肉品仍用其生产香肠并销售。

【裁判结果】

1. 金×龙公司犯生产、销售不符合安全标准的食品罪，判处罚金人民币5万元；张某甲犯生产、销售不符合安全标准的食品罪，判处拘役3个月，并处罚金人民币3万元；尹某甲犯生产、销售不符合安全标准的食品罪，判处拘役3个月，并处罚金人民币3万元；尹某乙犯生产、销售不符合安全标准的食品罪，判处拘役3个月，并处罚金人民币3万元；张某乙犯生产、销售不符合安全标准的食品罪，判处拘役3个月，缓刑6个月，并处罚金人民币3万元。

2. 禁止张某乙在缓刑考验期限内从事食品生产、销售及相关活动。

【律师评析】

本案涉及的是企业使用来源不明的肉品进行香肠生产、销售的行为，是否构成生产、销售不符合安全标准的食品罪的问题。

我国《刑法》第一百四十三条规定，“生产、销售不符合食品安全标准的食品，足以造成严重食物中毒事故或者其他严重食源性疾病的，处三年以下有期徒刑或者拘役，并处罚金；对人体健康造成严重危害或者有其他严重情节的，处三年以上七年以下有期徒刑，并处罚金；后果特别严重的，处七年以上有期徒刑或者无期徒刑，并处罚金或者没收财产”。第一百五十条规定，“单位犯本节第一百四十条至第一百四十八条规定之罪的，对单位判处罚金，并对其直接负责的主管人员和其他直接责任人员，依照各该条的规定处罚”。《最高人民检察院、公安部关于公安机关管辖的刑事案件立案追诉标准的规定(一)》第十九条第一款规定，“生产、销售不符合卫生标准的食品，涉嫌下列情形之一的，应予立案追诉：(一)含有可能导致严重食物中毒事故或者其他严重食源性疾患的超标准的有害细菌的；(二)含有可能导致严重食物中毒事故或者其他严重食源性疾患的超标准的其他污染物的”。

本案中，金×龙公司使用来源不明且没有《动物产品检疫合格证明》的鸡肉生产香肠，并将生产的香肠运至长春市宽城区光复路金斯龙熟食销售部进行销售，其行为足以造成严重食物中毒或者其他严重食源性疾病，已构成生产、销售不符合安全标准的食品罪。张某甲、尹某甲、张某乙、尹某乙作为金×龙公司直接负责的主管人员、直接责任人员，其行为亦构成生产、销售不符合安全标准的食品罪。

由本案可知，食品企业在进行生产时，不得为节省成本而使用来源不明或没有检疫合格证明的原材料，否则，食品生产企业可能会触犯本罪。

第四节　生产、销售不符合安全标准的产品罪

一、罪名概述

1. 罪名简介

生产、销售不符合安全标准的产品罪，是指生产不符合保障人身、财产安全的国家标准、行业标准的电器、压力容器、易燃易爆产品或者其他不符合保障人身、财产安全的国家标准、行业标准的产品，或者销售明知是以上不符合保障人身、财产安全的国家标准、行业标准的产品，造成严重后果的行为。

2. 立案标准

《最高人民检察院、公安部关于公安机关管辖的刑事案件立案追诉标准的规定（一）》第二十二条规定，“生产不符合保障人身、财产安全的国家标准、行业标准的电器、压力容器、易燃易爆或者其他不符合保障人身、财产安全的国家标准、行业标准的产品，或者销售明知是以上不符合保障人身、财产安全的国家标准、行业标准的产品，涉嫌下列情形之一的，应予立案追诉：（一）造成人员重伤或者死亡的；（二）造成直接经济损失十万元以上的；（三）其他造成严重后果的情形”。

3. 量刑标准

《刑法》第一百四十六条规定，“生产不符合保障人身、财产安全的国家标准、行业标准的电器、压力容器、易燃易爆产品或者其他不符合保障人身、财产安全的国家标准、行业标准的产品，或者销售明知是以上不符合保障人身、财产安全的国家标准、行业标准的产品，造成严重后果的，处五年以下有期徒刑，并处销售金额百分之五十以上二倍以下罚金；后果特别严重的，处五年以上有期徒刑，并处销售金额百分之五十以上二倍以下罚金”。

关于“严重后果”和“后果特别严重”的认定，我国法律及相关司法解释没有明确规定。

二、风险防控建议

1. 企业应熟知国家安全标准，严格按照国家安全标准生产、销售产品，对于不符合国家安全标准的产品，坚决不生产、不销售。

2. 定期开展产品安全生产、销售的培训，熟知与产品有关的国家标准、行业标准，宣传产品安全生产、销售的法律知识。

3. 加强对产品生产、销售的场所、设施设备及生产、销售人员的监管与规范，定期

对生产、销售的产品进行抽样检测，防止不符合国家标准、行业标准的产品流入市场。

4. 由于本罪系以“造成严重后果”作为犯罪构成要件，并以“后果特别严重”作为加重情节，因此，如果产品已造成消费者人身损害，企业应当迅速采取有效措施组织抢救，防止事故扩大，尽最大努力减少人员伤亡和财产损失。同时，对于消费者的损失，应当积极予以赔偿，以负责任的态度积极面对处理。

三、典型案例

山西球×铸管有限公司、马某康生产、销售不符合安全标准的产品案①

【基本案情】

2017年6月，江苏四×路桥工程有限公司中标崇阳县青山引水工程项目（以下称崇阳项目部）。2017年8月8日，崇阳项目部向山西球×铸管有限公司（以下简称球×公司）采购引水工程所需的材料，双方签订了购销合同，马某康作为球×公司实际负责人负责对该合同的履行。2017年8月至2018年1月，球×公司在接到崇阳项目部采购2个卧式手动蝶阀DN1200、2个伸缩蝶阀DN1200和2个伸缩蝶阀DN1400的采购清单后，以明显低于该产品国标的市场价向王某（另案处理）采购，随后，王某以明显低于该产品国标的市场价向方某祥（另案处理）采购，方某祥又以明显低于该产品国标的市场价先后向天津博×阀门有限公司（另案处理）和天津市华×达阀门有限公司（以下简称华×达公司，另案处理）采购。球×公司在既未审查供货方的相关资质，也未检查产品质量是否合格的情况下便安排生产厂家将上述6个蝶阀（均无产品合格证和使用说明书）发往崇阳项目部使用。6个蝶阀中，卧式手动蝶阀DN1200、伸缩蝶阀DN1200和伸缩蝶阀DN1400的价格分别为24，186元、37，800元、42，437元，合计208，846元。

2018年3月初，崇阳项目部按照伸缩蝶阀DN1400阀体上箭头的指向进行安装，2018年3月20日10时许，崇阳大×水电开发有限公司放水发电，伸缩蝶阀DN1400爆裂，导致大水淹没大雅水电公司地下发电机房和当地部分居民房。事故发生后，马某康、王某等人到事故现场察看，并安排生产厂家华×达公司将产品合格证书和产品检测报告邮寄给崇阳项目部，经查证，华×达公司没有生产伸缩蝶阀DN1400的资质和能力，事发后补寄的合格证书和产品检测报告均系虚假证书。

经宁夏欣项产品质量司法鉴定所、上海欣×检测科技有限公司鉴定，球×公司销售给崇阳项目部的6个蝶阀均存在质量问题，属不合格产品。经深圳市华南价格鉴

① 审理法院：湖北省崇阳县人民法院，案号：（2019）鄂1223刑初275号。

证财产评估有限公司评估，伸缩蝶阀 DN1400 爆裂引发水灾造成直接经济损失为人民币 1,019,387 元。

【裁判结果】

1. 球×公司犯销售不符合安全标准的产品罪，判处罚金人民币 12 万元。

2. 马某康犯销售不符合安全标准的产品罪，判处有期徒刑 1 年，缓刑 1 年 6 个月，并处罚金人民币 12 万元。

【律师评析】

本案涉及的是企业销售不符合安全标准的产品的行为，是否构成销售不符合安全标准的产品罪的问题。

根据《最高人民检察院、公安部关于公安机关管辖的刑事案件立案追诉标准的规定(一)》第二十二条的规定，生产不符合保障人身、财产安全的国家标准、行业标准的电器、压力容器、易燃易爆或者其他不符合保障人身、财产安全的国家标准、行业标准的产品，或者销售明知是以上不符合保障人身、财产安全的国家标准、行业标准的产品，造成直接经济损失 10 万元以上的，应予立案追诉。

本案中，球×公司在既未审查供货方的相关资质，也未检查产品质量是否合格的情况下，将案涉明显低于该产品国标市场价的 6 个无产品合格证和使用说明书的蝶阀发往崇阳项目部使用，致使崇阳项目部按照伸缩蝶阀 DN1400 阀体上箭头的指向进行安装使用后，伸缩蝶阀 DN1400 爆裂，引发大水淹没大雅水电公司地下发电机房和当地部分居民房，造成直接经济损失为人民币 1,019,387 元，构成销售不符合安全标准的产品罪。马某康作为球×公司的实际负责人，系公司直接负责的主管人员，对单位犯罪应当承担刑事责任。

由本案可知，企业在销售明显低于市场价的产品之前，一定要严格审查供货方的相应资质，确保产品符合安全标准才能进行销售，否则可能触犯本罪。

第八章
知识产权方面的刑事风险及防控

第一节　假冒注册商标罪

一、罪名概述

1. 罪名简介

假冒注册商标罪，是指违反国家商标管理法规，未经注册商标所有人许可，在同一种商品、服务上使用与其注册商标相同的商标，情节严重的行为。

根据《最高人民法院、最高人民检察院关于办理侵犯知识产权刑事案件具体应用法律若干问题的解释（三）》第一条的规定，具有下列情形之一的，可以认定为《刑法》第二百一十三条规定的“与其注册商标相同的商标”：改变注册商标的字体、字母大小写或者文字横竖排列，与注册商标之间基本无差别的；改变注册商标的文字、字母、数字等之间的间距，与注册商标之间基本无差别的；改变注册商标颜色，不影响体现注册商标显著特征的；在注册商标上仅增加商品通用名称、型号等缺乏显著特征要素，不影响体现注册商标显著特征的；与立体注册商标的三维标志及平面要素基本无差别的；其他与注册商标基本无差别、足以对公众产生误导的商标。

2. 立案标准

根据《刑法》第二百一十三条以及《最高人民法院、最高人民检察院关于办理侵犯知识产权刑事案件具体应用法律若干问题的解释》第一条的规定，未经注册商标所有人许可，在同一种商品、服务上使用与其注册商标相同的商标，具有下列情形之一的，应予立案追诉：(1)非法经营数额在5万元以上或者违法所得数额在3万元以上的；(2)假冒两种以上注册商标，非法经营数额在3万元以上或者违法所得数额在2万元以上的；(3)其他情节严重的情形。

3. 量刑标准

《刑法》第二百一十三条规定，“未经注册商标所有人许可，在同一种商品、服务上使用与其注册商标相同的商标，情节严重的，处三年以下有期徒刑，并处或者单处罚金；情节特别严重的，处三年以上十年以下有期徒刑，并处罚金”。

《最高人民法院、最高人民检察院关于办理侵犯知识产权刑事案件具体应用法律若干问题的解释》第一条规定，“具有下列情形之一的，属于‘情节严重’：（一）非法经营数额在五万元以上或者违法所得数额在三万元以上的；（二）假冒两种以上注册商标，非法经营数额在三万元以上或者违法所得数额在二万元以上的；（三）其他情节严重的情形。具有下列情形之一的，属于‘情节特别严重’：（一）非法经营数额在二十五万元以上或者违法所得数额在十五万元以上的；（二）假冒两种以上注册商标，非法经营数额在十五万元以上或者违法所得数额在十万元以上的；（三）其他情节特别严重的情形”。

根据《最高人民法院、最高人民检察院、公安部关于办理侵犯知识产权刑事案件适用法律若干问题的意见》第十五条的规定，明知他人实施侵犯知识产权犯罪，而为其提供生产、制造侵权产品的主要原材料、辅助材料、半成品、包装材料、机械设备、标签标识、生产技术、配方等帮助，或者提供互联网接入、服务器托管、网络存储空间、通信传输通道、代收费、费用结算等服务的，以侵犯知识产权犯罪的共犯论处。

需要说明的是，多次实施侵犯知识产权行为，未经行政处理或者刑事处罚的，非法经营数额、违法所得数额或者销售金额累计计算。

二、风险防控建议

1. 注意假冒注册商标罪与一般的侵犯注册商标专用权（承担民事侵权赔偿责任）的区别。假冒注册商标罪，要求在“同一种商品、服务上”使用与其注册商标“相同的商标”，如果在“类似”商品、服务上使用，或者使用的是与注册商标“近似”的商标，虽然不构成侵犯注册商标罪，但仍然可能构成侵犯注册商标专用权的侵权行为，需要承担商标侵权的民事赔偿责任。

2. 根据相关法律及司法解释的规定，明知他人实施侵犯知识产权犯罪，而为其提供贷款、资金、账号、发票、证明、许可证件，或者提供生产、经营场所或者运输、储存、代理进出口等便利条件、帮助，或者为其提供生产、制造侵权产品的主要原材料、辅助材料、半成品、包装材料、机械设备、标签标识、生产技术、配方等帮助，或者提供互联网接入、服务器托管、网络存储空间、通信传输通道、代收费、费用结算等服务的，以侵犯知识产权犯罪的共犯论处。因此，企业在商业交往过程中要注意识别，一旦发现对方正在实施侵犯知识产权犯罪，应当及时终止合作，停止供货或提供服务。

3. 企业在选择使用商标前，应当查清拟使用的商标是否已被他人注册，如果拟选用的商品已被他人注册，则不能使用。如果企业经营者十分看好这个商标的市场价值，可想办法联系商标所有权人洽谈商标许可或转让事宜，一定要在获得商标许可或商标专用权后再使用，以免引起不必要的刑事风险。

三、典型案例

孙某强等假冒注册商标案[①]

【基本案情】

孙某强系北京世×发达商贸中心投资人,钱某增、周某利系北京世×发达商贸中心员工。2007年6月至2008年1月,孙某强在北京市海淀区永丰屯租用房间后自建冷库,雇用钱某增、周某利将低价购买或自行生产的水饺、汤圆,灌装到标有“思×”牌商标的包装袋及包装箱中,假冒“思×”牌水饺、汤圆对外销售。2008年1月23日,孙某强、钱某增、周某利被抓获归案,公安人员当场起获大量“思×”牌水饺、汤圆。郑州思×食品有限公司系“思×”牌注册商标的所有权人,该注册商标核定使用商品的范围为:饺子、元宵、馄饨、包子、春卷、方便米饭、八宝饭、粽子、馒头、冰激凌。经依法鉴定,缴获的“思×”牌水饺、汤圆系假冒“思×”牌注册商标的食品,货值金额为人民币(以下币种均为人民币)103,480元。

【裁判结果】

1. 孙某强犯假冒注册商标罪,判处有期徒刑2年6个月,罚金人民币5万元。

2. 钱某增犯假冒注册商标罪,判处有期徒刑1年6个月,罚金人民币2万元。

3. 周某利犯假冒注册商标罪,判处有期徒刑1年3个月,罚金人民币1万元。

【律师评析】

本案涉及的是企业经营者及其雇佣员工未经注册商标所有人许可,在同一种商品上使用与他人注册商标相同的商标,是否构成假冒注册商标罪的问题。

根据《刑法》第二百一十三条与《最高人民法院、最高人民检察院关于办理侵犯知识产权刑事案件具体应用法律若干问题的解释》第一条的规定,未经注册商标所有人许可,在同一种商品、服务上使用与其注册商标相同的商标,非法经营数额在五万元以上或者违法所得数额在3万元以上的,应予立案追诉。

本案中,北京世×发达商贸中心投资人孙某强雇用钱某增、周某利将低价购买或自行生产的水饺、汤圆,灌装到标有“思×”牌商标的包装袋及包装箱中,假冒“思×”牌注册商标中的水饺、汤圆对外销售,货值金额达人民币103,480元,已构成假冒注册商标罪。

实务中,为追求高利润高回报,“傍名牌”的现象屡见不鲜,部分不法企业选择通过假冒或仿冒知名品牌商标的方式,企图通过“走捷径”牟取暴利,该行为可能涉嫌构

---

① 参见北大法宝——登录“北大法宝”引证码查询系统(www. pkulaw. com/fbm),输入法宝引证码:CLI. C. 387910 查询。

成假冒注册商标罪。因此，企业应当加强自身的注册商标意识，不生产、不销售假冒他人注册商标的食品、产品，避免触犯本罪。

第二节　销售假冒注册商标的商品罪

一、罪名概述

1. 罪名简介

销售假冒注册商标的商品罪，是指销售明知是假冒注册商标的商品，违法所得数额较大或者有其他严重情节的行为。

2. 立案标准

根据《刑法》第二百一十四条、《最高人民法院、最高人民检察院关于办理侵犯知识产权刑事案件具体应用法律若干问题的解释》第二条与《最高人民法院、最高人民检察院、公安部关于办理侵犯知识产权刑事案件适用法律若干问题的意见》第八条的规定，销售明知是假冒注册商标的商品，具有下列情形之一的，应予立案追诉：(1)销售金额在5万元以上的；(2)假冒注册商标的商品尚未销售，货值金额在15万元以上的；(3)假冒注册商标的商品部分销售，已销售金额不满5万元，但与尚未销售的假冒注册商标的商品的货值金额合计在15万元以上的。

3. 量刑标准

《刑法》第二百一十四条规定，"销售明知是假冒注册商标的商品，违法所得数额较大或者有其他严重情节的，处三年以下有期徒刑，并处或者单处罚金；违法所得数额巨大或者有其他特别严重情节的，处三年以上十年以下有期徒刑，并处罚金"。单位犯此罪的，对单位判处罚金，并对其直接负责的主管人员和其他直接责任人员，依照上述条文规定进行处罚。

《最高人民法院、最高人民检察院关于办理侵犯知识产权刑事案件具体应用法律若干问题的解释》第二条规定，销售明知是假冒注册商标的商品，销售金额在5万元以上的，属于"数额较大"；销售金额在25万元以上的，属于"数额巨大"。

《最高人民法院、最高人民检察院、公安部关于办理侵犯知识产权刑事案件适用法律若干问题的意见》第八条规定，销售明知是假冒注册商标的商品，具有下列情形之一的，以销售假冒注册商标的商品罪(未遂)定罪处罚："(一)假冒注册商标的商品尚未销售，货值金额在十五万元以上的；(二)假冒注册商标的商品部分销售，已销售金额不满五万元，但与尚未销售的假冒注册商标的商品的货值金额合计在十五万元以上的。假冒注册商标的商品尚未销售，货值金额分别达到十五万元以上不满二十五万元、二十五万元以上的，分别依照刑法第二百一十四条规定的各法定刑幅度定罪处罚。销售金额和未销售货值金额分别达到不同的法定刑幅度或者均达到同一法定刑幅度的，在处罚较重的法定刑或者同一法定刑幅度内酌情从重处罚”。

二、风险防控建议

1. 企业对自己销售的产品，应建立有效的监管机制，确保所销售的不是假冒注册商标的商品。

2. 企业在销售有注册商标的商品前，应采取有效措施调查核实注册商标的权利情况，必要时，应当要求供货商提供注册商标权利人的授权许可文件，确保企业销售商品上使用的注册商标是合法的。

3. 企业应当严格审查供货商的资质及其供货渠道，对于一些来源不明、权属不明的商品，应抵制进货，不让假冒商品流入市场。

4. 要求供应商提供商品合法来源的证明材料。我国《商标法》第六十四条第二款规定，销售不知道是侵犯注册商标专用权的商品，能证明该商品是自己合法取得并说明提供者的，不承担赔偿责任。可见，销售者在不知情的情况下销售了侵犯注册商标专用权的商品，如果有合法来源的抗辩证据，销售者可以不承担赔偿责任。因此，企业在进货时务必做好以下防范措施，保留合法来源的证明材料：

（1）要求供应商提供营业执照、商标注册证或授权证书；

（2）送货单上要注明进货的物品名称、型号等，单据要有供应商的盖章；

（3）进货时应和供应商签订正规合同，事先对可能产生的知识产权争议进行约定；

（4）保管好进货合同、送货单、发票等证据原件。

5. 假冒注册商标的商品尚未销售，但货值金额在15万元以上的；或者假冒注册商标的商品部分销售，已销售金额不满5万元，但与尚未销售的假冒注册商标的商品的货值金额合计在15万元以上的，也违反我国《刑法》的规定，可以按假冒注册商标的商品罪（未遂）定罪处罚。因此，当企业发现员工私自销售假冒注册商标的商品时，除要及时阻止其销售行为外，还要及时将仓库的假冒产品退回给供应商或销毁，以免触犯本罪。

三、典型案例

北京美×嘉禾科技有限公司等销售假冒注册商标的商品案[①]

【基本案情】

张某德以其妻杨某燕的名义，于2002年11月在北京市海淀区罗庄西里碧兴园B座12×2室注册成立北京美×嘉禾科技有限公司（以下简称美×公司），后雇用吴某英等人经营计算机软件的销售业务。自2005年1月起，该公司开始销售假冒注册商标的微软软件。张某德作为该公司经理，全面负责公司业务，吴某英作为该公司销售部员工，具体负责销售业务。经查，2005年1月至2006年6月，美×公司销售各种假冒微软注册商标的计算机软件的销售金额为人民币228,580元。

2006年12月14日，张某德、吴某英被公安人员抓获。同时，公安机关起获假冒微软注册商标的商品80套，共计价值人民币334,168元。

【裁判结果】

1. 美×嘉禾公司犯销售假冒注册商标的商品罪，判处罚金人民币10万元。

2. 张某德犯销售假冒注册商标的商品罪，判处有期徒刑1年，罚金人民币1万元。

3. 吴某英犯销售假冒注册商标的商品罪，判处有期徒刑1年，罚金人民币1万元。

【律师评析】

本案涉及的是企业销售假冒微软注册商标的计算机软件的行为，是否构成销售假冒注册商标的商品罪的问题。

根据《刑法》第二百一十四条、《最高人民法院、最高人民检察院关于办理侵犯知识产权刑事案件具体应用法律若干问题的解释》第二条与《最高人民法院、最高人民检察院、公安部关于办理侵犯知识产权刑事案件适用法律若干问题的意见》第八条的规定，销售明知是假冒注册商标的商品，销售金额在5万元以上的，应予立案追诉。

本案中，美×公司的经理和销售部员工吴某英，在公司成立后，以公司的名义对外销售假冒微软注册商标的计算机软件，销售金额高达人民币228,580元，远远超出法定的5万元以上标准，已构成销售假冒注册商标的商品罪。

实务中，为追求高利润、高回报，部分不法企业选择通过销售假冒知名品牌的产品牟取暴利，该行为可能涉嫌销售假冒注册商标的商品罪。因此，企业应当加强自身的注册商标意识，不销售假冒他人注册商标的商品，对于一些来源不明、权属不明的商品，应抵制进货，不让假冒商品流入市场，避免触犯本罪。

---

① 审理法院：北京市海淀区人民法院，案号：（2007）海法刑初字第2760号。

第三节 侵犯著作权罪

一、罪名概述

1. 罪名简介

侵犯著作权罪，是指以营利为目的，未经著作权人许可，复制发行其文字、音像、计算机软件等作品，或者出版他人享有独占出版权的图书，或者未经制作者许可复制发行其制作的音像制品，或者制作、出售假冒他人署名的美术作品，违法所得数额较大或者有其他严重情节的行为。

2. 立案标准

《最高人民检察院、公安部关于公安机关管辖的刑事案件立案追诉标准的规定（一）》第二十六条规定，“以营利为目的，未经著作权人许可，复制发行其文字作品、音乐、电影、电视、录像作品、计算机软件及其他作品，或者出版他人享有专有出版权的图书，或者未经录音、录像制作者许可，复制发行其制作的录音、录像，或者制作、出售假冒他人署名的美术作品，涉嫌下列情形之一的，应予立案追诉：（一）违法所得数额三万元以上的；（二）非法经营数额五万元以上的；（三）未经著作权人许可，复制发行其文字作品、音乐、电影、电视、录像作品、计算机软件及其他作品，复制品数量合计五百张（份）以上的；（四）未经录音录像制作者许可，复制发行其制作的录音录像制品，复制品数量合计五百张（份）以上的；（五）其他情节严重的情形。以刊登收费广告等方式直接或者间接收取费用的情形，属于本条规定的‘以营利为目的’。本条规定的‘未经著作权人许可’，是指没有得到著作权人授权或者伪造、涂改著作权人授权许可文件或者超出授权许可范围的情形。本条规定的‘复制发行’，包括复制、发行或者既复制又发行的行为。通过信息网络向公众传播他人文字作品、音乐、电影、电视、录像作品、计算机软件及其他作品，或者通过信息网络传播他人制作的录音录像制品的行为，应当视为本条规定的‘复制发行’。侵权产品的持有人通过广告、征订等方式推销侵权产品的，属于本条规定的‘发行’。本条规定的‘非法经营数额’，是指行为人在实施侵犯知识产权行为过程中，制造、储存、运输、销售侵权产品的价值。已销售的侵权产品的价值，按照实际销售的价格计算。制造、储存、运输和未销售的侵权产品的价值，按照标价或者已经查清的侵权产品的实际销售平均价格计算。侵权产品没有标价或者无法查清其实际销售价格的，按照被侵权产品的市场中间价格计算”。

3. 量刑标准

《刑法》第二百一十七条规定，“以营利为目的，有下列侵犯著作权或者与著作权有关的权利的情形之一,违法所得数额较大或者有其他严重情节的,处三年以下有期徒刑,并处或者单处罚金;违法所得数额巨大或者有其他特别严重情节的,处三年以上十年以下有期徒刑,并处罚金:(一)未经著作权人许可,复制发行、通过信息网络向公众传播其文字作品、音乐、美术、视听作品、计算机软件及法律、行政法规规定的其他作品的;(二)出版他人享有专有出版权的图书的;(三)未经录音录像制作者许可,复制发行、通过信息网络向公众传播其制作的录音录像的;(四)未经表演者许可,复制发行录有其表演的录音录像制品,或者通过信息网络向公众传播其表演的;(五)制作、出售假冒他人署名的美术作品的;(六)未经著作权人或者与著作权有关的权利人许可,故意避开或者破坏权利人为其作品、录音录像制品等采取的保护著作权或者与著作权有关的权利的技术措施的”。

《最高人民法院、最高人民检察院关于办理侵犯知识产权刑事案件具体应用法律若干问题的解释》第五条规定,“以营利为目的,实施刑法第二百一十七条所列侵犯著作权行为之一,违法所得数额在三万元以上的,属于‘违法所得数额较大’;具有下列情形之一的,属于‘有其他严重情节’,应当以侵犯著作权罪判处三年以下有期徒刑或者拘役,并处或者单处罚金:(一)非法经营数额在五万元以上的;(二)未经著作权人许可,复制发行其文字作品、音乐、电影、电视、录像作品、计算机软件及其他作品,复制品数量合计在一千张(份)以上的;(三)其他严重情节的情形。以营利为目的,实施刑法第二百一十七条所列侵犯著作权行为之一,违法所得数额在十五万元以上的,属于‘违法所得数额巨大’;具有下列情形之一的,属于‘有其他特别严重情节’,应当以侵犯著作权罪判处三年以上七年以下有期徒刑,并处罚金:(一)非法经营数额在二十五万元以上的;(二)未经著作权人许可,复制发行其文字作品、音乐、电影、电视、录像作品、计算机软件及其他作品,复制品数量合计在五千张(份)以上的;(三)其他特别严重情节的情形”。

二、风险防控建议

1. 企业应遵守有关著作权的法律法规,了解著作权的各种表现形态,尊重他人的著作权,诚实制作、发行、出版、销售属于自己的著作权作品。

2. 在作品流入市场之前,企业应做好市面检索、调查工作,了解当前作品的著作权情况,严格审查即将发表的作品中来历不明或权属不清的内容,以免侵犯他人著作权。

3. 定期开展著作权保护培训,宣传著作权的法律知识,提高员工的著作权保护意识。

4. 企业因不知情侵犯他人著作权的,应立即停止侵权行为,并采取相应补救措施。

三、典型案例

舒某眉、陈某华侵犯著作权案①

【基本案情】

电视剧《扫×先锋》的版权属在我国香港特区注册的某公司所有，由某公司负责相关发行工作。1998年年底，某公司授予瑞×公司在内地发行其电视节目《扫×先锋》的独家播映权。1999年9月17日，舒某眉利用其担任瑞×公司发行二部经理的职务便利，在为某电视台领取电视剧《扫×先锋》播出带时，从瑞×公司多骗取播出带1套，交给海×公司经理陈某华，由海×公司人员持《扫×先锋》播出带复制了2套。后2人以海×公司的名义，分别与3家电视台签订《扫×先锋》电视剧的播映权合同，将骗取和复制的播出带分别出售给上述3家电视台，非法获利人民币797,500元，而后将销售《扫×先锋》播出带的违法所得款用于购买住房等消费。2000年5月16日，公安机关将舒某眉与陈某华抓获归案。

【裁判结果】

1. 舒某眉犯侵犯著作权罪，判处有期徒刑5年，罚金人民币10万元。
2. 陈某华犯侵犯著作权罪，判处有期徒刑4年，罚金人民币10万元。
3. 舒某眉、陈某华共同退赔瑞×公司人民币797,500元。
4. 扣押在案赃款物折抵退赔款，不足部分继续追缴。

【律师评析】

本案涉及的是企业管理人员将骗取和复制的播出带进行出售的行为，是否构成侵犯著作权罪的问题。

虽然本案审理时还没有《最高人民检察院、公安部关于公安机关管辖的刑事案件立案追诉标准的规定(一)》第二十六条的规定，但本案被告人以营利为目的，未经著作权人许可，复制发行其文字作品、音乐、电影、电视、录像作品、计算机软件及其他作品，或者出版他人享有专有出版权的图书，或者未经录音、录像制作者许可，复制发行其制作的录音、录像，或者制作、出售假冒他人署名的美术作品，违法所得数额巨大，应予立案追诉。

本案中，舒某眉在明知电视剧《扫×先锋》的版权归属的情况下，仍利用职务便利，从被授予发行权的瑞×公司处骗取播出带1套，并交给海×公司经理陈某华，由海×公司人员持《扫×先锋》播出带到国家图书馆复制2套，后又以海×公司的名义，

---

① 参见北大法宝——登录"北大法宝"引证码查询系统(www.pkulaw.com/fbm)，输入法宝引证码：CLI.C.237345查询。

分别与3家电视台签订《扫×先锋》电视剧的播映权合同,将骗取和复制的播出带进行出售,非法获利人民币797,500元,远远超出法定的追诉金额,已构成侵犯著作权罪。

企业员工应当加强著作权法律知识的学习,任何情况下不得利用职务便利擅自将公司的作品出售获利,否则将可能触犯本罪。

第四节　销售侵权复制品罪

一、罪名概述

1. 罪名简介

销售侵权复制品罪,是指以营利为目的,销售明知是侵犯他人著作权、专有出版权的文字作品、音乐、电影、电视、录像、计算机软件、图书及其他作品以及假冒他人署名的美术作品,违法所得数额巨大的行为。

2. 立案标准

《最高人民检察院、公安部关于公安机关管辖的刑事案件立案追诉标准的规定(一)》第二十七条规定,"以营利为目的,销售明知是刑法第二百一十七条规定的侵权复制品,涉嫌下列情形之一的,应予立案追诉:(一)违法所得数额十万元以上的;(二)违法所得数额虽未达到上述数额标准,但尚未销售的侵权复制品货值金额达到三十万元以上的"。

3. 量刑标准

《刑法》第二百一十八条规定,"以营利为目的,销售明知是本法第二百一十七条规定的侵权复制品,违法所得数额巨大或者有其他严重情节的,处五年以下有期徒刑,并处或者单处罚金"。

二、风险防控建议

1. 企业对自己销售的作品,应当做好市场调查,查明作品是否侵害他人的著作权。代销他人作品的,不仅要与他人签订书面代销合同,还要审查作品是否侵害他人的著作权。

2. 定期开展著作权法律知识培训,提高员工的著作权法律意识。

3. 企业因不知情销售了侵权作品的,应立即停止侵权行为,并采取相应补救措施。

三、典型案例

彭某、李某销售侵权复制品案①

【基本案情】

2004年4月至5月,王某1与郑某太、王某2商定,由郑某太出资、王某1负责印刷,三人共同销售盗版注册会计师考试教材牟利。后王某1通过他人印刷上述教材中《会计》《审计》等书的内文1万册,并通过河北省某印刷厂(情况不详)印刷上述教材1万余册,交由王某1、郑某太、王某2销售。其间,王某1、王某2还分别通过发行其他盗版图书进行牟利。2004年5月27日,王某1、郑某太、王某2被抓获归案,并从王某1的存书地点起获盗版图书23,272册,从王某2的存书地点起获盗版图书17,396册,经鉴定均为侵犯他人专有出版权的出版物。

彭某于2004年2月至5月,在北京市海淀区海淀图书城北京骄子成才图书销售中心,销售其从王某1等人处购得的盗版图书。同年5月28日,公安人员从其存书处起获盗版图书41,419册,总码洋为1,062,757.2元,经鉴定均为侵犯他人专有出版权的出版物。同年6月11日,彭某自动投案,后协助公安机关侦破孙某胜等三人侵犯著作权案(现已判决)。

李某经杨某明(在逃)授意及安排,于2003年3月至2004年5月,与杨某明在北京市西城区昊宇轩文化发展中心、丰台区昊宇轩文化发展中心分店、朝阳区博文育才书店、海淀区首都图书批发市场105号等处共同贩卖盗版图书(其中部分盗版图书由王某1向杨某明提供)。同年5月27日,公安人员将李某抓获,并起获其与杨某明藏匿于海淀区香山普安店村某平房内的盗版图书96,655册,总码洋为1,036,888.1元,经鉴定均为侵犯他人专有出版权的出版物。

【裁判结果】

1. 王某1犯侵犯著作权罪,判处有期徒刑3年,罚金5万元。
2. 郑某太犯侵犯著作权罪,判处有期徒刑1年10个月,罚金人民币3万元。
3. 王某2犯侵犯著作权罪,判处有期徒刑1年8个月,罚金2.5万元。
4. 李某犯销售侵权复制品罪,判处有期徒刑1年5个月,罚金人民币6万元。
5. 彭某犯销售侵权复制品罪,判处有期徒刑1年5个月,罚金人民币7.5万元。

【律师评析】

本案涉及的是彭某、李某销售盗版图书的行为,是否构成销售侵权复制品罪的问题。

---

① 审理法院:北京市第一中级人民法院,案号:(2005)一中刑终字第3655号。

虽然本案审理时还没有《最高人民检察院、公安部关于公安机关管辖的刑事案件立案追诉标准的规定(一)》第二十七条的规定,但被告人以营利为目的,销售明知是《刑法》第二百一十七条规定的侵权复制品,违法所得数额巨大,应予立案追诉。

本案中,彭某、李某分别以营利为目的,销售明知是侵犯他人专有出版权的图书,违法所得数额巨大,其行为均已构成销售侵权复制品罪。

实务中,部分不法企业在明知是侵犯他人著作权、专有出版权的文字作品、音乐、电影、电视、录像、计算机软件、图书及其他作品以及假冒他人署名的美术作品仍进行销售,以此达到非法获利的目的,该行为将涉嫌销售侵权复制品罪。因此,企业应遵守有关著作权、版权等法律法规,了解著作权、版权等知识产权的各种表现形态,尊重他人的著作权、版权,诚实制作、发行、出版、销售属于自己的著作权或版权的作品,避免触犯本罪。

第五节　假冒专利罪

一、罪名概述

1. 罪名简介

假冒专利罪,是指以获取非法利益为目的,违反国家专利管理法规,在法律规定的专利有效期限内,未经专利权人许可,进行非法使用,侵犯他人或者单位的专利权益,情节严重的行为。

2. 立案标准

根据《刑法》第二百一十六条和《最高人民法院、最高人民检察院关于办理侵犯知识产权刑事案件具体应用法律若干问题的解释》第四条的规定,假冒他人专利,具有下列情形之一的,应予立案追诉:(1)非法经营数额在20万元以上或者违法所得数额在10万元以上的;(2)给专利权人造成直接经济损失50万元以上的;(3)假冒两项以上他人专利,非法经营数额在10万元以上或者违法所得数额在5万元以上的;(4)其他情节严重的情形。

3. 量刑标准

《刑法》第二百一十六条规定,“假冒他人专利,情节严重的,处三年以下有期徒刑或者拘役,并处或者单处罚金”。单位犯此罪的,对单位判处罚金,并对其直接负责的主管人员和其他直接责任人员,依照上述条文规定进行处罚。

《最高人民法院、最高人民检察院关于办理侵犯知识产权刑事案件具体应用法律若干问题的解释》第四条规定,“假冒他人专利,具有下列情形之一的,属于刑法第二百一十六条规定的‘情节严重’，应当以假冒专利罪判处三年以下有期徒刑或者拘役，并处或者单处罚金：（一）非法经营数额在二十万元以上或者违法所得数额在十万元以上的；（二）给专利权人造成直接经济损失五十万元以上的；（三）假冒两项以上他人专利，非法经营数额在十万元以上或者违法所得数额在五万元以上的；（四）其他情节严重的情形”。

需要说明的是，明知他人实施假冒专利犯罪，而为其提供贷款、资金、账号、发票、证明、许可证件，或者提供生产、经营场所或者运输、储存、代理进出口等便利条件、帮助的，以假冒专利罪的共犯论处。

另外，有以下情形之一的，本罪不适用缓刑：(1)因侵犯知识产权被刑事处罚或者行政处罚后，再次侵犯知识产权犯罪的；(2)不具有悔罪表现的；(3)拒不交出违法所得的；(4)其他不宜适用缓刑的情刑。

二、风险防控建议

1. 遵守国家专利管理法规，尊重他人的专利权，未经专利权人同意，不得使用他人专利，避免触犯本罪。

2. 拒绝与假冒他人专利的单位、个人开展合作。《最高人民法院、最高人民检察院关于办理侵犯知识产权刑事案件具体应用法律若干问题的解释》第十六条规定，明知他人实施假冒专利犯罪，而为其提供贷款、资金、账号、发票、证明、许可证件，或者提供生产、经营场所或者运输、储存、代理进出口等便利条件、帮助的，以假冒专利罪的共犯论处。可见，当企业发现合作伙伴可能存在假冒专利行为时，一定要做好尽职调查，如果情况属实，一定要果断拒绝合作。

3. 组织产品研发员工系统学习专利权的法律知识，以确保新研发产品不侵犯他人的专利权。企业在研发新产品的过程中，如果确实遇到了无法绕开的专利障碍，可以根据需要，向专利权人寻求专利技术的许可或者转让。需要提醒的是，在进行专利转让或许可谈判前，企业要了解对方的资质等重要条件，注意专利的法律效力状态，确定其仍是有效专利，以便判断与对方进行合作的可行性以及对方可能要求的专利许可使用费等。

4. 企业如果是与他人合作进行新产品研发，应当审查合作伙伴开发的技术成果是否侵犯他人的专利权。合作前双方要签订书面协议，约定好彼此的权利与义务。

三、典型案例

张某甲、朱某犯假冒专利案①

【基本案情】

张某甲与朱某系夫妻关系，张某甲原为案涉专利权人陆某经营的南通恒×化工厂业务人员，后因故离开该公司。2007年9月25日，张某甲注册成立海安县江×机电材料有限公司（以下简称江×公司），生产、销售锅炉清灰剂。2011年江×公司因未接受年检被吊销营业执照。2008年开始，为增加销售量，张某甲利用从南通恒×化工厂获取的产品宣传册，委托位于海安县人民西路供电局西侧的“方正”复印社以南通恒×化工厂的宣传册为蓝本，仅修改了发明专利号的字体、颜色、大小、布局，印刷了江×公司的宣传册2000本，用于推销产品。张某甲还委托海安“金互动”网络公司制作江×公司网页。上述宣传册封面及互联网网页中均载有“发明专利号ZL9710×××.4”字样，与陆某于1997年4月7日申请的尚处有效期间的炉窑添加剂发明专利号相同。张某甲在销售锅炉清灰剂、朱某协助销售锅炉清灰剂过程中，以发放宣传册及通过互联网向客户宣传推介产品。2012年1月至2013年6月，张某甲、朱某向如东海能×纱厂、南通瑶×纤维有限公司、如东县江×食品有限公司等18家单位销售锅炉清灰剂计65吨，销售金额共计491,750元。具体销售事实如下：

1.2012年2月至5月，向如东海能×纱厂销售假冒他人专利的锅炉清灰剂12吨，销售数额90,000元。

2.2012年3月至2013年5月，向南通瑶×纤维有限公司、如东县江×食品有限公司共销售假冒他人专利的锅炉清灰剂19吨，销售数额154,800元。

3.案发前，向江苏金×阳油脂有限公司销售假冒他人专利的锅炉清灰剂2吨，销售数额17,200元。

4.2012年11月、2013年3月，向南通宇×织造有限公司（宇源浆纱厂）销售假冒他人专利的锅炉清灰剂2.5吨，销售数额21,500元。

5.2012年2月、6月，向如东福×纺织有限公司销售假冒他人专利的锅炉清灰剂3吨，销售数额25,800元。

6.2011年5月、2012年3月，向如东×诚印染整理有限公司销售假冒他人专利的锅炉清灰剂6吨，销售数额25,800元。

7.2012年6月，向如东永×织造有限公司销售假冒他人专利的锅炉清灰剂1吨，销售数额8600元。

---

① 审理法院：南通市中级人民法院，案号：（2015）通中知刑初字第0001号。

8.2012年10月、2013年3月，向南通蒙×丽莎家纺有限公司销售假冒他人专利的锅炉清灰剂7吨，销售数额60,200元。

9.2013年3月，向如东县健×织造有限公司销售假冒他人专利的锅炉清灰剂1吨，销售数额8600元。

10.2012年3月、4月，向如东长×纤维有限公司销售锅炉清灰剂3吨，销售数额25,800元。

11.2013年3月，向江苏新×路丝业有限公司销售假冒他人专利的锅炉清灰剂1吨，销售数额8600元。

12.2012年2月，向如皋方×织造有限公司销售假冒他人专利的锅炉清灰剂2吨，销售数额10,000元。

13.2013年5月，向南通秋×纺织有限公司销售假冒他人专利的锅炉清灰剂1吨，销售数额6800元。

14.2013年5月、10月，向海门市兴×化纤制品有限公司销售锅炉清灰剂1.5吨，销售数额3300元。

15.2012年5月3日，向南通信×服饰有限公司销售假冒他人专利的锅炉清灰剂0.5吨，销售数额3250元。

16.2013年4月，向南通市屯×香食品有限公司销售假冒他人专利的锅炉清灰剂1.5吨，销售数额12,900元。

17.2013年5月、7月，向南通宥×毛纺染织有限公司销售假冒他人专利的锅炉清灰剂1吨，销售数额8600元。

公安机关在两家中扣押了尚未对外发放的江×公司宣传册663本。

张某甲归案后如实供述假冒他人专利生产、销售锅炉清灰剂的事实。朱某在侦查机关未掌握其犯罪事实情形下，如实供述了其协助丈夫张某甲假冒他人专利的事实。

【裁判结果】

1.张某甲犯假冒专利罪，判处有期徒刑1年，缓刑2年，并处罚金人民币25万元。

2.朱某犯假冒专利罪，判处拘役3个月，缓刑6个月，并处罚金人民币5万元。

3.已扣押的假冒专利的宣传册依法予以销毁。

【律师评析】

本案涉及的是企业未经专利权人许可，在产品宣传册及网站上使用他人的发明专利号并进行销售营利的行为，是否构成假冒专利罪的问题。

根据《刑法》第二百一十六条和《最高人民法院、最高人民检察院关于办理侵犯知识产权刑事案件具体应用法律若干问题的解释》第四条的规定，假冒他人专利，非法经营数额在20万元以上或者违法所得数额在10万元以上的，应予立案追诉。

本案中，张某甲、朱某为了获取非法利益，未经炉窑添加剂发明专利人陆某的许可，擅自在其生产的锅炉清灰剂产品的产品宣传册和公司网页上使用陆某的炉窑添加剂发明专利号ZL9710××××.4，将产品冒充为专利产品，易使社会公众产生误认，侵害了专利权人的合法权益，且危害国家对专利的管理制度，非法经营额达491,750元，情节严重，其行为已构成假冒专利罪。

企业为了推销商品，未经专利权人许可即在产品包装或宣传资料使用他人的专利号，该行为将涉嫌假冒专利罪。企业应当遵守国家专利管理法规，尊重他人的专利权，未经专利权人同意，不得使用他人专利，避免触犯本罪。

第六节　侵犯商业秘密罪

一、罪名概述

1. 罪名简介

侵犯商业秘密罪，是指以盗窃、利诱、胁迫或者其他不正当手段获取权利人的商业秘密，或者非法披露、使用或者允许他人使用其所掌握的或获取的商业秘密，给商业秘密的权利人造成重大损失的行为。

2. 立案标准

根据《刑法》第二百一十九条和《最高人民法院、最高人民检察院关于办理侵犯知识产权刑事案件具体应用法律若干问题的解释（三）》第四条规定，具有下列情形之一的，应予立案追诉：（1）给商业秘密的权利人造成损失数额或者因侵犯商业秘密违法所得数额在30万元以上的；（2）直接导致商业秘密的权利人因重大经营困难而破产、倒闭的；（3）造成商业秘密的权利人其他重大损失的。

3. 量刑标准

《刑法》第二百一十九条规定，“有下列侵犯商业秘密行为之一，情节严重的，处三年以下有期徒刑，并处或者单处罚金；情节特别严重的，处三年以上十年以下有期徒刑，并处罚金：（一）以盗窃、贿赂、欺诈、胁迫、电子侵入或者其他不正当手段获取权利人的商业秘密的；（二）披露、使用或者允许他人使用以前项手段获取的权利人的商业秘密的；（三）违反保密义务或者违反权利人有关保守商业秘密的要求，披露、使用或者允许他人使用其所掌握的商业秘密的。明知前款所列行为，获取、披露、使用或者允许他人使用该商业秘密的，以侵犯商业秘密论。本条所称权利人，是指商业秘密的所有人和经商业秘密所有人许可的商业秘密使用人”。单位犯此罪的，对单位判处罚金，并对其直接负责的主管人员和其他直接责任人员，依照上述条文规定进行处罚。

《刑法》第二百一十九条之一规定，“为境外的机构、组织、人员窃取、刺探、收买、非法提供商业秘密的，处五年以下有期徒刑，并处或者单处罚金；情节严重的，处五年以上有期徒刑，并处罚金”。

《最高人民法院、最高人民检察院关于办理侵犯知识产权刑事案件具体应用法律若干问题的解释（三）》第四条规定，“实施刑法第二百一十九条规定的行为，具有下列情形之一的，应当认定为‘给商业秘密的权利人造成重大损失’：（一）给商业秘密的权利人造成损失数额或者因侵犯商业秘密违法所得数额在三十万元以上的；（二）直接导致商业秘密的权利人因重大经营困难而破产、倒闭的；（三）造成商业秘密的权利人其他重大损失的。给商业秘密的权利人造成损失数额或者因侵犯商业秘密违法所得数额在二百五十万元以上的，应当认定为刑法第二百一十九条规定的‘造成特别严重后果’”。

该解释第五条规定，“实施刑法第二百一十九条规定的行为造成的损失数额或者违法所得数额，可以按照下列方式认定：（一）以不正当手段获取权利人的商业秘密，尚未披露、使用或者允许他人使用的，损失数额可以根据该项商业秘密的合理许可使用费确定；（二）以不正当手段获取权利人的商业秘密后，披露、使用或者允许他人使用的，损失数额可以根据权利人因被侵权造成销售利润的损失确定，但该损失数额低于商业秘密合理许可使用费的，根据合理许可使用费确定；（三）违反约定、权利人有关保守商业秘密的要求，披露、使用或者允许他人使用其所掌握的商业秘密的，损失数额可以根据权利人因被侵权造成销售利润的损失确定；（四）明知商业秘密是不正当手段获取或者是违反约定、权利人有关保守商业秘密的要求披露、使用、允许使用，仍获取、使用或者披露的，损失数额可以根据权利人因被侵权造成销售利润的损失确定；（五）因侵犯商业秘密行为导致商业秘密已为公众所知悉或者灭失的，损失数额可以根据该项商业秘密的商业价值确定。商业秘密的商业价值，可以根据该项商业秘密的研究开发成本、实施该项商业秘密的收益综合确定；（六）因披露或者允许他人使用商业秘密而获得的财物或者其他财产性利益，应当认定为违法所得。前款第二项、第三项、第四项规定的权利人因被侵权造成销售利润的损失，可以根据权利人因被侵权造成销售量减少的总数乘以权利人每件产品的合理利润确定；销售量减少的总数无法确定的，可以根据侵权产品销售量乘以权利人每件产品的合理利润确定；权利人因被侵权造成销售量减少的总数和每件产品的合理利润均无法确定的，可以根据侵权产品销售量乘以每件侵权产品的合理利润确定。商业秘密系用于服务等其他经营活动的，损失数额可以根据权利人因被侵权而减少的合理利润确定。商业秘密的权利人为减轻对商业运营、商业计划的损失或者重新恢复计算机信息系统安全、其他系统安全而支出的补救费用,应当计入给商业秘密的权利人造成的损失”。

《最高人民法院、最高人民检察院关于办理侵犯知识产权刑事案件具体应用法律若干问题的解释(二)》第六条规定,“单位实施刑法第二百一十三条至第二百一十九条规定的行为,按照《最高人民法院、最高人民检察院关于办理侵犯知识产权刑事案件具体应用法律若干问题的解释》和本解释规定的相应个人犯罪的定罪量刑标准定罪处罚”。

《最高人民法院、最高人民检察院关于办理侵犯知识产权刑事案件具体应用法律若干问题的解释》第十五条规定,“单位实施刑法第二百一十三条至第二百一十九条规定的行为,按照本解释规定的相应个人犯罪的定罪量刑标准的三倍定罪量刑”。

该解释第十六条规定,“明知他人实施侵犯知识产权犯罪,而为其提供贷款、资金、账号、发票、证明、许可证件,或提供生产、经营场所或运输、储存、代理进出口等便利条件、帮助的,以侵犯知识产权犯罪的共犯论处”。

二、风险防控建议

1. 树立合法的竞争理念,坚决抵制通过不法手段窃取他人商业秘密而进行的不正当竞争行为。如为获得某种必要技术,企业可以通过自主研发、合法购买等方式获取,不能以盗窃、利诱、胁迫或者其他不正当手段获取。需要注意是,企业在明知或应知某技术为非法取得的情形下,还通过支付许可费用、购买等正常手段获取,这也间接构成侵犯商业秘密的行为,给权利人造成重大损失的,也以本罪论处。

2. 组织员工认真学习商业秘密法律知识与企业有关商业秘密的管理规定,要让员工认识到哪些行为会触犯本罪。实务中,很多商业秘密案件的争议焦点是犯罪行为侵犯的信息是否为商业秘密。因此,企业应明确商业秘密范围,将那些自己拥有的、能带来经济利益的、具有实用性且不为竞争对手所掌握的技术或信息列入保密范围。企业在确定商业秘密的范围后还要确定密级和保护期限,并在企业相关制度中明示。

3. 对于新员工带来原工作单位的信息资料,要谨慎使用,防止该信息资料系原工作单位的商业秘密而触犯本罪。

4. 员工辞职后,不得利用原企业的商业秘密用以创业,或以此为入股资本加入新企业,否则极可能触犯本罪。一经发现侵犯商业秘密的行为,企业应立即向公安机关报案,及时收集有力证据,防止损失扩大发生。

5. 我国《刑法》关于本罪规定的“其他不正当手段”包括以高薪挖人获悉商业秘密或以重金收买知悉商业秘密的人等。因此,企业应当加强商业秘密的保护意识,防范因人才流动而泄露企业的商业秘密;要加强企业保密措施,对新入职人员的履历、经济状况、应聘目的进行风险评估,并签订尽量周详的保密协议及竞业禁止合同等,以更好地保护企业的商业秘密,增强企业的核心竞争力。

三、典型案例

上海某某电子科技有限公司、张某某侵犯商业秘密案①

【基本案情】

2003年12月,张某某任职于某某通讯(上海)有限公司(以下简称某某通讯公司),双方签订《非竞争、保密及工作成果协议》,后张某某任某某通讯公司副总裁、首席科学家,主管某某通讯公司所有技术项目。2007年2月,张某某擅自备份了公司CL6010A4芯片设计的全部数据库文件。2007年8月,张某某辞去某某通讯(上海)有限公司职务,后出资成立上海某某电子科技有限公司(以下简称某某公司),并任法定代表人兼总裁。公司成立后,张某将备份的CL6010A4芯片的数据库文件复制到某某公司内网服务器上,要求技术人员参考使用。2007年12月起,某某公司开始销售芯片产品CS1000等。

2009年2月,某某通讯公司发现某某公司销售的芯片产品涉嫌侵权,遂至公安局报案。经相关部门委托,鉴定部门出具鉴定报告,认定某某通讯公司CL6010A4芯片中包含的低中频、电路参数等技术信息不为公众所知悉,且某某公司的CS1000等芯片与之有大量相同并实质相似的代码。后经会计鉴定,某某公司通过境外公司销售CS1000等芯片获毛利330,694.11美元,折合人民币2,249,017.57元。

法院审理后认定:某某通讯公司经过长期研发成功的CL6010A4芯片技术中含有不为公众所知悉的内容,属于某某通讯公司的专有技术,该技术具有实用性和经济价值。且某某通讯公司对该技术信息通过制定保密规定,与关键技术人员订立保密协议予以保密。因此,CL6010A4芯片技术符合我国《刑法》规定的商业秘密的构成要件,属于某某通讯公司的商业秘密。

【裁判结果】

1. 某某公司犯侵犯商业秘密罪,判处罚金人民币115万元。

2. 张某某犯侵犯商业秘密罪,判处有期徒刑2年,缓刑2年,罚金人民币110万元。

3. 违法所得予以追缴发还被害单位。

【律师评析】

本案涉及的是企业管理人员离职后违反约定,擅自使用其原工作中所掌握的原企业的商业秘密的行为,是否构成侵犯商业秘密罪的问题。

---

① 审理法院:上海市浦东新区人民法院,案号:(2009)浦刑初字第2609号。

根据《刑法》第二百一十九条和《最高人民法院、最高人民检察院关于办理侵犯知识产权刑事案件具体应用法律若干问题的解释（三）》第四条的规定，给商业秘密的权利人造成损失数额或者因侵犯商业秘密违法所得数额在30万元以上的，应予立案追诉。

本案中，某某公司法定代表人张某在担任某某通讯公司的副总裁期间，利用职务之便，违反《非竞争、保密及工作成果协议》的约定，擅自备份CL6010A4芯片设计的全部数据库文件，侵犯某某通讯公司的商业秘密，并在辞职后以自己出资成立的某某公司的名义将芯片对外销售，获毛利330,694.11美元，折合人民币2,249,017.57元，某某公司与张某均构成侵犯商业秘密罪。

实务中，个别企业高管或技术人员离职后利用原公司的商业秘密进行创业，该行为可能涉嫌侵犯商业秘密罪。因此，创业者应当认真学习商业秘密法律知识，树立合法的竞争理念，坚决抵制通过不法手段窃取他人商业秘密而进行的不正当竞争，以避免触犯本罪。

第九章
广告宣传方面的刑事风险及防控

第一节　损害商业信誉、商品声誉罪

一、罪名概述

1. 罪名简介

损害商业信誉、商品声誉罪，是指捏造并散布虚伪事实，损害他人的商业信誉、商品声誉，给他人造成重大损失或者有其他严重情节的行为。

2. 立案标准

《最高人民检察院、公安部关于公安机关管辖的刑事案件立案追诉标准的规定（二）》第六十六条规定，"捏造并散布虚伪事实，损害他人的商业信誉、商品声誉，涉嫌下列情形之一的，应予立案追诉：（一）给他人造成直接经济损失数额在五十万元以上的；（二）虽未达到上述数额标准，但造成公司、企业等单位停业、停产六个月以上，或者破产的；（三）其他给他人造成重大损失或者有其他严重情节的情形"。

3. 量刑标准

《刑法》第二百二十一条规定，"捏造并散布虚伪事实，损害他人的商业信誉、商品声誉，给他人造成重大损失或者有其他严重情节的，处二年以下有期徒刑或者拘役，并处或者单处罚金"。

二、风险防控建议

1. 加强对《反不正当竞争法》《广告法》等法律法规的学习，坚决抵制恶意诋毁他人商誉的行为，做到合法经营、良性竞争。

2. 树立良性竞争意识，踏实发展自己的核心业务。涉及竞争性的业务，企业应沉着应对、良性评判，不恶意攻击同行，不捏造虚假事实诋毁同行。

3. 在宣传核心产品时，企业不仅要考虑产品优势、特点，还要充分考虑其可能引发的侵权风险，降低触犯本罪的概率。

4. 在竞争中避免通过发布对比性广告、声明性广告等方式贬低、诋毁他人的商业信誉、商品声誉。对比性广告，是指含有对比性内容的广告，即通过选取某一个、某一类产品或者服务进行对比，用以说明商品、服务的优点或者特征的广告。声明性广告，是指含有声明性内容的广告，往往借夸大自己商业声誉和商品信誉以贬低竞争对手，抬高自己。

三、典型案例

王某达损害商业信誉、商品声誉案①

【基本案情】

1999年6月底至7月初，浙江仙×啤酒发展公司（以下简称仙×公司）部分行政管理人员出现腹泻、腹痛等症状，县、地区卫生防疫部门对该疫情及时进行了调查，并于7月30日作出了《调查报告》。该报告对疫情的范围、程度、防治效果、发生原因等做了客观的记载和分析。认为基本可排除细菌感染之致病原因，病人感染途径有关致病因子经呼吸道或日常生活接触传播，疫情与一线生产工人及产品质量无关。

1999年7月中旬，时任浙江碧×啤酒发展有限公司副总经理的王某达闻知有关卫生防疫部门对仙×公司进行流行病学调查的情况后，认为是在啤酒销售市场打败仙×公司、提高本单位经济效益及本人在公司地位的好机会，遂向丽水地区防疫站干部杜某了解情况，并从杜某处得到一份《调查报告》。然后根据需要对报告内容进行修改、增减，编造一份题为《缙云县仙×公司发生群体感染性腹泻疫情》的传单。宣称仙×公司职工不断出现疫情，病例发展既快又猛，引起恐慌；并谎称江苏某地发生类似疫情，10万余人身受感染。传单还提醒仙×啤酒消费者千万小心，以防受感染。尔后，王某达经周密策划，将从电话簿上抄录下来的有关单位地址及编写的传单进行打印，又将地区防疫站往年所发文件上的公章剪贴、套印到《调查报告》的复印件上，以江西省南昌市经济信息中心的名义，于8月初在叶某锦的帮助下从武汉、杭州等地将600余份传单单独或附上《调查报告》邮寄给丽水、金华地区有关仙×啤酒消费者。同时，王某达打电话给金×啤酒厂领导应某，提出在啤酒市场联手打败仙×啤酒，从而导致金华、永康等市场上有大量的由王某达编写的传单被散发，该传单在丽水市场上则被广为张贴和投递。王某达的行为给仙×公司的企业形象和商品声誉造成了严重损害，导致该公司的产品销售量急剧下降，遭受经济损失共计人民币290万元。

1999年3月12日，王某达主动到公安机关投案，其后陆续交代了主要犯罪事实。

---

① 参见北大法宝——登录“北大法宝”引证码查询系统（www. pkulaw. com/fbm），输入法宝引证码：CLI. C. 214788 查询。

【裁判结果】

王某达犯损害商业信誉、商品声誉罪，判处有期徒刑6个月，缓刑1年，并处罚金人民币5万元。

【律师评析】

本案涉及的是企业管理人员捏造并散布虚伪事实损害竞争对手的企业形象和商品声誉的行为，是否构成损害商业信誉、商品声誉罪的问题。

本案王某达故意编造、散布对竞争对手不利的事实，恶意歪曲竞争对手的商业和商品形象，严重损害其商业信誉和商品信誉，给受害企业造成重大损失，已构成损害商业信誉、商品声誉罪，应予立案追诉。

本案中，时任浙江碧×啤酒发展有限公司副总经理的王某达为了打败仙×啤酒、提高本单位经济效益及本人在公司地位，故意编造一份题为《缙云县仙×公司发生群体感染性腹泻疫情》的传单，宣称仙×公司职工不断出现疫情等情况，对丽水、金华地区有关仙×啤酒消费者进行广泛宣传，给仙×公司的企业形象和商品声誉造成了严重损害，导致该公司的产品销售量急剧下降，遭受经济损失共计人民币290万元，已构成损害商业信誉、商品声誉罪。

实务中，有的企业为了提高自己的市场地位，企图通过捏造、散布虚伪事实等方式损害竞争对手的商业信誉、商品声誉，达到挤对对手的目的。该行为将涉嫌损害商业信誉、商品声誉罪。对此，企业应树立良性竞争意识，踏实发展自己的核心业务，对于涉及竞争性的业务，应沉着应对、良性评判，不恶意攻击同行，不捏造虚假事实诋毁同行，避免触犯本罪。

第二节　虚假广告罪

一、罪名概述

1. 罪名简介

虚假广告罪，是指广告主、广告经营者、广告发布者违反国家规定，利用广告对商品或服务作虚假宣传，情节严重的行为。

2. 立案标准

《最高人民检察院、公安部关于公安机关管辖的刑事案件立案追诉标准的规定（二）》第六十七条规定，“广告主、广告经营者、广告发布者违反国家规定，利用广告对商品或者服务作虚假宣传，涉嫌下列情形之一的，应予立案追诉：（一）违法所得数额在十万元以上的；（二）假借预防、控制突发事件、传染病防治的名义，利用广告作虚假宣传，致使多人上当受骗，违法所得数额在三万元以上的；（三）利用广告对食品、药品作虚假宣传，违法所得数额在三万元以上的；（四）虽未达到上述数额标准，但二年内因利用广告作虚假宣传受过二次以上行政处罚，又利用广告作虚假宣传的；（五）造成严重危害后果或者恶劣社会影响的；（六）其他情节严重的情形”。

3. 量刑标准

《刑法》第二百二十二条规定，“广告主、广告经营者、广告发布者违反国家规定，利用广告对商品或者服务作虚假宣传，情节严重的，处二年以下有期徒刑或者拘役，并处或者单处罚金”。

实务中，以下两种情况也按虚假广告罪处罚：

（1）《最高人民法院关于审理非法集资刑事案件具体应用法律若干问题的解释》第十二条规定，“广告经营者、广告发布者违反国家规定，利用广告为非法集资活动相关的商品或者服务作虚假宣传，具有下列情形之一的，依照刑法第二百二十二条的规定，以虚假广告罪定罪处罚：1. 违法所得数额在10万元以上的；2. 造成严重危害后果或者恶劣社会影响的；3. 二年内利用广告作虚假宣传，受过行政处罚二次以上的；4. 其他情节严重的情形。明知他人从事欺诈发行证券，非法吸收公众存款，擅自发行股票、公司、企业债券，集资诈骗或者组织、领导传销活动等集资犯罪活动，为其提供广告等宣传的，以相关犯罪的共犯论处”。

（2）《最高人民法院、最高人民检察院关于办理妨害预防、控制突发传染病疫情等灾害的刑事案件具体应用法律若干问题的解释》第五条规定，“广告主、广告经营者、广告发布者违反国家规定，假借预防、控制突发传染病疫情等灾害的名义，利用广告对所推销的商品或者服务作虚假宣传，致使多人上当受骗，违法所得数额较大或者有其他严重情节的，依照刑法第二百二十二条的规定，以虚假广告罪定罪处罚”。

二、风险防控建议

1. 企业管理人员应认真学习《广告法》《广告管理条例》《广告管理条例实施细则》等法律法规，掌握广告宣传的法律尺度，确保宣传内容的真实客观，自觉抵制虚假宣传的行为。实务中，企业为取得好的宣传后果，广告内容中经常不可避免地存在一定夸大、夸张的成分，目的是更加吸引公众的眼球。但如果把握不好其中的尺度，夸大的宣传就可能会被认定为虚假广告，需要相关人员承担相应的责任。“夸大宣传”的界限如何把握呢？一般情况下是以一般公众的普遍认知为标准。如果广告宣传内容与产品实际功效相差甚远，致使消费者产生错误认识而进行消费，可能会被认定为触犯本罪；如果广告宣传虽然有些夸张，但未根本违背被宣传产品的实际功效，不至于让消费者产生错误认识的，为可接受的广告宣传。

2. 在广告宣传过程中，企业应从实际出发，实事求是，做好应尽义务，不为一己私欲而在广告上大肆虚假宣传或作出无底线的不实保证与承诺。

3. 定期开展广告宣传的学习与培训，让员工及时了解虚假广告罪的热门案例及法律后果，提高员工的职业素养，避免触犯本罪。

4. 企业在开展广告业务活动时，应选择管理规范、信誉良好的广告公司作为合作伙伴，严格审查该公司的资质，并与之签订规范的广告服务合同并留存备查，做好相关单据的备案工作。

三、典型案例

重庆财×咨询有限公司陈某虚假广告案[①]

【基本案情】

2015年9月起，陈某任执行董事并实际负责经营管理的重庆财×咨询有限公司（以下简称财×公司）未经国家教育委员会批准、未经中国民用航空西南地区管理局许可，租赁飞行学院重庆××培训有限公司位于重庆两江新区的校舍，擅自设立重庆××学院，设置飞行、航空服务、空乘空保、飞机和航材销售、机务维修、无人机操控等专业，后通过发放由陈某拟定内容的印制有××大学等院校招生代码的《招生简章》《内部资料》，建立学院网站、微信公众号等广告形式，面向社会进行虚假招生宣传称"重庆××学院是将航空技能教育和学历教育有机整合的一所全新的国有民办航空大学""重庆××学院是重庆唯一具备飞行员培养资格的单位""航空技能教育采取订单培养模式、入学即签订考证就业保障协议""飞行专业采取公费培养模式"等，诱使重庆市、贵州省、湖北省、新疆维吾尔自治区等地600余名学生交纳高额费用后就读该学院。

2016年9月，经重庆电视台"天天630"栏目曝光重庆××学院虚假办学的情况后，大量学生及家长聚集在该学院内要求退费。

2016年9月21日，陈某被民警抓获归案，其到案后如实供述了上述事实。

经重庆华×会计师事务所有限公司鉴定，2015年9月至2016年9月，财×公司向学生收取学费、体检费等费用共计22,435,329.94元，案发前自行向部分学生清退学费共计3,977,217.95元，案发后重庆两江新区××管理委员会向601名学生集中清退学费共计20,630,009.56元。

【裁判结果】

1. 财×公司犯虚假广告罪，判处罚金100万元。

2. 陈某犯虚假广告罪，判处有期徒刑1年2个月，并处罚金10万元。

---

① 审理法院：重庆市渝北区人民法院，案号：（2017）渝0112刑初993号。

【律师评析】

本案涉及的是企业面向社会进行虚假招生宣传的行为，是否构成虚假广告罪的问题。

《最高人民检察院、公安部关于公安机关管辖的刑事案件立案追诉标准的规定（二）》（2010年）第七十五条规定，广告主、广告经营者、广告发布者违反国家规定，利用广告对商品或者服务作虚假宣传，违法所得数额在10万元以上的，应予立案追诉。

本案中，财×公司的执行董事陈某未经国家教育委员会批准、未经中国民用航空西南地区管理局许可，擅自设立重庆××学院，设置飞行、航空服务等专业，后又通过向社会公众宣传由自己拟定的印有××大学等院校招生代码的《招生简章》《内部资料》，建立学院网站、微信公众号等广告形式，大肆开展虚假招生宣传活动，诱使重庆市、贵州省等地600余名学生交纳高额费用后就读该学院。后其因虚假办学被大量学生及家长要求退费。经鉴定，财×公司及陈某在2015年9月至2016年9月向学生收取学费、体检费等费用共计22,435,329.94元，远远超出法定的追诉金额，已构成虚假广告罪。

实务中，有的企业为了大肆宣传自己的产品优势、扩大自己的市场占有率，通过广告的方式对商品或服务作虚假宣传，该行为将涉嫌虚假广告罪。对此，为避免触犯本罪，企业在广告宣传过程中应从实际出发，实事求是，做好应尽义务，不为一己私欲而在广告上大肆虚假宣传或作出无底线的保证与承诺。

第十章
合同管理方面的刑事风险及防控

第一节　合同诈骗罪

一、罪名概述

1. 罪名简介

合同诈骗罪，是指以非法占有为目的，在签订、履行合同过程中，采取虚构事实或者隐瞒真相等欺诈手段，骗取对方当事人财物，数额较大的行为。

2. 立案标准

《最高人民检察院、公安部关于公安机关管辖的刑事案件立案追诉标准的规定（二）》第六十九条规定，“以非法占有为目的，在签订、履行合同过程中，骗取对方当事人财物，数额在二万元以上的，应予立案追诉”。

3. 量刑标准

《刑法》第二百二十四条规定，“以非法占有为目的，在签订、履行合同过程中，骗取对方当事人财物，数额较大的，处三年以下有期徒刑或者拘役，并处或者单处罚金；数额巨大或者有其他严重情节的，处三年以上十年以下有期徒刑，并处罚金；数额特别巨大或者有其他特别严重情节的，处十年以上有期徒刑或者无期徒刑，并处罚金或者没收财产”。单位触犯本罪的，对单位判处罚金，并对其直接负责的主管人员和其他直接责任人员，依照上述规定处罚。

对于何为“数额较大”“数额巨大”“数额特别巨大”，目前尚无明确的规定，导致各地在执行中做法不一。有的省市出台了单独规定，例如，根据《广东省高级人民法院关于办理破坏社会主义市场经济秩序犯罪案件若干具体问题的指导意见》第21条规定，个人进行合同诈骗犯罪的定罪量刑的数额标准规定如下：(1)广州、深圳、珠海、汕头、佛山、中山、东莞、江门市及其所辖市、县、区以5万元以下为“数额较大”，5万元以上不满50万元为“数额巨大”，50万元以上为“数额特别巨大”；(2)湛江、茂名、惠州、潮州、揭阳、汕尾、梅州、河源、肇庆、韶关、清远、阳江、云浮及其所辖市、县、区以

4 万元以下为“数额较大”,4 万元以上不满 40 万元为“数额巨大”,40 万元以上为“数额特别巨大”。

关于单位进行合同诈骗犯罪定罪量刑的数额标准,《广东省高级人民法院关于办理破坏社会主义市场经济秩序犯罪案件若干具体问题的指导意见》第 22 条规定如下:单位实施合同诈骗行为,数额在 50 万元以下为“数额较大”,50 万元以上不满 300 万元为“数额巨大”,300 万元以上为“数额特别巨大”。再如,《上海市高级人民法院、上海市人民检察院、上海市公安局、上海市司法局关于本市办理部分诈骗类犯罪案件具体数额标准的意见》规定:合同诈骗财物价值 2 万元以上不满 20 万元,属于“数额较大”;合同诈骗财物价值 20 万元以上不满 100 万元,属于“数额巨大”;合同诈骗财物价值 100 万元以上,属于“数额特别巨大”。

对于合同诈骗罪中何为具有“其他严重情节”或“其他特别严重情节”,同样没有明确规定,也需要进一步明确。参照司法解释关于诈骗罪的相关规定,合同诈骗导致出现下列情形的,可以认定为具有“其他严重情节”:(1)导致被骗公司、企业严重亏损;(2)诈骗所得用于违法犯罪活动;(3)诈骗救灾、抢险、防汛、优抚、扶贫、移民、救济、医疗款物的;(4)以赈灾募捐名义实施诈骗的;(5)诈骗残疾人、老年人或者丧失劳动能力人的财物的。

合同诈骗导致出现下列情形的,可以认定为具有“其他特别严重情节”:(1)造成被害人自杀、精神失常或者其他严重后果的;(2)导致公司、企业破产或者濒临破产;(3)诈骗救灾、防汛、优抚、扶贫、救济款物、军用物资等,造成严重后果;(4)诈骗数额巨大并且用于违法犯罪活动。

需要说明的是,对诈骗未遂,以数额巨大的财物为诈骗目标的,或者具有其他严重情节的,应当定罪处罚。诈骗行为既有既遂,又有未遂,分别达到不同量刑幅度的,依照处罚较重的规定处罚;达到同一量刑幅度的,以诈骗罪既遂处罚。

二、风险防控建议

1. 注意合同诈骗罪与一般的合同债务纠纷之间的区别。在合同履行过程中,如果发生纠纷、拖欠款项,企业应当积极面对,对于应该退还或者支付的款项,应努力筹措资金予以偿还、支付,即使因为资金周转困难,不能立即全部偿还、支付,也可以与债权人沟通协商分期支付并签订分期付款协议,同时,应当保持电话等通信方式畅通,切不可一走了之,躲避债权人,不见面、不接电话、不回短信/微信。否则,容易被认定为“非法获取资金后逃跑”,从而被作为合同诈骗犯罪立案。

2. 从现有合同诈骗罪发生的原因分析,大多是法律知识的欠缺或者法律观念的淡薄。企业在签订合同时往往不关心是否合规,而是不择手段以追求经济效益为目标,如给合同相对方虚假承诺、虚假担保等,此种不讲诚信的行为很有可能会触犯本罪。因此,企业经营者应当认真学习合同法律知识,树立守法经营意识。

3.在合同谈判过程中,对于合同的签订,应本着诚实守信的原则,不虚假承诺,不欺骗,把握好业务宣传力度。同时,不能以虚构的单位或者冒用他人名义签订合同,否则也可能触犯本罪。

4.在合同履行过程中,一定要严格按约定履行合同义务,切忌收到款后没有实际的履行行为,更不得在合同签订后消失无踪,让合同相对方无处可觅。企业因客观情况变化导致合同无法履行的,不能提供虚假的证明欺骗对方,应当明确告知对方,共同商讨解决方案。

5.避免主观上被推定为“非法占有目的”入罪。根据司法实践,对于行为人通过诈骗的方法非法获取资金,造成数额较大资金不能归还,并具有下列情形之一的,可以认定为具有非法占有的目的:明知没有归还能力而大量骗取资金的;非法获取资金后逃跑的;肆意挥霍骗取资金的;使用骗取的资金进行违法犯罪活动的;抽逃、转移资金、隐匿财产,以逃避返还资金的;隐匿、销毁账目,或者搞假破产、假倒闭,以逃避返还资金的;其他非法占有资金、拒不返还的行为。由此可见,企业应当避免上述情形的发生,否则会面临触犯本罪的风险。

三、典型案例

陆某合同诈骗案①

【基本案情】

2008年11月,恒×公司向汽车城产业公司租赁位于上海市嘉定区外冈镇瞿门路339号、359号、369号的商铺用于建设上海旺逸生活广场。之后,恒×公司经理陆某于2011年8月至9月,在明知无能力建设上海旺逸生活广场的情况下,仍与多家公司就瞿门路369号商铺签订装饰工程承包协议,并以此为由骗取上述公司的工程保证金、定金等共计445,000元。在被害人多次催讨钱款的情况下,陆某以不接电话等方式不予退还,并将办公室搬离。

【裁判结果】

陆某犯合同诈骗罪,判处有期徒刑4年6个月,并处罚金人民币5000元。

【律师评析】

本案涉及的是行为人以非法占有为目的,在明知无能力进行项目建设的情况下骗取合同相对方财物的行为,是否构成合同诈骗罪的问题。

---

① 国家法官学院、中国人民大学法学院编:《中国审判案例要览(2014年刑事审判案例卷)》,中国人民大学出版社2016年版,第142~146页。

根据《最高人民检察院、公安部关于公安机关管辖的刑事案件立案追诉标准的规定(二)》(2010 年)第七十七条的规定,以非法占有为目的,在签订、履行合同过程中,骗取对方当事人财物,数额在 2 万元以上的,应予立案追诉。

本案中,陆某以非法占有为目的,在明知无能力建设上海旺逸生活广场的情况下与多家公司就瞿门路 369 号商铺签订装饰工程承包协议,并以此为由骗取多家公司的工程保证金、定金等共计 445,000 元,其行为已构成合同诈骗罪。

第二节　签订、履行合同失职被骗罪

一、罪名概述

1. 罪名简介

签订、履行合同失职被骗罪,是指国有公司、企业、事业单位直接负责的主管人员,在签订、履行合同过程中,因严重不负责任而被诈骗,致使国家利益遭受重大损失的行为。

2. 立案标准

根据《最高人民检察院、公安部关于公安机关管辖的刑事案件立案追诉标准的规定(二)》(2010 年)第十四条的规定,国有公司、企业、事业单位直接负责的主管人员,在签订、履行合同过程中,因严重不负责任被诈骗,涉嫌下列情形之一的,应予立案追诉:(1)造成国家直接经济损失数额在 50 万元以上的;(2)造成有关单位破产,停业、停产 6 个月以上,或者被吊销许可证和营业执照、责令关闭、撤销、解散的;(3)其他致使国家利益遭受重大损失的情形。金融机构、从事对外贸易经营活动的公司、企业的工作人员严重不负责任,造成 100 万美元以上外汇被骗购或者逃汇 1000 万美元以上的,应予立案追诉。本条规定的"诈骗",是指对方当事人的行为已经涉嫌诈骗犯罪,不以对方当事人已经被人民法院判决构成诈骗犯罪作为立案追诉的前提。2022 年修订时对本条进行了删减。

3. 量刑标准

《刑法》第一百六十七条规定,"国有公司、企业、事业单位直接负责的主管人员,在签订、履行合同过程中,因严重不负责任被诈骗,致使国家利益遭受重大损失的,处三年以下有期徒刑或者拘役;致使国家利益遭受特别重大损失的,处三年以上七年以下有期徒刑"。

关于"重大损失"或"特别重大损失"的认定,我国法律及相关司法解释没有明确规定,但可参照《陕西省高级人民法院关于适用刑法有关条款数额、情节标准的意见》

的第167条签订、履行合同失职被骗罪中的规定,具体为:“重大损失:1.造成国家直接经济损失数额在五十万元以上的;2.造成有关单位破产,停业、停产六个月以上,或者被吊销许可证和营业执照、责令关闭、撤销、解散的;3.其他致使国家利益遭受重大损失的情形。金融机构、从事对外贸易经营活动的公司、企业的工作人员严重不负责任,造成一百万美元以上外汇被骗购或者逃汇一千万美元以上的。特别重大损失:1.造成国家直接经济损失数额在二百万元以上的;2.金融机构、从事对外贸易经营活动的公司、企业的工作人员严重不负责任,造成三百万美元以上外汇被骗购或者逃汇三千万美元以上的”。

二、风险防控建议

1.在合同(尤其是交易金额较大或者其他重要合同)签订以及履行过程中,国有公司、企业、事业单位直接负责的主管人员应当加强风险评估,必要时,聘请专业机构或者人员参与尽职调查,避免在合同签订、履行过程中失职被骗。

2.如果发现被骗,应当及时采取措施予以补救,例如,及时向法院提起诉讼、申请采取财产保全措施(含诉前财产保全措施),尽最大努力将损失降到最低;如果最后造成的实际损失未达到“重大损失”的程度,则可以避免刑事责任。

3.完善企业合同管理制度,对合同的签订、履行、解除等全过程实施风险防控,并制定相关管理制度,保证每一份合同的签订和履行都能按相关制度规定进行操作。

三、典型案例

高某、梁某钊信用证诈骗,签订、履行合同失职被骗案①

【基本案情】

高某系中国国际企业合作公司(以下简称合作公司)进出口五部副经理,兼任香港鹏×集团公司(以下简称鹏×公司)董事。1998年,高某与鹏×公司的朱某炎合谋后,由鹏×公司与合作公司签订虚假的进口合同,据此以鹏×公司为受益人向中国建设银行北京分行申请开立22单信用证,开证金额1093万余美元(折合人民币9051万余元);向中国银行北京分行申请开立2单信用证,开证金额94万余美元(折合人民币780万余元);由中国惠×(集团)总公司(以下称惠×公司)代合作公司向中国农业银行北京分行申请开立5单信用证,开证金额220万余美元(折合人民币1829万余元);由惠×公司代合作公司向香港上海汇丰银行有限公司北京分行申请开立2

① 参见北大法宝——登录“北大法宝”引证码查询系统(www.pkulaw.com/fbm),输入法宝引证码:CLI.C.229735查询。

单信用证，开证金额95万余美元（折合人民币793万余元）；向北京市商业银行申请开立4单信用证，开证金额175万余美元（折合人民币1454万余元）；由中国燕×总公司（以下称燕×公司）代合作公司向工行北京分行申请开立2单信用证，开证金额76万余美元（折合人民币630万余元）；共计开证金额1789万余美元，折合人民币14,537万余元；由鹏×公司从香港提供虚假的信用证附随单据，将信用证项下资金贴现，用于鹏×公司的经营活动，除向中国银行北京分行支付人民币358万余元外，其余全部损失，未能追回。

同年，梁某钊担任合作公司进出口五部经理，在合作公司进出口五部与鹏×公司签订进口合同时，通过中国建设银行北京分行开立19单信用证，开证金额941万余美元（折合人民币7791万余元）；通过北京市商业银行开立4单信用证，开证金额175万余美元（折合人民币1454万余元）。在此过程中，梁某钊严重不负责任，不认真审查合同真伪、进口是否落实，盲目签约，致使信用证项下资金1116万余美元（折合人民币9245万余元）被骗，至今无法追回，给国有财产造成重大损失。

【裁判结果】

1. 高某犯信用证诈骗罪，判处无期徒刑，剥夺政治权利终身。

2. 梁某钊犯签订、履行合同失职被骗罪，判处有期徒刑6年。

3. 在案扣押的鹏×公司、合作公司进出口五部公章各一枚予以没收，其余公章与本案无关，由检察机关处理。

【律师评析】

本案涉及的是国有公司管理人员在签订、履行合同过程中，因严重不负责任而被诈骗的行为，是否构成签订、履行合同失职被骗罪的问题。

根据《最高人民检察院、公安部关于公安机关管辖的刑事案件立案追诉标准的规定（二）》（2010年）第十四条的规定，国有公司、企业、事业单位直接负责的主管人员，在签订、履行合同过程中，因严重不负责任被诈骗，涉嫌下列情形之一的，应予立案追诉：（1）造成国家直接经济损失数额在50万元以上的；（2）造成有关单位破产，停业、停产6个月以上，或者被吊销许可证和营业执照、责令关闭、撤销、解散的；（3）其他致使国家利益遭受重大损失的情形。金融机构、从事对外贸易经营活动的公司、企业的工作人员严重不负责任，造成100万美元以上外汇被骗购或者逃汇1000万美元以上的，应予立案追诉。

本案中，高某以非法占有为目的，与鹏×公司的朱某炎合谋，由鹏×公司与国企公司签订虚假的进口合同，并以鹏×公司为受益人，由惠×公司、燕×公司等公司代国企公司向各所银行申请开立信用证，致使国企公司开证金额高达1789万余美元，折合人民币14,537万余元，造成国有资产严重流失，无法全部追回，高某构成信用证诈骗罪。梁某钊与鹏×公司签订进口合同过程中，因严重不负责任，不认真审查合同真伪、进口是否落实，盲目签约，而被鹏×公司诈骗，致使信用证项下资金1116万余美元（折合人民币9245万余元）被骗，造成国有财产严重流失，已构成签订、履行合同失职被骗罪。

实务中，国有企业管理人员在对外签订合同时，应对合同尽审慎义务，对于一些重要的、涉及金额较大的合同，签订前应委托有关专业机构进行尽职调查，尽可能防范合同签订、履行中所面临的欺诈情形，以避免触犯本罪。同时，要做好合同签订、履行时的工作记录，以防无相关证据证明问题出现的根源。

第十一章
公平交易方面的刑事风险及防控

第一节　串通投标罪

一、罪名概述

1. 罪名简介

串通投标罪,是指投标人相互串通投标报价,损害招标人或者其他投标人利益,或者投标人与招标人串通投标,损害国家、集体、公民的合法权益,情节严重的行为。

2. 立案标准

《最高人民检察院、公安部关于公安机关管辖的刑事案件立案追诉标准的规定(二)》第六十八条规定,"投标人相互串通投标报价,或者投标人与招标人串通投标,涉嫌下列情形之一的,应予立案追诉:(一)损害招标人、投标人或者国家、集体、公民的合法利益,造成直接经济损失数额在五十万元以上的;(二)违法所得数额在二十万元以上的;(三)中标项目金额在四百万元以上的;(四)采取威胁、欺骗或者贿赂等非法手段的;(五)虽未达到上述数额标准,但二年内因串通投标受过二次以上行政处罚,又串通投标的;(六)其他情节严重的情形"。

3. 量刑标准

《刑法》第二百二十三条规定,"投标人相互串通投标报价,损害招标人或者其他投标人利益,情节严重的,处三年以下有期徒刑或者拘役,并处或者单处罚金。投标人与招标人串通投标,损害国家、集体、公民的合法利益的,依照前款的规定处罚"。

需要说明的是,对于"串通"的理解,并非仅指投标人和招标之间的勾结行为,也包括在招标人不知情的情况下,投标人之间私下串联,或者招标人与多名投标人共同串联的情况,不管是哪种具体情形,只要违反公平竞争和诚实信用原则,让招投标工作失去原有的意义,就可能被认定为"串通投标"。

二、风险防控建议

1. 在参与招投标活动前,应当认真学习《招标投标法》《招标投标法实施条例》

《工程建设项目勘察设计招标投标办法》《工程建设项目招标代理机构资格认定办法》《政府采购法》等法律法规，深入了解相关招标投标的程序、标准，降低触犯本罪的风险。

2. 企业在招投标时，应当制定严格的程序和标准，自觉抵制其他主体试图以合作、协议等方式进行实质上的串标。

3. 企业应当建立投标内部审核制度，严格审查投标文件的合法性、真实性、客观性，拒绝所谓的“合作邀请”“陪标”“围标”，防止在利益的诱惑下进行串标活动。

4. 企业在招标投标活动中如需要委托第三方机构进行招标投标活动的，应当选择管理规范、信誉良好的招标代理机构合作。实务中，有的招标代理机构为获得佣金，往往会与招标人或投标人互相串通，搞虚假招投标，充当腐败中介的角色。因此，为规避本罪，当招标代理机构提出违反法律规定的建议时，应当果断拒绝。

三、典型案例

王某山、王某乐、刘某科串通投标案①

【基本案情】

2013 年 5 月，哈密晟×市场开发有限公司（以下简称晟×公司）总经理何某与河南省郑州市第×建筑工程集团有限公司哈密分公司（以下简称×建哈密分公司）负责人王某山商定由×建哈密分公司承建第十三师火箭农场前进建材机电市场工程建设项目。晟×公司委托新疆经×招标公司组织公开招标，办理委托招标具体事项由晟×公司总工程师刘某科负责。为让河南省郑州市第×建筑工程集团有限公司（以下简称郑州×建公司）中标，刘某科授意王某山，让其再找两家公司来陪标，其间，帮其制作预算、办理投标手续，并授意招标公司人员出具三份虚假的投标保证金收据。王某山通过有关人员联系到了刘某代表河南省凯×建筑有限公司、李某代表新×建设集团有限公司进行陪标，并表示具体投标文件的制作事宜和其儿子王某乐联系。在开标前一天，王某乐与陪标人刘某、李某等人共同在金彩广告打印部制作了三家公司投标文件，投标文件中涉及各公司相关资质的资料及印章由代表相关公司陪标人提供，郑州×建公司投标文件中相关资质资料及印章由郑州×建公司人员提供，投标文件中工程预算部分和保证金收据均由王某乐提供，三家投标文件制作好后各自带回用于参加第二日招投标活动。

2013 年 11 月 12 日，在十三师公共资源交易中心，在公证人员及其他监标人员的监督下，依法按程序进行了验标评标开标，郑州×建公司中标，中标金额 1.4 亿元。

① 审理法院：新疆生产建设兵团第十三师中级人民法院，案号：(2017)兵 12 刑终 1 号。

中标后王某山安排公司出纳张某，通过王某山个人银行账号以“招标”名义，分别支付给刘某等人各6000元陪标费。刘某科于2015年10月18日到第十三师公安局主动投案，并如实供述了犯罪事实。王某山、王某乐拒不供述犯罪事实。

【裁判结果】

1. 刘某科犯串通投标罪，判处有期徒刑1年，缓刑2年，并处罚金人民币2万元。

2. 王某山犯串通投标罪，判处有期徒刑1年3个月，并处罚金人民币2万元。

3. 王某乐犯串通投标罪，判处罚金人民币5000元。

【律师评析】

本案涉及的是招标人先定中标人再走程序的行为，是否构成串通投标罪的问题。

根据《最高人民检察院、公安部关于公安机关管辖的刑事案件立案追诉标准的规定(二)》(2010年)第七十六条的规定，投标人相互串通投标报价，或者投标人与招标人串通投标，中标项目金额在200万元以上的，应予立案追诉。

本案中，王某山、王某乐、刘某科为使郑州×建公司承建招标工程，联合河南省凯×建筑有限公司、新×建设集团有限公司串通投标报价，中标项目金额达1.4亿元，损害国家、集体、公民合法利益，情节严重，其行为均已构成串通投标罪。

实践中，一些依法必须招标的项目，招标人先选定中标人甚至先签订合同，再走招标投标程序的情形并不鲜见。不少招标人和投标人认为，这种为了应付检查和监管而走招标程序的行为很正常，被发现了也就是批评教育的问题，不至于构成违法犯罪。但本案中法院通过司法判决，明确了这种“先定中标人再走程序”的行为构成串通投标罪，希望这一判决能给招标投标各方敲响警钟，在招投标活动中真正做到依法合规。

第二节　强迫交易罪

一、罪名概述

1. 罪名简介

强迫交易罪，是指以暴力、威胁手段强买强卖商品，强迫他人提供服务或者强迫他人接受服务，情节严重的行为。

2. 立案标准

《最高人民检察院、公安部关于公安机关管辖的刑事案件立案追诉标准的规定(一)》第二十八条规定，“以暴力、威胁手段强买强卖商品、强迫他人提供服务或者强迫他人接受服务，涉嫌下列情形之一的，应予立案追诉：(一)造成被害人轻微伤或者其他严重后果的；（二）造成直接经济损失二千元以上的；（三）强迫交易三次以上或者强迫三人以上交易的；（四）强迫交易数额一万元以上，或者违法所得数额二千元以上的；（五）强迫他人购买伪劣商品数额五千元以上，或者违法所得数额一千元以上的；（六）其他情节严重的情形”。

3. 量刑标准

《刑法》第二百二十六条规定，“以暴力、威胁手段，实施下列行为之一，情节严重的，处三年以下有期徒刑或者拘役，并处或者单处罚金；情节特别严重的，处三年以上七年以下有期徒刑，并处罚金：（一）强买强卖商品的；（二）强迫他人提供或者接受服务的；（三）强迫他人参与或者退出投标、拍卖的；（四）强迫他人转让或者收购公司、企业的股份、债券或者其他资产的；（五）强迫他人参与或退出特定的经营活动的”。

关于“情节严重”或“情节特别严重”的认定，我国法律及相关司法解释没有明确规定，但可参照《陕西省高级人民法院关于适用刑法有关条款数额、情节标准的意见》第226条强迫交易罪中的规定，具体为：“情节严重：1. 造成被害人轻微伤或者其他严重后果的；2. 造成直接经济损失二千元以上的；3. 强迫交易三次以上或者强迫三人以上交易的；4. 强迫交易数额一万元以上，或者违法所得数额二千元以上的；5. 强迫他人购买伪劣商品数额五千元以上，或者违法所得数额一千元以上的；6. 其他情节严重的情形。情节特别严重：1. 造成直接经济损失一万元以上的；2. 强迫交易十次以上或者强迫十人以上交易的；3. 强迫交易数额五万元以上，或者违法所得数额一万元以上的；4. 强迫他人购买伪劣商品数额二万元以上，或者违法所得数额五千元以上的。”

二、风险防控建议

1. 企业应加强高级管理人员及其底层员工的法律法规学习，遵守法律、尊重市场秩序、合法经营，确保企业的每一位员工具有良好的法律素养。

2. 企业应当建立良好的员工管理制度，提高员工的职业素养，避免员工通过强买强卖等不法手段进行牟利活动，以防触犯本罪。

3. 在商业谈判过程中，企业不宜采取威胁手段达成交易目的，宜智取，并且将这种智取手段限定在法律尺度内，避免因手段强度逾越法律底线，给其他市场主体造成威胁、强迫的压力，从事触犯本罪。

三、典型案例

王某弟、杨某华强迫交易案[1]

【基本案情】

瑞安市五×肉类食品有限公司(以下简称五×公司)是瑞安市唯一一家A级资质的屠宰场,在该屠宰场内屠宰的生猪能销往温州及瑞安市各个乡镇,公司股东有王某弟、杨某华等人。其中王某弟为五×公司法定代表人、董事长、总经理,杨某华为五×公司副总经理,负责公司生产,包括生猪屠宰的进场、屠宰时间、屠宰地点的安排等。2009年开始,猪肉经营户对于屠宰的副产品猪下水(包括猪大肠、猪小肠、板油等猪内脏)委托五×公司进行招投标确定一名经营户对猪下水进行统一收购经营。2014年4月25日,王某弟未经招投标以每副猪下水48.5元的价格承包猪下水收购业务。因上述价格明显低于市场价,经营户们均不愿意将猪下水卖给王某弟。王某弟利用其职务便利,通过杨某华指使五×公司员工拒绝屠宰或以延迟屠宰时间、停热水等方式设置屠宰障碍,或使用暴力威胁,强制统一收购猪下水。猪肉经营户被迫将猪下水交由王某弟收购。截至2019年3月底,郑某等几十名经营户被强迫交易额达数千万元,其中被害人郑某、池某、林某1、吴某1、林某2、陈某1、伍某、王某1、吴某2、黄某1、吴某3、张某1、杨某1、陈某2、黄某2、欧某、陈某3、陈某4、蔡某1、黄某3、李某1、陈某5、王某2、朱某被强迫交易金额共计400万余元。

在法院审理过程中,王某弟的家属代其退出违法所得人民币781,161.35元。

【裁判结果】

1. 王某弟犯强迫交易罪,判处有期徒刑3年,并处罚金人民币100,000元,与原犯强迫交易罪被判处的有期徒刑4年,并处罚金人民币2,000,000元并罚,决定执行有期徒刑4年3个月,并处罚金人民币2,100,000元。

2. 杨某华犯强迫交易罪,判处有期徒刑1年6个月,并处罚金人民币20,000元,与原犯强迫交易罪被判处的有期徒刑2年6个月,并处罚金人民币50,000元并罚,决定执行有期徒刑2年8个月,并处罚金人民币70,000元。

3. 王某弟退出的违法所得人民币781,161.35元,发还给各被害人。

【律师评析】

本案涉及的是企业经营者以暴力、威胁手段逼迫其他猪肉经营户交出猪下水的行为,是否构成强迫交易罪的问题。

《最高人民检察院、公安部关于公安机关管辖的刑事案件立案追诉标准的规定

---

[1] 审理法院:浙江省瑞安市人民法院,案号:(2021)浙0381刑初176号。

(一)》第二十八条规定,“以暴力、威胁手段强买强卖商品、强迫他人提供服务或者强迫他人接受服务,涉嫌下列情形之一的,应予立案追诉:(一)造成被害人轻微伤或者其他严重后果的;(二)造成直接经济损失二千元以上的;(三)强迫交易三次以上或者强迫三人以上交易的;(四)强迫交易数额一万元以上,或者违法所得数额二千元以上的;(五)强迫他人购买伪劣商品数额五千元以上,或者违法所得数额一千元以上的;(六)其他情节严重的情形”。

本案中,五×公司法定代表人、董事长王某弟利用其职务便利,通过杨某华指使五×公司员工拒绝屠宰或延迟屠宰时间、停热水等方式设置屠宰障碍,或使用暴力威胁,强制统一收购其他猪肉经营户的猪下水,致使猪肉经营户被迫将猪下水交由王某弟收购,造成郑某等几十名经营户被强迫交易额达数千万元,王某弟和杨某华的行为已构成强迫交易罪。

实务中,有的不法企业为了“称霸一方”,以暴力、威胁手段强买强卖他人商品,强迫他人提供服务或者强迫他人接受服务,该行为极可能涉嫌强迫交易罪。对此,企业应当建立良好的员工管理制度,自觉遵守法律法规,提高员工的职业素养,避免员工通过强买强卖等不法手段进行牟利活动,以防触犯本罪。

第十二章
企业融资方面的刑事风险及防控

第一节　非法吸收公众存款罪

一、罪名概述

1. 罪名简介

非法吸收公众存款罪，是指违反国家金融管理法律法规非法吸收公众(包括单位或个人)存款或变相吸收公众存款，扰乱金融秩序的行为。

《最高人民法院关于修改〈最高人民法院关于审理非法集资刑事案件具体应用法律若干问题的解释〉的决定》自2022年3月1日施行后，《最高人民法院关于审理非法集资刑事案件具体应用法律若干问题的解释》第一条规定，"违反国家金融管理法律规定，向社会公众(包括单位和个人)吸收资金的行为，同时具备下列四个条件的，除刑法另有规定的以外，应当认定为刑法第一百七十六条规定的'非法吸收公众存款或者变相吸收公众存款'：(一)未经有关部门依法许可或者借用合法经营的形式吸收资金；(二)通过网络、媒体、推介会、传单、手机信息等途径向社会公开宣传；(三)承诺在一定期限内以货币、实物、股权等方式还本付息或者给付回报；(四)向社会公众即社会不特定对象吸收资金。未向社会公开宣传，在亲友或者单位内部针对特定对象吸收资金的，不属于非法吸收或者变相吸收公众存款"。

2. 立案标准

《最高人民检察院、公安部关于公安机关管辖的刑事案件立案追诉标准的规定(二)》第二十三条规定，"非法吸收公众存款或者变相吸收公众存款，扰乱金融秩序，涉嫌下列情形之一的，应予立案追诉：(一)非法吸收或者变相吸收公众存款数额在一百万元以上的；(二)非法吸收或者变相吸收公众存款对象一百五十人以上的；(三)非法吸收或者变相吸收公众存款，给集资参与人造成直接经济损失数额在五十万元以上的；非法吸收或者变相吸收公众存款数额在五十万元以上或者给集资参与人造成直接经济损失数额在二十五万元以上，同时涉嫌下列情形之一的，应予立案追诉:(一)因非法集资受过刑事追究的;(二)二年内因非法集资受过行政处罚的;(三)造成恶劣社会影响或者其他严重后果的”。

3. 量刑标准

《刑法》第一百七十六条规定,“非法吸收公众存款或者变相吸收公众存款,扰乱金融秩序的,处三年以下有期徒刑或者拘役,并处或者单处罚金;数额巨大或者有其他严重情节的,处三年以上十年以下有期徒刑,并处罚金;数额特别巨大或者有其他特别严重情节的,处十年以上有期徒刑,并处罚金。单位犯前款罪的,对单位判处罚金,并对其直接负责的主管人员和其他直接责任人员,依照前款的规定处罚。有前两款行为,在提起公诉前积极退赃退赔,减少损害结果发生的,可以从轻或者减轻处罚”。

《最高人民法院关于审理非法集资刑事案件具体应用法律若干问题的解释》第四条规定,“非法吸收或者变相吸收公众存款,具有下列情形之一的,应当认定为刑法第一百七十六条规定的‘数额巨大或者有其他严重情节’:(一)非法吸收或者变相吸收公众存款数额在500万元以上的;(二)非法吸收或者变相吸收公众存款对象500人以上的;(三)非法吸收或者变相吸收公众存款,给存款人造成直接经济损失数额在250万元以上的。非法吸收或者变相吸收公众存款数额在250万元以上或者给存款人造成直接经济损失数额在150万元以上,同时具有本解释第三条第二款第三项情节的,应当认定为‘其他严重情节’”。

该解释第五条规定,“非法吸收或者变相吸收公众存款,具有下列情形之一的,应当认定为刑法第一百七十六条规定的‘数额特别巨大或者有其他特别严重情节’:(一)非法吸收或者变相吸收公众存款数额在5000万元以上的;(二)非法吸收或者变相吸收公众存款对象5000人以上的;(三)非法吸收或者变相吸收公众存款,给存款人造成直接经济损失数额在2500万元以上的。非法吸收或者变相吸收公众存款数额在2500万元以上或者给存款人造成直接经济损失数额在1500万元以上,同时具有本解释第三条第二款第三项情节的,应当认定为‘其他特别严重情节’”。

该解释第六条规定,“非法吸收或者变相吸收公众存款的数额,以行为人所吸收的资金全额计算。在提起公诉前积极退赃退赔,减少损害结果发生的,可以从轻或者减轻处罚;在提起公诉后退赃退赔的,可以作为量刑情节酌情考虑。非法吸收或者变相吸收公众存款,主要用于正常的生产经营活动,能够在提起公诉前清退所吸收资金,可以免予刑事处罚;情节显著轻微危害不大的,不作为犯罪处理。对依法不需要追究刑事责任或者免予刑事处罚的,应当依法将案件移送有关行政机关”。

该解释第九条第一款规定,“犯非法吸收公众存款罪,判处三年以下有期徒刑或者拘役,并处或者单处罚金的,处五万元以上一百万元以下罚金;判处三年以上十年以下有期徒刑的,并处十万元以上五百万元以下罚金;判处十年以上有期徒刑的,并处五十万元以上罚金”。

二、风险防控建议

1. 企业在向亲友、员工借款时要在借款协议或者收条上写明资金的真实用途。企业若能做到严格按约定使用借款,即使未来出现无法偿还的情况,也属于正常的民事纠纷,通常不会被追究刑事责任。另外,企业对员工进行募资时,应对员工身份进行明确的审核和确认,制定相应的审核流程,留存相应的证明文件,防止出现不应有的指控和举报。

2. 企业在做新的投资决策前,不仅要客观评估企业的现金流与融资能力,还要一定程度对未来一定时期内我国的金融政策走势进行预判。否则,一旦银行突然收紧银根,新项目无法通过银行渠道获得贷款时,企业经营者就会被迫通过"高利率"向身边的亲友、员工、邻里、同乡等熟人进行集资。随着资金需求不断增加,当熟人借款不够用时,企业经营者就会被迫去借高利贷。当钱还不够用且没有抵押物借高利贷时,企业经营者会被迫逐渐从向相对固定的熟人转为向不特定对象集资。当企业经营者向不特定对象集资时,只要集资金额或集资户数达到一定数量,就构成本罪,无论犯罪主体是否怀有"恶意"。

3. 企业在急需资金时,应尽可能通过正规渠道融资如银行贷款,或依据《公司法》《证券法》等以增资扩股的方式筹集资金;迫不得已走向民间借贷的,也应该首先向亲朋好友、企业内部寻求帮助,或按照相应法律规定进行集资。如果企业已向社会不特定公众集资筹款,则务必将借款用于公司经营并及时偿还。根据我国法律规定,非法吸收或变相吸收公众存款,主要用于正常的生产经营活动,能够及时清退所吸收资金的,可以免予刑事处罚;情节显著轻微的,不作为犯罪处理。因此,如果企业将集资款项用于企业的生产经营活动,在参与集资的人员要求退还款项时,企业也应当千方百计筹措资金及时清退,尽量避免触犯本罪追究刑事责任。

4. 企业已向公众吸收存款且暂时无力偿还,此时应当尽力偿还部分借款,绝对不能携款潜逃,否则会被司法机关认定为"非法占有目的",届时会由较轻的非法吸收公众存款罪转化为集资诈骗罪,刑事处罚会加重。

三、典型案例

毛某东等非法吸收公众存款案①

【基本案情】

江山市安×房地产有限公司(以下简称安×公司)成立于2001年,法定代表人为

① 参见北大法宝——登录"北大法宝"引证码查询系统(www.pkulaw.com/fbm),输入法宝引证码:CLI.C.11166697查询。

毛某清,2009 年变更为毛某东,毛某东占 95.1% 股份,汪某珠占 4.9% 股份。安×公司经营范围主要为房地产开发销售。

2010 年 7 月,安×公司以人民币 1.6 亿元拍得原江×啤酒厂地块项目开发权,其中 1.3 亿元为银行贷款以及向社会不特定对象借款。为运作项目筹集资金以及支付前期借款本息,毛某东、毛某清、汪某珠以安×公司发展需要资金为由,以个人名义、安×公司担保或三人互相担保等方式出具借条,许以月利率 2~5 分的利息,向社会不特定对象借款,所借款项均先存入三人各自银行账户。运作项目需要资金时,从毛某东的银行账户转至安×公司银行账户,若其账户资金不足,则由毛某清、汪某珠账户转账给毛某东。

毛某东、毛某清、汪某珠共向吴某某、王某某等 148 名社会不特定对象非法吸收存款达人民币 27,856.3 万元,支付利息人民币 3984.27 万元,归还本金人民币 4130.9 万元,截至案发,尚有本金人民币 23,725.4 万元无法归还(经公司破产清算后,1178.936 万元无法归还)。

毛某东等人将借得的资金部分用于购买土地、工程建设、公司运营以及日常开支,部分用于归还前期借款本息,还有部分借贷给余某、邵某、周某等人。

【裁判结果】

1. 毛某东犯非法吸收公众存款罪,判处有期徒刑 3 年,缓刑 5 年,并处罚金人民币 5 万元。

2. 毛某清犯非法吸收公众存款罪,判处有期徒刑 3 年,缓刑 5 年,并处罚金人民币 5 万元;

3. 汪某珠犯非法吸收公众存款罪,判处有期徒刑 3 年,缓刑 4 年,并处罚金人民币 3 万元。

【律师评析】

本案涉及的是企业以高额利息向社会不特定的人借款的行为,是否构成非法吸收公众存款罪的问题。

《最高人民检察院、公安部关于公安机关管辖的刑事案件立案追诉标准的规定(二)》(2010 年)第二十八条规定,非法吸收公众存款或者变相吸收公众存款,扰乱金融秩序,非法吸收或者变相吸收公众存款数额在 100 万元以上的,应予立案追诉。

本案中,毛某东、毛某清、汪某珠为筹集项目资金以及支付前期借款本息,以安×公司发展需要资金为由,通过个人名义、安×公司担保或三人互相担保等方式出具借条,许以月利率 2~5 分的利息,向吴某某、王某某等 148 名社会不特定对象非法吸收存款达人民币 27,856.3 万元,支付利息人民币 3984.27 万元,归还本金人民币 4130.9 万元,严重扰乱金融秩序,构成非法吸收公众存款罪。

实务中,企业在急需资金时,应当通过正规渠道融资,迫不得已走向民间借贷的,也应向亲朋好友、企业内部寻求帮助，或按照相应法律规定进行融资，以免触犯本罪。

第二节　集资诈骗罪

一、罪名概述

1. 罪名简介

集资诈骗罪，是指以非法占有为目的，违反有关金融法律、法规的规定，使用诈骗方法进行非法集资，扰乱国家正常金融秩序，侵犯公私财产所有权，且数额较大的行为。

2. 立案标准

《最高人民检察院、公安部关于公安机关管辖的刑事案件立案追诉标准的规定（二）》第四十四条规定，“以非法占有为目的，使用诈骗方法非法集资，数额在十万元以上的，应予立案追诉”。

3. 量刑标准

《刑法》第一百九十二条规定，“以非法占有为目的，使用诈骗方法非法集资，数额较大的，处三年以上七年以下有期徒刑，并处罚金；数额巨大或者有其他严重情节的，处七年以上有期徒刑或者无期徒刑，并处罚金或者没收财产。单位犯前款罪的，对单位判处罚金，并对其直接负责的主管人员和其他直接责任人员，依照前款的规定处罚”。

《最高人民法院关于修改〈最高人民法院关于审理非法集资刑事案件具体应用法律若干问题的解释〉的决定》自 2022 年 3 月 1 日施行后，《最高人民法院关于审理非法集资刑事案件具体应用法律若干问题的解释》第八条规定，“集资诈骗数额在 10 万元以上的，应当认定为‘数额较大’；数额在 100 万元以上的，应当认定为‘数额巨大’；集资诈骗数额在 50 万元以上，同时具有本解释第三条第二款第三项情节的，应当认定为刑法第一百九十二条规定的‘其他严重情节’；集资诈骗的数额以行为人实际骗取的数额计算，在案发前已归还的数额应予扣除。行为人为实施集资诈骗活动而支付的广告费、中介费、手续费、回扣，或者用于行贿、赠与等费用，不予扣除。行为人为实施集资诈骗活动而支付的利息，除本金未归还可予折抵本金以外，应当计入诈骗数额”。

《最高人民法院关于审理非法集资刑事案件具体应用法律若干问题的解释》第九条第二款规定，“犯集资诈骗罪，判处三年以上七年以下有期徒刑的，并处十万元以上五百万元以下罚金；判处七年以上有期徒刑或者无期徒刑的，并处五十万元以上罚金或者没收财产”。

二、风险防控建议

1. 企业应树立合法经营理念，在遇到资金“瓶颈期”时，应当严格按照法律规定的程序融资和筹集资金，避免触犯本罪。

2. 本罪要求行为人主观上具有非法占有目的，如集资后不用于生产经营活动、肆意挥霍集资款、携带集资款逃匿、转移财产逃避返还资金等均可推定行为人主观上具有非法占有目的。据此，企业应规范记账，使融资款项用途清晰可查，避免因集资款用途款不清而被推定为主观上具有“非法占有为目的”。另外，企业因客户原因无法按期归还借款的，要积极与出借人协商解决，绝对不能携款潜逃，否则有可能使普通的民间借贷纠纷升级为刑事犯罪。

3. 不要用虚假理由或许诺过高的利息对外集资，否则会为后续的追责埋下隐患。一旦发生经营不善或市场行情变动导致集资款无法返还，企业之前的许诺行为可能会被认定为“使用诈骗方法骗取集资款的证据”，并被以本罪追究刑事责任。

4. 企业在筹集资金时，应与出借人签订书面的借贷合同，明确约定借款用途及偿还期限。另外，融资时要量力而行，严格把握好自身的偿还能力。

三、典型案例

陈某、江某集资诈骗案①

【基本案情】

泛×公司于2007年7月注册成立，刘某某担任法定代表人兼总经理。陈某、涉案人谭某（公司实际控制人之一，另案处理）于2010年年初与刘某某签订协议挂靠泛×公司开展寿险代理销售业务，并同意支付刘某某营业收入的2%作为管理费用。此后陈某、谭某以泛×公司江苏路营业部名义对外开展业务，陈某任负责人并负责财务，谭某任市场总监并负责业务、人事管理，其他方面的决定权由陈某和谭某共同商定。2010年年初，陈某与谭某合谋后，将保险公司20年期的寿险产品拆分成1~3年的短期理财产品对外销售，骗取投资人资金，并将骗得的资金对相关保险公司谎称为泛×公司代理销售的20年期寿险产品的保费，通过保险公司返还手续费的方式套现，即“长险短做”业务，因此，泛×公司迅速发展。2011年泛×公司的法定代表人变更为陈某。2012年6月30日刘某某与陈某签订了《股权转让协议》。泛×公司江苏路营业部以及收购之后的泛×公司实际由陈某及谭某控制。

陈某还伙同江某于2012年以收购的方式先后实际控制了永×公司和中×盛邦

---

① 审理法院：上海市高级人民法院，案号：（2015）沪高刑终字第30号。

公司。2010年2月至2013年7月，陈某、江某先后以泛×公司、永×公司和中×盛邦公司名义与昆×健康保险股份有限公司上海分公司和浙江分公司、幸×人寿保险股份有限公司上海分公司和浙江分公司、阳×人寿保险股份有限公司上海分公司和浙江分公司、光×永明保险有限公司上海分公司、海×人寿保险有限公司、泰×人寿保险股份有限公司上海分公司签订了销售保险产品的《保险代理协议》，并在上海、浙江招聘了400余名保险代理人组成销售团队，由代理人或通过银行员工在江、浙、沪等地向4433人推销上述虚假的保险理财产品共计1,334,534,762.74元，并利用上述手续费返还的方式套取资金1,053,274,456.33元；截至案发，共造成3000余名被害人实际损失8亿余元。2013年7月28日，陈某、江某将4999.8万港元转至我国香港特区后，携带83万余欧元等巨额现金和首饰、奢侈品等财物潜逃境外。2013年8月19日，陈某、江某在斐济群岛共和国被抓获。

【裁判结果】

1. 陈某犯集资诈骗罪，判处无期徒刑，剥夺政治权利终身，并处没收个人全部财产。

2. 江某犯集资诈骗罪，判处有期徒刑15年，剥夺政治权利5年，并处没收个人全部财产。

3. 继续追缴违法所得人民币884,636,320元，不足部分责令退赔。扣押、查封在案的赃款、赃物等依法处置后予以发还，相关数额折抵上述违法所得。

【律师评析】

本案涉及的是行为人以非法占有为目的，使用诈骗方法进行非法集资的行为，是否构成集资诈骗罪的问题。

根据《最高人民检察院、公安部关于公安机关管辖的刑事案件立案追诉标准的规定(二)》(2010年)第四十九条的规定，以非法占有为目的，使用诈骗方法非法集资，数额在10万元以上的，应予立案追诉。根据《最高人民法院关于审理非法集资刑事案件具体应用法律若干问题的解释》(2010年)第五条的规定，集资诈骗数额在10万元以上的，应当认定为“数额较大”；数额在100万元以上的，应当认定为“数额特别巨大”。

本案中，陈某、江某以非法占有为目的，使用诈骗方式向江、浙、沪等地4433人推销虚假的保险理财产品共计1,334,534,762.74元，并将骗得的资金对相关保险公司谎称为泛×公司等公司代理销售的寿险产品的保费，通过相关保险公司返还手续费的方式套现资金高达1,053,274,456.33元，数额巨大，构成集资诈骗罪。

实务中，较多不法分子为了非法牟利，以空壳公司的名义，使用诈骗方式诱使他人购买投资理财等产品，以此套取巨额资金，该行为极有可能涉嫌集资诈骗罪。对此，当企业遇到资金“瓶颈期”时，应当通过正规渠道进行融资，任何情况下都不得使用类似本案等诈骗方法进行集资，否则将触犯本罪。

第三节 贷款诈骗罪

一、罪名概述

1. 罪名简介

贷款诈骗罪，是指行为人以非法占有为目的，编造引进资金、项目等虚假理由，使用虚假的经济合同、证明文件、产权证明等作担保，超出抵押物价值重复担保或者以其他方法诈骗银行或者其他金融机构的贷款，数额较大的行为。

2. 立案标准

《最高人民检察院、公安部关于公安机关管辖的刑事案件立案追诉标准的规定(二)》第四十五条规定，"以非法占有为目的，诈骗银行或者其他金融机构的贷款，数额在五万元以上的，应予立案追诉"。

3. 量刑标准

《刑法》第一百九十三条规定，"以非法占有为目的，诈骗银行或者其他金融机构的贷款，数额较大的，处五年以下有期徒刑或者拘役，并处二万元以上二十万元以下罚金；数额巨大或者有其他严重情节的，处五年以上十年以下有期徒刑，并处五万元以上五十万元以下罚金；数额特别巨大或者有其他特别严重情节的，处十年以上有期徒刑或者无期徒刑，并处五万元以上五十万元以下罚金或者没收财产"。

由于相关司法解释没有对何为贷款诈骗罪中的"数额巨大或者有其他严重情节""数额特别巨大或者有其他特别严重情节"作出明确规定，有些地区的司法机关习惯参考《最高人民法院、最高人民检察院关于办理诈骗刑事案件具体应用法律若干问题的解释》第一条的规定中的标准，即"诈骗公私财物价值三千元至一万元以上、三万元至十万元以上、五十万元以上的，应当分别认定为刑法第二百六十六条规定的'数额较大'、'数额巨大'、'数额特别巨大'"。虽然贷款诈骗罪与普通诈骗罪是特殊与一般的关系，在没有特别规定的情况下，可以适用一般规定，但按照上述司法解释的规定，诈骗"数额巨大"与贷款诈骗罪的立案追诉标准(2万元以上)的标准过于接近，存在明显冲突。因此，从案件性质上考虑，贷款诈骗罪与集资诈骗罪、票据诈骗罪均属金融诈骗，在量刑标准上参考其他金融诈骗犯罪更为合理。

对于贷款诈骗罪中何谓具有"其他严重情节"或"其他特别严重情节"，我国法律同样没有明确规定，也需要进一步明确。参照司法解释关于诈骗罪的相关规定，贷款诈骗导致出现下列情形的，可以认定为具有"其他严重情节"：(1)导致被骗银行或其他金融机构严重亏损；(2)诈骗所得用于违法犯罪活动；(3)以赈灾募捐名义实施诈骗。贷款诈骗导致出现下列情形的,可以认为具有“其他特别严重情节”:(1)导致银行或其他金融机构破产或者濒临破产;(2)诈骗数额巨大并且用于违法犯罪活动。

二、风险防控建议

1. 建立合法的贷款机制,规范贷款用途,加强贷款程序的监督。

2. 在办理贷款过程中,企业应向金融机构提供真实、合法的文件、材料,确保文件、证明材料及相关合同的真实性、合法性,避免这些文件、材料成为触犯本罪的直接证据。

3. 本罪被立案追责的一个主要原因是企业贷款到期后无力偿还。因此,企业要密切监测贷款款项的使用情况,保证自身有充足的现金流与还款能力。

4. 企业不得以自己名义为其他企业向银行申请贷款。实务中,有的企业因不符合银行贷款条件,就借用其他企业名义向银行申请贷款。这种操作方法,表面上看没有问题,实则会给两家企业带来巨大的刑事法律风险。对于申请贷款企业来说,明知他人不具备贷款条件,却同意以本公司名义为其贷款,实际上是为对方的欺骗行为提供帮助;对于实际用款公司来说,假借他人名义贷款是一种欺骗行为。如果实际用款公司能按时还款,这样就会平安无事,但一旦不能按时还款,两者都可能以贷款诈骗罪或骗取贷款罪被刑事追责。

5. 企业无法按照合同约定归还借款时,应积极与银行或其他金融机构充分协商解决,或通过法律途径处理违约问题,避免触犯本罪。

三、典型案例

郑某忠、朱某宝贷款诈骗案[①]

【基本案情】

郑某忠于2015年1月30日以分期付款方式购买了位于兰州市红古区海石湾镇天健凤凰城3栋二层204号、205号两处商铺,其中204号商铺建筑面积为323.67平方米,205号商铺建筑面积为210.21平方米,两处商铺成交价为每平方米4500元,两处商铺共支付预付款401,560元,欠2,000,900元。2015年2月5日,郑某忠以扩大其经营的家具店经营规模为由,伪造所购商铺的单价(每平方米8600元)及付清所购商铺价款收据,以该两处商铺作为抵押,又伙同朱某宝签订虚假的《红木家具供销协议书》作为贷款用途证明,向兰州农商银行红古支行申请贷款300万元,该行批准贷款260万元。2015年2月6日,该行向郑某忠名下账户放贷130万元,经郑某忠委

① 审理法院:兰州市红古区人民法院,案号:(2017)甘0111刑初216号。

托,向朱某宝名下账户转移支付130万元。朱某宝收到130万元后,将其中的106.8万元转账给袁某,用于偿还二人分别所借袁某借款及利息,将剩余19.48万元转账退还给了郑某忠,余款17,206.98元被朱某宝使用。郑某忠将银行转入其账户内的130万元及由朱某宝转给他的19.48万元用于偿还个人借款、支付贷款利息、生意周转等用途,并未用于做红木家具生意。

另查明:2016年7月20日兰州仲裁委员会以兰仲裁字(2016)第25号仲裁裁决书解除了郑某忠与甘肃富×房地产开发有限公司所签订的两处商铺的买卖合同。案发后,郑某忠未偿还贷款。

【裁判结果】

1. 郑某忠犯贷款诈骗罪,判处有期徒刑10年2个月,并处罚金20万元。
2. 朱某宝犯贷款诈骗罪,判处有期徒刑6年,并处罚金5万元。
3. 违法所得260万元,依法予以追缴。

【律师评析】

本案涉及的是行为人以非法占有为目的,使用虚假的产权证明作担保及签订虚假的供销协议诈骗银行贷款的行为,是否构成贷款诈骗罪的问题。

《最高人民检察院、公安部关于公安机关管辖的刑事案件立案追诉标准的规定(二)》(2010年)第四十五条规定,以非法占有为目的,诈骗银行或者其他金融机构的贷款,数额在2万元以上的,应予立案追诉。

根据《最高人民法院关于印发〈全国法院审理金融犯罪案件工作座谈会纪要〉的通知》的规定,司法实践中,金融诈骗罪认定是否具有非法占有为目的,应当坚持主客观相一致的原则,既要避免单纯根据损失结果客观归罪,也不能仅凭自己的供述;而应当根据案件具体情况具体分析、判断。对于行为人通过诈骗的方法非法获取资金,造成数额较大资金不能归还,并具有下列情形之一的,可以认定为具有非法占有的目的:明知没有归还能力而大量骗取资金的;非法获取资金后逃跑的;肆意挥霍骗取资金的;使用骗取的资金进行违法犯罪活动的;抽逃、转移资金、隐匿财产,以逃避返还资金的;隐匿、销毁账目,或者搞假破产、假倒闭,以逃避返还资金的;其他非法占有资金、拒不返还的行为。

本案中,郑某忠、朱某宝明知没有归还能力而大量骗取贷款资金,可认定为具有非法占有的目的。郑某忠通过按揭所购204号、205号两处商铺成交价为每平方米4500元,但其伪造所购商铺的单价(每平方米8600元)及付清所购商铺价款收据,以该两处商铺作为抵押,又伙同朱某宝签订虚假的供销协议作为贷款用途证明,实际诈骗银行贷款130万元用于偿还个人欠款,数额特别巨大,其行为符合贷款诈骗罪的构成要件,已构成贷款诈骗罪。

实务中,企业向银行贷款时,务必要提供真实材料,任何情况下都不得使用虚假或擅自篡改的经济合同、证明文件、产权证明等作担保，否则将可能触犯本罪。

第四节　骗取贷款罪

一、罪名概述

1. 罪名简介

骗取贷款罪，是指以欺骗手段取得银行或者其他金融机构贷款，给银行或者其他金融机构造成重大损失或者有其他严重情节的行为。

2. 立案标准

《最高人民检察院、公安部关于公安机关管辖的刑事案件立案追诉标准的规定(二)》第二十二条规定，"以欺骗手段取得银行或者其他金融机构贷款、票据承兑、信用证、保函等，给银行或者其他金融机构造成直接经济损失数额在五十万元以上的，应予立案追诉"。

3. 量刑标准

《刑法》第一百七十五条之一规定，"以欺骗手段取得银行或者其他金融机构贷款、票据承兑、信用证、保函等，给银行或者其他金融机构造成重大损失的，处三年以下有期徒刑或者拘役，并处或者单处罚金；给银行或者其他金融机构造成特别重大损失或者有其他特别严重情节的，处三年以上七年以下有期徒刑，并处罚金。单位犯前款罪的，对单位判处罚金，并对其直接负责的主管人员和其他直接责任人员，依照前款的规定处罚"。

关于"重大损失"或"特别重大损失"的认定，我国法律及相关司法解释没有明确规定，但可参照《陕西省高级人民法院关于适用刑法有关条款数额、情节标准的意见》第175条之一骗取贷款、票据承兑、金融票证罪中的规定，具体为："重大损失：1. 以欺骗手段取得贷款、票据承兑、信用证、保函等，数额在一百万元以上的；2. 以欺骗手段取得贷款、票据承兑、信用证、保函等，给银行或者其他金融机构造成直接经济损失数额在二十万元以上的；3. 虽未达到上述数额标准，但多次以欺骗手段取得贷款、票据承兑、信用证、保函等的；4. 其他给银行或者其他金融机构造成重大损失或者有其他严重情节的情形。特别重大损失：1. 以欺骗手段取得贷款、票据承兑、信用证、保函等，数额在五百万元以上的；2. 以欺骗手段取得贷款、票据承兑、信用证、保函等，给银行或者其他金融机构造成直接经济损失数额在五十万元以上的"。

二、风险防控建议

1. 企业应制定相关的贷款管理制度，明确申请贷款的条件、数额等方式方法，加强内部审核,尤其是对相关证明文件的审核,一旦不符合审核要求,应不予以通过,从而降低骗取贷款、票据承兑、信用证、保函的风险。

2. 企业应规范经办人员的行为,建立贷款刑事风险警告机制,避免经办人员与银行或者其他金融机构工作人员串通勾结,侵犯国家财产,从而给企业带来刑事风险。

3. 企业应遵循诚实守信的经营理念,确保不向银行或者其他金融机构提供虚假文件,不提供虚假承诺,确保申请材料真实合法。

三、典型案例

江苏××装饰材料有限公司骗取贷款案①

【基本案情】

2013年6月,江苏××装饰材料有限公司法定代表人王某,在质物铝板、不锈钢管实际库存数量分别为397.919吨、130吨(价值低于银行要求的贷款申请时的质物最低价值)的情况下,虚报铝板数量至580吨,虚构贷款用途,并提供虚假的增值税专用发票、财务报表等申请材料,骗取中国工商银行股份有限公司兴化支行人民币500万元的商品融资贷款。后江苏××装饰材料有限公司以处置质物的方式归还中国工商银行股份有限公司兴化支行贷款人民币54.6万元,中国工商银行股份有限公司兴化支行在该贷款剩余本息人民币454万余元逾期一直未偿还的情况下,将该债权及质物质权以人民币360余万元转让给中国华融资产管理股份有限公司江苏省分公司,造成银行重大损失。后中国华融资产管理股份有限公司江苏省分公司又将该债权及质物质权转让给江苏晟辉园林工程有限公司,中国工商银行股份有限公司兴化支行并于2015年6月将江苏××装饰材料有限公司以处置质物的方式归还的人民币85万元支付给江苏晟辉园林工程有限公司。案发后,王某如实供述自己骗取贷款的罪行。

【裁判结果】

1. 江苏××装饰材料有限公司犯骗取贷款罪,判处罚金人民币20万元。

2. 王某犯骗取贷款罪,判处有期徒刑1年,并处罚金人民币3万元。

【律师评析】

本案涉及的是企业以欺骗手段取得银行贷款的行为,是否构成贷款诈骗罪的问题。

《最高人民检察院、公安部关于公安机关管辖的刑事案件立案追诉标准的规定(二)》(2010年)第二十七条规定,以欺骗手段取得银行或者其他金融机构贷款、票据

---

① 审理法院:兴化市人民法院,案号:(2015)泰兴刑初字第493号。

承兑、信用证、保函等，给银行或者其他金融机构造成直接经济损失数额在20万元以上的，应予立案追诉。

本案中，江苏××装饰材料有限公司在质物铝板、不锈钢管实际库存数量分别为397.919吨、130吨，实际价值低于银行要求的贷款申请时的质物最低价值的情况下，虚报铝板数量至580吨，虚构贷款用途，并提供虚假的增值税专用发票、财务报表等申请材料，骗取中国工商银行股份有限公司兴化支行人民币500万元的商品融资贷款，给银行造成重大损失，其行为已构成骗取贷款罪；王某作为单位直接负责的主管人员，其行为亦构成骗取贷款罪。

实务中，较多企业为获得更多贷款，往往在申请贷款时提供各种各样的虚假材料，该行为极可能涉嫌骗取贷款罪。对此，企业应遵循诚实守信的经营理念，确保不向银行或者其他金融机构提供虚假文件，不提供虚假承诺，确保申请材料真实合法。

第五节　高利转贷罪

一、罪名概述

1. 罪名简介

高利转贷罪，是指以转贷牟利为目的，套取金融机构信贷资金再高利转贷给他人，违法所得数额较大的行为。

2. 立案标准

《最高人民检察院、公安部关于公安机关管辖的刑事案件立案追诉标准的规定（二）》第二十一条规定，“以转贷牟利为目的，套取金融机构信贷资金高利转贷他人，违法所得数额在五十万元以上的，应予立案追诉”。

3. 量刑标准

《刑法》第一百七十五条规定，以转贷牟利为目的，套取金融机构信贷资金高利转贷他人，违法所得数额较大的，处3年以下有期徒刑或者拘役，并处违法所得1倍以上5倍以下罚金；数额巨大的，处3年以上7年以下有期徒刑，并处违法所得1倍以上5倍以下罚金。

单位犯前款罪的，对单位判处罚金，并对其直接负责的主管人员和其他直接责任人员，处3年以下有期徒刑或者拘役。

关于“数额较大”或“数额巨大”的认定，我国法律及司法解释没有明确规定，但可参照《陕西省高级人民法院关于适用刑法有关条款数额、情节标准的意见》的第175条高利转贷罪中的规定，具体为：“违法所得数额较大：1. 个人高利转贷，违法所得数额在十万元以上的，单位高利转贷，违法所得数额在二十万元以上的；2. 虽未达到上述数额标准，但两年内因高利转贷受过行政处罚二次以上，又高利转贷的。违法所得数额巨大：个人高利转贷，违法所得数额在一百万元以上，单位高利转贷，违法所得数额在二百万元以上的。”

二、风险防控建议

1. 企业经营者应认真学习与贷款有关的法律法规，依法申请贷款并按约定的贷款用途使用贷款资金。对于从银行贷出的款项，企业不能为收取高于银行贷款的利息而将这笔贷款转贷给他人，否则将触犯本罪。

2. 企业应严格按照贷款流程进行贷款，明确贷款的用途等内容，不作虚假陈述或虚假承诺；如果是为了高利转贷目的而申请贷款，则在申请贷款时就应当及时终止贷款申请，切勿触及法律“红线”。

三、典型案例

余某鹏高利转贷案[①]

【基本案情】

2013 年 1 月，沅江市×某天大酒店老板雷某其因资金短缺，经人介绍认识了湖南×帆进出口有限公司法定代表人余某鹏。2013 年 1 月 9 日，余某鹏以湖南×帆进出口有限公司的名义与雷某其、钟某娥夫妇签订协议书，约定雷某其以其名下的沅江市×某天大酒店的 8 套房产提供抵押担保，余某鹏负责找银行贷款融资 7000 万元，7000 万元贷款下来后的 5000 万元归雷某其使用，其中 3000 万元按银行标准利息月息 0.7% 支付利息，2000 万元按月息 2.2% 支付利息。另外，余某鹏借 1000 万元给罗某栋使用，这 1000 万元通过雷某其账户转借给罗某栋，按月息 3% 收取利息。2013 年 3 月，余某鹏以湖南×帆进出口有限公司的名义在华融湘江银行湘潭雨湖支行贷款 7000 万元（其中流动资金贷款 4000 万元，银行承兑汇票 3000 万元），按之前的协议一次性扣除 3000 万元 6 个月利息 110 万元，扣除 2000 万元 2 个月利息 88 万元，扣除 1000 万元 6 个月利息 180 万元，连带扣除在贷款之前余某鹏主动借给雷某其的 1500 万元本金及利息 40 万元之后，将剩余的 4082 万元通过湖南×帆进出口有限公司的账户转到雷某其名下的账户。2013 年 5 月 6 日，雷某其又通过其妻子钟某娥工商银行账号将 2000 万元第三个月的利息 44 万元转入余某鹏指定的账号。在 7000 万元贷款期限之内，余某鹏将借给雷某其的 2000 万元按月息 2.2% 收取 3 个月利息共

---

① 审理法院：沅江市人民法院，案号：(2019) 湘 0981 刑初 127 号。

132 万元，按月息 0.7% 还给银行利息共 42 万元；将通过雷某其转借给罗某栋的 1000 万元按月息 3% 一次性收取 6 个月利息共 180 万元，按月息 0.7% 还给银行利息共 42 万元，合计收取高额利息共计 312 万元。除去正当银行利息 84 万元，余某鹏通过高利转贷获得的违法所得共计 228 万元。

余某鹏于 2018 年 11 月 27 日被公安机关抓获归案。余某鹏被公安机关抓获后，如实供述了高利转贷的犯罪事实。

【裁判结果】

余某鹏犯高利转贷罪，判处有期徒刑 1 年。

【律师评析】

本案涉及的是企业经营者以转贷牟利为目的套取金融机构信贷资金再高利转贷给他人的行为，是否构成高利转贷罪的问题。

《最高人民检察院、公安部关于公安机关管辖的刑事案件立案追诉标准的规定（二）》（2010 年）第二十六条规定，以转贷牟利为目的，套取金融机构信贷资金高利转贷他人，违法所得数额在 10 万元以上的，应予立案追诉。

本案中，湖南×帆进出口有限公司法定代表人余某鹏以牟利为目的，套取金融机构信贷资金 7000 万元后又高利转贷他人，违法所得共计 228 万元，已构成高利转贷罪。

实务中，遇到他人以高息为诱饵请求企业经营者套取金融机构信贷资金的，务必要拒绝，否则极可能触犯本罪。

第十三章
资本市场方面的刑事风险及防控

第一节　擅自发行股票、公司、企业债券罪

一、罪名概述

1. 罪名简介

擅自发行股票、公司、企业债券罪，是指未经国家有关主管部门批准，擅自发行股票，公司、企业债券，数额巨大，后果严重或者有其他严重情节的行为。

2. 立案标准

《最高人民检察院、公安部关于公安机关管辖的刑事案件立案追诉标准的规定（二）》第二十九条规定，“未经国家有关主管部门批准或者注册，擅自发行股票或者公司、企业债券，涉嫌下列情形之一的，应予立案追诉：（一）非法募集资金金额在一百万元以上的；（二）造成投资者直接经济损失数额累计在五十万元以上的；（三）募集的资金全部或者主要用于违法犯罪活动的；（四）其他后果严重或者有其他严重情节的情形。本条规定的‘擅自发行股票或者公司、企业债券’，是指向社会不特定对象发行、以转让股权等方式变相发行股票或者公司、企业债券，或者向特定对象发行、变相发行股票或者公司、企业债券累计超过二百人的行为”。

3. 量刑标准

《刑法》第一百七十九条规定，“未经国家有关主管部门批准，擅自发行股票或者公司、企业债券，数额巨大、后果严重或者有其他严重情节的，处五年以下有期徒刑或者拘役，并处或者单处非法募集资金金额百分之一以上百分之五以下罚金。单位犯前款罪的，对单位判处罚金，并对其直接负责的主管人员和其他直接责任人员，处五年以下有期徒刑或者拘役”。

二、风险防控建议

1. 企业应认真学习与股票、债券发行相关的法律法规，掌握股票、债券发行的条

件、程序等,严格依法发行股票、债券。

2. 企业发行股票和债券时,应经过相关部门的审批,并经过严格的程序,禁止为了融资而私自采取自行发行股票、债券的形式。需要注意的是,企业在申请获批后,务必严格按批准的内容发行证券,不得故意超额、超期发行证券,也不得故意发行与批准内容不相符的其他证券种类。

3. 企业应规范经办人员的行为,加强内部监督,避免经办人员的不当行为而触犯本罪。

4. 企业募集股份,应依法在市场监督管理部门办理企业股东登记,未经批准,不得以"原始股"等形式擅自向不特定多数人募集股份。

三、典型案例

张某洲、池某艳、关某语、黄某来
擅自发行股票、公司、企业债券案①

【基本案情】

深圳×××矿业投资股份有限公司(以下简称×××公司)于2013年5月注册成立,经营地位于深圳市宝安区××路××大厦×座×××室,主要经营矿业项目投资、矿业开发等项目,股东为张某洲、池某艳、关某语等17个自然人及深圳市××投资基金管理有限公司。×××公司自成立以来,未经证监部门批准,以公司计划在加拿大多伦多证券交易所创业板上市,购买公司原始股上市后可以获得高额回报为名,由公司工作人员或公司股东通过电话联系投资者、以"口口相传"等公开、变相公开方式向社会不特定对象出售公司股票,股价为每股3.8元(后变更为每股1元)。投资者有意向购买公司股票后,公司组织投资者召开上市业务说明会或邀请投资者到公司结合幻灯片演示详细介绍公司情况及增发股票业务。投资者通过银行转账、POS机刷卡、缴纳现金等方式支付购股款项后,与×××公司签订《股份认购协议书》《股权确认书》,作为投资者认购、持有公司股票的证明。×××公司收取投资者的股份认购款后主要用于支付公司员工工资、介绍他人购买股票提成、租用办公场地、员工出差、公司日常运作等。经统计,截至2014年6月12日,×××公司向50余名投资者收取股本金人民币462.3万元。

张某洲作为×××公司的法定代表人、董事长、总经理,负责公司运作成立、总体经营管理、增发股票及借款业务的提议及决策等。池某艳作为×××公司的股东、监事、副总经理,负责协助张某洲经营管理、制作公司增发股票业务有关宣传资料、参与

① 审理法院:深圳市中级人民法院,案号:(2015)深中法刑二初字第84号。

组织面向投资者的上市说明会、向投资者介绍洽谈增发股票业务、公司员工内部培训等。关某语作为×××公司的股东、行政前台、行政经理，负责公司行政事务、参与组织面向投资者的上市说明会、向投资者介绍增发股票业务、公司员工内部培训等。黄某来作为×××公司的行政前台，负责联系客户购买公司股票、参与向投资者介绍增发股票业务、公司员工内部培训等。另查明，×××公司现已停止营业，人去楼空。

【裁判结果】

1. 张某洲犯擅自发行股票罪，判处有期徒刑2年。
2. 池某艳犯擅自发行股票罪，判处有期徒刑1年。
3. 关某语犯擅自发行股票罪，判处有期徒刑11个月。
4. 黄某来犯擅自发行股票罪，判处有期徒刑11个月。
5. 冻结的银行存款人民币154,795.1元，按比例返还给各被害人。
6. 扣押的电脑主机、笔记本电脑、印章、纸质账本等予以没收，由公安机关依法处理。

【律师评析】

本案涉及的是企业未经国家有关主管部门批准，擅自发行股票，公司、企业债券的行为，是否构成擅自发行股票、公司、企业债券罪的问题。

根据《最高人民检察院、公安部关于公安机关管辖的刑事案件立案追诉标准的规定(二)》(2010年)第三十四条的规定，未经国家有关主管部门批准或者注册，擅自发行股票或者公司、企业债券，发行数额在50万元以上的，应予立案追诉。

本案中，×××公司在未经证监部门批准下，以公司计划在加拿大多伦多证券交易所创业板上市，购买公司原始股上市后可以获得高额回报为名，通过电话联系投资者、以“口口相传”等公开、变相公开方式向社会不特定对象出售公司股票，共向50余名投资者收取股本金人民币462.3万元，数额巨大。张某洲、池某艳、关某语、黄某来作为×××公司的直接负责人员，其行为已构成擅自发行股票、公司、企业债券罪。

实务中，不少公司通过举办“上市启动会”、向社会公开宣传等方式发布投资“原始股”的相关信息，承诺高额收益、保底回购，还以返利、赠送消费券、分红等诱惑社会不特定对象投资，该行为极可能涉嫌擅自发行股票、公司、企业债券罪。对此，企业在上市前打算通过出售“原始股”进行融资的，务必要进行刑事合规审查，必要时可咨询专业刑事律师，否则稍有不慎将触犯本罪。

第二节　欺诈发行证券罪

一、罪名概述

1. 罪名简介

欺诈发行证券罪，是指在招股说明书、认股书、公司、企业债券募集办法等发行文件中隐瞒重要事实或者编造重大虚假内容，发行股票或者公司、企业债券、存托凭证或者国务院依法认定的其他证券，数额巨大、后果严重或者有其他严重情节的行为。

2. 立案标准

《最高人民检察院、公安部关于公安机关管辖的刑事案件立案追诉标准的规定（二）》第五条规定，“在招股说明书、认股书、公司、企业债券募集办法等发行文件中隐瞒重要事实或者编造重大虚假内容，发行股票或者公司、企业债券、存托凭证或者国务院依法认定的其他证券，涉嫌下列情形之一的，应予立案追诉：（一）非法募集资金金额在一千万元以上的；（二）虚增或者虚减资产达到当期资产总额百分之三十以上的；（三）虚增或者虚减营业收入达到当期营业收入总额百分之三十以上的；（四）虚增或者虚减利润达到当期利润总额百分之三十以上的；（五）隐瞒或者编造的重大诉讼、仲裁、担保、关联交易或者其他重大事项所涉及的数额或者连续十二个月的累计数额达到最近一期披露的净资产百分之五十以上的；（六）造成投资者直接经济损失数额累计在一百万元以上的；（七）为欺诈发行证券而伪造、变造国家机关公文、有效证明文件或者相关凭证、单据的；（八）为欺诈发行证券向负有金融监督管理职责的单位或者人员行贿的；（九）募集的资金全部或者主要用于违法犯罪活动的；（十）其他后果严重或者有其他严重情节的情形”。

3. 量刑标准

《刑法》第一百六十条规定，“在招股说明书、认股书、公司、企业债券募集办法等发行文件中隐瞒重要事实或者编造重大虚假内容，发行股票或者公司、企业债券、存托凭证或者国务院依法认定的其他证券，数额巨大、后果严重或者有其他严重情节的，处五年以下有期徒刑或者拘役，并处或者单处罚金；数额特别巨大、后果特别严重或者有其他特别严重情节的，处五年以上有期徒刑，并处罚金。控股股东、实际控制人组织、指使实施前款行为的，处五年以下有期徒刑或者拘役，并处或者单处非法募集资金金额百分之二十以上一倍以下罚金；数额特别巨大、后果特别严重或者有其他特别严重情节的，处五年以上有期徒刑，并处非法募集资金金额百分之二十以上一倍以下罚金。单位犯前两款罪的，对单位判处非法募集资金金额百分之二十以上一倍以下罚金,并对其直接负责的主管人员和其他直接责任人员,依照第一款的规定处罚”。

对于欺诈发行证券罪中何为“数额巨大、后果严重或者有其他严重情节”或“数额特别巨大、后果特别严重或者有其他特别严重情节”,我国法律没有明确规定。

二、风险防控建议

1. 企业应组织员工认真学习《证券法》等相关法律法规,注重证券发行文件的真实性,树立合法的发行理念。

2. 企业报送的证券发行申请文件,应当充分披露投资者作出价值判断和投资决策所必需的信息,内容应当真实、准确、完整。

3. 企业不得对招股说明书、认股书、公司、企业债券募集办法等发行文件的重要事实进行隐瞒或者编造重大虚假内容,不得欺骗投资者,使投资者在不明真相的情况下作出错误的判断和选择。根据《公司法》第一百五十五条、《股票发行与交易管理暂行条例》第十五条的规定,重大事实和重大虚假内容主要包括:(1)发行股票、债券的公司或发行人的基本情况。如公司的名称和住所,发起人、发行人简况,筹资的目的,重要的合同,涉及公司的重大诉讼事项,企业的核心人员如公司的董事、监事等情况和简历,公司的财务情况、生产经营情况、近期发展规划等。(2)发行的股票、企业债券的基本情况。如股票、债券的种类、数额、承销机构的名称、承销方式、承销数量,股票、债券的发行对象、时间、方式,筹措资金的用途、盈利预测、股利分配和债券利率、风险因素等。

三、典型案例

陈某华欺诈发行证券罪案①

【基本案情】

××股份公司成立于2006年10月,陈某华系公司法定代表人、董事长,陈某华之妻关某系公司总经理,两人系该公司实际控制人。2010年至2013年,××股份公司因经营不善,连续亏损。

2013年下半年,陈某华、关某在经营管理××股份公司期间,为解决公司资金短缺问题,在明知公司财务状况不符合发债要求的情况下决定发行私募债券。两人伙同时任××股份公司财务经理的周某以及为公司代理记账人员刘某,向承销券商国海证券提供虚假财务数据,致使国海证券决定对××股份公司发行私募债券项目立

---

① 审理法院:上海市第一中级人民法院,案号:(2019)沪01刑初29号。

项。嗣后,关某伙同周某、刘某通过制作虚假的增值税专用发票、纳税凭证、承诺书以及虚假财务报表的方式,虚增公司营业收入及利润,并通过亚太事务所出具了虚假的审计报告,分别虚增营业收入6.7亿余元、利润1.4亿余元、资本公积6517万余元。2014年1月,承销券商国海证券出具了包含上述审计报告数据的《江苏B有限公司2013年中小企业私募债券募集说明书》。在此过程中,陈某华在公司开会时动员员工配合发债,参与接待券商及会计师事务所人员,在募集说明书、虚假收据、承诺书、资产负债表等相关资料上签字。

2014年3~7月,××股份公司以上述募集说明书向深圳证券交易所备案后,先后向Z公司、国海金贝壳赢安鑫1号集合资产管理计划、广西D有限公司等发行两年期私募债券"13中联01""13中联02""13中联03",共计0.9亿元。2016年7月,上述债券到期后,××股份公司无力支付本金共计0.9亿元及到期利息,造成投资者重大资金损失。2019年1月18日,陈某华被抓获归案。

【裁判结果】

1. 陈某华犯欺诈发行证券罪,判处有期徒刑3年6个月。

2. 违法所得予以追缴。

【律师评析】

本案涉及的是企业经营者在发行文件中隐瞒重要事实或者编造重大虚假内容的行为,是否构成欺诈发行证券罪的问题。

若按现行有效规定分析本案:根据《最高人民检察院、公安部关于公安机关管辖的刑事案件立案追诉标准的规定(二)》第五条的规定,在招股说明书、认股书、公司、企业债券募集办法等发行文件中隐瞒重要事实或者编造重大虚假内容,发行股票或者公司、企业债券、存托凭证或者国务院依法认定的其他证券,非法募集资金金额在1000万元以上的或造成投资者直接经济损失数额累计在100万元以上的,应予立案追诉。

本案中,××股份公司的法定代表人陈某华在明知公司财务状况不符合发债要求的情况下决定发行私募债券,还伙同其他人员提供虚假财务数据、虚假的审计报告,致使国海证券决定对××股份公司发行私募债券项目立项,并出具了包含上述虚假审计报告数据的《江苏B有限公司2013年中小企业私募债券募集说明书》。陈某华在发行文件中隐瞒重要事实、编造重大的虚假内容,发行两年期私募债券"13中联01""13中联02""13中联03"共计0.9亿元,上述债券到期后,××股份公司无力支付本金共计0.9亿元及到期利息,造成投资者重大资金损失,已构成欺诈发行证券罪。

实务中,企业进行私募债券融资时,应当向相关机构提供真实材料,不得隐瞒重要事实或者编造重大虚假内容。在办理申请手续过程中,如果发现企业不符合发债要求,应当果断放弃申请,不能为了符合"申请条件"而报送虚假材料,否则将涉嫌触犯本罪。

第三节 内幕交易、泄露内幕信息罪

一、罪名概述

1. 罪名简介

内幕交易、泄露内幕信息罪，是指证券、期货交易内幕信息的知情人员或者非法获取证券期货交易内幕信息的人员，在涉及证券的发行、证券、期货交易或者其他对证券、期货交易的价格有重大影响的信息尚未公开前，买入或者卖出该证券，或者从事与该内幕信息有关的期货交易，或者泄露该信息，或者明示、暗示他人从事上述交易活动，情节严重的行为。

2. 立案标准

《最高人民检察院、公安部关于公安机关管辖的刑事案件立案追诉标准的规定（二）》第三十条规定，"证券、期货交易内幕信息的知情人员、单位或者非法获取证券、期货交易内幕信息的人员、单位，在涉及证券的发行，证券、期货交易或者其他对证券、期货交易价格有重大影响的信息尚未公开前，买入或者卖出该证券，或者从事与该内幕信息有关的期货交易，或者泄露该信息，或者明示、暗示他人从事上述交易活动，涉嫌下列情形之一的，应予立案追诉：（一）获利或者避免损失数额在五十万元以上的；（二）证券交易成交额在二百万元以上的；（三）期货交易占用保证金数额在一百万元以上的；（四）二年内三次以上实施内幕交易、泄露内幕信息行为的；（五）明示、暗示三人以上从事与内幕信息相关的证券、期货交易活动的；（六）具有其他严重情节的。内幕交易获利或者避免损失数额在二十五万元以上，或者证券交易成交额在一百万元以上，或者期货交易占用保证金数额在五十万元以上，同时涉嫌下列情形之一的，应予立案追诉：（一）证券法规定的证券交易内幕信息的知情人实施或者与他人共同实施内幕交易行为的；（二）以出售或者变相出售内幕信息等方式，明示、暗示他人从事与该内幕信息相关的交易活动的；（三）因证券、期货犯罪行为受过刑事追究的；（四）二年内因证券、期货违法行为受过行政处罚的；（五）造成其他严重后果的"。

3. 量刑标准

根据《刑法》第一百八十条的规定，"证券、期货交易内幕信息的知情人员或者非法获取证券、期货交易内幕信息的人员，在涉及证券的发行，证券、期货交易或者其他对证券、期货交易价格有重大影响的信息尚未公开前，买入或者卖出该证券，或者从事与该内幕信息有关的期货交易，或者泄露该信息，或者明示、暗示他人从事上述交易活动，情节严重的，处五年以下有期徒刑或者拘役，并处或者单处违法所得一倍以上五倍以下罚金；情节特别严重的，处五年以上十年以下有期徒刑，并处违法所得一倍以上五倍以下罚金。单位犯前款罪的，对单位判处罚金，并对其直接负责的主管人员和其他直接责任人员，处五年以下有期徒刑或者拘役。内幕信息、知情人员的范围，依照法律、行政法规的规定确定”。

《最高人民法院、最高人民检察院关于办理内幕交易、泄露内幕信息刑事案件具体应用法律若干问题的解释》第六条规定，“在内幕信息敏感期内从事或者明示、暗示他人从事或者泄露内幕信息导致他人从事与该内幕信息有关的证券、期货交易，具有下列情形之一的，应当认定为刑法第一百八十条第一款规定的‘情节严重’：（一）证券交易成交额在五十万元以上的；（二）期货交易占用保证金数额在三十万元以上的；（三）获利或者避免损失数额在十五万元以上的；（四）三次以上的；（五）具有其他严重情节的”。

该解释第七条规定，“在内幕信息敏感期内从事或者明示、暗示他人从事或者泄露内幕信息导致他人从事与该内幕信息有关的证券、期货交易，具有下列情形之一的，应当认定为刑法第一百八十条第一款规定的‘情节特别严重’：（一）证券交易成交额在二百五十万元以上的；（二）期货交易占用保证金数额在一百五十万元以上的；（三）获利或者避免损失数额在七十五万元以上的；（四）具有其他特别严重情节的”。

二、风险防控建议

1. 企业可能接触内幕信息的人员应当加强相关法律法规的学习，正确区分内幕信息与正当信息的界限，确保依法、依规办事。实务中，内幕信息主要包括以下两种类型：(1)法定内幕信息，主要包括：公司的经营方针和经营范围的重大变化；公司订立重要合同、提供重大担保或者从事关联交易，可能对公司的资产、负债、权益和经营成果产生重要影响；公司发生重大债务和未能清偿到期重大债务的违约情况；公司减资、合并、分立、解散及申请破产的决定；涉及公司的重大诉讼、仲裁，股东大会、董事会决议被依法撤销或者宣告无效；公司涉嫌犯罪被依法立案调查，公司的控股股东、实际控制人、董事、监事、高级管理人员涉嫌犯罪被依法采取强制措施。(2)公司分配股利、增资的计划，公司股权结构的重要变化。

2. 企业中知悉内幕信息的人，虽然没有实施泄露内幕信息的行为，但为他人的交易提供了咨询或者建议，或明示、暗示他人进行相关交易，也可能触犯本罪。因此，内幕信息知情人在面对他人的咨询时，不仅应避免答复中泄露内幕信息，同时不能就证券交易给予明示或暗示的建议，以避免刑事追责。

3. 企业应当加强对内幕信息的管理，严格控制内幕信息的知情人员范围，并加强对内幕信息的知情人员的监督工作，确保相关人员严守秘密，不泄露内幕信息、不擅自利用内幕信息进行证券、期货交易。

三、典型案例

茹某刚、张某娟内幕交易、泄露内幕信息案[①]

【基本案情】

2016年10月24日，闰×股份公司发布“公司拟筹划购买医药类资产”的重大事项，拟以发行股份及支付现金的方式购买万×德制药集团有限公司全部股权，估值50亿元。该事项属于《证券法》第六十七条第（二）项规定的“公司的重大投资行为和重大的购置财产的决定”，为本案内幕信息。经中国证监会初查认定，内幕信息敏感期为2016年8月27日至10月21日13时，内幕信息知情人共有12人：其中闰×股份公司董事长阮某、财务总监周某、董秘刘某2全程知悉，阮某的丈夫茹某参与部分谈判，闰×股份公司第一大股东张某为法定内幕信息知情人。茹某刚系茹某的近亲属，张某娟系张某的近亲属。

2009年，茹某刚在中信银行开设融资融券股票账户，开始使用“茹某刚”股票账户买卖股票。2014年9月，张某娟将其控制的“钱某”“娄某”股票账户交给茹某刚操作买卖股票，并口头承诺如果赚钱会支付佣金。2014年10月，茹某刚利用“李某”融资融券账户开始操作买卖股票。茹某刚使用“茹某刚”等四个账户在敏感期内买卖“闰×股份”具体情况如下：10月18日使用“娄某”账户买入11.24万股，金额为人民币176.498万元；10月17、18日使用“钱某”账户共买入38.9946万股，金额为人民币612.132万元；10月18、19日使用“茹某刚”账户共买入118.2109万股，金额为人民币1860.7131万元，并于10月21日全部卖出上述股票，卖出金额为人民币1944.7728万元；10月21日使用“李某”账户买入123.31万股，金额为人民币2031.0958万元。

2015年4月，张某娟让其丈夫章某1的姐姐章某2在中信证券上虞某证券营业部开立股票账户。开户后“章某2”账户由张某娟控制使用。2016年8月，张某娟在同亲戚朋友聚会和吃饭的过程中，获悉“闰×股份”正在找项目准备并购重组，于是从8月29日开始调集资金，利用“章某2”股票账户频繁买入“闰×股份”股票，截至10月19日共买入“闰×股份”14.71万股，合计金额为人民币231.2047万元。后于10月20日卖出2100股，金额为人民币33495元。10月20日下午，张某娟在其管理的闰土宾馆窃听到闰×股份公司董事长阮某与董某刘某2谈论关于公司即将停牌重组的内幕信息，随即于10月21日上午股票停牌前突击买入“闰×股份”3.48万股，并

---

① 审理法院：广东省高级人民法院，案号：（2019）粤刑终1221号。

将该内幕信息告知了其妯娌项某，导致项某于2016年10月21日上午突击买入“闰×股份”13.45万股。

经中国证监会安徽证监局调查：在“闰×股份”股票内幕信息敏感期内，茹某刚利用“娄某”“钱某”“李某”“茹某刚”股票账户操作“闰×股份”股票，内幕信息敏感期内共计净买入1,735,446股，合计金额人民币28,197,258元，交易行为明显异常；张某娟利用“章某2”股票账户在内幕信息敏感期内净买入179,800股，合计金额人民币2,845,096元，交易行为明显异常。

经深圳证券交易所核算认定：茹某刚控制股票账户盈利共计1,160,919.29元，张某娟控制股票账户亏损47,294.64元。

【裁判结果】

1. 茹某刚犯内幕交易罪，判处有期徒刑5年，并处罚金人民币120万元。

2. 张某娟犯内幕交易、泄露内幕信息罪，判处有期徒刑3年，缓刑5年，并处罚金人民币1万元。

3. 茹某刚违法所得人民币1,160,919.29元予以没收，上缴国库。

【律师评析】

本案涉及的是非法获取证券、期货交易内幕信息的人在内幕信息敏感期从事与内幕信息有关的证券交易的行为，是否构成内幕交易、泄露内幕信息罪的问题。

《最高人民检察院、公安部关于公安机关管辖的刑事案件立案追诉标准的规定（二）》（2010年）第三十五条规定，证券、期货交易内幕信息的知情人员、单位或者非法获取证券、期货交易内幕信息的人员、单位，在涉及证券的发行，证券、期货交易或者其他对证券、期货交易价格有重大影响的信息尚未公开前，买入或者卖出该证券，或者从事与该内幕信息有关的期货交易，或者泄露该信息，或者明示、暗示他人从事上述交易活动，证券交易成交额累计在50万元以上的，应予立案追诉。

本案中，茹某刚作为内幕信息知情人的近亲属，利用他人股票账户操作“闰×股份”股票，内幕信息敏感期内共计净买入1,735,446股，合计金额人民币28,197,258元，其行为构成内幕交易罪；张某娟作为内幕信息知情人的近亲属，利用他人股票账户在内幕信息敏感期内净买入179,800股，合计金额人民币2,845,096元，其行为构成内幕交易、泄露内幕信息罪。

实务中，作为上市公司的法定内幕信息知情人，如董事长、总经理、副总经理、财务总监、董事长秘书等人，在内幕信息敏感期内务必要做好保密工作，不得跟配偶、父母与子女等任何人透露内幕信息，更不得在巨大利益的驱动下，听信他人从事非法交易活动，否则可能触犯本罪。

第四节 操纵证券、期货市场罪

一、罪名概述

1. 罪名简介

操纵证券、期货市场罪，是指以获取不正当利益或者转嫁风险为目的，集中资金优势、持股或者持仓优势或者利用信息优势联合或者连续买卖，与他人串通相互进行证券、期货交易，自买自卖期货合约，操纵证券、期货市场交易量、交易价格，制造证券、期货市场假相，诱导或者致使投资者在不了解事实真相的情况下作出证券投资决定，扰乱证券、期货市场秩序的行为。

2. 立案标准

《最高人民检察院、公安部关于公安机关管辖的刑事案件立案追诉标准的规定（二）》第三十四条规定，“操纵证券、期货市场，影响证券、期货交易价格或者证券、期货交易量，涉嫌下列情形之一的，应予立案追诉：

“（一）持有或者实际控制证券的流通股份数量达到该证券的实际流通股份总量百分之十以上，实施刑法第一百八十二条第一款第一项操纵证券市场行为，连续十个交易日的累计成交量达到同期该证券总成交量百分之二十以上的；

“（二）实施刑法第一百八十二条第一款第二项、第三项操纵证券市场行为，连续十个交易日的累计成交量达到同期该证券总成交量百分之二十以上的；

“（三）利用虚假或者不确定的重大信息，诱导投资者进行证券交易，行为人进行相关证券交易的成交额在一千万元以上的；

“（四）对证券、证券发行人公开作出评价、预测或者投资建议，同时进行反向证券交易，证券交易成交额在一千万元以上的；

“（五）通过策划、实施资产收购或者重组、投资新业务、股权转让、上市公司收购等虚假重大事项，误导投资者作出投资决策，并进行相关交易或者谋取相关利益，证券交易成交额在一千万元以上的；

“（六）通过控制发行人、上市公司信息的生成或者控制信息披露的内容、时点、节奏，误导投资者作出投资决策，并进行相关交易或者谋取相关利益，证券交易成交额在一千万元以上的；

“（七）实施刑法第一百八十二条第一款第一项操纵期货市场行为，实际控制的账户合并持仓连续十个交易日的最高值超过期货交易所限仓标准的二倍，累计成交量达到同期该期货合约总成交量百分之二十以上，且期货交易占用保证金数额在五百万元以上的；

“（八）通过囤积现货，影响特定期货品种市场行情，并进行相关期货交易，实际控制的帐户合并持仓连续十个交易日的最高值超过期货交易所限仓标准的二倍，累计成交量达到同期该期货合约总成交量百分之二十以上，且期货交易占用保证金数额在五百万元以上的；

“（九）实施刑法第一百八十二条第一款第二项、第三项操纵期货市场行为，实际控制的账户连续十个交易日的累计成交量达到同期该期货合约总成交量百分之二十以上，且期货交易占用保证金数额在五百万元以上的；

“（十）利用虚假或者不确定的重大信息，诱导投资者进行期货交易，行为人进行相关期货交易，实际控制的账户连续十个交易日的累计成交量达到同期该期货合约总成交量百分之二十以上，且期货交易占用保证金数额在五百万元以上的；

“（十一）对期货交易标的公开作出评价、预测或者投资建议，同时进行相关期货交易，实际控制的帐户连续十个交易日的累计成交量达到同期该期货合约总成交量的百分之二十以上，且期货交易占用保证金数额在五百万元以上的；

“（十二）不以成交为目的，频繁或者大量申报买入、卖出证券、期货合约并撤销申报，当日累计撤回申报量达到同期该证券、期货合约总申报量百分之五十以上，且证券撤回申报额在一千万元以上、撤回申报的期货合约占用保证金数额在五百万元以上的；

“（十三）实施操纵证券、期货市场行为，获利或者避免损失数额在一百万元以上的。

“操纵证券、期货市场，影响证券、期货交易价格或者证券、期货交易量，获利或者避免损失数额在五十万元以上，同时涉嫌下列情形之一的，应予立案追诉：

“（一）发行人、上市公司及其董事、监事、高级管理人员、控股股东或者实际控制人实施操纵证券、期货市场行为的；

“（二）收购人、重大资产重组的交易对方及其董事、监事、高级管理人员、控股股东或者实际控制人实施操纵证券、期货市场行为的；

“（三）行为人明知操纵证券、期货市场行为被有关部门调查，仍继续实施的；

“（四）因操纵证券、期货市场行为受过刑事追究的；

“（五）二年内因操纵证券、期货市场行为受过行政处罚的；

“（六）在市场出现重大异常波动等特定时段操纵证券、期货市场的；

“（七）造成其他严重后果的。

“对于在全国中小企业股份转让系统中实施操纵证券市场行为，社会危害性大，严重破坏公平公正的市场秩序的，比照本条的规定执行，但本条第一款第一项和第二项除外”。

3. 量刑标准

《刑法》第一百八十二条规定，“有下列情形之一，操纵证券、期货市场，影响证券、期货交易价格或者证券、期货交易量，情节严重的，处五年以下有期徒刑或者拘役，并处或者单处罚金；情节特别严重的，处五年以上十年以下有期徒刑，并处罚金：

“（一）单独或者合谋，集中资金优势、持股或者持仓优势或者利用信息优势联合或者连续买卖的；

“（二）与他人串通，以事先约定的时间、价格和方式相互进行证券、期货交易的；

“（三）在自己实际控制的帐户之间进行证券交易，或者以自己为交易对象，自买自卖期货合约的；

“（四）不以成交为目的，频繁或者大量申报买入、卖出证券、期货合约并撤销申报的；

“（五）利用虚假或者不确定的重大信息，诱导投资者进行证券、期货交易的；

“（六）对证券、证券发行人、期货交易标的公开作出评价、预测或者投资建议，同时进行反向证券交易或者相关期货交易的；

“（七）以其他方法操纵证券、期货市场的。”

“单位犯前款罪的，对单位判处罚金，并对其直接负责的主管人员和其他直接责任人员，依照前款的规定处罚”。

《最高人民法院、最高人民检察院关于办理操纵证券、期货市场刑事案件适用法律若干问题的解释》第四条规定，“具有下列情形之一的，应当认定为刑法第一百八十二条第一款规定的‘情节特别严重’：

“（一）持有或者实际控制证券的流通股份数量达到该证券的实际流通股份总量百分之十以上，实施刑法第一百八十二条第一款第一项操纵证券市场行为，连续十个交易日的累计成交量达到同期该证券总成交量百分之五十以上的；

“（二）实施刑法第一百八十二条第一款第二项、第三项操纵证券市场行为，连续十个交易日的累计成交量达到同期该证券总成交量百分之五十以上的；

“（三）实施本解释第一条第一项至第四项操纵证券市场行为，证券交易成交额在五千万元以上的；

“（四）实施刑法第一百八十二条第一款第一项及本解释第一条第六项操纵期货市场行为，实际控制的账户合并持仓连续十个交易日的最高值超过期货交易所限仓标准的五倍，累计成交量达到同期该期货合约总成交量百分之五十以上，且期货交易占用保证金数额在二千五百万元以上的；

“（五）实施刑法第一百八十二条第一款第二项、第三项及本解释第一条第一项、第二项操纵期货市场行为，实际控制的账户连续十个交易日的累计成交量达到同期该期货合约总成交量百分之五十以上，且期货交易占用保证金数额在二千五百万元以上的；

“（六）实施操纵证券、期货市场行为，违法所得数额在一千万元以上的。实施操纵证券、期货市场行为，违法所得数额在五百万元以上，并具有本解释第三条规定的七种情形之一的，应当认定为‘情节特别严重’”。

二、风险防控建议

1. 企业应当严格约束账户控制人、实际受益人的行为，防止自我交易。董事、监事、高级管理人员持有本公司的股票的，企业应建立完善的预警机制，避免相关人员利用职权便利进行自我交易。

2. 对于法律规定的相关证券、期货的禁止从业人员，应严格遵守相关法律规定不得从事证券、期货买卖行为。

3. 企业应当对职工进行相关法律法规培训，增强守法意识。建立内部控制制度，不定期对企业内部进行自查，发现有操纵证券、期货市场嫌疑的，应列入重点观察对象，并跟踪观察。

4. 企业应熟悉法律规定及司法实务中认定的操纵证券市场的犯罪行为，经常进行严格自查。目前，我国法律禁止任何人以下列手段操纵证券市场，影响或者意图影响证券交易价格或者证券交易量：（1）单独或者通过合谋，集中资金优势、持股优势或者利用信息优势联合或者连续买卖；（2）与他人串通，以事先约定的时间、价格和方式相互进行证券交易；（3）在自己实际控制的账户之间进行证券交易；（4）不以成交为目的，频繁或者大量申报并撤销申报；（5）利用虚假或者不确定的重大信息，诱导投资者进行证券交易；（6）对证券、发行人公开作出评价、预测或者投资建议，并进行反向证券交易等。

5. 企业及高级管理人员因股票的异动被证券监督管理部门调查，不能仅从行政处罚的角度应对，建议尽快聘请刑事律师介入防范刑事风险，积极配合调查，否则，当案件被移送公安机关才关注刑事风险，将错过最佳的刑事风险防范时机，陷入被动局面。

三、典型案例

汪某中操纵证券市场案①

【基本案情】

汪某中在担任北京首×投资顾问有限公司（以下简称首×公司）负责人期间，在

① 审理法院：北京市高级人民法院，案号：（2011）高刑终字第512号。

2006年7月至2008年3月，先后利用其本人及他人的身份证开立了由其实际控制的沪、深证券账户，并使用上述账户，在中信证券北京北三环中路营业部、国信证券北京三里河营业部等证券营业部开立了10余个资金账户用于证券交易。同时，其在中国工商银行开立了10个银行账户，用于证券交易资金的存取和划转。2007年1月9日至2008年5月21日，汪某中采取先买入“工商银行”“中国联通”等38只股票，后利用首×公司名义通过“新浪网”、“搜狐网”、《上海证券报》、《证券时报》等媒介对外推荐其先期买入的股票，并在股票交易时抢先卖出相关股票，人为影响上述股票的交易价格，获取个人非法利益。根据中国证券监督管理委员会统计，在首×公司推荐股票的内容发布后，相关38只股票交易量在整体上出现了较为明显的上涨：个股开盘价、当日均价明显提高；集合竞价成交量、开盘后1小时成交量成倍放大；全天成交量大幅增长；当日换手率明显上升；参与买入账户明显增多；新增买入账户成倍增加。汪某中采取上述方式操纵证券市场55次，累计买入成交额人民币52.6亿余元，累计卖出成交额人民币53.8亿余元，非法获利共计人民币1.25亿余元归个人所有。

【裁判结果】

1. 汪某中犯操纵证券市场罪，判处有期徒刑7年，罚金人民币125,757,599.5元。

2. 随案移送的财物分别予以充抵罚金、发还、存档备查和退回北京市人民检察院第二分院。

【律师评析】

本案涉及的是汪某中在自己实际控制的账户之间进行证券交易，自买自卖期货合约的行为，是否构成操纵证券、期货市场罪的问题。

若以现行有效的规定分析本案：《最高人民检察院、公安部关于公安机关管辖的刑事案件立案追诉标准的规定（二）》第三十四条规定，操纵证券、期货市场，影响证券、期货交易价格或者证券、期货交易量，实施操纵证券、期货市场行为，获利或者避免损失数额在100万元以上的，应予立案追诉。

本案中，首×公司负责人汪某中以获取不正当利益的目的，在自己实际控制的账户之间进行证券交易，以自己为交易对象，自买自卖期货合约，人为影响交易价格，致使投资者在不了解事实真相的情况下作出证券投资决定，进而非法获利人民币1.25亿余元，构成操纵证券、期货市场罪。

由本案可知，企业应当通过制度对董事长、总经理等高级管理人员进行严格约束，防止其利用职务便利与公司资源操纵证券、期货交易，获取不正当利益。

第五节　背信损害上市公司利益罪

一、罪名概述

1.罪名简介

背信损害上市公司利益罪，是指上市公司的董事、监事、高级管理人员违背对公司的忠实义务，利用职务便利，操纵上市公司从事下列行为之一，致使上市公司利益遭受重大损失的行为。具体行为包括：无偿向其他单位或者个人提供资金、商品、服务或者其他资产的；以明显不公平的条件，提供或者接受资金、商品、服务或者其他资产的；向明显不具有清偿能力的单位或者个人提供资金、商品、服务或者其他资产的；为明显不具有清偿能力的单位或者个人提供担保，或者无正当理由为其他单位或者个人提供担保的；无正当理由放弃债权、承担债务的；采用其他方式损害上市公司利益的。

根据《公司法》第一百四十七条的规定，董事、监事、高级管理人员应当遵守法律、行政法规和公司章程，对公司负有忠实义务和勤勉义务。董事、监事、高级管理人员不得利用职权收受贿赂或者其他非法收入，不得侵占公司的财产。

根据《公司法》第一百四十八条的规定，董事、高级管理人员不得有下列行为：挪用公司资金；将公司资金以其个人名义或者以其他个人名义开立账户存储；违反公司章程的规定，未经股东会、股东大会或者董事会同意，将公司资金借贷给他人或者以公司财产为他人提供担保；违反公司章程的规定或者未经股东会、股东大会同意，与本公司订立合同或者进行交易；未经股东会或者股东大会同意，利用职务便利为自己或者他人谋取属于公司的商业机会，自营或者为他人经营与所任职公司同类的业务；接受他人与公司交易的佣金归为己有；擅自披露公司秘密；违反对公司忠实义务的其他行为。

2.立案标准

《最高人民检察院、公安部关于公安机关管辖的刑事案件立案追诉标准的规定（二）》第十三条规定，“上市公司的董事、监事、高级管理人员违背对公司的忠实义务，利用职务便利，操纵上市公司从事损害上市公司利益的行为，以及上市公司的控股股东或者实际控制人，指使上市公司董事、监事、高级管理人员实施损害上市公司利益的行为，涉嫌下列情形之一的，应予立案追诉：（一）无偿向其他单位或者个人提供资金、商品、服务或者其他资产，致使上市公司直接经济损失数额在一百五十万元以上的；（二）以明显不公平的条件，提供或者接受资金、商品、服务或者其他资产，致使上市公司直接经济损失数额在一百五十万元以上的；（三）向明显不具有清偿能力的单位或者个人提供资金、商品、服务或者其他资产，致使上市公司直接经济损失数额在一百五十万元以上的；（四）为明显不具有清偿能力的单位或者个人提供担保，或者无正当理由为其他单位或者个人提供担保，致使上市公司直接经济损失数额在一百五十万元以上的；（五）无正当理由放弃债权、承担债务，致使上市公司直接经济损失数额在一百五十万元以上的；（六）致使公司、企业发行的股票或者公司、企业债券、存托凭证或者国务院依法认定的其他证券被终止上市交易的；（七）其他致使上市公司利益遭受重大损失的情形"。

3. 量刑标准

根据《刑法》第一百六十九条之一的规定，"上市公司的董事、监事、高级管理人员违背对公司的忠实义务，利用职务便利，操纵上市公司从事下列行为之一，致使上市公司利益遭受重大损失的，处三年以下有期徒刑或者拘役，并处或者单处罚金；致使上市公司利益遭受特别重大损失的，处三年以上七年以下有期徒刑，并处罚金：（一）无偿向其他单位或者个人提供资金、商品、服务或者其他资产的；（二）以明显不公平的条件，提供或者接受资金、商品、服务或者其他资产的；（三）向明显不具有清偿能力的单位或者个人提供资金、商品、服务或者其他资产的；（四）为明显不具有清偿能力的单位或者个人提供担保，或者无正当理由为其他单位或者个人提供担保的；（五）无正当理由放弃债权、承担债务的；（六）采用其他方式损害上市公司利益的。上市公司的控股股东或者实际控制人，指使上市公司董事、监事、高级管理人员实施前款行为的，依照前款的规定处罚。犯前款罪的上市公司的控股股东或者实际控制人是单位的，对单位判处罚金，并对其直接负责的主管人员和其他直接责任人员，依照第一款的规定处罚"。

关于"重大损失"和"特别重大损失"的认定，我国法律没有明确规定，但可参照《陕西省高级人民法院关于适用刑法有关条款数额、情节标准的意见》第169条之一中的规定，具体为："重大损失：1. 无偿向其他单位或者个人提供资金、商品、服务或者其他资产，致使上市公司直接经济损失数额在一百五十万元以上的；2. 以明显不公平的条件，提供或者接受资金、商品、服务或者其他资产，致使上市公司直接经济损失数额在一百五十万元以上的；3. 向明显不具有清偿能力的单位或者个人提供资金、商品、服务或者其他资产，致使上市公司直接经济损失数额在一百五十万元以上的；4. 为明显不具有清偿能力的单位或者个人提供担保，或者无正当理由为其他单位或者个人提供担保，致使上市公司直接经济损失数额在一百五十万元以上的；5. 无正当理由放弃债权、承担债务，致使上市公司直接经济损失数额在一百五十万元以上的；6. 致使公司发行的股票、公司债券或者国务院依法认定的其他证券被终止上市交易或者多次被暂停上市交易的。特别重大损失：1. 无偿向其他单位或者个人提供资金、商品、服务或者其他资产，致使上市公司直接经济损失数额在五百万元以上的；2. 以明显不公平的条件，提供或者接受资金、商品、服务或者其他资产，致使上市公司直接经济损失数额在五百万元以上的；3. 向明显不具有清偿能力的单位或者个人提供资金、商品、服务或者其他资产，致使上市公司直接经济损失数额在五百万元以上的；4. 为明显不具有清偿能力的单位或者个人提供担保，或者无正当理由为其他单位或者个人提供担保，致使上市公司直接经济损失数额在五百万元以上的；5. 无正当理由放弃债权、承担债务，致使上市公司直接经济损失数额在五百万元以上的”。

二、风险防控建议

1. 企业应当明确违背忠实义务的相关情形，严格要求董事、监事、高级管理人员树立正确的价值观，自觉遵守忠实义务。

2. 企业应当对董事、监事、高级管理人员的职责、权力加强监管，对于违背公司忠实义务的人员，应予以严肃处理。

3. 企业应当对董事、监事、高级管理人员进行相关法律法规培训，增强守法意识，不定期对前述人员开展抽查工作，一旦发现有关人员存在违背忠实义务，应列入重点考察对象，告知其法律风险及后果，纠正其邪念。

三、典型案例

刘某背信损害上市公司利益案[①]

【基本案情】

2006 年，刘某 1 经营的安徽省正 × 工矿设备有限公司（以下简称正 × 公司）在曹某（时任安徽省人民政府副秘书长）的介绍下，以代储代销形式向国 × 新集能源股份有限公司（以下简称国 × 公司）销售 PDC 钻头及配件。2007 年 12 月，国 × 公司在上海证券交易所上市。2008 年 3 月，国 × 公司欲采取公开招标形式采购 PDC 钻头及配件，刘某 1 所经营的正 × 公司已更改为威 × 公司，因不符合供应商资格而被国 × 公司停止供应 PDC 钻头等矿用配件业务。同年 4 月，曹某任淮南市代市长，其妻刘某 1 告知上述被停止供应业务一事，后曹某与时任国 × 公司总经理刘某谈论此事。2008 年 5 月 27 日，在曹某的授意下，刘某 1 以威 × 公司名义向国 × 公司出具了一份《关于申请产品供货的报告》，以达到向国 × 公司继续供货的目的。后刘某自行在该份报告上签字同意，并让时任国 × 公司企管部部长田某具体负责此事，同时向其明确说明该公司是市长曹某妻子刘某 1 经营的。后田某按照刘某的指示，又让时任国 × 公司企

① 审理法院：芜湖市三山区人民法院，案号：(2017) 皖 0208 刑初 10 号。

管部副部长赵某、供应部部长倪某具体安排工作人员与威×公司工作人员商谈，并明确在价格上要予以“照顾”。2008年6月23日，国×公司企管部和供应部联合盖章，向刘某请示，建议以“议价”价格采购威×公司的PDC钻头，并将议价价格列明，向刘某请示，刘某在请示报告上签字同意。最终刘某1的威×公司以议价形式，且用明显高于市场价格的售价，从2009年开始向国×公司供应PDC钻头及配件直至2012年。经审计，自2009年至2012年，国×公司以上述明显不公平的条件，接受威×公司、正×公司销售的钻头，造成公司直接经济损失1844.64万元。

另查明：(1)1998年8月至2011年8月，刘某任国×公司总经理；2011年9月至2014年1月，任国×公司董事长。(2)2016年3月24日，中共安徽省纪律检查委员会将中央第三巡视组在专项巡视中发现的淮南市国×公司原董事长刘某涉嫌为亲友非法牟利、国有公司人员滥用职权等犯罪线索移交安徽省公安厅，省厅于同年4月1日指定芜湖市公安局管辖，芜湖市公安局经侦支队于同年4月15日予以受理。(3)刘某于2016年6月17日在北京市西站被执勤民警抓获，6月17日至6月20日被临时羁押在北京铁路公安局北京公安处看守所，6月21日被芜湖市公安局刑事拘留，并于当日送至芜湖市第一看守所。

【裁判结果】

刘某犯背信损害上市公司利益罪，判处有期徒刑10个月，并处罚金人民币10万元。

【律师评析】

本案涉及的是上市公司高级管理人员违背对公司的忠实义务，利用职务便利以明显不公平的条件接受他人商品的行为，是否构成背信损害上市公司利益罪的问题。

根据《最高人民检察院、公安部关于公安机关管辖的刑事案件立案追诉标准的规定(二)》(2010年)第十八条的规定，上市公司的董事、监事、高级管理人员违背对公司的忠实义务，利用职务便利，操纵上市公司从事损害上市公司利益的行为，以及上市公司的控股股东或者实际控制人，指使上市公司董事、监事、高级管理人员实施损害上市公司利益的行为，以明显不公平的条件，提供或者接受资金、商品、服务或者其他资产，致使上市公司直接经济损失数额在150万元以上的，应予立案追诉。

本案中，国×公司总经理刘某主观上明知刘某1经营的威×公司不符合供应钻头的招投标公司资质，仍同意让其继续向国×公司供货，也明知最终威×公司向国×公司供货产品的价格远高于市场价，会使国×公司利益遭受重大损失，但主观上仍然放任这一结果的发生，故其符合背信损害上市公司利益罪的主观方面要件要求。客观上，刘某因淮南市代市长曹某请托，不顾公司规定，在明知刘某1经营的威×公司不符合招投标条件的情况下，利用职务便利，不仅让其公司继续供货，还明确让下属工作人员在采购价格上予以关照，客观上帮助了刘某1经营的公司获得了不当利益，同时让国×公司承担了利益上的重大损失，故刘某的行为符合背信损害上市公司利益罪客观方面要件要求。另外，刘某作为国×公司的高级管理人员，在日常管理中，应为公司的利益善意地处理公司事务、处置公司财产，其行使权力的目的也要是出于公司的利益。但在本案中，威×公司违规向国×公司供货这一事情上，刘某没有忠实于公司，违反了对公司的忠实义务，其行为已严重影响了公司及股东的利益，破坏了市场经济秩序。因此刘某作为国×公司这家上市公司的高级管理人员，明知刘某1经营的公司向国×公司提供的产品价格远高于市场价格，仍同意其通过议价的方式向公司供货，属于以明知不公平条件接受他人商品，违背了对公司的忠实义务，致使国×公司利益遭受重大损失，其行为已构成背信损害上市公司利益罪。

由本案可知，在市场经济条件下，公司经营理应交由市场调节，即使在公司发展中需要政府支持，也应依法进行。对上市公司的高级管理人员来说，当政府领导要求从事可能使公司利益遭受损失的行为时，要依法予以拒绝，不得通过领导私交大开方便之门，否则将可能触犯本罪。

第十四章
环境保护方面的刑事风险及防控

第一节　污染环境罪

一、罪名概述

1. 罪名简介

污染环境罪，是指违反国家规定，排放、倾倒或者处置有放射性的废物、含传染病病原体的废物、有毒物质或者其他有害物质，严重污染环境的行为。

2. 立案标准

《最高人民检察院、公安部关于公安机关管辖的刑事案件立案追诉标准的规定（一）》第六十条规定，"违反国家规定，向土地、水体、大气排放、倾倒或者处置有放射性的废物、含传染病病原体的废物、有毒物质或者其他危险废物，造成重大环境污染事故，涉嫌下列情形之一，应予立案追诉：（一）致使公私财产损失三十万元以上的；（二）致使基本农田、防护林地、特种用途林地五亩以上，其他农用地十亩以上，其它土地二十亩以上基本功能丧失或者遭受永久性破坏的；（三）致使森林或者其他林木死亡五十立方米以上，或者幼树死亡二千五百株以上的；（四）致使一人以上死亡、三人以上重伤、十人以上轻伤，或者一人以上重伤并且五人以上轻伤的；（五）致使传染病发生、流行或者人员中毒达到《国家突发公共卫生事件应急预案》中突发公共卫生事件分级Ⅲ级以上情形，严重危害人体健康的；（六）其他致使公私财产遭受重大损失或者人身伤亡的严重后果的情形。本条和本规定第六十二条规定的'公私财产损失'，包括污染环境直接造成的财产损毁、减少的实际价值，为防止污染扩散以及消除污染而采取的必要的、合理的措施而发生的费用等"。

3. 量刑标准

《刑法》第三百三十八条规定，"违反国家规定，排放、倾倒或者处置有放射性的废物、含传染病病原体的废物、有毒物质或者其他有害物质，严重污染环境的，处三年以下有期徒刑或者拘役，并处或者单处罚金；情节严重的，处三年以上七年以下有期徒刑，并处罚金；有下列情形之一的，处七年以上有期徒刑，并处罚金：(一)在饮用水水源保护区、自然保护地核心保护区等依法确定的重点保护区域排放、倾倒、处置有放射性的废物、含传染病病原体的废物、有毒物质，情节特别严重的；(二)向国家确定的重要江河、湖泊水域排放、倾倒、处置有放射性的废物、含传染病病原体的废物、有毒物质，情节特别严重的；(三)致使大量永久基本农田基本功能丧失或者遭受永久性破坏的；(四)致使多人重伤、严重疾病，或者致人严重残疾、死亡的。有前款行为，同时构成其他犯罪的，依照处罚较重的规定定罪处罚”。

《最高人民法院、最高人民检察院关于办理环境污染刑事案件适用法律若干问题的解释》第一条规定，“具有下列情形之一的，应当认定为‘严重污染环境’：(一)在饮用水水源一级保护区、自然保护区核心区排放、倾倒、处置有放射性的废物、含传染病病原体的废物、有毒物质的；(二)非法排放、倾倒、处置危险废物三吨以上的；(三)排放、倾倒、处置含铅、汞、镉、铬、砷、铊、锑的污染物，超过国家或者地方污染物排放标准三倍以上的；(四)排放、倾倒、处置含镍、铜、锌、银、钒、锰、钴的污染物，超过国家或者地方污染物排放标准十倍以上的；(五)通过暗管、渗井、渗坑、裂隙、溶洞、灌注等逃避监管的方式排放、倾倒、处置有放射性的废物、含传染病病原体的废物、有毒物质的；(六)二年内曾因违反国家规定，排放、倾倒、处置有放射性的废物、含传染病病原体的废物、有毒物质受过两次以上行政处罚，又实施前列行为的；(七)重点排污单位篡改、伪造自动监测数据或者干扰自动监测设施，排放化学需氧量、氨氮、二氧化硫、氮氧化物等污染物的；(八)违法减少防治污染设施运行支出一百万元以上的；(九)违法所得或者致使公私财产损失三十万元以上的；(十)造成生态环境严重损害的；(十一)致使乡镇以上集中式饮用水水源取水中断十二小时以上的；(十二)致使基本农田、防护林地、特种用途林地五亩以上，其他农用地十亩以上，其他土地二十亩以上基本功能丧失或者遭受永久性破坏的；(十三)致使森林或者其他林木死亡五十立方米以上，或者幼树死亡二千五百株以上的；(十四)致使疏散、转移群众五千人以上的；(十五)致使三十人以上中毒的；(十六)致使三人以上轻伤、轻度残疾或者器官组织损伤导致一般功能障碍的；(十七)致使一人以上重伤、中度残疾或者器官组织损伤导致严重功能障碍的；(十八)其他严重污染环境的情形”。

该解释第三条规定，“具有下列情形之一的，应当认定为‘后果特别严重’：(一)致使县级以上城区集中式饮用水水源取水中断十二小时以上的；(二)非法排放、倾倒、处置危险废物一百吨以上的；(三)致使基本农田、防护林地、特种用途林地十五亩以上，其他农用地三十亩以上，其他土地六十亩以上基本功能丧失或者遭受永久性破坏的；(四)致使森林或者其他林木死亡一百五十立方米以上，或者幼树死亡七千五百株以上的；(五)致使公私财产损失一百万元以上的；(六)造成生态环境特别严重损害的；(七)致使疏散、转移群众一万五千人以上的；(八)致使一百人以上中毒的；

(九)致使十人以上轻伤、轻度残疾或者器官组织损伤导致一般功能障碍的;(十)致使三人以上重伤、中度残疾或者器官组织损伤导致严重功能障碍的;(十一)致使一人以上重伤、中度残疾或者器官组织损伤导致严重功能障碍,并致使五人以上轻伤、轻度残疾或者器官组织损伤导致一般功能障碍的;(十二)致使一人以上死亡或者重度残疾的;(十三)其他后果特别严重的情形”。

其他量刑情节如下:

1. 具有下列情形之一的,应当从重处罚:(1)阻挠环境监督检查或者突发环境事件调查,尚不构成妨害公务等犯罪的;(2)在医院、学校、居民区等人口集中地区及其附近,违反国家规定排放、倾倒、处置有放射性的废物、含传染病病原体的废物、有毒物质或者其他有害物质的;(3)在重污染天气预警期间、突发环境事件处置期间或者被责令限期整改期间,违反国家规定排放、倾倒、处置有放射性的废物、含传染病病原体的废物、有毒物质或者其他有害物质的;(4)具有危险废物经营许可证的企业违反国家规定排放、倾倒、处置有放射性的废物、含传染病病原体的废物、有毒物质或者其他有害物质的。

2. 刚达到应当追究刑事责任的标准,但行为人及时采取措施,防止损失扩大、消除污染,全部赔偿损失,积极修复生态环境,且系初犯,确有悔罪表现的,可以认定为情节轻微,不起诉或者免予刑事处罚;确有必要判处刑罚的,应当从宽处罚。

3. 违反国家规定,排放、倾倒、处置含有毒害性、放射性、传染病病原体等物质的污染物,同时构成污染环境罪、非法处置进口的固体废物罪、投放危险物质罪等犯罪的,依照处罚较重的规定定罪处罚。

二、风险防控建议

1. 加强环境保护教育,围绕企业的业务经营领域,熟悉与公司业务相关的《环境保护法》《水污染防治法》《大气污染防治法》《环境噪声污染防治法》《放射性污染防治法》《环境影响评价法》《清洁生产促进法》《水污染防治法实施细则》《建设项目环境保护管理条例》《排污费征收使用管理条例》《危险废物经营许可证管理办法》《医疗废物管理条例》《环境保护行政处罚办法》等涉及环境保护的法律法规以及相关环境保护、污染物排放标准,树立守法意识,依法进行生产经营。

2. 改变“污染环境不追究刑事责任”的错误观念。过去,企业污染环境的行为常常被环保主管部门处以行政处罚,如要求整改与罚款,很少企业会以污染环境罪被追究刑事责任。近年来,随着国家环境治理力度不断加大,刑事法律对环境犯罪的规制不断加强,全国污染环境案件的逮捕及审判数量总体呈明显上升趋势,如在2018 年至 2021 年,全国检察机关共批捕污染环境犯罪案件上千件,涉及犯罪嫌疑人上万人,而审判机关共审判污染环境罪案件上千件,涉及被告人已达上万人。

3. 配备符合标准的工业废料处理设备设施，按照国家或地方标准，配备处理工业废气、废水、废渣、噪声等设备设施，并定期检查维修、更新，保障设施设备正常运行。如发现排污设施设备损坏，应当立即组织修复，并采取有效措施确保修复期间不出现超标准排放污染物。

4. 企业从事生产经营活动，建设对环境有影响的项目，应当依法通过环境影响评价、使用验收合格的防治污染设施、取得排污许可证。定期对企业排污、周边环境进行监测，建立污染举报平台，及时发现污染源头，做好预防措施。

5. 涉及污染物转移处置的，应当依法严格审核合作单位的资质以及运输污染物的设备是否符合法律规定。

6. 成立专门负责部门，统筹管理环境整治、污染物处理等问题，责任到人。并且建立相应的奖惩制度，提高员工的积极性。

三、典型案例

杭州闻×钢管有限公司、顾某方等污染环境案①

【基本案情】

杭州闻×钢管有限公司（以下简称闻×公司）为使企业生产正常进行，由该公司副总经理张某明建议并经公司法定代表人吴某勇同意，在明知贾某峰未取得危险废物相关处置资质的情况下，将公司酸洗钢带产生的废酸（经认定为危险废物）以支付60元/吨的处置费方式交由贾某峰处置，后贾某峰将该废酸运送至顾某方处，并向顾某方收取800元/车的费用。顾某方在无危险废物处置资质情况下，将该废酸非法处理后作为“净水剂”销售给上虞市华×印染有限公司（以下简称华×公司），致使废酸与华×公司的废水混合后排入环境。经查实，2015年7月至2016年3月，闻×公司经由贾某峰提供给顾某方非法处置的废酸300余吨。

2016年3月29日，顾某方经电话传唤后到案，并如实供述了上述事实。2016年4月11日，贾某峰向公安机关投案，并如实供述了上述事实。

【裁判结果】

1. 闻×公司犯污染环境罪，判处罚金人民币30万元；

2. 张某明犯污染环境罪，判处有期徒刑7个月，并处罚金人民币5万元；

3. 吴某勇犯污染环境罪，判处有期徒刑7个月，并处罚金人民币5万元；

4. 贾某峰犯污染环境罪，判处有期徒刑1年7个月，并处罚金人民币5万元；

5. 顾某方犯污染环境罪，判处有期徒刑1年8个月，并处罚金人民币15万元。

---

① 审理法院：浙江省绍兴市中级人民法院，案号：(2017)浙06刑终312号。

【律师评析】

本案涉及的是企业及其管理人员将危险废物交给未取得危险废物相关处置资质的人处置的行为，是否构成污染环境罪的问题。

根据《刑法》第三百三十八条的规定，违反国家规定，排放、倾倒或者处置有放射性的废物、含传染病病原体的废物、有毒物质或者其他有害物质，严重污染环境的，处3年以下有期徒刑或者拘役，并处或者单处罚金；情节严重的，处3年以上7年以下有期徒刑，并处罚金。根据《最高人民法院、最高人民检察院关于办理环境污染刑事案件适用法律若干问题的解释》第一条的规定，非法排放、倾倒、处置危险废物3吨以上的，应当认定为"严重污染环境"。

本案中，顾某方非法处置危险废物的行为，可以认定为具备"违法造成环境污染"的要件，且数量达到3吨以上，严重污染环境，构成污染环境罪；贾某峰明知顾某方无危险废物经营许可证，仍向其提供危险废物，构成污染环境罪；闻×公司明知贾某峰无危险废物经营许可证，仍向其提供危险废物，构成污染环境罪，吴某勇作为闻×公司直接负责的主管人员、张某明作为闻×公司直接责任人员，应对其作出的任由贾某峰、顾某方处置危险废物而造成环境污染的决定承担刑事责任，应当以污染环境罪定罪处罚。

实务中，有的企业经营者认为非法排污只是违反行政法的行为，最坏的法律后果是被环保部门处以行政处罚。但事实并非如此，排污不当，不管是超标排放、偷排偷放或者委托无危险废物处置资质的企业或个人处置，严重污染环境的，都可能触犯本罪。

第二节 非法处置进口的固体废物罪

一、罪名概述

1. 罪名简介

非法处置进口的固体废物罪，是指违反国家规定，将境外的固体废物进境倾倒、堆放、处置的行为。

所谓倾倒，是指通过船舶、汽车等运载工具向我国境内任何地方倾卸固体废物的行为；堆放，是指将境外的固体废物任意堆存在我国境内的任何地方；处置，是指在中国境内将中国境外的固体废物进行焚烧和用其他方法改变固体废物物理、化学、生物特性的方法，达到减少已产生的固体废物数量，缩小固体废物体积，减少或者消除其危险成分的活动，或者将固体废物最终置于符合环境保护规定要求的场所或者设施不再回取的活动。

本罪属行为犯，只要实施了进境倾倒、堆放、处置固体废物的行为，即构成犯罪。

2. 立案标准

《最高人民检察院、公安部关于公安机关管辖的刑事案件立案追诉标准的规定（一）》第六十一条规定，“违反国家规定，将境外的固体废物进境倾倒、堆放、处置的，应予立案追诉”。

3. 量刑标准

《刑法》第三百三十九条第一款规定，“违反国家规定，将境外的固体废物进境倾倒、堆放、处置的，处五年以下有期徒刑或者拘役，并处罚金；造成重大环境污染事故，致使公私财产遭受重大损失或者严重危害人体健康的，处五年以上十年以下有期徒刑，并处罚金；后果特别严重的，处十年以上有期徒刑，并处罚金”。

《最高人民法院、最高人民检察院关于办理环境污染刑事案件适用法律若干问题的解释》第二条规定，“实施刑法第三百三十九条、第四百零八条规定的行为，致使公私财产损失三十万元以上，或者具有本解释第一条第十项至第十七项规定情形之一的，应当认定为‘致使公私财产遭受重大损失或者严重危害人体健康’或者‘致使公私财产遭受重大损失或者造成人身伤亡的严重后果’”。

该解释第三条规定，“实施刑法第三百三十八条、第三百三十九条规定的行为，具有下列情形之一的，应当认定为‘后果特别严重’：（一）致使县级以上城区集中式饮用水水源取水中断十二小时以上的；（二）非法排放、倾倒、处置危险废物一百吨以上的；（三）致使基本农田、防护林地、特种用途林地十五亩以上，其他农用地三十亩以上，其他土地六十亩以上基本功能丧失或者遭受永久性破坏的；（四）致使森林或者其他林木死亡一百五十立方米以上，或者幼树死亡七千五百株以上的；（五）致使公私财产损失一百万元以上的；（六）造成生态环境特别严重损害的；（七）致使疏散、转移群众一万五千人以上的；（八）致使一百人以上中毒的；（九）致使十人以上轻伤、轻度残疾或者器官组织损伤导致一般功能障碍的；（十）致使三人以上重伤、中度残疾或者器官组织损伤导致严重功能障碍的；（十一）致使一人以上重伤、中度残疾或者器官组织损伤导致严重功能障碍，并致使五人以上轻伤、轻度残疾或者器官组织损伤导致一般功能障碍的；（十二）致使一人以上死亡或者重度残疾的；（十三）其他后果特别严重的情形”。

二、风险防控建议

1. 企业应进一步强化对主管人员及工作人员的环境保护教育，定期组织开展环境安全保护和进口报关等相关的法律法规专题培训，以期提升相关人员的环境保护法律意识。

2. 企业应当遵守相关法律法规，树立环境保护意识，自觉抵制将境外的固体废物进境倾倒、堆放、处置等行为，维护环境安全。

3. 对于相关人员可能涉嫌将境外的固体废物进境倾倒、堆放、处置的行为，企业应对相关人员予以严肃处理，并及时告知其可能存在的法律风险及法律后果。

4. 企业有可能接触进口固体废物的业务的，定期进行自查，排除风险。

三、典型案例

谢某正非法处置进口的固体废物案①

【基本案情】

2012 年至 2017 年，刘某辉（另案处理）将在加拿大和美国采购的固体废物通过走私运到国内刘某（另案处理）处，刘某将进口固体废物在国内进行销售，部分销到河北、山东。

2014 年 6 月至 2016 年，谢某正在无相应资质的情况下，从刘某处购进进口固体废物价值 89,150 元，在河北省大名县常马庄村、莘县古云镇陈庄村、朝城镇三里营村租赁的厂房中，用进口的固体废物加工成塑料颗粒并对外销售。

经查明，谢某正的行为足以污染正常环境，危害群众身体健康。

【裁判结果】

谢某正犯非法处置进口的固体废物罪，判处有期徒刑 8 个月，并处罚金人民币 1 万元。

【律师评析】

本案涉及的是行为人采购进口固体废物加工成塑料颗粒并向外销售的行为，是否构成非法处置进口的固体废物罪的问题。

《最高人民检察院、公安部关于公安机关管辖的刑事案件立案追诉标准的规定（一）》第六十一条规定，违反国家规定，将境外的固体废物进境倾倒、堆放、处置的，应予立案追诉。

本案中，谢某正在无相应资质的情况下违反国家规定，将境外固体废物非法处置，其行为足以污染环境，构成非法处置进口的固体废物罪。

实务中，有的企业为节省成本采购境外的固体废物进行生产加工，该行为极可能涉嫌非法处置进口的固体废物罪。因此，企业应当遵守相关法律法规，树立环境保护意识，自觉抵制将进口的固体废物进境倾倒、堆放、处置等行为，以防触犯本罪。

---

① 审理法院：山东省莘县人民法院，案号：(2019) 鲁 1522 刑初 66 号。

第十五章
土地管理方面的刑事风险及防控

第一节　非法转让、倒卖土地使用权罪

一、罪名概述

1. 罪名简介

非法转让、倒卖土地使用权罪，是指以牟利为目的，违反土地管理法规，非法转让、倒卖土地使用权，情节严重的行为。

2. 立案标准

《最高人民检察院、公安部关于公安机关管辖的刑事案件立案追诉标准的规定(二)》第七十二条规定，“以牟利为目的，违反土地管理法规，非法转让、倒卖土地使用权，涉嫌下列情形之一的，应予立案追诉：(一)非法转让、倒卖永久基本农田五亩以上的；(二)非法转让、倒卖永久基本农田以外的耕地十亩以上的；(三)非法转让、倒卖其他土地二十亩以上的；(四)违法所得数额在五十万元以上的；(五)虽未达到上述数额标准，但因非法转让、倒卖土地使用权受过行政处罚，又非法转让、倒卖土地的；(六)其他情节严重的情形”。

3. 量刑标准

《刑法》第二百二十八条规定，“以牟利为目的，违反土地管理法规，非法转让、倒卖土地使用权，情节严重的，处三年以下有期徒刑或者拘役，并处或者单处非法转让、倒卖土地使用权价额百分之五以上百分之二十以下罚金；情节特别严重的，处三年以上七年以下有期徒刑，并处非法转让、倒卖土地使用权价额百分之五以上百分之二十以下罚金。第二百三十一条规定，单位犯本节第二百二十一条至第二百三十条规定之罪的，对单位判处罚金，并对其直接负责的主管人员和其他直接责任人员，依照本节各该条的规定处罚”。

《最高人民法院关于审理破坏土地资源刑事案件具体应用法律若干问题的解释》第一条规定，“以牟利为目的，违反土地管理法规，非法转让、倒卖土地使用权，具有下

列情形之一的，属于非法转让、倒卖土地使用权'情节严重'，依照刑法第二百二十八条的规定，以非法转让、倒卖土地使用权罪定罪处罚：（一）非法转让、倒卖基本农田五亩以上的；（二）非法转让、倒卖基本农田以外的耕地十亩以上的；（三）非法转让、倒卖其他土地二十亩以上的；（四）非法获利五十万元以上的；（五）非法转让、倒卖土地接近上述数量标准并具有其他恶劣情节的，如曾因非法转让、倒卖土地使用权受过行政处罚或者造成严重后果等"。

该解释第二条规定，"实施第一条规定的行为，具有下列情形之一的，属于非法转让、倒卖土地使用权'情节特别严重'：（一）非法转让、倒卖基本农田十亩以上的；（二）非法转让、倒卖基本农田以外的耕地二十亩以上的；（三）非法转让、倒卖其他土地四十亩以上的；（四）非法获利一百万元以上的；（五）非法转让、倒卖土地接近上述数量标准并具有其他恶劣情节，如造成严重后果等"。

该解释第八条规定，"单位犯非法转让、倒卖土地使用权罪、非法占有耕地罪的定罪量刑标准，依照本解释第一条、第二条、第三条的规定执行"。

该解释第九条规定，"多次实施本解释规定的行为依法应当追诉的，或者一年内多次实施本解释规定的行为未经处理的，按照累计的数量、数额处罚"。

《土地管理法》第七十四条规定，买卖或者以其他形式非法转让土地的，由县级以上人民政府自然资源主管部门没收违法所得；对违反土地利用总体规划擅自将农用地改为建设用地的，限期拆除在非法转让的土地上新建的建筑物和其他设施，恢复土地原状，对符合土地利用总体规划的，没收在非法转让的土地上新建的建筑物和其他设施，可以并处罚款；对直接负责的主管人员和其他直接责任人员，依法给予行政处分；构成犯罪的，依法追究刑事责任。

二、风险防控建议

1. 企业在转让土地使用权时，应做好法律风险评估，研习相关法律法规，制定详细方案，并聘请专业人士参与方案制定过程，确保方案的合法性、可行性，避免法律风险。

2. 企业转让土地使用权的，应当依法取得政府部门的批准，切不可私自流转、私自转让。

3. 企业应当按照法律规定的程序流转土地使用权，不做逾越法律的行为，坚守法律底线。

三、典型案例

欧阳某某、汤某某非法倒卖土地案[①]

【基本案情】

2010年11月，江西天×实业有限公司（以下简称天×公司）与上栗县人民政府签订招商引资协议，取得上栗县赤山工业园国家新材料产业示范（萍乡）基地100亩国有工业出让土地。后汤某某在该宗土地上占地50亩投资兴建了江西西×电机制造有限公司（以下简称西×公司），另50亩只进行了一些基建工作，没有履行好与县政府签订的协议，上栗县人民政府经与汤某某协商，决定在赤山工业园另一侧置换一块86亩的国有工业用地给汤某某。2012年8月31日，汤某某代表天×公司与上栗县人民政府签订协议，规定由汤某某实际取得86亩国有工业出让土地兴办产业孵化园，要求投资1亿元，每亩交纳1万元土地办证费用，12个月内建成，建设标准厂房及配套服务设施不得低于7万平方米，12个月内建成一期不低于5万平方米，按规划建设标准厂房有权出租出售。汤某某获得该宗土地后因无力开发，遂想转让土地或找人合伙成立公司进行投资开发。2012年10月，汤某某找到欧阳某某，二人作为股东注册成立了江西金×寒科技实业有限公司（以下简称金×寒公司），公司注册资金1000万元，汤某某以86亩土地作价入股占公司48%股份，欧阳某某认缴500万元出资，先期出资200万元入股占公司52%股份。2012年12月13日通过网上挂牌出让，金×寒公司以746万元竞得该宗土地，12月18日上栗县土地交易中心与金×寒公司签订了成交确认书，上栗县经济开发区管委会赤山基地利用财政资金为金×寒公司缴纳了746万元土地出让金和298,400元契税。金×寒公司先后投入600万元建设标准厂房，因经济实力不够，资金压力大，为缓解资金压力，汤某某、欧阳某某决定出售土地变现获利。

2013年3月，张某甲从朋友处打听到国家新材料产业示范（萍乡）基地汤某某处有国有工业用地出售，张某甲和其弟弟张某丙遂找到汤某某，在基地察看了土地，并与汤某某商谈了购地事宜，达成了初步意向，汤某某告之土地可以转让并可办理土地证，但不能直接转让土地，只能通过转让厂房的形式附带将土地转让，并说该宗土地系金×寒公司所有，转让土地必须经金×寒公司法定代表人即欧阳某某同意。之后张某甲、张某丙兄弟在位于萍乡金三角的江西金×寒线缆有限公司办公室与汤某某、欧阳某某商谈购买土地事宜。经协商，汤某某、欧阳某某决定将金×寒公司86亩土地中未动工建设的36.64亩（24,426.79平方米）国有工业用地以228万元的价格卖

① 审理法院：江西省萍乡市中级人民法院，案号：（2016）赣03刑终87号。

给张某甲、张某丙所有的萍乡市城×实业有限公司(以下简称城×公司),签订合同之日先付136万元,余款在土地证交付时付清,加盖了金×寒公司和城×公司印章,汤某某、欧阳某某在合同上签字。为掩盖土地买卖事实,汤某某、欧阳某某与张某甲、张某丙签订了虚假的工程建设发包合同、工业厂房预定合同,合同约定由金×寒公司将36.64亩土地上的厂房建设工程发包给城×公司,由城×公司向金×寒公司预定36.64亩土地上所建的工业厂房。此后,汤某某先后向张某甲、张某丙收取购地款136万元,并将其中的100万元记入金×寒公司财务账,另36万元用于个人日常生活开支。张某甲、张某丙先后请人在该36.64亩土地上建设了面积约1万平方米的两栋钢结构厂房及附属工程,工程量约840万元,已付工程款670余万元。

2013年6月,经张某甲介绍,张某乙得知汤某某还有国有工业用地出售,遂找到汤某某,汤某某告之土地可以转让并可以办理土地证,但土地不能直接转让,只能通过转让厂房的形式将土地转让出去。双方经协商,决定由汤某某将金×寒公司一宗30米长、26米宽共780平方米的土地直接转让给张某乙,土地转让价格为30万元。为掩盖土地买卖事实,汤某某代表金×寒公司与张某乙儿子张某强代表鸿×酒店服务有限公司签订了一份工业厂房认购协议,规定由汤某某负责施工建设一栋1923平方米的综合楼,由张某强方出资1,607,628元认购该栋综合楼。后张某乙、张某强先后支付147万元给汤某某,汤某某将其中的60余万元负责建设了一栋面积约2000平方米的三层酒楼,余款80余万元用于西×公司经营和个人日常开支。

2013年7月24日,金×寒公司取得了57,365平方米国有工业用地土地使用权证书。2013年9月,欧阳某某以江西金×寒线缆有限公司名义,以金×寒公司所建的标准厂房、附属土地办的房产证作抵押,分2次在中国工商银行萍乡分行贷款共2500万元。张某甲、张某乙多次找汤某某为他们办理土地证,但因该宗86亩土地已抵押贷款等方面原因而无法办理。因欧阳某某、汤某某无法支付欧阳某乙、曾某某的工程款,2015年2月1日,欧阳某某安排曾某某以曾某某的名义以380万元收购了汤某某持有的金×寒公司48%股份。

经法院审理查明,2013年3月至7月,汤某某、欧阳某某非法转让36.64亩土地,汤某某非法转让780平方米土地。

【裁判结果】

1. 汤某某犯非法转让土地使用权罪,判处有期徒刑2年,缓刑2年,并处罚金人民币13万元。

2. 欧阳某某犯非法转让土地使用权罪,判处有期徒刑1年6个月,缓刑1年6个月,并处罚金人民币12万元。

【律师评析】

本案涉及的是企业经营者以牟利为目的,不按照合同规定开发、利用、经营土地,非法转让土地使用权的行为，是否构成非法转让、倒卖土地使用权罪的问题。

根据《最高人民检察院、公安部关于公安机关管辖的刑事案件立案追诉标准的规定（二）》（2010年）第八十条的规定，以牟利为目的，违反土地管理法规，非法转让、倒卖土地使用权，非法转让、倒卖其他土地20亩以上的，应予立案追诉。《土地管理法》第二条第三款规定，土地使用权可以依法转让，但任何单位和个人不得买卖或非法转让。《城镇国有土地使用权出让和转让暂行条例》第十七条规定，土地使用者应当按照土地使用权出让合同的规定和城市规划的要求，开发、利用、经营土地。第十九条第二款规定，未按土地使用权出让合同规定的期限和条件投资开发、利用土地的，土地使用权不得转让。

本案中，欧阳某某、汤某某在获得国有建设用地土地使用权后，不按照合同规定开发、利用、经营土地，以牟利为目的非法转让土地使用权，其中汤某某、欧阳某某二人非法转让国有建设用地36.64亩，汤某某非法转让国有建设用地780平方米，二人行为违反了土地管理法规，且转让的土地在20亩以上，其行为已构成非法转让土地使用权罪。

由本案中可知，企业与政府签订协议取得国有工业出让土地后，应当按约定对土地进行开发利用。在土地开发过程中，企业如果出现资金问题无力开发的，应当通过正规渠道进行融资或与政府相关部门进行协商解决，未取得政府相关部门的批准，不得私自出售土地，否则将可能触犯本罪。

第二节　非法占用农用地罪

一、罪名概述

1. 罪名简介

非法占用农用地罪，是指违反土地管理法规，非法占用耕地、林地等农用地，改变被占用土地用途，数量较大，造成耕地、林地等农用地大量毁坏行为。

2. 立案标准

《最高人民检察院、公安部关于公安机关管辖的刑事案件立案追诉标准的规定（一）》第六十七条规定，“违反土地管理法规，非法占用耕地、林地等农用地，改变被占用土地用途，造成耕地、林地等农用地大量毁坏，涉嫌下列情形之一的，应予立案追诉：（一）非法占用基本农田五亩以上或者基本农田以外的耕地十亩以上的；（二）非法占用防护林地或者特种用途林地数量单种或者合计五亩以上的；（三）非法占用其他林地十亩以上的；（四）非法占用本款第（二）项、第（三）项规定的林地，其中一项数量达到相应规定的数量标准的百分之五十以上，且两项数量合计达到该项规定的数量标准的；（五）非法占用其他农用地数量较大的情形。违反土地管理法规，非法占用耕地建窑、建坟、建房、挖沙、采石、采矿、取土、堆放固体废弃物或者进行其他非农业建设，造成耕地种植条件严重毁坏或者严重污染，被毁坏耕地数量达到以上规定的，属于本条规定的'造成耕地大量毁坏'。违反土地管理法规，非法占用林地，改变被占用林地用途，在非法占用的林地上实施建窑、建坟、建房、挖沙、采石、采矿、取土、种植农作物、堆放或者排泄废弃物等行为或者进行其他非林业生产、建设，造成林地的原有植被或者林业种植条件严重毁坏或者严重污染，被毁坏林地数量达到以上规定的，属于本条规定的'造成林地大量毁坏'"。

3. 量刑标准

《刑法》第三百四十二条规定，"违反土地管理法规，非法占用耕地、林地等农用地，改变被占用土地用途，数量较大，造成耕地、林地等农用地大量毁坏的，处五年以下有期徒刑或者拘役，并处或者单处罚金"。

《最高人民法院关于审理破坏土地资源刑事案件具体应用法律若干问题的解释》第三条规定，"违反土地管理法规，非法占用耕地改作他用，数量较大，造成耕地大量毁坏的，依照刑法第三百四十二条的规定，以非法占用耕地罪定罪处罚：（一）非法占用耕地'数量较大'，是指非法占用基本农田五亩以上或者非法占用基本农田以外的耕地十亩以上。（二）非法占用耕地'造成耕地大量毁坏'，是指行为人非法占用耕地建窑、建坟、建房、挖沙、采石、采矿、取土、堆放固体废弃物或者进行其他非农业建设，造成基本农田五亩以上或者基本农田以外的耕地十亩以上种植条件严重毁坏或者严重污染"。

该解释第九条规定，"多次实施本解释规定的行为依法应当追诉的，或者一年内多次实施本解释规定的行为未经处理的，按照累计的数量、数额处罚"。

二、风险防控建议

1. 企业应当熟悉《土地管理法》《土地管理法实施条例》《基本农田保护条例》《农村土地承包法》《闲置土地处置办法》《土地违法案件查处办法》等法律法规及相关政策，确需使用农用土地的，应先行获得相关部门的批准，再按照批准的用途、范围等使用土地。未经批准，不得私自占用农用地，杜绝"先占后批"等违法违规行为。

2. 企业使用土地时应当遵守城乡土地规划，不得超出城乡土地规划限定的范围，擅自违规占用农用地。

3. 企业应尽可能地发挥土地价值，加强环保意识，充分认识农用地的重要性。

4. 企业在开发利用土地前，应当结合不动产登记以及土地实际情况，充分调查了解土地的用途和性质,避免因土地用途和性质不明或者认识错误而触犯法律。

三、典型案例

湖南潮×混凝土有限公司非法占用农用地案①

【基本案情】

2012年,湖南潮×混凝土有限公司(以下简称潮×公司)成立,法定代表人为龚某某(已判决)。2012年10月,龚某某代表潮×公司与衡阳市珠晖区某镇某村某村民小组签订《土地租赁合同》,潮×公司租赁某组40亩土地(面积以丈量为准)用于经营混凝土加工、销售和砂石销售,租期20年。潮×公司在未经有权机关依法批准的情况下,擅自改变租赁土地用途,将租赁的农用地进行硬化,兴建办公用房和厂房等。2014年5月5日,衡阳市国土资源局(以下简称市国土局)以潮×公司在某组建设搅拌站非法占地14,058平方米,其中耕地面积5500平方米(8.25亩),林地面积7314平方米(10.97亩),其他土地面积1244平方米为由,对潮×公司作出行政处罚决定,决定没收非法占用的土地上新建的建筑物和其他设施,另处罚款人民币97,790元(其中,耕地以每平方米10元罚款、其他土地以每平方米5元罚款)。同年9月10日,潮×公司向衡阳市国土资源局珠晖分局缴纳全部罚款,其中耕地面积5500平方米的罚款计55,000元、林地面积7314平方米的罚款计36,570元,共计人民币91,570元。

2014年,龚某某将潮×公司转让给张某1、张某某、王某某(实际投资人为万某1,王某某为代为持股人),法定代表人变更为张某某,张某1为潮×公司股东、万某1(被不起诉处理)为潮×公司总经理,潮×公司的日常经营管理由万某1负责。

2015年,潮×公司因建设绿色环保型预拌混凝土搅拌站而需要对厂房进行扩建。同年6月10日,潮×公司与某组签订《土地租赁协议》,潮×公司从某组另行租赁一块土地用于厂房扩建,该租赁地与原租赁土地相邻。潮×公司在未取得建设用地手续的情况下,擅自改变租赁土地用途,将租赁的农用地进行地面硬化并在地上建设混凝土搅拌生产线及环保设施等。2016年3月31日,衡阳市国土测量队受市国土局珠晖分局执法监察大队的委托对潮×公司2015年新增租赁土地进行测量。2017年3月17日,市国土局以潮×公司在某组非法占地11,663.69平方米,其中耕地面积1030.8平方米(1.54亩),林地面积6517.77平方米(9.77亩),坑塘水面1580平方米,建设用地1783.9平方米,未利用地751.22平方米为由,对潮×公司作出行政处罚决定,责令限期拆除占地面积上新建的建筑物和其他设施,另处罚款人民币

① 审理法院:湖南省衡阳市珠晖区人民法院,案号:(2019)湘0405刑初6号。

180,109元(其中耕地以每平方米20元罚款、其他土地以每平方米15元罚款)。同年8月2日,潮×公司向衡阳市国土资源局珠晖分局缴纳全部罚款,其中耕地面积1030.8平方米的罚款计20,616元、林地面积6517.77平方米的罚款计97,766.55元,共计人民币118,382.55元。

潮×公司先后两次非法占用耕地面积共计6530.8平方米(9.79亩)、林地面积共计13,831.77平方米(20.74亩)。潮×公司已对非法占用的农用地进行硬化且在硬化土地上形成建筑物或堆放砂石,造成被占用的耕地和林地的耕作层、种植层破坏。衡阳市国土资源局两次对潮×公司作出行政处罚决定,潮×公司共计缴纳罚款人民币277,899元,其中缴纳非法占用耕地和林地的罚款共计人民币209,952.55元。

公诉机关认为,潮×公司的行为已触犯《刑法》第三百四十二条之规定,应当以非法占用农用地罪追究其刑事责任,提请法院依法判处。

潮×公司非法占地总面积共25,721.69平方米,其中耕地面积6530.8平方米(9.79亩)、林地面积13,831.77平方米(20.74亩)。

【裁判结果】

潮×公司犯非法占用农用地罪,判决单处罚金人民币30万元。

【律师评析】

本案涉及的是企业非法占用耕地、林地等农用地,改变被占用土地用途的行为,是否构成非法占用农用地罪的问题。

《最高人民检察院、公安部关于公安机关管辖的刑事案件立案追诉标准的规定(一)》第六十七条规定,“违反土地管理法规,非法占用耕地、林地等农用地,改变被占用土地用途,造成耕地、林地等农用地大量毁坏,涉嫌下列情形之一的,应予立案追诉:(一)非法占用基本农田五亩以上或者基本农田以外的耕地十亩以上的;(二)非法占用防护林地或者特种用途林地数量单种或者合计五亩以上的;(三)非法占用其他林地十亩以上的;(四)非法占用本款第(二)项、第(三)项规定的林地,其中一项数量达到相应规定的数量标准的百分之五十以上,且两项数量合计达到该项规定的数量标准的;(五)非法占用其他农用地数量较大的情形”。

本案中,潮×公司非法占地总面积共25,721.69平方米,其中耕地面积6530.8平方米(9.79亩)、林地面积13,831.77平方米(20.74亩)。潮×公司在未经有权机关依法批准的情况下,擅自改变租赁土地用途,将上述租赁的耕地、林地进行硬化,兴建办公用房和厂房等,其行为已违反土地管理法规,造成耕地、林地等农用地大量毁坏,构成非法占用农用地罪。

由本案可知,企业与村委会签订《土地租赁合同》前,应当进行合规审查,确保承租土地的性质能满足自己的商业需要。否则,企业如果违反土地管理法规使用土地,造成耕地、林地等农用地大量毁坏,将触犯本罪。

第十六章
海关监管方面的刑事风险及防控

第一节　走私普通货物、物品罪

一、罪名概述

1. 罪名简介

走私普通货物、物品罪，是指违反海关法规，逃避海关监管，非法运输、携带、邮寄国家禁止进出口的武器、弹药、核材料、假币、珍贵动物及其制品、珍稀植物及其制品、淫秽物品、毒品以及国家禁止出口的文物、金银和其他贵重金属以外的货物、物品进出境，偷逃应缴税额数额较大的行为。

2. 立案标准

根据《刑法》第一百五十三条的规定，走私货物、物品偷逃应缴税额较大或者一年内曾因走私被给予二次行政处罚后又走私的，将被立案侦查。

应当注意，下列几种情形符合立案标准的，也应当以涉嫌走私货物、物品罪立案侦查：

（1）未经海关许可并且未补缴应缴税额，擅自将批准进口的来料加工、来件装配、补偿贸易的原材料、零件、制成品、设备等保税货物，在境内销售牟利的；

（2）未经海关许可并且未补缴应缴税额，擅自将特定减税、免税进口的货物、物品，在境内销售牟利的；

（3）直接向走私人非法收购国家禁止进口物品的，或者直接向走私人非法收购走私进口的其他货物、物品，数额较大的；

（4）在内海、领海运输、收购、贩卖国家禁止进出口物品的，或者运输、收购、贩卖国家限制进出口货物、物品，数额较大，没有合法证明的。

3. 量刑标准

《刑法》第一百五十三条规定，“走私本法第一百五十一条、第一百五十二条、第三百四十七条规定以外的货物、物品的，根据情节轻重，分别依照下列规定处罚：

(一)走私货物、物品偷逃应缴税额较大或者一年内曾因走私被给予二次行政处罚后又走私的,处三年以下有期徒刑或者拘役,并处偷逃应缴税额一倍以上五倍以下罚金。(二)走私货物、物品偷逃应缴税额巨大或者有其他严重情节的,处三年以上十年以下有期徒刑,并处偷逃应缴税额一倍以上五倍以下罚金。(三)走私货物、物品偷逃应缴税额特别巨大或者有其他特别严重情节的,处十年以上有期徒刑或者无期徒刑,并处偷逃应缴税额一倍以上五倍以下罚金或者没收财产。单位犯前款罪的,对单位判处罚金,并对其直接负责的主管人员和其他直接责任人员,处三年以下有期徒刑或者拘役;情节严重的,处三年以上十年以下有期徒刑;情节特别严重的,处十年以上有期徒刑。对多次走私未经处理的,按照累计走私货物、物品的偷逃应缴税额处罚”。

《最高人民法院、最高人民检察院关于办理走私刑事案件适用法律若干问题的解释》第十六条规定,“走私普通货物、物品,偷逃应缴税额在十万元以上不满五十万元的,应当认定为刑法第一百五十三条第一款规定的‘偷逃应缴税额较大’;偷逃应缴税额在五十万元以上不满二百五十万元的,应当认定为‘偷逃应缴税额巨大’;偷逃应缴税额在二百五十万元以上的,应当认定为‘偷逃应缴税额特别巨大’。走私普通货物、物品,具有下列情形之一,偷逃应缴税额在三十万元以上不满五十万元的,应当认定为刑法第一百五十三条第一款规定的‘其他严重情节’;偷逃应缴税额在一百五十万元以上不满二百五十万元的,应当认定为‘其他特别严重情节’:(一)犯罪集团的首要分子;(二)使用特种车辆从事走私活动的;(三)为实施走私犯罪,向国家机关工作人员行贿的;(四)教唆、利用未成年人、孕妇等特殊人群走私的;(五)聚众阻挠缉私的”。

二、风险防控建议

1. 企业应当熟悉相关法律法规,掌握进出口的相关管理规定,自觉防范日常经营过程中可能触及的风险点。

2. 企业应当加强进出口货物与所纳税数额的管理工作,关注进出口货物数量及企业所纳税额的变化,以防由于缴纳税款方面的问题而触犯本罪。

3. 企业在从事进出口业务过程中,应当严格遵守关税的法律规定,依法纳税,合法报关,对于明知是走私行为的事情,一定不能做。杜绝违反海关监管,实施以低于实际进口的价格报关税、倒卖保税来料加工原材料、出售特定减税或免税货物等行为。

4. 制定严格的商品采购审批制度,避免触犯“间接走私罪”。《刑法》第一百五十五条规定,间接走私,是指违反海关法律法规,直接向走私人非法收购走私进口的一般货物、物品数额较大的,或者在内海、领海运输、收购、贩卖国家限制进出口的货物、物品等以外的其他违禁品,数额较大,没有合法证明的,以走私普通货物、物品罪论处。如果企业管理制度有漏洞,有采购职权的员工可能为谋取私利而采购明知是走私的货物，当其行为被海关发现时，单位、法定代表人及公司相关高管都有可能被刑事追诉。

企业在采购时，如遇到明显低于市场价格的原材料或产品，要保持警惕，核实对方的产品来源、产地等。为预防触犯本罪，采购时务必要做好相关证据保全，如要求对方提交相关证明文件等。

5.《刑法》第一百五十六条规定，与走私罪犯通谋，为其提供贷款、资金、账号、发票、证明，或者为其提供运输、保管、邮寄或者其他方便的，以走私罪的共犯论处。因此，如果有企业以某种利益相许或者以某种方式邀请外贸合作，务必要保持警惕，不要轻易为其提供贷款、资金、账号、发票或为其保管货物。

三、典型案例

上海华×伊龙实业发展公司等走私普通货物案①

【基本案情】

1996年年底至1997年年初，濮某清担任上海华×伊龙实业发展公司（以下简称华×伊龙公司）法定代表人、总经理期间，通过该公司内贸部经理冯某军介绍，认识了香港三×企业有限公司（以下简称三×公司）上海办事处的施某。双方经洽谈，均有进口涤纶短纤加工复出口的合作意向，并决定签订《进出口代理协议》，三×公司委托华×伊龙公司代理涤纶短纤“进料加工复出口”业务。华×伊龙公司没有外贸进出口权，其征得上级单位中国华×集团有限公司（以下称华×集团公司）同意，以华×集团公司进出口六部的名义对外签订进出口协议。而三×公司施某以已于1997年1月1日被工商行政管理部门注销的民兴公司名义，在同年1月6日与华×伊龙公司签订了《进出口代理协议》，并在协议书上加盖了一枚非民兴公司的印鉴。该协议约定，华×集团公司（华×伊龙公司）负责代理民兴公司（实为三×公司）对外商签订进口合同和出口信用证的审证及交单，但不承担任何责任，而其他均由三×公司负责；华×伊龙公司按比率收取代理费。至1997年年底，华×伊龙公司与三×公司先后签订数份与上述内容相同的《进出口代理协议》，从而形成代理关系。

嗣后，华×伊龙公司以华×集团公司的名义向上海浦东海关申领了《进料加工登记手册》，经海关审查批准，免税进口涤纶短纤3100余吨。华×伊龙公司总经理濮某清及公司职员冯某军与三×公司施某未经海关许可，并且未补缴应缴税额，擅自将其中1000余吨涤纶短纤在境内销售牟利，具体如下：

---

① 参见北大法宝——登录“北大法宝”引证码查询系统（www.pkulaw.com/fbm），输入法宝引证码：CLI.C.9173598查询。

1. 1997 年 1 月，华 × 伊龙公司为摆脱库存量高，来不及加工的困境，经总经理濮某清同意，由华 × 伊龙公司冯某军与上海广联纺织品工业有限公司(以下称广 × 公司)业务员贾某协商后，华 × 伊龙公司以人民币(以下均为人民币)每吨 1 万余元的价格销售给广 × 公司免税进口的涤纶短纤 95.5 吨，偷逃应缴税额 31.2 万余元。

2. 1997 年 1 月，广 × 公司贾某经冯某军介绍，与三 × 公司施某洽谈后，三 × 公司以每吨 1 万余元的价格销售给广 × 公司免税进口的涤纶短纤 119 吨，偷逃应缴税额 38.9 万余元，广 × 公司之后转售给上海天 × 实业有限公司(以下称天 × 公司)。

3. 1997 年 1 月，经冯某军与施某联系，三 × 公司以每吨 9900 元的价格销售给天 × 公司免税进口的涤纶短纤 38.7 吨，偷逃应缴税额 12.6 万余元。

4. 1997 年 4 ~ 11 月，上海鑫 × 物质有限公司经理李某经冯某军介绍，以每吨 8950 元至 9800 元不等的价格，从三 × 公司施某处先后购得免税进口的涤纶短纤 525.7 吨，偷逃应缴税额 172.1 万余元。

5. 1997 年 6 月，上海华 × 纺织印染有限公司王某在与三 × 公司洽谈坯布买卖过程中，得知三 × 公司有进口涤纶短纤，即要求购买，后经施某决定以每吨 9300 元的价格销售给华晶公司免税进口的涤纶短纤 60.2 吨，偷逃应缴税额 19.7 万余元。

6. 1998 年 4 月，濮某清为摆脱华 × 伊龙公司库存量高、来不及加工的困境，要求公司员工将在保税仓库的涤纶短纤尽快销售掉。该公司员工安某、王某通过汪某等人联系，使用陕西宝鸡阳 × 非织造物有限公司的《进料加工手册》，将 300 吨涤纶短纤报关进口。同年六七月，濮某清又安排公司员工周某联系购货单位。后周某与上海田 × 物资贸易有限公司沈某联系，并经濮某清同意，以每吨 6700 元的价格，销售给田水公司免税进口的涤纶短纤 197.4 吨，偷逃应缴税额 64.1 万余元。

【裁判结果】

1. 华 × 伊龙公司犯走私普通货物罪，判处罚金人民币 300 万元。
2. 濮某清犯走私普通货物罪，判处有期徒刑 3 年，缓刑 3 年。
3. 冯某军犯走私普通货物罪，判处有期徒刑 3 年，缓刑 3 年。
4. 施某犯走私普通货物罪，判处有期徒刑 6 年。
5. 违法所得予以追缴。

【律师评析】

本案涉及的是企业及其管理人员未经海关许可未补缴应缴税额，擅自将批准进口的保税货物在国内销售牟利的行为，是否构成走私普通货物、物品罪的问题。

根据《刑法》第一百五十三条的规定，走私货物、物品偷逃应缴税额较大或者 1 年内曾因走私被给予 2 次行政处罚后又走私的，将被立案侦查。《刑法》第一百五十四条规定，“下列走私行为，根据本节规定构成犯罪的，依照本法第一百五十三条的规定定罪处罚：(一)未经海关许可并且未补缴应缴税额，擅自将批准进口的来料加工、来件装配、补偿贸易的原材料、零件、制成品、设备等保税货物，在境内销售牟利的；(二)未经海关许可并且未补缴应缴税额，擅自将特定减税、免税进口的货物、物品，在境内销售牟利的”。

若按现行有效规定分析此案：《最高人民法院、最高人民检察院关于办理走私刑事案件适用法律若干问题的解释》第十六条第一款规定，“走私普通货物、物品，偷逃应缴税额在十万元以上不满五十万元的，应当认定为刑法第一百五十三条第一款规定的‘偷逃应缴税额较大’；偷逃应缴税额在五十万元以上不满二百五十万元的，应当认定为‘偷逃应缴税额巨大’；偷逃应缴税额在二百五十万元以上的，应当认定为‘偷逃应缴税额特别巨大’”。

本案中，华×伊龙公司违反海关规定逃避监管，未经海关许可并且未补缴应缴税额，擅自将1000余吨批准进口加工的涤纶短纤，结伙或单独在境内销售，偷逃应缴税额人民币95.4万元，数额巨大，已构成走私普通货物罪。濮仪清系华×伊龙公司直接负责的主管人员，冯学军系华×伊龙公司直接责任人员，二人行为构成走私普通货物罪。施某以三×公司等名义，非法销售涤纶短纤743.4吨，偷逃应缴税额人民币243.3万元，数额巨大，其行为构成走私普通货物罪。

由本案可知，从事对外贸易的进出口企业，为规避触犯本罪，建议如下：(1)在中国境内销售加工贸易的货物，务必要经海关许可并补缴税款才可实施；(2)不得为牟取非法利益而收购未经内销审批亦未补缴税款的加工贸易货物。

第二节　走私国家禁止进出口的货物、物品罪

一、罪名概述

1. 罪名简介

走私国家禁止进出口的货物、物品罪，是指走私珍稀植物及其制品等国家禁止进出口的其他货物、物品的，应予立案追诉。

2. 立案标准

根据《刑法》第一百五十一条第三款的规定，“走私珍稀植物及其制品等国家禁止进出口的其他货物、物品的，应予立案追诉”。

3. 量刑标准

根据《刑法》第一百五十一条第三款、第四款的规定，“走私珍稀植物及其制品等国家禁止进出口的其他货物、物品的，处五年以下有期徒刑或者拘役，并处或者单处罚金；情节严重的，处五年以上有期徒刑，并处罚金。单位犯本条规定之罪的，对单位

判处罚金,并对其直接负责的主管人员和其他直接责任人员,依照本条各款的规定处罚”。

《最高人民法院、最高人民检察院关于办理走私刑事案件适用法律若干问题的解释》第十一条规定,“走私国家禁止进出口的货物、物品,具有下列情形之一的,依照刑法第一百五十一条第三款的规定处五年以下有期徒刑或者拘役,并处或者单处罚金:(一)走私国家一级保护野生植物五株以上不满二十五株,国家二级保护野生植物十株以上不满五十株,或者珍稀植物、珍稀植物制品数额在二十万元以上不满一百万元的;(二)走私重点保护古生物化石或者未命名的古生物化石不满十件,或者一般保护古生物化石十件以上不满五十件的;(三)走私禁止进出口的有毒物质一吨以上不满五吨,或者数额在二万元以上不满十万元的;(四)走私来自境外疫区的动植物及其产品五吨以上不满二十五吨,或者数额在五万元以上不满二十五万元的;(五)走私木炭、硅砂等妨害环境、资源保护的货物、物品十吨以上不满五十吨,或者数额在十万元以上不满五十万元的;(六)走私旧机动车、切割车、旧机电产品或者其他禁止进出口的货物、物品二十吨以上不满一百吨,或者数额在二十万元以上不满一百万元的;(七)数量或者数额未达到本款第一项至第六项规定的标准,但属于犯罪集团的首要分子,使用特种车辆从事走私活动,造成环境严重污染,或者引起甲类传染病传播、重大动植物疫情等情形的。具有下列情形之一的,应当认定为刑法第一百五十一条第三款规定的‘情节严重’:(一)走私数量或者数额超过前款第一项至第六项规定的标准的;(二)达到前款第一项至第六项规定的标准,且属于犯罪集团的首要分子,使用特种车辆从事走私活动,造成环境严重污染,或者引起甲类传染病传播、重大动植物疫情等情形的”。

该解释第十二条第一款规定,“刑法第一百五十一条第三款规定的‘珍稀植物’,包括列入《国家重点保护野生植物名录》《国家重点保护野生药材物种名录》《国家珍贵树种名录》中的国家一、二级保护野生植物、国家重点保护的野生药材、珍贵树木,《濒危野生动植物种国际贸易公约》附录Ⅰ、附录Ⅱ中的野生植物,以及人工培育的上述植物”。

二、风险防控建议

1. 企业应当认真学习《国家重点保护野生植物名录》《国家重点保护野生药材物种名录》《国家珍贵树种名录》等内容,了解珍稀植物及其制品等国家禁止进出口的其他货物、物品的范围,从而重点掌握禁止进出口的其他货物、物品的种类、范围。

2. 在未经国家相关部门批准的情况下,企业不得将国家禁止进出口的货物、物品进行非法携带、运输或邮寄出国(边)境,否则可能触犯本罪。

3. 企业应当加强国家禁止进出口的货物、物品的管理和监督工作,建立健全国家禁止进出口的货物、物品管理清单，明确企业管理范围，在流通环节加强货物、物品的清查、清点，及时掌握货物、物品的数量、种类等关键证据。

三、典型案例

郭某正、蔡某其走私国家禁止进出口的货物、物品案[①]

【基本案情】

郭某正、蔡某其合伙做机制砂出口销售的生意。2016年年底，郭某正二人接到订单，准备出口3万~3.5万吨机制砂。2017年3月，二人联系广东省增城市××建材装饰材料经营部（以下简称××经营部）的杜某强、广州市××沙石有限公司（以下简称××沙场）的潘某庆，约定分别购买约2万吨、1万吨的机制砂。

同年3月26日下午，负责运输出口上述机制砂的长鸿一号船抵达东莞市虎门镇沙角对开海面的泥洲头锚地。在郭某正、蔡某其的委托下，陈某生安排驳船先后从××经营部的沙场运了21,950吨机制砂，从××沙场运了3151.2吨机制砂到长鸿一号船上。3月27日，郭某正二人委托船代向海关申报出口花岗岩石碎料3万吨，商品编号25174900。3月28日中午，因东堡沙场已无其他机制砂可以装船，郭某正、蔡某其在明知天然石英砂出口需许可证的情况下，由郭提议、二人决定从××沙场购买一批海沙（属于天然石英砂）装到船上，以凑足3万吨数量。后二人安排人员先后从东堡沙场运出了3820吨海沙（含少量机制砂）和1858吨海沙过驳到长鸿一号5号舱。同年3月29日，长鸿一号船起航出发，随后被查获。

经鉴定，上述长鸿一号船1号、5号舱所载货物为天然石英砂；2号、3号、4号舱所载货物为花岗岩碎料。经统计，长鸿一号船共装载了天然石英砂5265吨。经查明，涉案海沙的交易价格为每吨26元，涉案5265吨海沙的总价为13万余元。

【裁判结果】

1. 郭某正犯走私国家禁止进出口的物品罪，判处有期徒刑4年，并处罚金人民币5万元。

2. 蔡某其犯走私国家禁止进出口的物品罪，判处有期徒刑3年6个月，并处罚金人民币5万元。

3. 扣押在案的赃物天然石英砂5265吨，予以没收，在判决生效后直接由新沙海关缉私分局上缴国库。

【律师评析】

本案涉及的是行为人未经许可出口国家禁止进出口的天然石英砂，是否构成走

---

① 审理法院：广东省高级人民法院，案号：（2018）粤刑终429号。

私国家禁止进出口的物品罪的问题。

根据《刑法》第一百五十一条的规定,走私珍稀植物及其制品等国家禁止进出口的其他货物、物品的,应予立案追诉。根据《最高人民法院、最高人民检察院关于办理走私刑事案件适用法律若干问题的解释》第十一条第(五)项的规定,“走私木炭、硅砂等妨害环境、资源保护的货物、物品十吨以上不满五十吨,或者数额在十万元以上不满五十万元的”,依照《刑法》第一百五十一条第三款的规定处5年以下有期徒刑或者拘役,并处或者单处罚金。

本案中,郭某正、蔡某其明知天然石英砂出口需许可证,仍在未经许可的情况下,出口国家限制出口的天然砂5265吨,金额超过10万元,其行为均已构成走私国家禁止进出口的物品罪。

由本案可知,企业应加强国家禁止进出口的货物、物品的管理和监督工作,建立健全国家禁止进出口的货物、物品管理清单,在未经国家相关部门批准下,企业不得将国家禁止进出口的货物、物品进行非法携带、运输或邮寄出国(边)境,否则可能触犯本罪。

第三节　走私废物罪

一、罪名概述

1. 罪名简介

走私废物罪,是指违反海关法规和国家关于固体废物、液态废物、气态废物管理的规定,逃避海关监管,将境外固体废物、液态废物、气态废物运输进境的行为。

2. 立案标准

根据《刑法》第一百五十二条第二款的规定,逃避海关监管将境外固体废物、液态废物和气态废物运输进境,情节严重的,应予立案追诉。

3. 量刑标准

《刑法》第一百五十二条第二款、第三款规定,“逃避海关监管将境外固体废物、液态废物和气态废物运输进境,情节严重的,处五年以下有期徒刑,并处或者单处罚金;情节特别严重的,处五年以上有期徒刑,并处罚金。单位犯前两款罪的,对单位判处罚金,并对其直接负责的主管人员和其他直接责任人员,依照前两款的规定处罚”。

《最高人民法院、最高人民检察院关于办理走私刑事案件适用法律若干问题的解释》第十四条规定,“走私国家禁止进口的废物或者国家限制进口的可用作原料的废物,具有下列情形之一的,应当认定为刑法第一百五十二条第二款规定的‘情节严重'：(一)走私国家禁止进口的危险性固体废物、液态废物分别或者合计达到一吨以上不满五吨的；(二)走私国家禁止进口的非危险性固体废物、液态废物分别或者合计达到五吨以上不满二十五吨的；(三)走私国家限制进口的可用作原料的固体废物、液态废物分别或者合计达到二十吨以上不满一百吨的；(四)未达到上述数量标准，但属于犯罪集团的首要分子，使用特种车辆从事走私活动，或者造成环境严重污染等情形的。具有下列情形之一的，应当认定为刑法第一百五十二条第二款规定的'情节特别严重'：(一)走私数量超过前款规定的标准的；(二)达到前款规定的标准，且属于犯罪集团的首要分子，使用特种车辆从事走私活动，或者造成环境严重污染等情形的；(三)未达到前款规定的标准，但造成环境严重污染且后果特别严重的。走私置于容器中的气态废物，构成犯罪的，参照前两款规定的标准处罚"。

二、风险防控建议

1. 企业应当遵守海关法规和国家关于境外固体废物、液态废物、气态废物管理的规定，认真研习境外固体废物、液态废物、气态废物所包含的范围。

2. 企业应树立环境保护意识，主动接受海关监管，自觉抵制违规将境外固体废物、液态废物、气态废物携带入境的行为。

3. 企业应对员工加强法律培训工作，告知员工逃避海关监管将境外固体废物、液态废物和气态废物运输进境所面临的法律风险及后果。一经发现违规者，企业应予以严肃处理。

三、典型案例

天津品×盛荣国际贸易有限公司、王某国走私废物案①

【基本案情】

天津品×盛荣国际贸易有限公司(以下简称品×盛荣公司)系2015年12月29日注册成立的有限责任公司，经营范围为对外贸易经营、国际货运代理、零售业等。王某国系品×盛荣公司的法定代表人、总经理，负责公司的全面业务；张某系单位的业务员，负责采购和国内销售业务；汪某系单位的翻译人员，根据张某的指示联系外商、翻译和传递单据等。

为牟取非法利益，王某国、张某明知国家禁止进口含锌电弧炉灰，共同预谋后由张某寻找国外货源，以伪报品名为氧化锌混合物的方式申报进口，并由张某指使汪某联系外商修改货物真实品名，以氧化锌混合物与外商签订虚假合同，再由张某自行或

---

① 审理法院：天津市第二中级人民法院，案号：(2019)津02刑初27号。

指使汪某制作品名为氧化锌混合物的虚假报关单据向海关申报进口，王某国负责向外商支付货款。

2017年年初，品×盛荣公司以氧化锌混合物为品名向波兰外商订购国家禁止进口的含锌电弧炉灰进境销售牟利。品×盛荣公司分别于2017年4月4日、4月18日、6月30日，将所购买的3票上述货物共重749.154吨，伪报成氧化锌混合物向天津海关申报进口，后被天津海关查扣。其间，品×盛荣公司所购买的7票上述货物，共重1748.583吨陆续运抵天津口岸，后被查获。经中国环境科学研究院固体废物污染控制技术研究所进行鉴别，上述货物的样品均为国家禁止进口的危险性固体废物。在涉案货物被查扣期间，王某国与张某多次串通后，由张某指使汪某删除资料、与外商合谋规避海关调查。案发后，王某国、张某、汪某先后被查获归案，到案后如实供述了自己的犯罪事实；张某揭发他人犯罪，查证属实。

【裁判结果】

1. 品×盛荣公司犯走私废物罪，判处罚金人民币50万元。

2. 王某国犯走私废物罪，判处有期徒刑10年，并处罚金人民币30万元。

3. 张某犯走私废物罪，判处有期徒刑7年，并处罚金人民币20万元。

4. 汪某犯走私废物罪，判处有期徒刑2年6个月，缓刑2年6个月，并处罚金人民币3万元。在缓刑考验期内，依法实行社区矫正。

5. 查扣在案的涉案货物，由天津海关缉私局依法处理。

【律师评析】

本案涉及的是企业及其管理人员为牟取非法利益，逃避海关监管，将国家禁止进口的境外危险性固体废物伪报成氧化锌混合物运输进境的行为，是否构成走私废物罪的问题。

根据《刑法》第一百五十二条的规定，逃避海关监管将境外固体废物、液态废物和气态废物运输进境，情节严重的，应予立案追诉。根据《最高人民法院、最高人民检察院关于办理走私刑事案件适用法律若干问题的解释》第十四条的规定，走私国家禁止进口的废物或者国家限制进口的可用作原料的废物，走私国家禁止进口的危险性固体废物、液态废物分别或者合计达到1吨以上不满五吨的，应当认定为《刑法》第一百五十二条第二款规定的“情节严重”；走私数量超过前款规定的标准的，视为“情节特别严重”。

本案中，品×盛荣公司为牟取非法利益，违反国家法律法规，逃避海关监管，将2497.737吨含锌电弧炉灰伪报成氧化锌混合物运输进境，情节特别严重；王某国作为品×盛荣公司的法定代表人、总经理，张某系品×盛荣公司的业务员，二人共同预谋决定将含锌电弧炉灰以伪报品名方式走私进境；汪某明知实际购买货物为含锌电弧炉灰，仍根据张某指示联系外商签订虚假合同、制作虚假报关单据，参与走私犯罪，王某国系单位犯罪直接负责的主管人员，张某、汪某系单位犯罪直接责任人员，因此品×盛荣公司和王某国、张某、汪某的行为均已构成走私废物罪。

由本案可知，企业应认真研习境外固体废物、液态废物、气态废物所包含的范围，不得将国家禁止进口的固体废物、液态废物、气态废物运输进境，否则可能触犯本罪。

第四节 逃避商检罪

一、罪名概述

1. 罪名简介

逃避商检罪，是指违反进出口商品检验法的规定，逃避商品检验，将必须经商检机构检验的进口商品未报经检验而擅自销售、使用，或者将必须经商检机构检验的出口商品未报经检验合格而擅自出口，情节严重的行为。

2. 立案标准

《最高人民检察院、公安部关于公安机关管辖的刑事案件立案追诉标准的规定(二)》第七十五条规定，“违反进出口商品检验法的规定，逃避商品检验，将必须经商检机构检验的进口商品未报经检验而擅自销售、使用，或者将必须经商检机构检验的出口商品未报经检验合格而擅自出口，涉嫌下列情形之一的，应予立案追诉：(一)给国家、单位或者个人造成直接经济损失数额在五十万元以上的；(二)逃避商检的进出口货物货值金额在三百万元以上的；(三)导致病疫流行、灾害事故的；(四)多次逃避商检的；(五)引起国际经济贸易纠纷，严重影响国家对外贸易关系，或者严重损害国家声誉的；(六)其他情节严重的情形”。

3. 量刑标准

《刑法》第二百三十条规定，“违反进出口商品检验法的规定，逃避商品检验，将必须经商检机构检验的进口商品未报经检验而擅自销售、使用，或者将必须经商检机构检验的出口商品未报经检验合格而擅自出口，情节严重的，处三年以下有期徒刑或者拘役，并处或者单处罚金”。

二、风险防控建议

1. 企业应当认真贯彻国家进出口政策，严格遵守相关法律法规，杜绝逃避商检的不法行为。

2. 企业应当对进口和出口的商品进行商检登记，定期核查商品，检查进出口商品是否存在漏检情况。在销售进口商品或出口商品前，仔细审查商检手续。

3. 企业应当随时关注国家质量监督部门关于《进出口商品检验法》规定的必须实施检验的进出口商品目录，避免因商品未尽商检义务而触犯本罪。

三、典型案例

陈某甲逃避商检案①

【基本案情】

粤×公司经营范围为“生产新型装饰装修材料（包括纤维板材质地板、墙板、天花板、贴面板等新型装饰装修材料系列产品）”，属于中山出入境检验检疫局依据《广东检验检疫局出口工业产品企业分类管理工作规范（试行）》《广东检验检疫局出口工业产品企业分类评定实施细则》评定的“二类企业”。2011 年 11 月 22 日，粤×公司变更登记企业名称为中山广×柏高装饰材料有限公司。

陈某甲在粤×公司工作期间，于 2005 年 6 月 7 日注册登记为粤×公司报检员，2010 年 8 月 18 日注册登记为报关员。2010 年 7 月至 2012 年 2 月，陈某甲擅自接受中山市中×报关有限公司（以下简称中×公司）报关员陈某乙（另处理）委托，以每宗人民币 200 元的价格，为中×公司代理的部分出口货物办理申报出境检验检疫手续多宗。在此过程中，陈某甲利用工作便利，将相关报检货物复合地板、木地板、地脚线等（均列入《出入境检验检疫机构实施检验检疫的进出境商品目录》，H. S. 编码为 4409291090、4411141900、4412310090、4412321090、4412999990、4418729090、9403609990）虚构为粤×公司所生产，以粤×公司的名义向中山出入境检验检疫局申报检验，骗领《出境货物通关单》71 份，再将上述通关单交给陈某乙，先后共收受陈某乙人民币 14,200 元。其中 38 份通关单，被陈某乙等人在中山海关办理出口报关手续时，用作申报中山市大×居安得木制品厂有限公司、中山市恒×木制品有限公司等生产厂家产品的随附单证，使按国家规定必须实施检验的出口商品 38 批次（申报价格折合人民币 2,730,166.41 元）通过海关验放，出口到多个国家和地区。

2012 年 7 月，中山出入境检验检疫局发现陈某甲有不如实申报，取得货物通关证明的行为，后向公安机关报案。2013 年 2 月 27 日，陈某甲主动到公安机关投案，并退出违法所得人民币 14,200 元。

【裁判结果】

1. 陈某甲犯逃避商检罪，判处有期徒刑 1 年 2 个月，并处罚金人民币 1 万元。

2. 违法所得人民币 14,200 元，予以追缴。

---

① 审理法院：中山市第一人民法院，案号：（2013）中一法刑一初字第 1164 号。

【律师评析】

本案涉及的是陈某甲协助他人逃避商品检验，将必须经商检机构检验的出门商品未报经检验合格而擅自出口的行为，是否构成逃避商检罪的问题。

《最高人民检察院、公安部关于公安机关管辖的刑事案件立案追诉标准的规定(二)》(2010年)第八十三条规定，违反进出口商品检验法的规定，逃避商品检验，将必须经商检机构检验的进口商品未报经检验而擅自销售、使用，或者将必须经商检机构检验的出口商品未报经检验合格而擅自出口，给国家、单位或者个人造成直接经济损失数额在50万元以上的，应予立案追诉。

本案中，陈某甲利用工作便利，将相关报检货物复合地板、木地板、地脚线等必须经商检机构检验的出口商品，虚构为粤×公司所生产，以粤×公司的名义向中山出入境检验检疫局申报检验并骗领《出境货物通关单》71份，其中的38份通关单被陈某乙等人在中山海关办理出口报关手续时，用作申报中山市大×居安得木制品厂有限公司、中山市恒×木制品有限公司等生产厂家产品的随附单证，使按国家规定必须实施检验的出口商品38批次通过海关验放，出口到多个国家和地区，给国家造成直接经济损失数额2,730,166.41元，其行为构成逃避商检罪。

由本案可知，必须经商检机构检验的出口商品，如果未报经检验合格而擅自出口，将可能触犯本罪。因此，企业应当加强相关负责人员的法律培训，要求相关人员认真贯彻国家进出口商品检验法等法律法规，杜绝侥幸心理，自觉抵制逃避商检的不法行为。

第十七章
商业贿赂方面的刑事风险及防控

第一节　行 贿 罪

一、罪名概述

1. 罪名简介

行贿罪，是指为谋取不正当利益，给予国家工作人员以财物的行为。

2. 立案标准

《最高人民法院、最高人民检察院关于办理贪污贿赂刑事案件适用法律若干问题的解释》第七条规定，“为谋取不正当利益，向国家工作人员行贿，数额在三万元以上的，应当依照刑法第三百九十条的规定以行贿罪追究刑事责任。行贿数额在一万元以上不满三万元，具有下列情形之一的，应当依照刑法第三百九十条的规定以行贿罪追究刑事责任：（一）向三人以上行贿的；（二）将违法所得用于行贿的；（三）通过行贿谋取职务提拔、调整的；（四）向负有食品、药品、安全生产、环境保护等监督管理职责的国家工作人员行贿，实施非法活动的；（五）向司法工作人员行贿，影响司法公正的；（六）造成经济损失数额在五十万元以上不满一百万元的”。

3. 量刑标准

《刑法》第三百九十条规定，“对犯行贿罪的，处五年以下有期徒刑或者拘役，并处罚金；因行贿谋取不正当利益，情节严重的，或者使国家利益遭受重大损失的，处五年以上十年以下有期徒刑，并处罚金；情节特别严重的，或者使国家利益遭受特别重大损失的，处十年以上有期徒刑或者无期徒刑，并处罚金或者没收财产。行贿人在被追诉前主动交待行贿行为的，可以从轻或者减轻处罚。其中，犯罪较轻的，对侦破重大案件起关键作用的，或者有重大立功表现的，可以减轻或者免除处罚”。

《最高人民法院、最高人民检察院关于办理贪污贿赂刑事案件适用法律若干问题的解释》第八条规定，“犯行贿罪，具有下列情形之一的，应当认定为刑法第三百九十条第一款规定的‘情节严重’：（一）行贿数额在一百万元以上不满五百万元的；

（二）行贿数额在五十万元以上不满一百万元，并具有本解释第七条第二款第一项至第五项规定的情形之一的；（三）其他严重的情节。为谋取不正当利益，向国家工作人员行贿，造成经济损失数额在一百万元以上不满五百万元的，应当认定为刑法第三百九十条第一款规定的'使国家利益遭受重大损失'"。

该解释第九条规定，"犯行贿罪，具有下列情形之一的，应当认定为刑法第三百九十条第一款规定的'情节特别严重'：（一）行贿数额在五百万元以上的；（二）行贿数额在二百五十万元以上不满五百万元，并具有本解释第七条第二款第一项至第五项规定的情形之一的；（三）其他特别严重的情节。为谋取不正当利益，向国家工作人员行贿，造成经济损失数额在五百万元以上的，应当认定为刑法第三百九十条第一款规定的'使国家利益遭受特别重大损失'"。

二、风险防控建议

1. 企业经营者与重要岗位员工要树立正确的竞争观，不得通过贿赂的非法手段谋取竞争优势。

2. 建立高级管理人员问责制度，严格规制高级管理人员或主要负责人的行为。

3. 建立完善的销售管理制度，明确业务人员在销售产品时，不得向对方贿送财物或暗中给予回扣等，如给予对方折扣，必须经公司管理层批准，并如实入账。

4. 行贿罪有特殊的从宽处罚规定。因行贿人在被追诉前主动交待行贿行为而破获相关受贿案件的，行贿人可以减轻或者免除处罚。行贿人被追诉后如实供述自己罪行的，可以从轻处罚；因其如实供述自己的罪行，避免特别严重后果发生的，可以减轻处罚。因此，行贿人应争取在被诉前主动交代行贿行为，从而争取减轻处罚或者免除处罚的机会。

三、典型案例

夏某某行贿案[①]

【基本案情】

（一）行贿罪

2011 年，郑州汇×药业有限公司（以下简称汇×公司）招聘夏某某为公司业务员，负责驻马店、信阳等地业务开展。2012 年年初，夏某某与邹某某（另案处理）口头约定合伙在遂平县销售汇×公司代理的药品血栓通，后二人一起以邹某某的名义与汇×公司签订了代理销售协议。2012 年至 2016 年，夏某某伙同邹某某在向遂平县各

① 审理法院：遂平县人民法院，案号：（2017）豫 1728 刑初 251 号。

乡镇卫生院销售汇×公司药品血栓通过程中，为谋取不正当利益，按照事先约定的回扣标准，多次送给遂平县各乡镇卫生院院长（10人）及副院长（3人）回扣款共计人民币1,726,400元。具体犯罪事实如下：

1. 2012年至2016年，夏某某伙同邹某某在向遂平县各乡镇卫生院销售其经销的汇×公司药品血栓通过程中，给予时任遂平县文城乡卫生院院长陈某（已判刑）药品回扣款共计人民币411,600元。

2. 2012年至2016年，夏某某伙同邹某某在向遂平县各乡镇卫生院销售其经销的汇×公司药品血栓通过程中，给予时任遂平县槐树乡卫生院院长谢某1（已判刑）药品回扣款199,200元。

3. 2012年至2016年，夏某某伙同邹某某在向遂平县各乡镇卫生院销售其经销的汇×公司药品血栓通过程中，给予时任遂平县常庄乡卫生院院长马某（已判刑）药品回扣款187,000元。

4. 2012年至2016年，夏某某伙同邹某某在向遂平县各乡镇卫生院销售其经销的汇×公司药品血栓通过程中，给予时任遂平县嵖岈山卫生院院长熊某（已判刑）药品回扣款152,800元。

5. 2012年至2016年，夏某某伙同邹某某在向遂平县各乡镇卫生院销售其经销的汇×公司药品血栓通过程中，给予时任遂平县沈寨卫生院院长谢某2（已判刑）药品回扣款136,800元。

6. 2013年9月至2016年3月，夏某某伙同邹某某在向遂平县各乡镇卫生院销售其经销的汇×公司药品血栓通过程中，给予时任遂平县褚堂卫生院院长古某（已判刑）药品回扣款94,400元。

7. 2012年3月至2016年6月，夏某某伙同邹某某在向遂平县各乡镇卫生院销售其经销的汇×公司药品血栓通过程中，给予时任遂平县张店及玉山卫生院院长张某1（已判刑）药品回扣款共计81,000元。

8. 2013年2月至2016年4月，夏某某伙同邹某某在向遂平县各乡镇卫生院销售其经销的汇×公司药品血栓通过程中，给予时任遂平县张店卫生院院长赵某1（已判刑）药品回扣款79,800元。

9. 2013年12月至2016年3月，夏某某伙同邹某某在向遂平县各乡镇卫生院销售其经销的汇×公司药品血栓通过程中，给予时任遂平县车站卫生院院长刘某（已判刑）药品回扣款59,400元。

10. 2012年至2016年，夏某某伙同邹某某在向遂平县各乡镇卫生院销售其经销的汇×公司药品血栓通过程中，给予时任遂平县和兴卫生院院长王某1（另案处理）药品回扣款58,800元。

11. 2013年9月至2015年6月，夏某某伙同邹某某在向遂平县各乡镇卫生院销售其经销的汇×公司药品血栓通过程中，多次给予时任遂平县褚堂乡卫生院副院长、该院药事管理领导小组副组长王某2(另案处理)药品回扣款共计人民币70,000元。

12. 2012年2月至2016年4月，夏某某伙同邹某某在向遂平县各乡镇卫生院销售其经销的汇×公司药品血栓通过程中，给予时任遂平县张店乡卫生院副院长、该院药事管理领导小组副组长闫某(另案处理)药品回扣款共计人民币120,000元。

13. 2013年9月至2016年4月，夏某某伙同邹某某在向遂平县各乡镇卫生院销售其经销的汇×公司药品血栓通过程中，给予时任遂平县沈寨乡卫生院副院长、该院药事管理领导小组副组长詹某(另案处理)药品回扣款共计人民币75,600元。

(二)对非国家工作人员行贿罪

2012年3月至2016年4月，夏某某伙同邹某某在向遂平县文城乡卫生院销售其经销的汇×公司药品血栓通过程中，在卫生院已经购进并使用血栓通药品后，为增加药品销量，按照事先约定的回扣标准，给予该院坐诊医生张某2(另案处理)药品回扣款共计人民币171,500元。张某2将该回扣款按照每支血栓通5元的标准分给了卫生院包括其本人在内的吴某、王某7等五名医生。

【裁判结果】

夏某某犯行贿罪，判处有期徒刑6年6个月，并处罚金人民币30万元；犯对非国家工作人员行贿罪，判处拘役5个月，并处罚金人民币3万元，决定执行有期徒刑6年6个月，并处罚金人民币33万元。

【律师评析】

本案涉及的是夏某某为谋取不正当利益，向从事公务的人员以财物的行为，是否构成行贿罪的问题。

《最高人民法院、最高人民检察院关于办理贪污贿赂刑事案件适用法律若干问题的解释》第七条第一款规定，为谋取不正当利益，向国家工作人员行贿，数额在三万元以上的，应当依照《刑法》第三百九十条的规定以行贿罪追究刑事责任。

本案中，夏某某伙同邹某某在向遂平县各乡镇卫生院销售汇×公司药品血栓通过程中，为谋取不正当利益，多次向遂平县各乡镇卫生院院长及副院长等多人行贿回扣款共计人民币1,726,400元，构成行贿罪。此外，夏某某又伙同邹某某在遂平县文城乡卫生院销售汇×公司药品血栓通过程中，为增加药品销量，向该院的非国有工作人员坐诊医生张某2行贿药品回扣款共计人民币171,500元，构成非国家工作人员行贿罪。

由本案可知，企业的销售人员为开拓业务给予国家公务人员回扣款的行为，将可能触犯本罪被追究刑事责任。对此，企业应当加强员工的法律培训，要求员工认真学习我国的相关法律法规，树立良好的价值观，自觉抵制行贿等不法行为。

第二节　单位行贿罪

一、罪名概述

1. 罪名简介

单位行贿罪，是指单位为谋取不正当利益而行贿，或者违反国家规定，给予国家工作人员以回扣、手续费，情节严重的行为。

2. 立案标准

《最高人民检察院关于人民检察院直接受理立案侦查案件立案标准的规定（试行）》第一条第（八）项关于单位行贿案规定，涉嫌下列情形之一的，应予立案："1. 单位行贿数额在20万元以上的；2. 单位为谋取不正当利益而行贿，数额在10万元以上不满20万元，但具有下列情形之一的：（1）为谋取非法利益而行贿的；（2）向3人以上行贿的；（3）向党政领导、司法工作人员、行政执法人员行贿的；（4）致使国家或者社会利益遭受重大损失的。因行贿取得的违法所得归个人所有的，依照本规定关于个人行贿的规定立案，追究其刑事责任"。

3. 量刑标准

《刑法》第三百九十三条规定，"单位为谋取不正当利益而行贿，或者违反国家规定，给予国家工作人员以回扣、手续费，情节严重的，对单位判处罚金，并对其直接负责的主管人员和其他直接责任人员，处五年以下有期徒刑或者拘役，并处罚金"。因行贿取得的违法所得归个人所有的，依照行贿罪的相应规定处罚。

在司法实践中，对本罪适用刑罚时，应当注意以下几个问题：

（1）罚金刑的适用问题。我国《刑法》第五十二条规定："判处罚金，应当根据犯罪情节决定罚金数额。"对本罪单位判处罚金时，同样应遵循这项原则。但是，我国《刑法》总则中的罚金刑，没有具体的法定数额，而《刑法》分则中对贪污贿赂罪的罚金也是如此。在目前尚无立法规定的情况下，应通过司法解释的途径，对此作出明确规定，建议参照其他经济犯罪的标准，以单位行贿犯罪数额的1倍以上5倍以下处以罚金较为适宜，当然给国家或社会公共利益造成危害的大小、犯罪手段是否恶劣等情节亦应综合考虑。

（2）直接责任人员的范围及其刑事责任的划分问题。这里所指的直接责任人员是《刑法》所称的"直接负责的主管人员和其他直接责任人员"的统称。所谓直接负责的主管人员，是指直接策划、组织、指挥或批准犯罪活动的单位领导人员，通常情况下为本单位的法定代表人，但不能一概而定：不知道或不起决定作用的单位领导人，不能成为追究刑事责任的主管人员。有的单位领导人官僚主义、玩忽职守或被坏人蒙蔽、受骗上当，应负党纪、行政责任，甚至要负玩忽职守或其他渎职犯罪的刑事责任，但不应承担行贿犯罪的刑事责任。所谓其他直接责任人员，则指直接实施、积极参加犯罪活动，并起重要作用的人员。单位行贿罪，往往不是靠一两个自然人的行为来完成的，其涉及的人员可能较多，其中有的人确实不知情，有的明知不对或可能有问题，但慑于权力而实施了行贿行为；这些人员应与“直接责任人员”区别开来。

另外，在单位行贿犯罪中，并非所有的直接责任人员都负有同等的责任。这种犯罪虽然也是自然人实施的一种有组织的犯罪，但它与传统刑法中的共同犯罪相比，无论在形式上还是在实质上都有较大的区别。因此，不能像共同犯罪的成员那样分为主犯、从犯、胁从犯、教唆犯，而只能根据他们在单位行贿犯罪过程中所处的地位和所起的作用，分为主要和次要责任人员。关于如何确定直接责任人员的主次，应从以下几个方面考虑：(1)职权的大小。职责权限越大，应负的责任也就越大。(2)因果关系的形式。在因果关系锁链中，起支配作用的行为人负主要作用。(3)所起作用的程度。主动出谋划策、积极实施者，所担负的责任相对要重。

二、风险防控建议

1. 企业应当定期对董监高开展法律培训，认真学习关于单位行贿、受贿等与企业日常生产经营密切相关的法律法规与典型案例，树立正确的竞争意识，不使用非法手段谋取不正当利益。董监高应对企业忠诚，以企业整体利益为重，不得以企业名义进行行贿。

2. 企业应健全财务制度，严格监控资金流向，定期对企业账日做审计，对于存疑资金应及时作出整改，并坚决抵制各部门私设小金库的违法行为，避免触犯本罪。

3. 掌握合理的馈赠尺度。行贿和馈赠的目的不同，馈赠的目的一般是加深双方感情，而行贿的目的为获取不正当利益、非法利益。实务中，对于正常的人情往来，法律并不“一刀切”地加以禁止，但企业应当把握尺度，因为单位行贿的起刑点为 10 万元，如果馈赠的财物没有超过这个金额，则不会涉嫌触犯本罪。

4. 实务中，有的企业经营者认为只有货币才是商业贿赂的财物，这种想法是错误的，非货币的财物也属于商业贿赂的财物。根据相关司法解释的规定，商业贿赂中的财物，既包括金钱和实物，也包括可以用金钱计算数额的财产性利益，如提供房屋装修、含有金额的会员卡、代币卡、旅游费用等，具体犯罪数额将以实际支付或者应当支付的数额计算。

三、典型案例

陈某单位行贿案[①]

【基本案情】

陈某系大连××公司的法定代表人。2012年3月,陈某在经营大连××公司期间,为购销黑龙江中储粮双城堡粮食储备库玉米25,000吨,以出库费的名义每吨送给储备库主任刘某某(另案处理)10元好处费,共计向刘某某行贿人民币250,000元。2014年7月,陈某在经营大连××公司期间,为继续购销黑龙江中储粮双城堡粮食储备库的粮食,借储备库主任刘某某妻子马××出国旅游之机,通过银行转账,送给刘某某人民币150,000元。

陈某在检察机关刑事立案前,司法机关调查过程中如实交待上述行贿事实。另外,陈某在庭审时自愿认罪,有悔罪表现,系初次犯罪,平素无前科劣迹。经中国储备粮管理总公司黑龙江分公司党组(2009)34号文件证实,刘××为黑龙江中储粮双城堡粮食储备库法人代表。

【裁判结果】

1. 大连××公司犯单位行贿罪,判处罚金人民币100,000元。

2. 陈某犯单位行贿罪,免予刑事处罚。

【律师评析】

本案涉及的是企业为谋取不正当利益给国家工作人员以好处费的行为,是否构成单位行贿罪的问题。

根据《最高人民检察院关于人民检察院直接受理立案侦查案件立案标准的规定(试行)》第八条的规定,单位行贿数额在20万元以上的,应予立案。

本案中,大连××公司为谋取不正当利益,在购销黑龙江中储粮双城堡粮食储备库玉米时以出库费的名义每吨送给国家工作人员储备库主任刘某某以10元的好处费,共计向刘某某行贿400,000元,其行为已构成单位行贿罪。陈某作为大连××公司的法定代表人,是单位行贿的直接负责主管人员,其行为也构成单位行贿罪。

由本案可知,企业为谋取不正当利益给予国家机关工作人员好处费的行为,极大可能将触犯本罪。对此,企业应当定期对董监高开展法律培训,认真学习关于单位行贿的法律法规与典型案例,树立正确的竞争意识,以免触犯本罪。

---

① 审理法院:桦南县人民法院,案号:(2015)桦刑初字第88号。

第三节 对非国家工作人员行贿罪

一、罪名概述

1. 罪名简介

对非国家工作人员行贿罪，是指行为人为谋取不正当利益，给予公司、企业或者其他单位的工作人员以财物，数额较大的行为。

2. 立案标准

《最高人民检察院、公安部关于公安机关管辖的刑事案件立案追诉标准的规定（二）》第十一条规定，“为谋取不正当利益，给予公司、企业或者其他单位的工作人员以财物，个人行贿数额在三万元以上的，单位行贿数额在二十万元以上的，应予立案追诉”。

3. 量刑标准

《刑法》第一百六十四条规定，“为谋取不正当利益，给予公司、企业或者其他单位的工作人员以财物，数额较大的，处三年以下有期徒刑或者拘役，并处罚金；数额巨大的，处三年以上十年以下有期徒刑，并处罚金。为谋取不正当商业利益，给予外国公职人员或者国际公共组织官员以财物的，依照前款的规定处罚。单位犯前两款罪的，对单位判处罚金，并对其直接负责的主管人员和其他直接责任人员，依照第一款的规定处罚。行贿人在被追诉前主动交待行贿行为的，可以减轻处罚或者免除处罚”。

根据《最高人民法院、最高人民检察院关于办理贪污贿赂刑事案件适用法律若干问题的解释》第十一条的规定，《刑法》第一百六十四条第一款规定的对非国家工作人员行贿罪中的“数额较大”“数额巨大”的数额起点，按照该解释第七条、第八条第一款关于行贿罪的数额标准规定的2倍、5倍执行。

根据该解释第七条第一款的规定，“为谋取不正当利益，向国家工作人员行贿，数额在三万元以上的，应当依照刑法第三百九十条的规定以行贿罪追究刑事责任”。

根据该解释第八条第一款的规定，“犯行贿罪，具有下列情形之一的，应当认定为刑法第三百九十条第一款规定的‘情节严重’：（一）行贿数额在一百万元以上不满五百万元的；（二）行贿数额在五十万元以上不满一百万元，并具有本解释第七条第二款第一项至第五项规定的情形之一的；（三）其他严重的情节”。

二、风险防控建议

1. 企业应当建立企业财务会计及审计制度，定期对企业账目进行审计，可采取第三方审计同企业内部自查相结合的方式，杜绝企业及各部门私设小金库，避免往来现金不入账现象。

2. 企业应当增强法律意识，定期对员工开展法律培训，学习相关法律法规，树立正确的竞争意识，不使用非法手段谋取不法利益。

3. 企业应建立有竞争力的薪酬制度与奖罚制度，禁止员工以企业之名谋私人之利，尽量做到所有办事流程公开透明，防止权力寻租，并且建立可行有效的监督机制，使权力互相监督、互相制约。

4. 企业在采购或销售产品时，一定不能暗中给予对方回扣或赠送数额较大的财物，如经营中必须给予对方"回扣"才能达成交易的，必须经公司管理层批准，并如实入账。

5. 与上下游合作企业建立双向投诉机制。当合作企业工作人员主动索取财物时，可向合作企业相关部门或领导进行投诉，并建议对索贿者进行严格处分。

三、典型案例

罗某能对非国家工作人员行贿案①

【基本案情】

广州亿×食品有限公司（以下简称亿×公司）是广州长×集团有限公司（以下简称长×公司）的食品供应商，罗某能是亿×公司的法定代表人、股东。2016 年 1 月至 2020 年 7 月，罗某能为提高亿×公司向长×公司的供货额，向长×公司的采购部副总监吕某、珠海采购组经理辜某、厨师长杨某、邱某、梁某（五人均另案处理）按照相应的供货数额给予回扣款合计 3,191,584.34 元。经鉴定，2018 年 1 月至 2020 年 7 月罗某能给予吕某回扣 771,756 元，2018 年 1 月至 2020 年 7 月给予辜某回扣 354,081.05 元，2018 年 1 月至 2020 年 7 月给予杨某回扣 677,420.52 元，2017 年 1 月至 2020 年 7 月给予邱某回扣 694,853 元，2016 年 1 月至 2019 年 12 月给予梁某回扣 693,473.77 元。

【裁判结果】

罗某能犯对非国家工作人员行贿罪，判处有期徒刑 2 年，缓刑 3 年，并处罚金人民币 20 万元。

【律师评析】

本案涉及的是企业经营者为提高供货额给予客户的工作人员回扣款的行为，是否构成对非国家工作人员行贿罪的问题。

---

① 审理法院：广东省广州市番禺区人民法院，案号：(2021) 粤 0113 刑初 294 号。

《最高人民检察院、公安部关于公安机关管辖的刑事案件立案追诉标准的规定(二)》(2010 年)第十一条规定,为谋取不正当利益,给予公司、企业或者其他单位的工作人员以财物,个人行贿数额在 1 万元以上的,单位行贿数额在 20 万元以上的,应予立案追诉。根据《最高人民法院、最高人民检察院关于办理贪污贿赂刑事案件适用法律若干问题的解释》第十一条的规定,《刑法》第一百六十四条第一款规定的对非国家工作人员行贿罪中的“数额较大”“数额巨大”的数额起点,按照该解释第七条、第八条第一款关于行贿罪的数额标准规定的 2 倍执行。

本案中,罗某能作为亿×公司的法定代表人,为谋取不正当利益,给予长×公司的工作人员回扣款达 3,191,584.34 元,其行为已构成对非国家工作人员行贿罪。

实务中,较多企业经营者并不知道我国存在“对非国家工作人员行贿罪”这个罪名,认为只有给官员、公务员、国有企业的领导等国家工作人员送钱才构成犯罪。由本案可知,企业经营者为谋取不正当利益向非国家工作人员的回扣款或好处费,极可能触犯对非国家工作人员行贿罪。为避免触犯本罪,企业应当增强法律意识,定期对董监高及相关工作人员开展法律培训,学习相关法律法规,树立正确的竞争意识,不使用行贿的手段获取商业利益。

第四节 对有影响力的人行贿罪

一、罪名概述

1. 罪名简介

对有影响力的人行贿罪,是指为谋取不正当利益,向国家工作人员的近亲属或者其他与该国家工作人员关系密切的人,或者向离职的国家工作人员或者其近亲属以及其他与其关系密切的人行贿的行为。

2. 立案标准

根据《最高人民法院、最高人民检察院关于办理贪污贿赂刑事案件适用法律若干问题的解释》第十条第二款的规定,“刑法第三百九十条之一规定的对有影响力的人行贿罪的定罪量刑适用标准,参照本解释关于行贿罪的规定执行”。

该解释第七条规定,“为谋取不正当利益,向国家工作人员行贿,数额在三万元以上的,应当依照刑法第三百九十条的规定以行贿罪追究刑事责任。行贿数额在一万元以上不满三万元,具有下列情形之一的,应当依照刑法第三百九十条的规定以行贿罪追究刑事责任:(一)向三人以上行贿的;(二)将违法所得用于行贿的;(三)通过行贿谋取职务提拔、调整的;(四)向负有食品、药品、安全生产、环境保护等监督管理职责的国家工作人员行贿,实施非法活动的;(五)向司法工作人员行贿,影响司法公正的;(六)造成经济损失数额在五十万元以上不满一百万元的”。

3. 量刑标准

《刑法》第三百九十条之一规定,“为谋取不正当利益,向国家工作人员的近亲属或者其他与该国家工作人员关系密切的人,或者向离职的国家工作人员或者其近亲属以及其他与其关系密切的人行贿的,处三年以下有期徒刑或者拘役,并处罚金;情节严重的,或者使国家利益遭受重大损失的,处三年以上七年以下有期徒刑,并处罚金;情节特别严重的,或者使国家利益遭受特别重大损失的,处七年以上十年以下有期徒刑,并处罚金。单位犯前款罪的,对单位判处罚金,并对其直接负责的主管人员和其他直接责任人员,处三年以下有期徒刑或者拘役,并处罚金”。

《最高人民法院、最高人民检察院关于办理贪污贿赂刑事案件适用法律若干问题的解释》第十条规定,“刑法第三百九十条之一规定的对有影响力的人行贿罪的定罪量刑适用标准,参照本解释关于行贿罪的规定执行。单位对有影响力的人行贿数额在二十万元以上的,应当依照刑法第三百九十条之一的规定以对有影响力的人行贿罪追究刑事责任”。

该解释第八条规定,“犯行贿罪,具有下列情形之一的,应当认定为刑法第三百九十条第一款规定的‘情节严重’:(一)行贿数额在一百万元以上不满五百万元的;(二)行贿数额在五十万元以上不满一百万元,并具有本解释第七条第二款第一项至第五项规定的情形之一的;(三)其他严重的情节。为谋取不正当利益,向国家工作人员行贿,造成经济损失数额在一百万元以上不满五百万元的,应当认定为刑法第三百九十条第一款规定的‘使国家利益遭受重大损失’”。

该解释第九条规定,“犯行贿罪,具有下列情形之一的,应当认定为刑法第三百九十条第一款规定的‘情节特别严重’:(一)行贿数额在五百万元以上的;(二)行贿数额在二百五十万元以上不满五百万元,并具有本解释第七条第二款第一项至第五项规定的情形之一的;(三)其他特别严重的情节。为谋取不正当利益,向国家工作人员行贿,造成经济损失数额在五百万元以上的,应当认定为刑法第三百九十条第一款规定的‘使国家利益遭受特别重大损失’”。

二、风险防控建议

1. 企业应当遵守相关法律法规,做到合法诚信经营,自觉抵制对有影响力的人行贿等不法行为,避免触犯本罪。

2. 企业应当重视日常反贿赂合规,在内控制度、重点人员、重点岗位管理方面建章立制,确保凡事有迹可循。

3. 企业应对员工加强法律培训工作,让员工了解对有影响力的人行贿所面临的法律风险及后果。一经发现违规者，企业应予以严肃处理。

4. 企业经营者与员工在生产经营过程中，应严格约束自身行为，禁止为谋私利而向公职人员的近亲属或关系密切的人行贿，避免触犯本罪。

三、典型案例

崔某某、梁某某对有影响力的人行贿案[①]

【基本案情】

2011年，崔某某在黑龙江省有色金属地质勘查706队承包钻探工程。2014年年初，崔某某为继续承包钻探工程及感谢时任706队队长刘某某（另案处理）对其钻探工程的关照，送给刘某某妻子周某（另案处理）10万元人民币。2013年12月某日，梁某某为将其亲属调入706队工作，与崔某某预谋向刘某某行贿人民币5万元，而后梁某某交给崔某某5万元人民币，于2014年年初由崔某某送给刘某某妻子周某。周某收到上述共计15万元人民币后，将其中感谢关照经营钻机的5万元人民币退还崔某某。崔某某、梁某某分别于2015年4月28、29日经侦查机关传唤到案。

【裁判结果】

1. 崔某某犯对有影响力的人行贿罪，判处有期徒刑9个月，缓刑1年。

2. 梁某某犯对有影响力的人行贿罪，判处有期徒刑6个月，缓刑1年。

【律师评析】

本案涉及的是行为人为谋取不正当利益，向国家工作人员的近亲属行贿的行为，是否构成对有影响力的人行贿罪的问题。

若按现行规定分析本案：根据《最高人民法院、最高人民检察院关于办理贪污贿赂刑事案件适用法律若干问题的解释》第七条、第十条的规定，为谋取不正当利益，向有影响力的人行贿，数额在3万元以上的，应当立案追诉。

《刑法》第三百九十条之一第一款规定，“为谋取不正当利益，向国家工作人员的近亲属或者其他与该国家工作人员关系密切的人，或者向离职的国家工作人员或者其近亲属以及其他与其关系密切的人行贿的，处三年以下有期徒刑或者拘役，并处罚金；情节严重的，或者使国家利益遭受重大损失的，处三年以上七年以下有期徒刑，并处罚金；情节特别严重的，或者使国家利益遭受特别重大损失的，处七年以上十年以下有期徒刑，并处罚金”。

本案中，崔某某为继续承包钻探工程、梁某某为帮助亲属调入706队工作，向国家工作人员刘某某的妻子周某行贿共计15万元，其行为已触犯了《刑法》第三百九十

---

① 审理法院：双鸭山市宝山区人民法院，案号：（2016）黑0506刑初23号。

条之一第一款之规定,均构成对有影响力的人行贿罪。

由本案可知,企业经营者为谋取不正当利益向国家工作人员的近亲属送钱,极可能触犯对有影响力的人行贿罪。对此,企业应当对董监高及相关工作人员开展法律培训,让其了解对有影响力的人行贿所面临的法律风险及后果,以免触犯本罪。

第五节　介绍贿赂罪

一、罪名概述

1. 罪名简介

介绍贿赂罪,是指向国家工作人员介绍贿赂,情节严重的行为。本罪在主观方面属于故意,即明知是在为受贿人或者行贿人牵线效劳,促成贿赂交易。在客观方面表现为行为人在行贿人和受贿人之间进行联系、沟通关系、引荐、撮合,促使行贿与受贿得以实现的行为。

2. 立案标准

《最高人民检察院关于人民检察院直接受理立案侦查案件立案标准的规定(试行)》第一条第(七)项关于介绍贿赂案规定,介绍贿赂罪是指向国家工作人员介绍贿赂,情节严重的行为。"介绍贿赂"是指在行贿人与受贿人之间沟通关系、撮合条件,使贿赂行为得以实现的行为。涉嫌下列情形之一的,应予立案:"1. 介绍个人向国家工作人员行贿,数额在2万元以上的;介绍单位向国家工作人员行贿,数额在20万元以上的;2. 介绍贿赂数额不满上述标准,但具有下列情形之一的:(1)为使行贿人获取非法利益而介绍贿赂的;(2)3次以上或者为3人以上介绍贿赂的;(3)向党政领导、司法工作人员、行政执法人员介绍贿赂的;(4)致使国家或者社会利益遭受重大损失的。"

3. 量刑标准

《刑法》第三百九十二条规定,"向国家工作人员介绍贿赂,情节严重的,处三年以下有期徒刑或者拘役,并处罚金。介绍贿赂人在被追诉前主动交待介绍贿赂行为的,可以减轻处罚或者免除处罚"。

二、风险防控建议

1. 企业应当遵守相关法律法规,做到合法诚信经营,自觉抵制向国家工作人员介绍贿赂等不法行为,避免触犯本罪。

2. 企业应当重视日常反贿赂合规,在内控制度、重点人员、重点岗位管理方面建章立制,确保凡事有迹可循。

3. 企业应对员工加强法律培训工作,让员工了解向国家工作人员介绍贿赂所面临的法律风险及后果。一经发现违规者,企业应予以严肃处理。

三、典型案例

李某才介绍贿赂案[①]

【基本案情】

李某才系甘肃静×建筑企业(集团)有限责任公司(以下简称静×公司)法定代表人。2010年1月,甘肃昭×路桥有限公司宁夏西吉分公司的杨某华(已判决)为了让时任西吉县县长的黄某红(另案处理)在该公司承建西吉县迎宾大道道路工程时提供帮助,杨某华找到李某才,在李某才的介绍下,在黄某红位于银川市的家中给予黄某红现金人民币100万元。2010年中秋节,杨某华为了让黄某红在拨付项目工程款上提供帮助,在李某才的陪同下,在黄某红位于银川市的家中,给予黄某红现金人民币15万元。2011年春节,杨某华为了感谢黄某红在西吉县迎宾大道工程上提供的帮助,在李某才的陪同下,在黄某红位于银川市的家中给予黄某红现金人民币1万元。2012年春节,杨某华为了再次感谢黄某红在迎宾大道道路工程上提供的帮助,在李某才的陪同下,在黄某红位于银川市的家中给予黄某红现金人民币2万元。综上,李某才介绍贿赂数额为118万元。

2014年9月26日李某才书写的"自首材料"及2014年9月27日西吉县检察院对李某才做的询问笔录中,李某才均如实供述了其介绍杨某华向黄某红行贿的犯罪事实。2014年9月28日,西吉县检察院对李某才介绍贿赂案立案侦查。

【裁判结果】

李某才犯介绍贿赂罪,判处有期徒刑7个月。

【律师评析】

本案涉及的是企业经营者介绍他人向国家工作人员行贿的行为,是否构成介绍贿赂罪的问题。

《最高人民检察院关于人民检察院直接受理立案侦查案件立案标准的规定(试行)》第一条第(七)项关于介绍贿赂案规定,介绍贿赂罪是指向国家工作人员介绍贿赂,情节严重的行为。"介绍贿赂"是指在行贿人与受贿人之间沟通关系、撮合条件,使贿赂行为得以实现的行为。介绍个人向国家工作人员行贿,数额在2万元以上的,或者介绍单位向国家工作人员行贿,数额在20万元以上的,应予立案。

---

① 审理法院:宁夏回族自治区银川市兴庆区人民法院,案号:(2015)兴刑初字第735号。

本案中，李某才作为静×公司的法定代表人，介绍甘肃昭×路桥有限公司宁夏西吉分公司的杨某华向时任西吉县县长的黄某红行贿，数额为118万元，情节严重，其行为已构成介绍贿赂罪。

由本案可知，企业经营者出于情面或利益考虑帮助他人向国家工作人员贿赂的，极可能涉嫌介绍贿赂罪。对此，企业经营者应当遵守相关法律法规，做到合法诚信经营，自觉抵制为受贿人或者行贿人牵线效劳，遏制介绍贿赂等不法行为，避免触犯本罪。

第十八章
职务廉洁方面的刑事风险及防控

第一节　贪 污 罪

一、罪名概述

1. 罪名简介

贪污罪，是指国家工作人员利用职务上的便利，侵吞、窃取、骗取或者以其他手段非法占有公共财物的行为。

2. 立案标准

根据《刑法》第三百八十三条与《最高人民法院、最高人民检察院关于办理贪污贿赂刑事案件适用法律若干问题的解释》第一条的规定，"贪污数额在三万元以上的，或者贪污数额在一万元以上不满三万元，具有下列情形之一的，应当立案追诉：(一)贪污救灾、抢险、防汛、优抚、扶贫、移民、救济、防疫、社会捐助等特定款物的；(二)曾因贪污、受贿、挪用公款受过党纪、行政处分的；(三)曾因故意犯罪受过刑事追究的；(四)赃款赃物用于非法活动的；(五)拒不交待赃款赃物去向或者拒不配合追缴工作，致使无法追缴的；(六)造成恶劣影响或者其他严重后果的。"

3. 量刑标准

《刑法》第三百八十二条规定，"国家工作人员利用职务上的便利，侵吞、窃取、骗取或者以其他手段非法占有公共财物的，是贪污罪。受国家机关、国有公司、企业、事业单位、人民团体委托管理、经营国有财产的人员，利用职务上的便利，侵吞、窃取、骗取或者以其他手段非法占有国有财物的，以贪污论。与前两款所列人员勾结，伙同贪污的，以共犯论处"。

该法第三百八十三条规定，"对犯贪污罪的，根据情节轻重，分别依照下列规定处罚：(一)贪污数额较大或者有其他较重情节的，处三年以下有期徒刑或者拘役，并处罚金。(二)贪污数额巨大或者有其他严重情节的，处三年以上十年以下有期徒刑，并处罚金或者没收财产。(三)贪污数额特别巨大或者有其他特别严重情节的，处十年以上有期徒刑或者无期徒刑,并处罚金或者没收财产;数额特别巨大,并使国家和人民利益遭受特别重大损失的,处无期徒刑或者死刑,并处没收财产。对多次贪污未经处理的,按照累计贪污数额处罚。犯第一款罪,在提起公诉前如实供述自己罪行、真诚悔罪、积极退赃,避免、减少损害结果的发生,有第一项规定情形的,可以从轻、减轻或者免除处罚;有第二项、第三项规定情形的,可以从轻处罚。犯第一款罪,有第三项规定情形被判处死刑缓期执行的,人民法院根据犯罪情节等情况可以同时决定在其死刑缓期执行二年期满依法减为无期徒刑后,终身监禁,不得减刑、假释"。

《最高人民法院、最高人民检察院关于办理贪污贿赂刑事案件适用法律若干问题的解释》第一条第一款规定,"贪污或者受贿数额在三万元以上不满二十万元的,应当认定为刑法第三百八十三条第一款规定的'数额较大',依法判处三年以下有期徒刑或者拘役,并处罚金。贪污数额在一万元以上不满三万元,具有下列情形之一的,应当认定为刑法第三百八十三条第一款规定的'其他较重情节',依法判处三年以下有期徒刑或者拘役,并处罚金:(一)贪污救灾、抢险、防汛、优抚、扶贫、移民、救济、防疫、社会捐助等特定款物的;(二)曾因贪污、受贿、挪用公款受过党纪、行政处分的;(三)曾因故意犯罪受过刑事追究的;(四)赃款赃物用于非法活动的;(五)拒不交待赃款赃物去向或者拒不配合追缴工作,致使无法追缴的;(六)造成恶劣影响或者其他严重后果的"。

该解释第二条第一款、第二款规定,"贪污或者受贿数额在二十万元以上不满三百万元的,应当认定为刑法第三百八十三条第一款规定的'数额巨大',依法判处三年以上十年以下有期徒刑,并处罚金或者没收财产。贪污数额在十万元以上不满二十万元,具有本解释第一条第二款规定的情形之一的,应当认定为刑法第三百八十三条第一款规定的'其他严重情节',依法判处三年以上十年以下有期徒刑,并处罚金或者没收财产"。

该解释第三条第一款、第二款规定,"贪污或者受贿数额在三百万元以上的,应当认定为刑法第三百八十三条第一款规定的'数额特别巨大',依法判处十年以上有期徒刑、无期徒刑或者死刑,并处罚金或者没收财产。贪污数额在一百五十万元以上不满三百万元,具有本解释第一条第二款规定的情形之一的,应当认定为刑法第三百八十三条第一款规定的'其他特别严重情节',依法判处十年以上有期徒刑、无期徒刑或者死刑,并处罚金或者没收财产"。

该解释第四条规定,"贪污、受贿数额特别巨大,犯罪情节特别严重、社会影响特别恶劣、给国家和人民利益造成特别重大损失的,可以判处死刑。符合前款规定的情形,但具有自首,立功,如实供述自己罪行、真诚悔罪、积极退赃,或者避免、减少损害结果的发生等情节,不是必须立即执行的,可以判处死刑缓期二年执行。符合第一款规定情形的,根据犯罪情节等情况可以判处死刑缓期二年执行,同时裁判决定在其死刑缓期执行二年期满依法减为无期徒刑后，终身监禁，不得减刑、假释”。

二、风险防控建议

1. 企业应当加强廉政教育，定期组织员工开展典型案例的教育和学习，深入剖析违反廉洁纪律的原因，树立正确的廉洁观念与金钱观、权力观，提高廉洁意识。

2. 企业应当加强审计监督，定期聘请财务审计机构进行审计，防患于未然；发现问题、漏洞及时予以弥补。

3. 企业在与客户签订合同时，应明确约定以银行转账等非现金方式结算；以现金方式结算，极易滋生腐败。

4. 建立贪污贿赂举报奖励制度，鼓励全体员工对董高监及其易滋生贪污腐败岗位的工作人员进行实时监督，杜绝贪污贿赂事件发生。

三、典型案例

张某社、刘某洁、张某营等贪污案

【基本案情】

2009 年七八月至 2015 年 2 月，陕西百×特集团有限责任公司（国有企业，以下简称百×特集团）、陕西百×纸业股份有限公司（国有企业，以下简称百×公司）董事长张某社与百×特集团副总经理刘某洁、总经理张某营预谋后，决定以虚列支出的方式套取百×特集团、百×公司及百×特集团控股的陕西四×纸业有限责任公司（国有企业，以下简称四×公司）的公款，为百×特集团、百×公司、四×公司部分人员发放奖金，后张某社通过刘某洁、张某营指使百×特集团财务部经理余某菲、四×公司出纳和会计李某、百×公司物业部经理石某、四×公司法定代表人张某新、百×特集团董事会秘书冯某、百×公司副总经理王某民等采取虚列支出后用虚假凭证入账、收入不入账、直接支取等手段套取百×特集团、百×公司及四×公司公款共计 521.3804 万元，其中张某社参与套取公款 521.3804 万元，刘某洁和余某菲参与套取公款 294.3804 万元，张某营参与套取公款 185.911 万元，李某参与套取公款 257.561 万元，张某新参与套取公款 129.8 万元，冯某参与套取公款 66.7 万元，石某参与套取公款 142.3221 万元，王某民参与套取公款 58.69 万元。所套取的公款由张某社以“奖金”名义发放给上述三个公司的管理人员。其中，张某社分得 103.5 万元，刘某洁分得 66 万元，张某营分得 60 万元，余某菲分得 20 万元，李某分得 28 万元，石某分得 28 万元，张某新分得 28 万元，冯某分得 31 万元，王某民分得 26 万元。2015 年 4 月 27 日，汉中市汉台区人民检察院在调查其他案件时，刘某洁、余某菲主动交代其二人在张某社的安排下套取公款并予以分配的事实。李某、张某新、冯某主动交代其受张某社安排参与套取公款的事实。张某社、张某营亦对上述事实予以供认。同年5月5、15日,王某民、石某主动投案,交代其犯罪事实。

案发后,张某社退缴赃款106万元,其余各均全额退缴赃款。侦查机关对公司其他人员曹某分得的67万元、陈某某分得的3.7万元、周某某分得的4万元、李某分得的1.9万元、李某甲分得的6.5万元依法予以收缴。以上款项共计476.1万元。

【裁判结果】

1. 刘某洁犯贪污罪,判处有期徒刑5年6个月,并处罚金50万元。
2. 张某营犯贪污罪,判处有期徒刑5年6个月,并处罚金50万元。
3. 李某犯贪污罪,判处有期徒刑3年6个月,并处罚金20万元。
4. 余某菲犯贪污罪,判处有期徒刑3年,并处罚金20万元。
5. 冯某犯贪污罪,判处有期徒刑1年6个月,并处罚金10万元。
6. 王某民犯贪污罪,判处有期徒刑1年4个月,并处罚金10万元;赃款476.1万元,由扣押机关汉中市汉台区人民检察院返还给陕西百×特集团有限责任公司、陕西百特纸业股份有限公司、陕西四维纸业有限责任公司。
7. 张某社犯贪污罪,判处有期徒刑10年6个月,并处罚金100万元。
8. 石某犯贪污罪,判处有期徒刑1年9个月,并处罚金10万元。
9. 张某新犯贪污罪,判处有期徒刑1年9个月,并处罚金10万元。

【律师评析】

本案涉及的是国有公司从事公务的人员利用职务便利侵吞国有公司公款,非法据为己有的行为,是否构成贪污罪的问题。

若按现行规定分析本案:根据《刑法》第三百八十三条与《最高人民法院、最高人民检察院关于办理贪污贿赂刑事案件适用法律若干问题的解释》第一条的规定,贪污数额在3万元以上的应当立案追诉。根据《最高人民法院、最高人民检察院关于办理贪污贿赂刑事案件适用法律若干问题的解释》第二条的规定,贪污或者受贿数额在20万元以上不满300万元的,应当认定为《刑法》第三百八十三条第一款规定的“数额巨大”,依法判处3年以上10年以下有期徒刑,并处罚金或者没收财产。根据该解释第三条的规定,贪污或者受贿数额在300万元以上的,应当认定为《刑法》第三百八十三条第一款规定的“数额特别巨大”,依法判处10年以上有期徒刑、无期徒刑或者死刑,并处罚金或者没收财产。

本案中,张某社、石某、王某民、刘某洁、张某营、余某菲、李某、冯某、张某新身为国有公司从事公务的人员,在管理国有资产的过程中,利用职务便利,多次采取虚列支出、直接支取账外资金等方式,套取、侵吞国有公司公款,非法据为己有。其中,张某社贪污521.3804万元,属于犯罪数额特别巨大;刘某洁、余某菲贪污294.3804万元、张某营贪污185.911万元,李某贪污257.561万元,张某新贪污129.8万元,石某贪污142.3221万元,冯某贪污66.7万元,王某民贪污58.69万元,属于犯罪数额巨大,以上行为均已构成贪污罪。

由本案可知,国有企业领导人员套取公款给员工发资金的行为,可能涉嫌贪污罪。对此,企业应当定期开展防腐倡廉宣传,提高董监高及相关工作人员的廉洁意识,建立监督制约机制,防止权力寻租、滋生腐败。

第二节 受贿罪

一、罪名概述

1. 罪名简介

受贿罪,是指国家工作人员利用职务上的便利,索取他人财物,或者非法收受他人财物,为他人谋取利益的行为。

2. 立案标准

根据《刑法》第三百八十六条与《最高人民法院、最高人民检察院关于办理贪污贿赂刑事案件适用法律若干问题的解释》第一条的规定,受贿数额在三万元以上的,或者受贿数额在一万元以上不满三万元,具有下列情形之一的,应当立案追诉:“(一)贪污救灾、抢险、防汛、优抚、扶贫、移民、救济、防疫、社会捐助等特定款物的;(二)曾因贪污、受贿、挪用公款受过党纪、行政处分的;(三)曾因故意犯罪受过刑事追究的;(四)赃款赃物用于非法活动的;(五)拒不交待赃款赃物去向或者拒不配合追缴工作,致使无法追缴的;(六)造成恶劣影响或者其他严重后果的”。

3. 量刑标准

《刑法》第三百八十六条规定,“对犯受贿罪的,根据受贿所得数额及情节,依照本法第三百八十三条的规定处罚。索贿的从重处罚”。

该法第三百八十三条规定,“对犯贪污罪的,根据情节轻重,分别依照下列规定处罚:(一)贪污数额较大或者有其他较重情节的,处三年以下有期徒刑或者拘役,并处罚金。(二)贪污数额巨大或者有其他严重情节的,处三年以上十年以下有期徒刑,并处罚金或者没收财产。(三)贪污数额特别巨大或者有其他特别严重情节的,处十年以上有期徒刑或者无期徒刑,并处罚金或者没收财产;数额特别巨大,并使国家和人民利益遭受特别重大损失的,处无期徒刑或者死刑,并处没收财产。对多次贪污未经处理的,按照累计贪污数额处罚。犯第一款罪,在提起公诉前如实供述自己罪行、真诚悔罪、积极退赃,避免、减少损害结果的发生,有第一项规定情形的,可以从轻、减轻或者免除处罚;有第二项、第三项规定情形的,可以从轻处罚。犯第一款罪,有第三项规定情形被判处死刑缓期执行的,人民法院根据犯罪情节等情况可以同时决定在其死刑缓期执行二年期满依法减为无期徒刑后,终身监禁,不得减刑、假释”。

《最高人民法院、最高人民检察院关于办理贪污贿赂刑事案件适用法律若干问题的解释》第一条第一款、第二款规定,“贪污或者受贿数额在三万元以上不满二十万元的,应当认定为刑法第三百八十三条第一款规定的‘数额较大’,依法判处三年以下有期徒刑或者拘役,并处罚金。贪污数额在一万元以上不满三万元,具有下列情形之一的,应当认定为刑法第三百八十三条第一款规定的‘其他较重情节’,依法判处三年以下有期徒刑或者拘役,并处罚金:(一)贪污救灾、抢险、防汛、优抚、扶贫、移民、救济、防疫、社会捐助等特定款物的;(二)曾因贪污、受贿、挪用公款受过党纪、行政处分的;(三)曾因故意犯罪受过刑事追究的;(四)赃款赃物用于非法活动的;(五)拒不交待赃款赃物去向或者拒不配合追缴工作,致使无法追缴的;(六)造成恶劣影响或者其他严重后果的”。

该解释第二条第一款、第二款规定,“贪污或者受贿数额在二十万元以上不满三百万元的,应当认定为刑法第三百八十三条第一款规定的‘数额巨大’,依法判处三年以上十年以下有期徒刑,并处罚金或者没收财产。贪污数额在十万元以上不满二十万元,具有本解释第一条第二款规定的情形之一的,应当认定为刑法第三百八十三条第一款规定的‘其他严重情节’,依法判处三年以上十年以下有期徒刑,并处罚金或者没收财产”。

该解释第三条第一款、第二款规定,“贪污或者受贿数额在三百万元以上的,应当认定为刑法第三百八十三条第一款规定的‘数额特别巨大’,依法判处十年以上有期徒刑、无期徒刑或者死刑,并处罚金或者没收财产。贪污数额在一百五十万元以上不满三百万元,具有本解释第一条第二款规定的情形之一的,应当认定为刑法第三百八十三条第一款规定的‘其他特别严重情节’,依法判处十年以上有期徒刑、无期徒刑或者死刑,并处罚金或者没收财产”。

该解释第四条规定,“贪污、受贿数额特别巨大,犯罪情节特别严重、社会影响特别恶劣、给国家和人民利益造成特别重大损失的,可以判处死刑。符合前款规定的情形,但具有自首,立功,如实供述自己罪行、真诚悔罪、积极退赃,或者避免、减少损害结果的发生等情节,不是必须立即执行的,可以判处死刑缓期二年执行。符合第一款规定情形的,根据犯罪情节等情况可以判处死刑缓期二年执行,同时裁判决定在其死刑缓期执行二年期满依法减为无期徒刑后,终身监禁,不得减刑、假释”。

二、风险防控建议

1. 企业应当加强廉政教育,培养员工遵守相关法律法规、廉洁经营的意识,自觉抵制受贿等不法行为。根据《刑法》及相关司法解释的规定,受贿行为的类型划分,除直接受贿行为，利用职务上的便利索取他人财物，或者非法收受他人财物等外，现实中很多受贿行为并不是那么直接或明显的，具有一定的隐蔽性，甚至行为人也没有意识到自己行为的严重性，以致触犯本罪。目前，《最高人民法院、最高人民检察院关于办理受贿刑事案件适用法律若干问题的意见》明确规定了几种变相的、构成受贿的行为，企业要高度重视，具体如下：交易型受贿；干股分红刑受贿；合作投资型受贿；委托理财型受贿；赌博型受贿；干薪型受贿；特定关系人收受型受贿；权属未变型受贿；商业贿赂；涉及股票受贿案件。

2. 企业应当定期对重要岗位员工开展法律培训，学习关于贪污贿赂的法律法规与典型案例，树立正确的廉洁观念与金钱观、权力观，提高廉洁意识。

3. 企业应当设计合理的企业规章制度，尽量做到所有办事流程公开透明，减少人为作用，防止权力寻租，并且建立可行有效的监督检查机制，做到互相监督、相互制约。

4. 不得以“借款”等名义变相受贿。根据最高人民法院关于印发《全国法院审理经济犯罪案件工作座谈会纪要》的通知规定，国家工作人员利用职务上的便利以借为名向他人索取财物，或者非法收受财物为他人谋取利益的，应当认定为受贿。司法机关认定时，不会仅看是否有书面借款手续，还会根据以下因素综合判定：有无正当、合理的借款事由；款项的去向；双方平时关系如何、有无经济往来；出借方是否要求国家工作人员利用职务上的便利为其谋取利益；借款后是否有归还的意思表示及行为；是否有归还的能力；未归还的原因；等等。因此，企业经营者或管理人员向供应商、客户或合作伙伴借款时，不仅要有书面的借款手续与归还借款的能力，而且还要有充足的借款理由，同时要按约定还款。

三、典型案例

孙某明受贿案[①]

【基本案情】

北×建集团成立于1999年11月，2008年5月重组后股东变更为北京国有资产经营公司等三家公司，其中北京国有资产经营公司持股70.77%。北×置地公司成立于2000年9月，股东有北×建集团等六家公司，其中北×建集团持股80%。2007年12月至2011年12月，长×公司的股东为北×置地公司和昆明星×体育运动城有限公司（以下简称星×公司），其中北×置地公司持股51%；2012年2月长×房地产开发公司（以下简称长×公司）的股东变更为北×置地公司、北×建集团和星×公司，北

① 审理法院：北京市第一中级人民法院，案号：（2016）京01刑终199号。

×置地公司和北×建集团分别持股51%和34.52%。2009年8月，经北×建集团党委、北×建集团和北×置地公司推荐，孙某明任长×公司董事长。经查明，孙昆明系受国有控股公司北×建集团委派到长×公司从事公务的人员，属于刑法意义上的国家工作人员。

2011年5月、12月，孙某明利用负责云南长×星宇园房地产工程的职务便利，接受工程分包方恒×消防工程公司（以下简称恒×公司）法定代表人刘某1的请托，为恒×公司解决工程款拖欠问题，并在本市海淀区中国人民大学和云南省昆明世×金源大酒店等地，先后两次收受刘某1给予的好处费人民币各10万元。2012年2月至2013年3月，孙某明假借与刘某1进行房屋买卖交易，收取刘某1给予的好处费人民币257,000元。2014年3月17日，北京市人民检察院第一分院反贪局在住总集团公司将孙某明传唤到案。综上，孙某明共计受贿人民币457,000元，现均未退缴。

【裁判结果】

1. 孙某明犯受贿罪，判处有期徒刑5年，并处罚金人民币40万元。

2. 继续向孙某明追缴赃款人民币457,000元，予以没收。

【律师评析】

本案涉及的是国有公司从事公务的人员利用职务便利，非法收受他人财物的行为，是否构成受贿罪的问题。

若按现行规定分析本案：根据《刑法》第三百八十六条与《最高人民法院、最高人民检察院关于办理贪污贿赂刑事案件适用法律若干问题的解释》第一条的规定，受贿数额在3万元以上的，应当立案追诉。

本案中，孙某明系受国有控股公司北×建集团委派到长×公司从事公务的人员，属于刑法意义上的国家工作人员。孙某明利用负责云南长×星宇园房地产工程的职务便利，接受工程分包方恒×公司法定代表人刘某1的请托，为恒×公司解决工程款拖欠问题，并在中国人民大学和云南省昆明世×金源大酒店等地，先后两次收受刘某1给予的好处费人民币各10万元。之后，孙某明假借与刘某1进行房屋买卖交易，收取刘某1给予的好处费人民币257,000元。孙某明共计受贿人民币457,000元，其行为已构成受贿罪。

由本案可知，国有企业领导人员利用职务上的便利，非法收受他人财物，替他人办事的行为极可能涉嫌受贿罪。对此，企业应当定期对董高监及相关工作人员开展廉洁性培训，学习国家有关受贿的法律法规与典型案例，以免触犯本罪。

第三节 职务侵占罪

一、罪名概述

1. 罪名简介

职务侵占罪，是指公司、企业或者其他单位的人员利用职务上的便利，将本单位财物非法占为己有，数额较大的行为。

2. 立案标准

根据2022年最新修订的《最高人民检察院、公安部关于公安机关管辖的刑事案件立案追诉标准的规定（二）》第七十六条的规定，公司、企业或者其他单位的人员，利用职务上的便利，将本单位财物非法占为己有，数额在3万元以上的，应予立案追诉。

3. 量刑标准

《刑法》第二百七十一条规定，“公司、企业或者其他单位的工作人员，利用职务上的便利，将本单位财物非法占为己有，数额较大的，处三年以下有期徒刑或者拘役，并处罚金；数额巨大的，处三年以上十年以下有期徒刑，并处罚金；数额特别巨大的，处十年以上有期徒刑或者无期徒刑，并处罚金。国有公司、企业或者其他国有单位中从事公务的人员和国有公司、企业或者其他国有单位委派到非国有公司、企业以及其他单位从事公务的人员有前款行为的，依照本法第三百八十二条、第三百八十三条的规定定罪处罚”。

二、风险防控建议

1. 聘请专业人定期对员工尤其是高级管理人员开展法律培训，让其了解侵占公司财产可能引发的法律风险及后果。一经发现，公司应予以严肃处理。

2. 完善内部财务会计制度，定期开展审计活动，避免公司财产被少部分业务人员掌控，导致公司管理失控、财产流失的局面。

3. 明确财务经理职责权限，审计活动应进行实质审查，避免形式化。建立分权机制，避免企业事项决策、决定及实施行为集中于一人。完善监督机制，在章程中赋予监事包括查阅账目在内的独立监督权。

4. 对公司的大额采购、大量产品销售等行为，应做到分权实施，监督到位。

三、典型案例

冯某军职务侵占案[①]

【基本案情】

冯某军于2006年8月30日被长春市联运集团有限公司任命为该公司的子公司长春联运集团安×信物流有限公司(以下简称安×信公司)经理,全面负责该公司业务,后该公司又成立了安×信公司北京办事处,为杜×红狮(北京)涂料有限公司(以下简称杜×公司)提供货物运输及装卸服务。2007年6月,冯某军私自伙同他人在吉林省九台市工商部门注册登记了长春市吉×物流有限公司(以下简称吉×公司)。2007年至2008年2月,冯某军指使安×信公司财务人员程某某以吉×公司的名义私自开具运输发票,侵占安×信公司的运费款共计人民币670,062.46元。

具体犯罪事实分述如下:

1. 2008年2月初,冯某军利用其担任安×信公司经理的职务之便,指使该公司财务人员前往杜×公司,谎称安×信公司现已更名为吉×公司,并以吉×公司名义给该公司开具了运输发票用于运费结算,将2007年12月至2008年2月,杜×公司应支付给安×信公司的运费487,021.88元人民币结算到吉×公司占为己有。

2. 冯某军还于2007年至2008年2月,利用其担任安×信公司经理的职务便利,指使该公司财务人员,将安×信公司北京办事处为杜×公司提供运输业务的一些小客户的运费共计人民币183,040.58元结算到吉×公司占为己有。

【裁判结果】

1. 冯某军犯职务侵占罪,判处有期徒刑7年10个月。

2. 责令冯某军向安×信公司退赔违法所得人民币670,062.46元。

【律师评析】

本案涉及的是企业管理人员利用职务上的便利私自开具运输发票侵占公司运费款的行为,是否构成职务侵占罪的问题。

《最高人民检察院、公安部关于公安机关管辖的刑事案件立案追诉标准的规定(二)》(2010年)第八十四条规定,公司、企业或者其他单位的人员,利用职务上的便利,将本单位财物非法占为己有,数额在1万元以上的,应予立案追诉。

本案中,冯某军在担任安×信公司经理期间,利用职务之便侵占公司的运费款共计人民币670,062.46元,数额巨大,其行为已构成职务侵占罪。

由本案可知,企业管理人员利用职务便利,将本单位财物非法占为己有的行为,

---

① 审理法院:吉林省长春市中级人民法院,案号:(2015)长刑终字第00162号。

极可能涉嫌职务侵占罪。对此,企业应当定期对员工尤其是高级管理人员开展法律培训,让其了解侵占公司财产可能引发的法律风险及后果,以避免触犯本罪。

第四节　挪用资金罪

一、罪名概述

1. 罪名简介

挪用资金罪,是指公司、企业或者其他单位的工作人员利用职务上的便利,挪用本单位资金归个人使用或者借贷给他人,数额较大、超过 3 个月未还的;或者虽未超过 3 个月,但数额较大、进行营利活动的;或者进行非法活动的行为。

2. 立案标准

《最高人民检察院、公安部关于公安机关管辖的刑事案件立案追诉标准的规定(二)》第七十七条规定,"公司、企业或者其他单位的工作人员,利用职务上的便利,挪用本单位资金归个人使用或者借贷给他人,涉嫌下列情形之一的,应予立案追诉:(一)挪用本单位资金数额在五万元以上,超过三个月未还的;(二)挪用本单位资金数额在五万元以上,进行营利活动的;(三)挪用本单位资金数额在三万元以上,进行非法活动的。具有下列情形之一的,属于本条规定的'归个人使用':(一)将本单位资金供本人、亲友或者其他自然人使用的;(二)以个人名义将本单位资金供其他单位使用的;(三)个人决定以单位名义将本单位资金供其他单位使用,谋取个人利益的"。

3. 量刑标准

《刑法》第二百七十二条规定,"公司、企业或者其他单位的工作人员,利用职务上的便利,挪用本单位资金归个人使用或者借贷给他人,数额较大、超过三个月未还的,或者虽未超过三个月,但数额较大、进行营利活动的,或者进行非法活动的,处三年以下有期徒刑或者拘役;挪用本单位资金数额巨大的,处三年以上七年以下有期徒刑;数额特别巨大的,处七年以上有期徒刑。国有公司、企业或者其他国有单位中从事公务的人员和国有公司、企业或者其他国有单位委派到非国有公司、企业以及其他单位从事公务的人员有前款行为的,依照本法第三百八十四条的规定定罪处罚。有第一款行为,在提起公诉前将挪用的资金退还的,可以从轻或者减轻处罚。其中,犯罪较轻的,可以减轻或者免除处罚"。

根据《最高人民法院、最高人民检察院关于办理贪污贿赂刑事案件适用法律若干问题的解释》第五条、第六条的规定,挪用资金归个人使用,进行非法活动,数额在

300万元以上的，为“数额巨大”；挪用资金进行营利活动，或者挪用资金超过3个月未还，数额在500万元以上的，为“数额巨大”。

二、风险防控建议

1. 实践中，部分企业员工对挪用资金的性质缺乏正确的认识，认为只要能够把挪用的资金及时归还就不会构成犯罪。企业有必要聘请法律专家为员工进行培训，以便员工能够正确认识挪用资金的性质、法律责任和后果，对挪用资金的违法犯罪行为产生敬畏。

2. 本罪多发生于企业的高层管理人员、财务人员与购销人员等能够直接掌管公司钱款的人员身上，应重点对以上人员加强教育与监督。

3. 加强对财务、销售及具有收付款职能等重点岗位人员的监督，定期对财务人员掌握的公司财务进行审计和对账，规范企业业务操作流程，健全合同履行过程和款项收支制度。

4. 建立完善的权力监督制度，防止领导岗位权力不受监督，以致发生滥用权力等不法行为。

5. 股东、董事或高级管理人员因急事向公司借钱时，应经董事会或股东会会议表决同意，切勿利用职务便利擅自操作办理借款。

三、典型案例

徐某某挪用资金案①

【基本案情】

2013年10月至2014年7月，内蒙古自治区兰×实业股份有限公司（以下简称兰×公司）与乌海市良×精细化有限公司（以下简称良×公司）签订设备制作安装等合同，约定由兰×公司为良×公司加工、安装设备，设备安装中所需的封头、法兰由良×公司购买，良×公司按照工程进度给付相应的工程款。兰×公司授权时任该公司安装分公司副经理的徐某某负责办理在良×公司的财务结算工作。根据兰×公司《安装分公司财务管理办法》的规定：“项目技术负责人收回的各项账款要及时上交兰×公司财务中心，不得改变用途。”合同履行过程中，徐某某与良×公司口头约定，由徐某某帮助良×公司购买封头、法兰等设备材料。2014年4月25日，徐某某从良×公司领取302,600元设备预付款后，私自将其中的262,600元用于支付为良×公司购买的封头款。2014年7月4日，徐某某从良×公司领取100,000元工程款后，私自将

---

① 审理法院：内蒙古自治区阿拉善盟中级人民法院，案号：（2019）内29刑终66号。

其中的90,000元用于支付为良×公司购买的封头款。2014年9月4日,徐某某从良×公司领取30,000元车间搅拌器装置费后,私自将该30,000元用于支付为良×公司购买的封头款。2015年11月25日,徐某某从良×公司领取30,000元结晶箱配管工程款后,私自将该30,000元用于支付为良×公司购买的封头款。综上,徐某某在担任兰太安装分公司副经理期间,利用兰×公司授权其结算与良×公司之间工程款的职务便利,未经兰×公司允许,将其于2014年4月至2015年11月从良×公司处结算的应当交回兰×公司的412,600元工程款私自用于支付为良×公司购买的封头款,且至今未还。

2017年10月10日,兰×公司报案。阿拉善盟公安局经济开发区分局于2017年10月11日受理兰×公司报案,于2017年10月18日对徐某某涉嫌职务侵占案立案侦查。

【裁判结果】

徐某某犯挪用资金罪,判处有期徒刑1年,缓刑1年。

【律师评析】

本案涉及的是企业管理人员挪用公司资金为客户购买设备材料的行为,是否构成挪用资金罪的问题。

根据《最高人民检察院、公安部关于公安机关管辖的刑事案件立案追诉标准的规定(二)》(2010年)第八十五条的规定,公司、企业或者其他单位的工作人员,利用职务上的便利,挪用本单位资金归个人使用或者借贷给他人,挪用本单位资金数额在3万元以上,超过3个月未还的,应予立案追诉。以个人名义将本单位资金供其他单位使用的,属于本条规定的"归个人使用"。

本案中,徐某某利用职务上的便利,在兰×公司不知情的情况下,以个人名义将从良×公司处结算的应当交回兰×公司的412,600元工程款借给良×公司使用,数额较大,且超过3个月未还,其行为构成挪用资金罪。

由本案可知,企业管理人员在经手公司的款项时,应当严格遵守公司财务管理制度,未经公司同意,不得擅自挪用款项作其他用途,尤其注意的是,不得以个人名义将款项挪用给包括客户在内的其他单位使用,否则可能涉嫌挪用资金罪。对此,企业应当组织董监高及相关人员学习国家有关挪用资金罪的法律法规与典型案例,让员工树立正确的价值观,以免触犯本罪。

第五节 非国家工作人员受贿罪

一、罪名概述

1. 罪名简介

非国家工作人员受贿罪，是指公司、企业或者其他单位的非国家工作人员，利用职务上的便利，索取他人财物或者非法收受他人财物，为他人谋取利益，数额较大的行为。

2. 立案标准

《最高人民检察院、公安部关于公安机关管辖的刑事案件立案追诉标准的规定（二）》第十条规定，“公司、企业或者其他单位的工作人员利用职务上的便利，索取他人财物或者非法收受他人财物，为他人谋取利益，或者在经济往来中，利用职务上的便利，违反国家规定，收受各种名义的回扣、手续费，归个人所有，数额在三万元以上的，应予立案追诉”。

3. 量刑标准

《刑法》第一百六十三条规定，“公司、企业或者其他单位的工作人员，利用职务上的便利，索取他人财物或者非法收受他人财物，为他人谋取利益，数额较大的，处三年以下有期徒刑或者拘役，并处罚金；数额巨大或者有其他严重情节的，处三年以上十年以下有期徒刑，并处罚金；数额特别巨大或者有其他特别严重情节的，处十年以上有期徒刑或者无期徒刑，并处罚金。公司、企业或者其他单位的工作人员在经济往来中，利用职务上的便利，违反国家规定，收受各种名义的回扣、手续费，归个人所有的，依照前款的规定处罚”。

根据《最高人民法院、最高人民检察院关于办理贪污贿赂刑事案件适用法律若干问题的解释》第十一条规定，《刑法》第一百六十三条规定的非国家工作人员受贿罪“数额较大”“数额巨大”的数额起点，按照本解释关于受贿罪、贪污罪相对应的数额标准规定的2倍、5倍执行。该解释第一条第一款规定，“贪污或者受贿数额在三万元以上不满二十万元的，应当认定为刑法第三百八十三条第一款规定的‘数额较大’，依法判处三年以下有期徒刑或者拘役，并处罚金”。该解释第二条第一款规定，“贪污或者受贿数额在二十万元以上不满三百万元的，应当认定为刑法第三百八十三条第一款规定的‘数额巨大’，依法判处三年以上十年以下有期徒刑，并处罚金或者没收财产”。

二、风险防控建议

1. 定期对员工尤其是从事领导、组织、管理工作的人员进行廉洁性培训，学习国家相关法律法规，树立正确的价值观。实务中，较多人误以为只有国家工作人员受贿才构成犯罪，企业员工收点回扣不会构成犯罪。因此，企业在培训时应重点对本罪的概念、立案标准、量刑标准进行详细讲解，让所有员工意识到不仅国家工作人员要管住手，自己也要管住手，否则"伸手必被捉"。

另外，现实中很多受贿行为并不是那么直接或明显，具有一定的隐蔽性，甚至行为人也没有意识到自己行为的严重性，以致触犯本罪。目前，《最高人民法院和最高人民检察院关于办理受贿刑事案件适用法律若干问题的意见》明确规定了几种变相的、构成受贿的行为，企业要高度重视，具体如下：交易型受贿；干股分红刑受贿；合作投资型受贿；委托理财型受贿；赌博型受贿；干薪型受贿；特定关系人收受型受贿；权属未变型受贿；商业贿赂；涉及股票受贿案件。

2. 企业应当设计合理的企业办事流程，做到办事流程公开化、透明化，减少人为干预，防止权力寻租，并建立可行有效的监督检查机制。大型企业可以成立监督部门，重点管控企业的采购。中小型企业可以建立企业信箱，鼓励员工检举揭发，查证属实的给予一定奖励。

3. 企业应当定期开展审计活动，避免公司财产被少部分的业务人员掌控，导致公司管理失控、财产流失的局面。

三、典型案例

苏某武、庄某等非国家工作人员受贿案①

【基本案情】

2013 年 5 月至 6 月，苏某武利用担任龙岩万×公司副总经理，主管营销部门的职务便利，在龙岩万×广场楼盘开盘销售前以"撕控"方式事先截留部分优质房源，之后伙同庄某、李某甲、李某乙、李某丙、沈某、王某甲、刘某甲和黄某甲（另案处理）等人向购房户索要每套房子人民币 1.5 万元至 2 万元不等的优先选房费，并按约定的比例分成；同时，苏某武利用其可审批"1% 团购优惠折扣"权限的职务便利，在销售龙岩万×广场商品房的过程中，以帮助购房户享受"1% 团购优惠折扣"为由，伙同庄某、李某甲、李某乙、刘某甲、沈某、王某甲、李某丙、林某甲和徐某、孙某、黄某甲、胡某、王某乙、龚某、杨某甲（均另案处理）等人，向购房户索要购房款总价 0.5% 的费用，并按约定的比例分成。苏某武参与收受贿赂款人民币 74.3011 万元（币种，下同），庄某参与收受贿赂款 42.3484 万元，李某甲参与收受贿赂款 17.2125 万元，李某乙参与收受贿赂款 14.7402 万元，刘某甲参与收受贿赂款 16.8325 万元，沈某参与收受贿赂款

---

① 审理法院：龙岩市中级人民法院，案号：（2015）岩刑终字第 282 号。

10.35万元，王某甲参与收受贿赂款11.865万元，李某丙参与收受贿赂款11.29万元，林某甲参与收受贿赂款5.9806万元。案发后，李某甲和刘某甲分别于2014年3月3日和3月13日被抓获归案；庄某于2014年3月7日主动到公安机关投案，苏某武于2014年4月9日主动到公安机关投案，李某丙、林某甲、王某甲、李某乙、沈某先后于2014年7月主动到公安机关投案。

另查明，案发前王某甲经手的客户傅某丙等人已于2013年6月4日在龙岩万×广场营销中心领回8.86万元。案发后，刘某甲、沈某、林某甲、李某丙等人向龙岩万×公司退赃款10.7922万元，现扣押于龙岩市公安局；庄某、刘某甲、王某甲、沈某、林某甲、李某乙等人向龙岩市公安局退赃款19.3046万元；李某丙向龙岩市新罗区人民法院退赃款2.4万元。2015年3月9日，李某甲在龙岩人民医院生育一子。

【裁判结果】

1. 苏某武犯非国家工作人员受贿罪，判处有期徒刑3年6个月。
2. 庄某犯非国家工作人员受贿罪，判处有期徒刑2年6个月，缓刑2年6个月。
3. 李某甲犯非国家工作人员受贿罪，判处有期徒刑1年6个月，缓刑1年6个月。
4. 李某乙犯非国家工作人员受贿罪，判处有期徒刑1年3个月，缓刑1年3个月。
5. 刘某甲犯非国家工作人员受贿罪，判处有期徒刑1年3个月，缓刑1年3个月。
6. 沈某犯非国家工作人员受贿罪，判处有期徒刑1年，缓刑1年。
7. 王某甲犯非国家工作人员受贿罪，判处有期徒刑1年，缓刑1年。
8. 李某丙犯非国家工作人员受贿罪，判处有期徒刑1年，缓刑1年。
9. 林某甲犯非国家工作人员受贿罪，判处有期徒刑8个月，缓刑1年。
10. 扣押在龙岩市公安局的赃款人民币30.0968万元，予以没收，上缴国库。
11. 李某丙向法院退赃款人民币2.4万元，予以没收，上缴国库。
12. 苏某武已退赃款人民币10万元、李某甲已退赃款人民币3.5613万元，予以没收，上缴国库。
13. 责令苏某武继续退赃款人民币19.327万元、原审李某丙继续退赃款人民币560元，予以没收，上缴国库。

【律师评析】

本案涉及的是苏某武等人利用职务便利非法收受相关购房客户贿赂的行为，是否构成非国家工作人员受贿罪的问题。

《最高人民检察院、公安部关于公安机关管辖的刑事案件立案追诉标准的规定(二)》(2010年)第十条规定，公司、企业或者其他单位的工作人员利用职务上的便利，索取他人财物或者非法收受他人财物，为他人谋取利益，或者在经济往来中，利用职务上的便利，违反国家规定，收受各种名义的回扣、手续费，归个人所有，数额在5000元以上的，应予立案追诉。

本案中，苏某武身为龙岩万×公司副总经理，分别与庄某、李某丙、林某甲、刘某甲、王某甲、李某甲、李某丙、林某甲、刘某甲、李某乙和沈某等人，利用各自在龙岩万×公司担任副总经理、销售主管或置业顾问职务上的便利，共同非法收受相关购房客户贿赂，其中苏某武参与受贿数额人民币74.3011万元、庄某参与受贿数额人民币42.3484万元、李某甲参与受贿数额人民币17.2125万元、刘某甲参与受贿数额人民币16.8325万元、李某乙参与受贿数额人民币14.7402万元、王某甲参与受贿数额人民币11.865万元、李某丙参与受贿数额人民币11.29万元、沈某参与受贿数额人民币10.3500万元、林某甲参与受贿数额人民币5.9806万元，其行为均已构成非国家工作人员受贿罪。

实务中，较多企业管理人员并不知道我国存在"非国家工作人员受贿罪"这个罪名，大多认为只有官员、公务员等国家工作人员利用职务索取他人财物或非法收受他人财物才构成犯罪。由本案可知，企业管理人员向客户索取财物并为其谋取利益的行为，极可能触犯非国家工作人员受贿罪。对此，企业应当对董监高及相关工作人员开展法律培训，让其了解索取他人财物或者非法收受他人财物所面临的法律风险及后果，以免触犯本罪。

第六节　非法经营同类营业罪

一、罪名概述

1. 罪名简介

非法经营同类营业罪，是指国有公司、企业的董事、经理利用职务便利，自己经营或者为他人经营与其所任职公司、企业同类的营业，谋取非法利益、数额巨大行为。

2. 立案标准

国有公司、企业的董事、经理利用职务便利，自己经营或者为他人经营与其所任职公司、企业同类的营业，获取非法利益，数额在10万元以上的，应予立案追诉，处3年以下有期徒刑或者拘役，并处或者单处罚金。

3. 量刑标准

《刑法》第一百六十五条规定，"国有公司、企业的董事、经理利用职务便利，自己经营或者为他人经营与其所任职公司、企业同类的营业，获取非法利益，数额巨大的，处三年以下有期徒刑或者拘役，并处或者单处罚金；数额特别巨大的，处三年以上七年以下有期徒刑，并处罚金"。

关于"数额巨大"和"数额特别巨大"，我国法律及司法解释没有明文规定，但可参考《陕西省高级人民法院关于适用刑法有关条款数额、情节标准的意见》第165条非法经营同类营业罪规定："数额巨大"指10万元以上；"数额特别巨大"指50万元以上。

二、风险防控建议

1. 非法经营同类营业罪是专门约束国有企业董事、经理的犯罪，要求国有企业的董事、经理不得自己经营或者为他人经营与其所任职公司、企业同类的营业项目。

2. 国有公司、企业的董事、经理应认真深入学习关于本罪规定的刑事法律知识，树立守法意识，依法进行生产经营，任何情况下不得做"以权谋私、损公肥私"的事情。

3. 应当注意厘清竞业禁止和本罪之间的区别，其他人员违反竞业禁止的规定，需要承担的是民事责任，但国有公司、企业的董事、经理违反竞业禁止的规定，自己经营或者为他人经营与其所任职公司、企业同类的营业项目，则需要承担非法经营同类罪的刑事责任。

三、典型案例

纪某庆非法经营同类营业案①

【基本案情】

2014年9月至2019年4月，纪某庆在担任烟台市宏安×公司（国有企业）经理期间，利用职务便利，以其实际控制的烟台宇扬×公司、烟台佰尚×公司经营与烟台市宏安×公司同类的营业，通过围标、串标、直接签订合同等方式承揽烟台市公安局福山分局、莱山分局工程，获取非法利益2,377,510.7元。到案后，纪某庆如实供述了上述犯罪事实，并积极退缴了全部赃款。

【裁判结果】

纪某庆犯非法经营同类营业罪，判处有期徒刑1年，并处罚金人民币10万元；纪某庆的非法经营同类营业的违法所得2,377,510.7元，依法予以没收，上缴国库。

【律师评析】

本案涉及的是国有公司管理人员利用职务便利，自己经营与其所任职公司同类的营业的行为，是否构成非法经营同类营业罪的问题。

国有公司、企业的董事、经理利用职务便利，自己经营或者为他人经营与其所任职公司、企业同类的营业，获取非法利益，数额在10万元以上的，应予立案追诉，处3

① 审理法院：山东省烟台市福山区人民法院，案号：（2020）鲁0611刑初95号。

年以下有期徒刑或者拘役,并处或者单处罚金。

本案中,纪某庆作为国有企业烟台市宏安×公司的经理,利用职务便利,以其实际控制的烟台宇扬×公司、烟台佰尚×公司经营与烟台市宏安×公司同类的营业,并通过围标、串标、直接签订合同等方式承揽烟台市公安局福山分局、莱山分局工程,获取非法利益2,377,510.7元,其行为构成非法经营同类营业罪。

实务中,有的国有公司、企业的董事、经理一边领着高薪,享受着优厚的待遇,一边还利用职务便利自己经营或者为他人经营与其所任职企业同类的营业,这种行为不仅有违公平竞争,情节严重的,将涉嫌非法经营同类营业罪。对此,国有公司、企业的董事、经理应认真深入学习关于本罪规定的刑事法律知识,树立守法意识,依法进行生产经营,任何情况下不得做"以权谋私、损公肥私"的事情,以避免触犯本罪。

第七节　为亲友非法牟利罪

一、罪名概述

1. 罪名简介

为亲友非法牟利罪,是指国有公司、企业、事业单位的工作人员利用职务便利,将本单位的盈利业务交由自己的亲友进行经营,或者以明显高于市场的价格向自己的亲友经营管理的单位采购商品或者以明显低于市场的价格向自己的亲友经营管理的单位销售商品,或者向自己的亲友经营管理的单位采购不合格商品,使国家利益遭受重大损失的行为。

2. 立案标准

根据《最高人民检察院、公安部关于公安机关管辖的刑事案件立案追诉标准的规定(二)》(2010年)第十三条的规定,国有公司、企业、事业单位的工作人员,利用职务便利,为亲友非法牟利,涉嫌下列情形之一的,应予追诉,处3年以下有期徒刑或者拘役,并处或者单处罚金:(1)造成国家直接经济损失数额在10万元以上的;(2)使其亲友非法获利数额在20万元以上的;(3)致使有关单位破产,停产、停业6个月以上或者被吊销许可证和营业执照、责令关闭、撤销、解散的;(4)其他致使国家利益遭受重大损失的情形。

3. 量刑标准

《刑法》第一百六十六条规定,"国有公司、企业、事业单位的工作人员,利用职务便利,有下列情形之一,使国家利益遭受重大损失的,处三年以下有期徒刑或者拘役,并处或者单处罚金;致使国家利益遭受特别重大损失的,处三年以上七年以下有期徒刑，并处罚金：（一）将本单位的盈利业务交由自己的亲友进行经营的；（二）以明显高于市场的价格向自己的亲友经营管理的单位采购商品或者以明显低于市场的价格向自己的亲友经营管理的单位销售商品的；（三）向自己的亲友经营管理的单位采购不合格商品的”。

二、风险防控建议

1. 国有公司、企业的工作人员应当认真深入学习关于本罪的刑事法律知识，树立廉洁意识，依法进行生产经营，任何情况下不得利用职务便利为亲友牟利。比如不得将单位的盈利业务交给亲友经营；不得以明显高于市场的价格向自己的亲友经营管理的单位采购商品或者以明显低于市场的价格向自己的亲友经营管理的单位销售商品；不得向自己的亲友经营管理的单位采购不合格商品。

2. 国有公司、企业的工作人员应当尽量避免与本人的亲友之间发生业务往来，否则容易产生“背信经营”的嫌疑。如果交易对象的负责人或实际控制人碰巧是亲友，应当主动向公司申请回避，以规避触犯本罪的风险。如果公司认为不需要回避，那么在交易中一定要做到一视同仁。在交易细节上，尽量少做口头承诺，并注意做好相关资料、数据等证据的留存。

3. 定期审查交易对象与本单位工作人员的关系，如发现存在亲友关系的，应当决定是否终止交易。

4. 建立重要交易事项的集体审批制度，避免个别人掌握实权，利用自己的权力从事非法活动，从而导致本罪发生。建立严格的管理制度，在对外业务交往和企业内部管理过程中，保证程序正当，一视同仁，不区别对待，鼓励员工积极举报利用职权谋私利的不法行为。

三、典型案例

陈某为亲友非法牟利案①

【基本案情】

2007年至2009年，陈某利用担任永济市建筑工程公司经理职务的便利，为给亲友非法牟取利益，将该公司的8个市政工程项目交由其兄陈某1承建。2007年4月18日至2015年10月23日，陈某先后分40笔从公司账上支付给陈某1工程款4,882,684元。2016年1月28日，陈某仍以公司名义向永济市住房保障和城乡建设管理局催要部分项目建设工程尾款。经会计师事务所测算，陈某1通过8个工程项目可非法获利772,020.52元（未支付利润287,287元），使该公司丧失了可能得到的

---

① 审理法院：永济市人民法院，案号：（2019）晋0881刑初144号。

利润，致使国家利益遭受重大损失。案发后，陈某的亲属向调查机关上交案款484,732.72元。

同时查明，永济市监察委员会于2019年5月10日扣押了卜某霞（陈某妻子）上交的案款562,905.97元，并存入市财政局非税收入归集专户，后将78,173.25元作为已缴纳的税金扣减后返还卜某霞，实际扣押案款484,732.72元。

【裁判结果】

1. 陈某犯为亲友非法牟利罪，判处有期徒刑1年，缓刑1年，并处罚金100,000元。

2. 陈某所退赃款484,732.72元，予以追缴，上缴国库。

【律师评析】

本案涉及的是国有公司管理人员利用职务便利给亲友非法牟取利益的行为，是否构成为亲友非法牟利罪的问题。

根据《最高人民检察院、公安部关于公安机关管辖的刑事案件立案追诉标准的规定（二）》（2010年）第十三条的规定，国有公司、企业、事业单位的工作人员，利用职务便利，为亲友非法牟利，涉嫌下列情形之一的，应予追诉，处3年以下有期徒刑或者拘役，并处或者单处罚金：使其亲友非法获利数额在20万元以上的。

本案中，陈某利用担任永济市建筑工程公司经理职务的便利，将该公司的8个市政工程项目交由其兄陈某1承建，并先后分40笔从公司账上支付给陈某1工程款4,882,684元，为陈某1从中非法获利772,020.52元（未支付利润287,287元），致使国家利益遭受重大损失，其行为已构成为亲友非法牟利罪。

实务中，较多国有公司、企业、事业单位的工作人员利用职务便利，将本单位的营利业务交由自己的亲友进行经营，该行为极可能涉嫌为亲友非法牟利罪。对此，企业应当定期对员工，尤其是高级管理人员开展廉洁性培训，认真学习我国相关法律法规，树立正确的价值观，以免触犯本罪。

第十九章
妨碍司法方面的刑事风险及防控

第一节　虚假诉讼罪

一、罪名概述

1. 罪名简介

虚假诉讼罪，是指以捏造的事实提起民事诉讼，妨害司法秩序或者严重侵害他人合法权益的行为。

2. 立案标准

《最高人民检察院、公安部关于公安机关管辖的刑事案件立案追诉标准的规定(二)》第七十八条规定，“单独或者与他人恶意串通，以捏造的事实提起民事诉讼，涉嫌下列情形之一的，应予立案追诉：(一)致使人民法院基于捏造的事实采取财产保全或者行为保全措施的；(二)致使人民法院开庭审理，干扰正常司法活动的；(三)致使人民法院基于捏造的事实作出裁判文书、制作财产分配方案，或者立案执行基于捏造的事实作出的仲裁裁决、公证债权文书的；(四)多次以捏造的事实提起民事诉讼的；(五)因以捏造的事实提起民事诉讼被采取民事诉讼强制措施或者受过刑事追究的；(六)其他妨害司法秩序或者严重侵害他人合法权益的情形”。

3. 量刑标准

《刑法》第三百零七条之一规定，“以捏造的事实提起民事诉讼，妨害司法秩序或者严重侵害他人合法权益的，处三年以下有期徒刑、拘役或者管制，并处或者单处罚金；情节严重的，处三年以上七年以下有期徒刑，并处罚金。单位犯前款罪的，对单位判处罚金，并对其直接负责的主管人员和其他直接责任人员，依照前款的规定处罚。有第一款行为，非法占有他人财产或者逃避合法债务，又构成其他犯罪的，依照处罚较重的规定定罪从重处罚。司法工作人员利用职权，与他人共同实施前三款行为的，从重处罚；同时构成其他犯罪的，依照处罚较重的规定定罪从重处罚”。

《最高人民法院、最高人民检察院关于办理虚假诉讼刑事案件适用法律若干问题的解释》第三条规定,“以捏造的事实提起民事诉讼,有下列情形之一的,应当认定为刑法第三百零七条之一第一款规定的‘情节严重’:(一)有本解释第二条第一项情形,造成他人经济损失一百万元以上的;(二)有本解释第二条第二项至第四项情形之一,严重干扰正常司法活动或者严重损害司法公信力的;(三)致使义务人自动履行生效裁判文书确定的财产给付义务或者人民法院强制执行财产权益,数额达到一百万元以上的;(四)致使他人债权无法实现,数额达到一百万元以上的;(五)非法占有他人财产,数额达到十万元以上的;(六)致使他人因为不执行人民法院基于捏造的事实作出的判决、裁定,被采取刑事拘留、逮捕措施或者受到刑事追究的;(七)其他情节严重的情形”。

二、风险防控建议

1. 企业应当遵守相关法律法规,做到合法诚信经营,自觉抵制虚假诉讼等不法行为,避免触犯本罪。企业经营者要充分认识到虚假诉讼不是一般的违法行为,而是要承担刑事责任的严重违法行为,一旦不法行为被司法机关识破,行为人将面临牢狱之灾。在司法实践中,人民法院遇到以下情形,一般会警惕存在虚假诉讼:当事人为夫妻、朋友等亲密关系或者关联企业等共同利益关系;原告诉请司法保护的标的额与其自身经济状况严重不符;原告起诉所依据的事实和理由明显不符合常理;当事人双方无实质性民事权益争议;案件证据不足,但双方仍然主动迅速达成调解协议,并请求人民法院出具调解书。

2. 对员工加强法律培训,让员工了解虚假诉讼所面临的法律风险及后果。为避免给企业造成损失或不良影响,一经发现违规者,应予以严肃处理。

3. 企业如果向法院提起诉讼,应严格按照证据规则提交证据,杜绝伪造证据、虚构事实的行为。在提起诉讼前,若发现某些证据存在瑕疵,应避免对现有不清晰的证据进行修复或篡改,第一时间找相关人员进行核实,以确保向法院提交证据的真实性和合法性。

三、典型案例

辉×公司、王某华虚假诉讼案①

【基本案情】

2015年4月,昆明盛××业房地产有限公司(以下简称盛×公司)、昆明普×特商贸有限公司(以下简称普×特公司)实际控制人王某华为逃避对昆明市西山区农村

---

① 审理法院:昆明市中级人民法院,案号:(2018)云01刑终849号。

信用合作社福某信用社和昆明市盘龙区惠×小额贷款有限公司的合法债务,与昆明辉×房地产经纪有限公司(以下简称辉×公司)原法定代表人、股东何某恶意串通,并允诺给予何某好处后,何某将辉×公司60%股份转到王某华指定人员(先为杨某、后变更为宋某)名下,由被指定人员代王某华持股,成为登记法定代表人,使王某华成为该公司实际控制人。何某由其妻子向某为持有该公司40%股份,其本人不再担任该公司法定代表人。随后,在王某华、何某的共同策划下,两人伪造了盛×公司、普×特公司与辉×公司的《房屋租赁合同》《补充协议》(虚构签订时间分别为2012年9月1日,2012年12月28日;2012年12月28日,2013年4月15日;租赁期限为20年;两个租赁合同租金累计达1.5亿元)以及定金收据等证据,虚构了盛×公司、普×特公司于2012年将其名下的物业出租给辉×公司的事实。在王某华、何某的推动下,2015年11月9日,昆明仲裁委作出昆仲裁(2015)296号、昆仲裁(2015)295号裁决书,确认了以上虚假《房屋租赁合同》《补充协议》的效力,并裁决:被申请人普×特公司、盛×公司在裁决生效之日起10日内,通知《房屋租赁合同》确认的原承租人,被申请人已将自己收取租金的权利依法转让给申请人辉×公司。

2016年2月20日,在申请人昆明市盘龙区惠×小额贷款有限公司申请执行被申请人云南嘉×物流有限公司、普×特公司、盛×公司、王某华等小额借款合同纠纷案中,辉×公司作为异议人以上虚构的事实及证据向昆明市中级人民法院提出执行异议。昆明市中级人民法院于2016年3月18日作出(2016)云01执异50号执行裁定书:驳回辉×公司的异议。随后,辉×公司又以以上虚构事实及材料提起两个执行异议之诉。昆明市中级人民法院于2016年8月1日作出(2016)云01民初658号民事判决书,判决内容:确认普×特公司在其与华某银行股份有限公司昆明分行《房屋租赁合同》项下收取租金的权利已经转让给辉×公司,归辉×公司所有,停止对华某银行欠付租金的强制执行;昆明市中级人民法院于2016年8月2日作出(2016)云01民初659号民事判决书,判决内容:确认普×特公司在其与中某银行股份有限公司昆明分行《房屋租赁合同》项下收取租金的权利已经转让给昆明辉×公司,归辉×公司所有,停止对中某银行欠付租金的强制执行。经昆明市盘龙区惠×小额贷款有限公司上诉后,云南省高级人民法院于2016年12月16日作出2016云民终736号民事判决书,判决内容:撤销云南省昆明市中级人民法院(2016)云01民初659号民事判决书,驳回辉×公司的诉讼请求;云南省高级人民法院于2016年12月16日作出2016云民终768号民事判决书,判决内容:撤销云南省昆明市中级人民法院(2016)云01民初658号民事判决书;驳回辉×公司的诉讼请求。

经昆明市中级人民法院2016年6月20日作出的(2015)昆民四初字第800号昆明市中级人民法院民事判决书确认:嘉×物流公司于判决生效之日起10日内归还西山区农村信用合作联社福某信用社本金69,820,710元、利息及复利78,995,206.91

元,律师费387,990元;云南嘉×物流、云南金×融资公司、盛×公司、黄某、高某、王某、王某华对上述债务承担连带保证责任,且有权向云南嘉×物流公司追偿;如云南嘉×物流公司未按期足额履行上述还款义务,西山区农村信用合作联社福某信用社有权以盛×公司抵押的银某大厦1、2、3层房产及所占用土地使用权折价或者以拍卖、变卖该抵押财产的价款优先受偿。在昆明市中级人民法院对以上判决书进行执行过程中,辉×公司以昆明市西山区农村信用合作联社福某信用社、云南联×汽车服务有限公司作为被申请人于2016年9月9日向昆明市中级人民法院提出:请求昆明市中院依法裁定撤销在强制执行(2016)云01执1003号案件过程中,昆明市中级人民法院于2016年8月31日向云南联×汽车公司(涉案物业承租人)发出的《履行到期债务通知书》,中止对云南联某汽车公司租金6,998,400元款项的执行,并由何某、王某华安排公司人员向昆明市中院提交上述伪造证据、仲裁裁决书等证据。昆明市中级人民法院于2016年9月30日作出裁定:中止其(2016)云01执1003号《履行到期债务通知书》,即云南联×汽车公司对被执行人云南盛×康业房地产股份有限公司负有的到期债务6,998,400元人民币的执行。同时,辉×公司在王某华、何某的操纵下,又利用以上虚构的事实和证据,于2016年7月5日诉至昆明市五华区法院:请求法院判令联×汽车公司向辉×公司支付2016年4月9日至2017年4月8日租金6,998,400元,违约金1,725,632元。五华区人民法院于2016年11月3日作出(2016)云0102民初5275号民事裁定书:以该案应当通过执行异议之诉处理为由驳回昆明辉×房地产公司的起诉。西山区农村信用合作联社福×信用社就其与辉×公司、王某华、盛×公司、云南联×汽车服务有限公司的执行异议一案于2016年11月2日向昆明市中级人民法院提起诉讼,后双方达成调解确认:辉×公司放弃收取云南联×汽车服务有限公司涉案租金的权利。

昆明市人民检察院反渎局办理舒某良枉法仲裁案。王某华在作证过程中陈述其利用虚假仲裁,以其控制的辉×公司的名义到法院提起多起诉讼的事实。2017年3月24日,昆明市五华区人民检察院决定对辉×公司、王某华虚假诉讼案立案侦查。2017年5月9日,昆明市五华区人民检察院通知何某配合调查,何某如实供述了其与王某华共谋并积极参与虚假诉讼的事实,同年5月10日,昆明市五华区人民检察院对何某补充立案。

【裁判结果】

1. 辉×公司犯虚假诉讼罪,判处罚金50万元。

2. 王某华犯虚假诉讼罪,判处有期徒刑2年,宣告缓刑3年,并处罚金人民币15万元。

3. 何某犯虚假诉讼罪,判处有期徒刑1年零6个月,宣告缓刑2年,并处罚金人民币10万元。

【律师评析】

本案涉及的是企业为逃避债务而捏造事实提起民事诉讼的行为，是否构成虚假诉讼罪的问题。

若按现行规定分析本案：《最高人民检察院、公安部关于公安机关管辖的刑事案件立案追诉标准的规定（二）》第七十八条规定，“单独或者与他人恶意串通，以捏造的事实提起民事诉讼，涉嫌下列情形之一的，应予立案追诉：（一）致使人民法院基于捏造的事实采取财产保全或者行为保全措施的；（二）致使人民法院开庭审理，干扰正常司法活动的；（三）致使人民法院基于捏造的事实作出裁判文书、制作财产分配方案，或者立案执行基于捏造的事实作出的仲裁裁决、公证债权文书的；（四）多次以捏造的事实提起民事诉讼的；（五）因以捏造的事实提起民事诉讼被采取民事诉讼强制措施或者受过刑事追究的；（六）其他妨害司法秩序或者严重侵害他人合法权益的情形”。

本案中，辉×公司为逃避债务，以捏造的事实提起民事诉讼，妨害司法秩序并侵害了债权人的合法权益，其行为已触犯刑律，构成虚假诉讼罪。王某华、何某系辉×公司的实际控制人和直接责任人，在此过程中相互配合具体实施了捏造的事实以辉×公司的名义提起民事诉讼，妨害司法秩序并侵害债权人的合法权益的行为，其行为已触犯刑律，构成虚假诉讼罪。

实务中，部分企业为了逃避合法债务，通过捏造虚假的事实提起民事诉讼的行为极可能涉嫌虚假诉讼罪。对此，企业应当遵守相关法律法规，做到合法诚信经营，自觉抵制虚假诉讼等不法行为，避免触犯本罪。

第二节 拒不执行判决、裁定罪

一、罪名概述

1. 罪名简介

拒不执行判决、裁定罪，是指对人民法院的判决、裁定有能力执行而拒不执行，情节严重的行为。

2. 立案标准

《最高人民法院、最高人民检察院、公安部关于依法严肃查处拒不执行判决裁定和暴力抗拒法院执行犯罪行为有关问题的通知》第一条规定，“对下列拒不执行判决、裁定的行为，依照刑法第三百一十三条的规定，以拒不执行判决、裁定罪论处：（一）被执行人隐藏、转移、故意毁损财产或者无偿转让财产、以明显不合理的低价转让财产，致使判决、裁定无法执行的；（二）担保人或者被执行人隐藏、转移、故意毁损或者转让已向人民法院提供担保的财产，致使判决、裁定无法执行的；（三）协助执行义务人接到人民法院协助执行通知书后，拒不协助执行，致使判决、裁定无法执行的；（四）被执行人、担保人、协助执行义务人与国家机关工作人员通谋，利用国家机关工作人员的职权妨害执行，致使判决、裁定无法执行的；（五）其他有能力执行而拒不执行，情节严重的情形”。

3. 量刑标准

《刑法》第三百一十三条规定，“对人民法院的判决、裁定有能力执行而拒不执行，情节严重的，处三年以下有期徒刑、拘役或者罚金；情节特别严重的，处三年以上七年以下有期徒刑，并处罚金。单位犯前款罪的，对单位判处罚金，并对其直接负责的主管人员和其他直接责任人员，依照前款的规定处罚”。

《最高人民法院关于审理拒不执行判决、裁定刑事案件适用法律若干问题的解释》第二条规定，“负有执行义务的人有能力执行而实施下列行为之一的，应当认定为全国人民代表大会常务委员会关于刑法第三百一十三条的解释中规定的‘其他有能力执行而拒不执行，情节严重的情形’：（一）具有拒绝报告或者虚假报告财产情况、违反人民法院限制高消费及有关消费令等拒不执行行为，经采取罚款或者拘留等强制措施后仍拒不执行的；（二）伪造、毁灭有关被执行人履行能力的重要证据，以暴力、威胁、贿买方法阻止他人作证或者指使、贿买、胁迫他人作伪证，妨碍人民法院查明被执行人财产情况，致使判决、裁定无法执行的；（三）拒不交付法律文书指定交付的财物、票证或者拒不迁出房屋、退出土地，致使判决、裁定无法执行的；（四）与他人串通，通过虚假诉讼、虚假仲裁、虚假和解等方式妨害执行，致使判决、裁定无法执行的；（五）以暴力、威胁方法阻碍执行人员进入执行现场或者聚众哄闹、冲击执行现场，致使执行工作无法进行的；（六）对执行人员进行侮辱、围攻、扣押、殴打，致使执行工作无法进行的；（七）毁损、抢夺执行案件材料、执行公务车辆和其他执行器械、执行人员服装以及执行公务证件，致使执行工作无法进行的；（八）拒不执行法院判决、裁定，致使债权人遭受重大损失的”。

需要说明的是，拒不执行判决、裁定的在一审宣告判决前，履行全部或部分执行义务的，可以酌情从宽处罚。拒不执行支付赡养费、扶养费、抚育费、抚恤金、医疗费用、劳动报酬等判决、裁定的，可以酌情从重处罚。

二、风险防控建议

1. 企业经营者应当认真学习《刑法》《最高人民法院关于审理拒不执行判决、裁定刑事案件适用法律若干问题的解释》《最高人民法院关于拒不执行判决、裁定罪自诉案件受理工作有关问题的通知》等关于本罪的规定，树立守法意识。实务中，企业的债权债务关系往往比较复杂，而企业的财务运转多依赖这些债权债务关系，一旦企业的资金周转出现困难,企业最基本的反应是尽快实现债权、摆脱债务,如果为避债而拒不执行法院的判决、裁定,就会面临触犯本罪的风险。

2. 在法院执行判决、裁定过程中,企业应当积极配合,绝不能阻碍法院的执行工作。如果想方设法地转移或隐匿财产并企图抵赖债务、指使员工以暴力或威胁的方法阻挠法院执法,或者通过虚假诉讼、虚假仲裁、虚假和解的方式妨害执行,则可能触犯本罪。

3. 在法院判决、裁定生效后,企业在履行完判决、裁定确定的给付内容前,应当谨慎处置企业财产。如果是重要紧急的债务要履行,建议在判决、裁定生效前履行,不宜拖至该诉讼判决、裁定生效后履行,以免引发此罪的刑事风险。

4. 企业如遇支付困难,应积极与法院、胜诉方协商沟通,竭力解决矛盾,取代暴力抗法等行为。

5. 企业经营者不要随意为他人提供担保。根据《最高人民法院、最高人民检察院、公安部关于依法严肃查处拒不执行判决裁定和暴力抗拒法院执行犯罪行为有关问题的通知》第一条的规定,担保人隐藏、转移、故意毁损或者转让已向人民法院提供担保的财产,致使判决、裁定无法执行的;担保人与国家机关工作人员通谋,利用国家机关工作人员的职权妨害执行,致使判决、裁定无法执行的,以拒不执行判决、裁定罪论处。据此,亲友、客户或合作伙伴请求企业提供担保时,一定要三思而后行。

6. 对于负有协助执行义务的企业,在收到人民法院送达的协助执行通知书后,应依法积极协助法院执行,并将执行情况告知人民法院,不可拒绝协助执行,更不可与被执行人合谋串通抗拒执行,否则将面临被追究本罪的风险。

三、典型案例

甘肃××生化有限责任公司、梁某拒不执行判决、裁定案①

【基本案情】

2012年12月28日,梁某收购了甘肃××生化有限责任公司,并担任该公司执行董事兼总经理、法定代表人,承担该公司所有债权债务。2014年6月至7月,甘肃××生化有限责任公司、梁某从张某一、曹某、汪某某三人处共借款9000余万元,用于化解公司所欠债务和土地转让,梁某未将上述借款存入甘肃××生化有限责任公司账户,而是存入甘某个人账户中,挪作他用,隐匿财产,故意逃避法院强制执行,致使法院生效的四起民事判决、裁定无法执行,未执行数额达1,702,597.12元。梁某在拥

① 审理法院:临泽县人民法院,案号:(2019)甘0723刑初30号。

有阿拉善右旗某某有限责任公司、甘肃××生化有限责任公司、大柴旦某某科技有限责任公司固定资产的情况下，逃避法院强制执行，致使其与李某股权转让纠纷案民事判决无法执行，未执行数额达496万元。

1. 2012年11月8日，法院对张掖市××建筑工程有限责任公司与甘肃××生化有限责任公司建设施工合同纠纷一案，作出(2012)临民初字第765号民事判决书，判决甘肃××生化有限责任公司支付张掖市××建筑工程有限责任公司工程款及利息共计156,549.13元。判决生效后，甘肃××生化有限责任公司未按期履行判决所确定的付款义务，张掖市××建筑工程有限责任公司于2013年1月4日向法院申请强制执行。甘肃××生化有限责任公司在有能力履行法院民事判决的情况下，拒不履行。

2. 2014年11月18日，法院对嘉峪关市××科教设备有限责任公司与甘肃××生化有限责任公司运输合同纠纷一案，作出(2014)临民初字第681号民事判决书，判决甘肃××生化有限责任公司支付嘉峪关市××科教设备有限责任公司欠款403,534元。判决生效后，甘肃××生化有限责任公司未履行判决所确定的付款义务，嘉峪关市××科教设备有限责任公司于2015年1月18日向法院申请强制执行。甘肃××生化有限责任公司在有能力履行法院民事判决的情况下，拒不履行。

3. 2014年11月12日，法院对阿拉善右旗××矿产开发有限责任公司与甘肃××生化有限责任公司买卖合同纠纷一案，作出(2014)临民初字第840号民事调解书，甘肃××生化有限责任公司偿付拖欠阿拉善右旗××矿产开发有限责任公司煤款1,111,513.99元。甘肃××生化有限责任公司未按期履行民事调解书所确定的付款义务，2015年1月31日，阿拉善右旗××矿产开发有限责任公司向法院申请强制执行。2015年7月28日，法院作出(2015)临执字第213号执行裁定书，依法查封甘肃××生化有限责任公司厂区土地使用权。甘肃××生化有限责任公司在有能力履行法院民事裁定的情况下，拒不履行。

4. 2014年9月18日，浙江省杭州市滨江区人民法院对浙江××技术股份有限公司与甘肃××生化有限责任公司买卖合同纠纷一案，作出(2014)杭滨商初字第1040号民事判决书，判决甘肃××生化有限责任公司支付浙江××技术股份有限公司货款31,000元及违约金。判决生效后，甘肃××生化有限责任公司未履行判决所确定的付款义务。2015年3月27日，浙江××技术股份有限公司向浙江省杭州市滨江区人民法院申请强制执行。2015年4月7日，浙江省杭州市滨江区人民法院委托本院代为强制执行。甘肃××生化有限责任公司在有能力履行法院民事判决的情况下，拒不履行。

5. 2014年12月18日，甘肃省张掖市中级人民法院对李某与梁某股权转让纠纷案，作出(2014)张中民初字第133号民事判决书，判决梁某支付李某股权转让款400

万元及违约金124.8万元。梁某不服该判决，上诉至甘肃省高级人民法院。2015年5月22日，甘肃省高级人民法院作出(2015)甘民二终字第80号民事判决书，判决梁某支付李某股权转让款400万元及违约金96万元。判决生效后，梁某未履行判决所确定的付款义务。2015年6月10日李某向张掖市中级人民法院申请强制执行，梁某在有能力履行法院民事判决的情况下，拒不履行。

梁某在法院强制执行期间长期外逃，下落不明。上述案件经人民法院移送公安机关立案侦查后，经公安机关对梁某上网追逃，2018年11月4日20时许，梁某被湖南省长沙市公安局岳麓分局含浦派出所民警抓获归案。

【裁判结果】

1. 甘肃××生化有限责任公司犯拒不执行判决、裁定罪，判处罚金50万元。
2. 梁某犯拒不执行判决、裁定罪，判处有期徒刑2年。

【律师评析】

本案涉及的是企业有能力执行法院的生效判决确定的义务而拒不执行的行为，是否构成拒不执行判决、裁定罪的问题。

《最高人民法院、最高人民检察院、公安部关于依法严肃查处拒不执行判决裁定和暴力抗拒法院执行犯罪行为有关问题的通知》第一条规定，“对下列拒不执行判决、裁定的行为，依照刑法第三百一十三条的规定，以拒不执行判决、裁定罪论处：(一)被执行人隐藏、转移、故意毁损财产或者无偿转让财产、以明显不合理的低价转让财产，致使判决、裁定无法执行的；(二)担保人或者被执行人隐藏、转移、故意毁损或者转让已向人民法院提供担保的财产，致使判决、裁定无法执行的；(三)协助执行义务人接到人民法院协助执行通知书后，拒不协助执行，致使判决、裁定无法执行的；(四)被执行人、担保人、协助执行义务人与国家机关工作人员通谋，利用国家机关工作人员的职权妨害执行，致使判决、裁定无法执行的；(五)其他有能力执行而拒不执行，情节严重的情形”。

本案中，甘肃××生化有限责任公司将从他人处借来的用于化解公司债务及土地转让的资金存入第三人账户，隐匿公司财产并挪作他用，拒不执行法院生效判决确定的义务；梁某在拥有三家公司固定资产的情况下，拒不执行法院生效判决确定的义务，采取外逃方式逃避法院强制执行。对此，甘肃××生化有限责任公司、梁某对人民法院生效判决、裁定确定的义务，有能力执行而拒不执行，情节严重，其行为构成拒不执行判决、裁定罪。梁某作为甘肃××生化有限责任公司执行董事兼总经理、法定代表人，系公司直接负责的主管人员，对单位犯罪应当承担刑事责任。

由本案可知，企业在收到法院判决书后，为拒绝履行判决书义务而隐匿、转移财产的行为，极可能涉嫌拒不执行判决、裁定罪。因此，在法院判决、裁定生效后，企业在履行完判决、裁定确定的给付内容前，应当谨慎处置企业财产，以免触犯本罪。

第三节　非法处置查封、扣押、冻结的财产罪

一、罪名概述

1. 罪名简介

非法处置查封、扣押、冻结的财产罪，是指隐藏、转移、变卖、故意毁损已被司法机关查封、扣押、冻结的财产，情节严重的行为。

2. 立案标准

关于非法处置查封、扣押、冻结的财产罪的立案追诉标准，目前我国没有明确的规定。

3. 量刑标准

《刑法》第三百一十四条规定，“隐藏、转移、变卖、故意毁损已被司法机关查封、扣押、冻结的财产，情节严重的，处三年以下有期徒刑、拘役或者罚金”。

二、风险防控建议

1. 企业应当学习国家相关法律法规，尊重司法机关的执行措施，自觉抵制妨害司法秩序进行的不法行为。

2. 企业对涉案财产负有保管义务，不得隐藏、转移、变卖或故意毁坏已被司法机关查封、扣押、冻结的财产，避免触犯本罪。

3. 企业应对员工加强法律培训工作，让员工了解非法处置查封、扣押、冻结的财产罪所面临的法律风险及后果。一经发现违规者，企业应予以严肃处理。

三、典型案例

杨某某非法处置查封、扣押、冻结的财产案①

【基本案情】

2015 年年底，信阳恒×置业有限公司法定代表人张某某授权杨某某为其公司总经理并负责日常管理。2016 年 7 月 27 日，该公司在信阳市浉河区北京路开发的众亿名门小区的 1 号、2 号、3 号、4 号楼的房屋被信阳市浉河区人民法院查封，杨某某在明知上述房屋被法院查封的情况下，擅自收取该小区 40 户业主购房尾款 340.3040 万

① 审理法院：河南省信阳市浉河区人民法院，案号：(2017) 豫 1502 刑初 561 号。

元；在业主无力交纳房屋尾款的情况下，杨某某让14户业主给其出具借条，借条金额共计166万元；让3号楼的7户业主将购房尾款交给建筑商乔某某用来支付建筑款项，现金26万元、借条金额157万元，并将上述收据和借条日期提前到法院查封日期之前。杨某某在办理完查封房屋购房尾款事宜后即将查封房屋交付业主使用。

【裁判结果】

杨某某犯非法处置查封的财产罪，判处有期徒刑1年6个月。

【律师评析】

本案涉及的是企业管理人员非法处置已被司法机关查封的财产的行为，是否构成非法处置查封的财产罪的问题。

我国《刑法》第三百一十四条规定，隐藏、转移、变卖、故意毁损已被司法机关查封、扣押、冻结的财产，情节严重的，处3年以下有期徒刑、拘役或者罚金。

本案中，杨某某作为信阳恒×置业有限公司的总经理，非法处置已被法院查封的房屋，情节严重，其行为构成非法处置查封的财产罪。

由本案可知，企业在明知涉案财产被司法机关查封的情况下仍擅自处置财产，将触犯非法处置查封的财产罪。对此，企业应当妥善保管涉案财产，不得隐藏、转移、变卖或故意毁坏已被司法机关查封、扣押、冻结的财产，以避免触犯本罪。

第四节　窝藏、包庇罪

一、罪名概述

1. 罪名简介

窝藏、包庇罪，是指明知是犯罪的人而为其提供隐藏处所、财物，帮助其逃匿或者作假证明包庇的行为。

2. 立案标准

根据《刑法》第三百一十条第一款的规定，明知是犯罪的人而为其提供隐藏处所、财物的，帮助其逃匿或者作假证明包庇的，应当予以立案追诉。

3. 量刑标准

《刑法》第三百一十条规定，“明知是犯罪的人而为其提供隐藏处所、财物，帮助其逃匿或者作假证明包庇的，处三年以下有期徒刑、拘役或者管制；情节严重的，处三年以上十年以下有期徒刑。犯前款罪，事前通谋的，以共同犯罪论处”。

二、风险防控建议

1. 法网恢恢，疏而不漏，尤其是在高科技环境下，犯罪分子很难通过逃匿、躲藏等方式逃脱法律的制裁。面对刑事追究，与其逃匿、躲藏，不如选择自首争取从宽处理。

2. 正确认识窝藏、包庇行为的性质，企业应当组织员工认真学习国家相关法律法规，让员工了解窝藏、包庇犯罪的人需要面临的法律风险及后果，坚决抵制窝藏、包庇不法分子的违法行为，树立正确的价值观。

3. 企业经营者更应坚守法律底线，不能为了“讲义气”而为涉嫌犯罪或在逃的亲友、合作伙伴提供隐藏处所、财物，帮助其逃匿或者作假证明包庇，否则将触犯本罪。

三、典型案例

闫某怀、闫某龙等窝藏、包庇罪案①

【基本案情】

闫某怀系阳泉万×房地产有限公司股东，闫某龙、王某国、郭某斌系阳泉万×房地产有限公司职员。2016 年 3 月，犯罪嫌疑人周某在阳泉市人民检察院对其犯罪行为进行调查期间逃匿。阳泉市人民检察院于同年 3 月 29 日对周某立案侦查，4 月 1 日对其刑拘上网追逃，2017 年 9 月 30 日在山西省太原市晋源区琳龙苑小区 1 号楼 2 单元 603 室将周某抓获。在周某潜逃期间，闫某怀、闫某龙、王某国多次与其联系。2016 年 11 月，闫某怀、闫某龙联系李某军提供二人在太原市晋源区琳龙苑小区 1 号楼 2 单元 603 室的住房供周某居住。后闫某怀指使闫某龙从阳泉万×房地产有限公司财务提取现金 45 万元交给周某购买该处住房。周某安排其外甥边某于 2017 年 1 月 13 日与李某军之子签订了房屋买卖合同。闫某怀安排阳泉万×房地产有限公司司机郭某斌，照顾周某的日常生活并提供驾车服务。其间，闫某怀、闫某龙、王某国还为周某提供钱物、通信工具、联系相关人员与周某见面、帮助周某调取、整理逃避罪责的材料。在闫某怀、闫某龙等人员的帮助下，周某长时间潜逃，严重影响了司法机关对周某案件的侦查活动。

【裁判结果】

1. 闫某怀犯窝藏、包庇罪，判处有期徒刑 1 年 6 个月。
2. 闫某龙犯窝藏、包庇罪，判处有期徒刑 1 年 6 个月。
3. 王某国犯窝藏、包庇罪，判处有期徒刑 1 年 4 个月。
4. 郭某斌犯窝藏罪，判处有期徒刑 1 年 4 个月。
5. 李某军犯窝藏罪，判处有期徒刑 1 年。

---

① 审理法院：山西省阳泉市中级人民法院，案号：(2018) 晋 03 刑终 235 号。

【律师评析】

本案涉及的是行为人明知是犯罪的人而为其提供隐藏处所、财物,帮助其逃匿或者作假证明包庇的行为,是否构成窝藏、包庇罪的问题。

我国《刑法》第三百一十条规定,明知是犯罪的人而为其提供隐藏处所、财物,帮助其逃匿或者作假证明包庇的,处3年以下有期徒刑、拘役或者管制;情节严重的,处3年以上10年以下有期徒刑。犯前款罪,事前通谋的,以共同犯罪论处。

本案中,闫某怀、闫某龙、王某国、郭某斌、李某军明知周某系在逃犯罪嫌疑人而为其提供财物、住所、交通工具,帮助其逃匿,其中闫某怀、闫某龙、王某国为周某联系相关人员调取材料为其作假证明包庇其犯罪行为已构成窝藏、包庇罪,而郭某斌、李某军明知周某系在逃犯罪嫌疑人仍予以窝藏的行为已构成窝藏罪。

由本案可知,帮助犯罪分子逃匿,为其提供隐藏处所、财物或帮助其作假证明包庇的行为,将构成窝藏、包庇罪。为此,企业应当组织员工认真学习国家相关法律法规,让员工了解窝藏、包庇不法分子所面临的法律风险及后果,以免触犯本罪。

第五节　掩饰、隐瞒犯罪所得、犯罪所得收益罪

一、罪名概述

1. 罪名简介

掩饰、隐瞒犯罪所得、犯罪所得收益罪,是指明知是犯罪所得及其产生的收益而予以窝藏、转移、收购、代为销售或者以其他方法掩饰、隐瞒的行为。

2. 立案标准

《最高人民法院关于审理掩饰、隐瞒犯罪所得、犯罪所得收益刑事案件适用法律若干问题的解释》第一条规定,"明知是犯罪所得及其产生的收益而予以窝藏、转移、收购、代为销售或者以其他方法掩饰、隐瞒,具有下列情形之一的,应当依照刑法第三百一十二条第一款的规定,以掩饰、隐瞒犯罪所得、犯罪所得收益罪定罪处罚:(一)一年内曾因掩饰、隐瞒犯罪所得及其产生的收益行为受过行政处罚,又实施掩饰、隐瞒犯罪所得及其产生的收益行为的;(二)掩饰、隐瞒的犯罪所得系电力设备、交通设施、广播电视设施、公用电信设施、军事设施或者救灾、抢险、防汛、优抚、扶贫、移民、救济款物的;(三)掩饰、隐瞒行为致使上游犯罪无法及时查处,并造成公私财物损失无法挽回的;(四)实施其他掩饰、隐瞒犯罪所得及其产生的收益行为,妨害司法机关对上游犯罪进行追究的。人民法院审理掩饰、隐瞒犯罪所得、犯罪所得收益刑事案件,应综合考虑上游犯罪的性质、掩饰、隐瞒犯罪所得及其收益的情节、后果及社会危害程

度等，依法定罪处罚。司法解释对掩饰、隐瞒涉及计算机信息系统数据、计算机信息系统控制权的犯罪所得及其产生的收益行为构成犯罪已有规定的，审理此类案件依照该规定。依照全国人民代表大会常务委员会《关于〈中华人民共和国刑法〉第三百四十一条、第三百一十二条的解释》，明知是非法狩猎的野生动物而收购，数量达到五十只以上的，以掩饰、隐瞒犯罪所得罪定罪处罚”。

3. 量刑标准

《刑法》第三百一十二条规定，“明知是犯罪所得及其产生的收益而予以窝藏、转移、收购、代为销售或者以其他方法掩饰、隐瞒的，处三年以下有期徒刑、拘役或者管制，并处或者单处罚金；情节严重的，处三年以上七年以下有期徒刑，并处罚金。单位犯前款罪的，对单位判处罚金，并对其直接负责的主管人员和其他直接责任人员，依照前款的规定处罚”。

《最高人民法院关于审理掩饰、隐瞒犯罪所得、犯罪所得收益刑事案件适用法律若干问题的解释》第三条规定，“掩饰、隐瞒犯罪所得及其产生的收益，具有下列情形之一的，应当认定为刑法第三百一十二条第一款规定的‘情节严重’：（一）掩饰、隐瞒犯罪所得及其产生的收益价值总额达到十万元以上的；（二）掩饰、隐瞒犯罪所得及其产生的收益十次以上，或者三次以上且价值总额达到五万元以上的；（三）掩饰、隐瞒的犯罪所得系电力设备、交通设施、广播电视设施、公用电信设施、军事设施或者救灾、抢险、防汛、优抚、扶贫、移民、救济款物，价值总额达到五万元以上的；（四）掩饰、隐瞒行为致使上游犯罪无法及时查处，并造成公私财物重大损失无法挽回或其他严重后果的；（五）实施其他掩饰、隐瞒犯罪所得及其产生的收益行为，严重妨害司法机关对上游犯罪予以追究的”。

司法解释对掩饰、隐瞒涉及机动车、计算机信息系统数据、计算机信息系统控制权的犯罪所得及其产生的收益行为认定“情节严重”已有规定的，审理此类案件依照该规定。

二、风险防控建议

1. 企业应当认真学习国家相关法律法规，坚决抵制掩饰、隐瞒犯罪所得、犯罪所得收益的违法行为，树立正确的价值观。

2. 企业应坚守法律底线，不得在明知是犯罪所得及其产生的收益的情况下仍实施窝藏、转移、收购、代为销售或者以其他方法掩饰、隐瞒的行为，否则将触犯本罪。实务中，企业在进行采购时，如果采购物的价格明显低于市场价，务必要保持警惕，要求对方提供货物的生产许可证、厂家证明等，并让对方作出货物来源合法的承诺书，同时做好录音等证据保全，以防采购的货物是赃物而触犯本罪。

3. 企业应对员工加强法律培训，让员工了解掩饰、隐瞒犯罪所得、犯罪所得收益所面临的法律风险及后果，鼓励员工积极举报不法行为。一经发现违规者，企业应收集更多证据，并主动向公安机关举报。

三、典型案例

孙某文掩饰、隐瞒犯罪所得罪案[①]

【基本案情】

2020年6月24日晚，孙某文在麻阳苗族自治县锦和镇其自营的废品收购店内，明知张某（已判刑）欲卖的尚未投入使用的铁路贯通地线（35mm2S－DH铜芯电缆线）系盗窃所得，仍收购该电缆线180.67米（价值人民币7949.48元）。事后，孙某文将电缆线销给流动收购人员，未被追回。案发后，孙某文在侦查机关调查时故意隐瞒收购电缆线的事实，直至张某于2021年1月12日盗窃铁路低压电缆线被抓获，孙某文到案后方如实供述自己的罪行。

怀化铁路运输检察院认为，对孙某文应以掩饰、隐瞒犯罪所得罪追究刑事责任，孙某文能如实供述自己的罪行，认罪认罚，建议对其单处罚金5600元。

【裁判结果】

孙某文犯掩饰、隐瞒犯罪所得罪，判处罚金人民币5600元，上缴国库。

【律师评析】

本案涉及的是行为人明知是犯罪所得的物品仍予以收购的行为，是否构成掩饰、隐瞒犯罪所得罪的问题。

我国《刑法》第三百一十二条规定，明知是犯罪所得及其产生的收益而予以窝藏、转移、收购、代为销售或者以其他方法掩饰、隐瞒的，处3年以下有期徒刑、拘役或者管制，并处或者单处罚金；情节严重的，处3年以上7年以下有期徒刑，并处罚金。单位犯前款罪的，对单位判处罚金，并对其直接负责的主管人员和其他直接责任人员，依照前款的规定处罚。

本案中，孙某文明知其收购的电缆线是张某盗窃所得，仍予以收购的行为已构成掩饰、隐瞒犯罪所得罪。

由本案可知，企业经营者购买明知是犯罪所得的物品，极可能涉嫌掩饰、隐瞒犯罪所得罪。因此，企业发现采购物品明显低于市场价时，务必要保持警惕，在确保物品并非犯罪所得时才进行交易，以免触犯本罪。

---

① 审理法院：怀化铁路运输法院，案号：(2021)湘8603刑初12号。

第二十章
其他常见刑事风险及防控

第一节　侵犯公民个人信息罪

一、罪名概述

1. 罪名简介

侵犯公民个人信息罪，是指违反国家有关规定，向他人出售或者提供公民个人信息，将在履行职责或者提供服务过程中获得的公民个人信息予以出售或者提供给他人，窃取或者以其他方法非法获取公民个人信息，情节严重的行为。

公民个人信息，是指以电子或者其他方式记录的能够单独或者与其他信息结合识别特定自然人身份或者反映特定自然人活动情况的各种信息，包括姓名、身份证件号码、通信联系方式、住址、账号密码、财产状况、行踪轨迹等。

2. 立案标准

根据《刑法》第二百五十三条之一的规定，违反国家有关规定，向他人出售或者提供公民个人信息，情节严重的，应当予以立案追诉。

3. 量刑标准

《刑法》第二百五十三条之一规定，"违反国家有关规定，向他人出售或者提供公民个人信息，情节严重的，处三年以下有期徒刑或者拘役，并处或者单处罚金；情节特别严重的，处三年以上七年以下有期徒刑，并处罚金。违反国家有关规定，将在履行职责或者提供服务过程中获得的公民个人信息，出售或者提供给他人的，依照前款的规定从重处罚。窃取或者以其他方法非法获取公民个人信息的，依照第一款的规定处罚。单位犯前三款罪的，对单位判处罚金，并对其直接负责的主管人员和其他直接责任人员，依照各该款的规定处罚"。

《最高人民法院、最高人民检察院关于办理侵犯公民个人信息刑事案件适用法律若干问题的解释》第四条规定，"违反国家有关规定，通过购买、收受、交换等方式获取公民个人信息，或者在履行职责、提供服务过程中收集公民个人信息的，属于刑法第二百五十三条之一第三款规定的'以其他方法非法获取公民个人信息'”。

该解释第五条规定,“非法获取、出售或者提供公民个人信息,具有下列情形之一的,应当认定为刑法第二百五十三条之一规定的'情节严重':(一)出售或者提供行踪轨迹信息,被他人用于犯罪的;(二)知道或者应当知道他人利用公民个人信息实施犯罪,向其出售或者提供的;(三)非法获取、出售或者提供行踪轨迹信息、通信内容、征信信息、财产信息五十条以上的;(四)非法获取、出售或者提供住宿信息、通信记录、健康生理信息、交易信息等其他可能影响人身、财产安全的公民个人信息五百条以上的;(五)非法获取、出售或者提供第三项、第四项规定以外的公民个人信息五千条以上的;(六)数量未达到第三项至第五项规定标准,但是按相应比例合计达到有关数量标准的;(七)违法所得五千元以上的;(八)将在履行职责或者提供服务过程中获得的公民个人信息出售或者提供给他人,数量或者数额达到第三项至第七项规定标准一半以上的;(九)曾因侵犯公民个人信息受过刑事处罚或者二年内受过行政处罚,又非法获取、出售或者提供公民个人信息的;(十)其他情节严重的情形。实施前款规定的行为,具有下列情形之一的,应当认定为刑法第二百五十三条之一第一款规定的'情节特别严重':(一)造成被害人死亡、重伤、精神失常或者被绑架等严重后果的;(二)造成重大经济损失或者恶劣社会影响的;(三)数量或者数额达到前款第三项至第八项规定标准十倍以上的;(四)其他情节特别严重的情形”。

该解释第六条第一款规定,“为合法经营活动而非法购买、收受本解释第五条第一款第三项、第四项规定以外的公民个人信息,具有下列情形之一的,应当认定为刑法第二百五十三条之一规定的'情节严重':(一)利用非法购买、收受的公民个人信息获利五万元以上的;(二)曾因侵犯公民个人信息受过刑事处罚或者二年内受过行政处罚,又非法购买、收受公民个人信息的;(三)其他情节严重的情形”。

二、风险防控建议

1. 企业应当认真学习国家相关法律法规,坚决抵制侵犯公民个人信息的违法行为,树立正确的价值观。

2. 企业应坚守法律底线,不得向他人出售或者提供公民个人信息,否则将触犯本罪。

3. 企业利用 App 或其他方式收集公民信息时,应坚持“合法、正当、必要”原则,严格控制信息收集的范围。同时,规范公民信息的内部管理,既要落实工作人员的管理责任,也要通过技术手段强化信息防护,降低泄露风险。

4. 对员工加强法律培训,让员工了解侵犯公民个人信息所面临的法律风险及后果,鼓励员工积极举报不法行为。一经发现违规者,企业应收集更多证据,并主动向公安机关举报。

三、典型案例

南通××装饰工程有限公司、赵某等侵犯公民个人信息案[①]

【基本案情】

于某作为南通某装饰工程有限公司的副总经理，在负责经营管理公司期间，于2014年7月至2016年5月，授意或通过公司员工赵某等人非法获取南通市多个住宅小区的业主信息共计11,681条（另扣除两条空白信息）。2014年7月至2017年8月，赵某违反国家有关规定，为南通某装饰工程有限公司及其本人从他人处非法获取公民个人信息、以及向他人提供或出售公民个人信息共计83,847条（另扣除两条空白信息、一条单位信息），非法获利人民币4900元。2017年4月，周某甲从赵某处非法获取公民个人信息共计3788条。2014年9月至2015年9月，仲某向赵某等人提供公民个人信息共计1215条，非法获利人民币3000元。分述如下：

1. 于某作为南通某装饰工程有限公司的副总经理，在负责经营管理公司期间，为了公司拓展客户来源，谋取利益，于2014年7月至2016年5月，授意或通过公司员工赵某等人非法获取南通市多个住宅小区的业主信息共计11,681条，其中包含姓名、联系方式、房号等内容的公民个人信息11,588条，包含姓名、联系方式的公民个人信息932条（按比例折算为前述信息93条）。其中赵某非法获取公民个人信息共计11,273条，其中包含姓名、联系方式、房号等内容的公民个人信息11,180条，包含姓名和联系方式的公民个人信息共计932条（按比例折算为前述信息93条）。

（1）2014年7月至2015年7月，经于某介绍并授意，赵某先后五次从万某（另案处理）处获取南通市崇川区德诚翠湖湾、崇川区星光耀广场、恒盛尚海湾等小区的业主信息，其中包括姓名、电话号码、房号等内容的业主信息3451条，包括姓名和电话号码的业主信息222条（需按比例折算）。其间，于某先后送给万某人民币共计2000元。

（2）仲某利用从事房产销售相关工作的便利条件，于2014年9月28日向南通某装饰工程有限公司员工朱某丙提供南通市崇川区万濠星城的业主信息408条；于2014年12月6日、2015年9月30日先后两次向赵某提供南通市崇川区万濠星城的业主信息共计807条。上述信息内容均包括业主姓名、电话号码、房号。后仲某收受赵某所送人民币3000元。

（3）2015年3月至2016年5月，赵某先后四次以人民币3500元的价格向吴某（另案处理）购买南通市开发区世贸公园、幸福天地、雅居乐花园等小区的业主信息共

---

① 审理法院：南通经济技术开发区人民法院，案号：（2019）苏0691刑初33号。

计1450条,均包括业主姓名、电话号码、房号等内容。

(4)2015年12月28日,赵某以人民币2500元的价格向张某(另案处理)购买南通市开发区优山美地名邸的业主信息350条,包括业主姓名、身份证号码、电话号码、房号、房屋面积、成交价格等内容。2016年4月10日,赵某以1200元的价格向张某购买南通市开发区江山鼎的业主信息184条(需按比例折算),包含业主姓名、电话号码,后因其中部分名单不是江山鼎的业主,张某将人民币1200元退还赵某。

(5)2016年3月11日,经于某介绍并授意,赵某从周某丙处获取南通市港闸区保利香槟国际花园的业主信息,其中包括姓名、电话号码、房号、面积等内容的业主信息160条,包括姓名和电话号码的业主信息131条(需按比例折算)。

(6)2016年3月至5月,赵某先后六次从陈某乙(另案处理)处获取南通市港闸区弘阳上城、中海碧林湾、永兴福里等多个小区的业主信息,其中包括姓名、电话号码、房号等内容的业主信息4962条(另扣除两条空白信息),包括姓名和电话号码的业主信息395条(需按比例折算)。

2. 2016年6月至2017年6月,赵某先后多次非法获取公民个人信息共计2452条,其中包含姓名、联系方式、房号等内容的公民个人信息2366条,包含姓名和联系方式的公民个人信息共计861条(按比例折算为前述信息86条)。

(1)2017年6月26日,赵某以人民币700元的价格向吴某购买南通市崇川区骏和棕榈湾小区的业主信息87条,包括业主姓名、电话号码、房号、房屋面积、成交价格等内容。

(2)2017年6月30日,赵某以人民币2000元的价格从黄某(另案处理)处购买南通市开发区景瑞御府小区的业主信息779条,内容包括业主姓名、房号、电话号码。

(3)2016年6月至11月,赵某先后五次从陈某乙处获取南通市崇川区吴中豪景华庭二期玫瑰园、南通市港闸区华强城等多个小区的业主信息,其中包括姓名、电话号码、房号等内容的业主信息1500条(另扣除一条单位信息),包括姓名和电话号码的业主信息861条(需按比例折算)。

3. 2015年12月至2017年8月,赵某先后多次非法向他人提供公民个人信息共计71,186条,向他人非法出售公民个人信息共计3781条,非法获利人民币4900元。

(1)2015年12月16日、2016年4月13日,赵某先后两次向张某提供包括业主姓名和电话号码的南通市开发区中港翡翠城业主信息398条(需按比例折算),雅居乐的业主信息696条,包括业主姓名、身份证号码、电话号码、房号、房屋面积、成交价格等内容。

(2)2015年12月至2016年3月,赵某先后七次向周某丁(另案处理)提供南通市港闸区万濠星城、南通开发区世茂公元等多个小区的业主信息,其中包含姓名、电话号码、房号等内容的业主信息2985条,包含姓名、电话号码的业主信息893条(需按比例折算)。

(3)2016年3月至4月,赵某先后三次向王某乙(另案处理)提供南通市崇川区星光耀广场、南通市开发区幸福天地小区的业主信息共计1292条,均包含姓名、联系电话、房号等内容。

(4)2016年3月至11月,赵某先后九次向王某甲(另案处理)提供南通市港闸区雨润星雨华府、南通市开发区雅居乐花园等小区的业主信息,其中包括姓名、电话号码、房号等内容的业主信息5652条(另扣除一条单位信息),包括姓名和电话号码的业主信息993条(需按比例折算)。

(5)2016年3月11日,赵某向卜某提供南通市多个住宅小区的业主信息,其中包含姓名、联系电话、房号等内容的业主信息45,777条,包含姓名、联系电话的业主信息3677条(需按比例折算)。2016年11月12日、18日、2017年7月3日,赵某先后三次向卜某出售南通市开发区橡树湾、南通市港闸区香溢紫郡等多个小区的业主信息,其中包含姓名、联系电话、房号的业主信息3761条,包含姓名、联系电话的业主信息208条(需按比例折算),非法获利人民币4900元。

(6)2016年3月31日,赵某向陈某乙提供南通市开发区雅居乐花园和幸福天地的业主信息共计1110条,包括业主姓名、电话号码、房号等内容。

(7)2016年6月11日,赵某向顾某提供南通市崇川区吴中豪景华庭二期玫瑰园小区的业主信息163条,包括业主姓名、联系方式、身份证号码、房号等内容。

(8)2017年1月1日,赵某向万某提供南通市崇川区万濠世家、城市嘉苑、南通市开发区江山鼎、南通市港闸区华强城等小区的业主信息,其中包括业主姓名、电话号码、房号等内容的业主信息共计3400条,包括业主姓名、房号的业主信息1条,包括业主姓名和电话号码的业主信息共计267条(需按比例折算)。2017年8月19日,赵某向万某提供南通市港闸区雨润星雨华府、悦锦湾、皇家花园的业主信息,其中包括业主姓名、电话号码、房号等内容的业主信息共计1511条,包括业主姓名和电话号码的业主信息共计55条(需按比例折算)。

(9)2017年4月19日,赵某向周某甲提供包括业主姓名、电话号码、房号等内容的南通市港闸区保利香槟国际、绿墅湾、中港城等小区的业主信息共计3788条,包括业主姓名和电话号码的业主信息4条。

(10)2017年6月,赵某向吴某提供南通市开发区世贸公元、景瑞望府、华润橡树湾等小区的业主信息,其中包括业主姓名、电话号码、房号等内容的业主信息4139条,包括业主姓名和电话号码的业主信息471条(需按比例折算)。

另查明,公安机关在办理他人侵犯公民个人信息案件中,发现赵某有侵犯公民个人信息犯罪嫌疑,遂于2017年9月1日将其抓获。随后公安机关又于2017年9月4日将仲某抓获。2017年9月14日,于某到公安机关投案。2018年1月30日,公安机关将周某甲抓获。上述人员到案后均如实供述了上述犯罪事实。仲某在公安侦查阶段退出违法所得3000元。本案审理过程中，赵某退出违法所得4900元，南通某装饰工程有限公司、赵某、于某、周某甲、仲某分别预缴财产刑执行保证金15,000元、40,000元、8000元、2500元、6000元。

【裁判结果】

1. 南通××装饰工程有限公司犯侵犯公民个人信息罪，判处罚金人民币15,000元。

2. 赵某犯侵犯公民个人信息罪，判处有期徒刑3年，并处罚金人民币4万元。

3. 于某犯侵犯公民个人信息罪，判处有期徒刑2年3个月，缓刑2年6个月，并处罚金人民币8000元。

4. 周某甲犯侵犯公民个人信息罪，判处有期徒刑10个月，缓刑1年，并处罚金人民币2500元。

5. 仲某犯侵犯公民个人信息罪，判处罚金人民币6000元。

6. 赵某、仲某已分别退出的违法所得人民币4900元、3000元，予以没收，上缴国库。

【律师评析】

本案涉及的是企业从他人处非法获取公民个人信息的行为，是否构成侵犯公民个人信息罪的问题。

我国《刑法》第二百五十三条之一规定，"违反国家有关规定，向他人出售或者提供公民个人信息，情节严重的，处三年以下有期徒刑或者拘役，并处或者单处罚金；情节特别严重的，处三年以上七年以下有期徒刑，并处罚金。违反国家有关规定，将在履行职责或者提供服务过程中获得的公民个人信息，出售或者提供给他人的，依照前款的规定从重处罚。窃取或者以其他方法非法获取公民个人信息的，依照第一款的规定处罚。单位犯前三款罪的，对单位判处罚金，并对其直接负责的主管人员和其他直接责任人员，依照各该款的规定处罚"。《最高人民法院、最高人民检察院关于办理侵犯公民个人信息刑事案件适用法律若干问题的解释》第五条规定，"非法获取、出售或者提供公民个人信息，具有下列情形之一的，应当认定为刑法第二百五十三条之一规定的'情节严重'：(一)出售或者提供行踪轨迹信息，被他人用于犯罪的；(二)知道或者应当知道他人利用公民个人信息实施犯罪，向其出售或者提供的；(三)非法获取、出售或者提供行踪轨迹信息、通信内容、征信信息、财产信息五十条以上的；(四)非法获取、出售或者提供住宿信息、通信记录、健康生理信息、交易信息等其他可能影响人身、财产安全的公民个人信息五百条以上的；(五)非法获取、出售或者提供第三项、第四项规定以外的公民个人信息五千条以上的；(六)数量未达到第三项至第五项规定标准，但是按相应比例合计达到有关数量标准的；(七)违法所得五千元以上的;(八)将在履行职责或者提供服务过程中获得的公民个人信息出售或者提供给他人,数量或者数额达到第三项至第七项规定标准一半以上的;(九)曾因侵犯公民个人信息受过刑事处罚或者二年内受过行政处罚,又非法获取、出售或者提供公民个人信息的;(十)其他情节严重的情形。实施前款规定的行为,具有下列情形之一的,应当认定为刑法第二百五十三条之一第一款规定的'情节特别严重':(一)造成被害人死亡、重伤、精神失常或者被绑架等严重后果的;(二)造成重大经济损失或者恶劣社会影响的;(三)数量或者数额达到前款第三项至第八项规定标准十倍以上的;(四)其他情节特别严重的情形”。

本案中,南通某装饰工程有限公司违反国家有关规定,从他人处非法获取公民个人信息共计11,681条(另扣除两条空白信息),情节特别严重,于某、赵某作为南通某装饰工程有限公司直接负责的主管人员和直接责任人员,均应当以侵犯公民个人信息罪追究其刑事责任,其中于某犯罪情节特别严重;赵某违反国家有关规定,为南通某装饰工程有限公司及其本人从他人处非法获取公民个人信息、以及向他人提供或出售公民个人信息共计83,847条(另扣除两条空白信息、一条单位信息),非法获利人民币4900元的行为构成侵犯公民个人信息罪,属于情节特别严重;周某甲违反国家有关规定,从赵某处非法获取公民个人信息共计3788条的行为构成侵犯公民个人信息罪,属于情节严重;仲某违反国家有关规定,向赵某等人提供公民个人信息共计1215条,非法获利人民币3000元的行为构成侵犯公民个人信息罪,属于情节严重。

公民个人信息安全与公民的隐私相关,与人民群众的工作生活息息相关。个人信息泄露问题严重。个人信息安全成为一个全社会高度关注的问题。实务中,企业为了推销产品等合法经营活动而购买、收集公民个人信息,然后通过电话、电子邮件等方式向相关公民发送推销商品或服务的广告,以获取经济利益的现象日益增多,虽然目的合法,但因信息获取手段不合法,也涉嫌侵犯公民个人信息罪。为此,企业应坚守法律底线,不得通过花钱购买公民个人信息的方法拓展客户资源或向他人出售客户信息,以避免触犯本罪。

第二节　非法经营罪

一、罪名概述

1. 罪名简介

非法经营罪,是指未经许可经营法律、行政法规规定的专营、专卖物品或其他限制买卖的物品,买卖进出口许可证、进出口原产地证明以及其他法律、行政法规规定的经营许可证或者批准文件，以及从事其他非法经营活动，扰乱市场秩序，情节严重的行为。

2. 立案标准

《最高人民检察院、公安部关于公安机关管辖的刑事案件立案追诉标准的规定（二）》第七十一条规定，“违反国家规定，进行非法经营活动，扰乱市场秩序，涉嫌下列情形之一的，应予立案追诉：

“（一）违反国家烟草专卖管理法律法规，未经烟草专卖行政主管部门许可，无烟草专卖生产企业许可证、烟草专卖批发企业许可证、特种烟草专卖经营企业许可证、烟草专卖零售许可证等许可证明，非法经营烟草专卖品，具有下列情形之一的：

“1. 非法经营数额在五万元以上，或者违法所得数额在二万元以上的；

“2. 非法经营卷烟二十万支以上的；

“3. 三年内因非法经营烟草专卖品受过二次以上行政处罚，又非法经营烟草专卖品且数额在三万元以上的。

“（二）未经国家有关主管部门批准，非法经营证券、期货、保险业务，或者非法从事资金支付结算业务，具有下列情形之一的：

“1. 非法经营证券、期货、保险业务，数额在一百万元以上，或者违法所得数额在十万元以上的；

“2. 非法从事资金支付结算业务，数额在五百万元以上，或者违法所得数额在十万元以上的；

“3. 非法从事资金支付结算业务，数额在二百五十万元以上不满五百万元，或者违法所得数额在五万元以上不满十万元，且具有下列情形之一的：

“（1）因非法从事资金支付结算业务犯罪行为受过刑事追究的；

“（2）二年内因非法从事资金支付结算业务违法行为受过行政处罚的；

“（3）拒不交代涉案资金去向或者拒不配合追缴工作，致使赃款无法追缴的；

“（4）造成其他严重后果的。

“4. 使用销售点终端机具（POS 机）等方法，以虚构交易、虚开价格、现金退货等方式向信用卡持卡人直接支付现金，数额在一百万元以上的，或者造成金融机构资金二十万元以上逾期未还的，或者造成金融机构经济损失十万元以上的。

“（三）实施倒买倒卖外汇或者变相买卖外汇等非法买卖外汇行为，扰乱金融市场秩序，具有下列情形之一的：

“1. 非法经营数额在五百万元以上的，或者违法所得数额在十万元以上的；

“2. 非法经营数额在二百五十万元以上，或者违法所得数额在五万元以上，且具有下列情形之一的：

“（1）因非法买卖外汇犯罪行为受过刑事追究的；

“(2)二年内因非法买卖外汇违法行为受过行政处罚的；

“(3)拒不交代涉案资金去向或者拒不配合追缴工作，致使赃款无法追缴的；

“(4)造成其他严重后果的。

“3. 公司、企业或者其他单位违反有关外贸代理业务的规定，采用非法手段，或者明知是伪造、变造的凭证、商业单据，为他人向外汇指定银行骗购外汇，数额在五百万美元以上或者违法所得数额在五十万元以上的；

“4. 居间介绍骗购外汇，数额在一百万美元以上或者违法所得数额在十万元以上的。

“(四)出版、印刷、复制、发行严重危害社会秩序和扰乱市场秩序的非法出版物，具有下列情形之一的：

“1. 个人非法经营数额在五万元以上的，单位非法经营数额在十五万元以上的；

“2. 个人违法所得数额在二万元以上的，单位违法所得数额在五万元以上的；

“3. 个人非法经营报纸五千份或者期刊五千本或者图书二千册或者音像制品、电子出版物五百张(盒)以上的，单位非法经营报纸一万五千份或者期刊一万五千本或者图书五千册或者音像制品、电子出版物一千五百张(盒)以上的；

“4. 虽未达到上述数额标准，但具有下列情形之一的：

“(1)二年内因出版、印刷、复制、发行非法出版物受过二次以上行政处罚，又出版、印刷、复制、发行非法出版物的；

“(2)因出版、印刷、复制、发行非法出版物造成恶劣社会影响或者其他严重后果的。

“(五)非法从事出版物的出版、印刷、复制、发行业务，严重扰乱市场秩序，具有下列情形之一的：

“1. 个人非法经营数额在十五万元以上的，单位非法经营数额在五十万元以上的；

“2. 个人违法所得数额在五万元以上的，单位违法所得数额在十五万元以上的；

“3. 个人非法经营报纸一万五千份或者期刊一万五千本或者图书五千册或者音像制品、电子出版物一千五百张(盒)以上的，单位非法经营报纸五万份或者期刊五万本或者图书一万五千册或者音像制品、电子出版物五千张(盒)以上的；

“4. 虽未达到上述数额标准，二年内因非法从事出版物的出版、印刷、复制、发行业务受过二次以上行政处罚，又非法从事出版物的出版、印刷、复制、发行业务的。

“(六)采取租用国际专线、私设转接设备或者其他方法，擅自经营国际电信业务或者涉港澳台电信业务进行营利活动，扰乱电信市场管理秩序，具有下列情形之一的：

“1. 经营去话业务数额在一百万元以上的；

“2. 经营来话业务造成电信资费损失数额在一百万元以上的；

“3. 虽未达到上述数额标准，但具有下列情形之一的：

“（1）二年内因非法经营国际电信业务或者涉港澳台电信业务行为受过二次以上行政处罚，又非法经营国际电信业务或者涉港澳台电信业务的；

“（2）因非法经营国际电信业务或者涉港澳台电信业务行为造成其他严重后果的。

“（七）以营利为目的，通过信息网络有偿提供删除信息服务，或者明知是虚假信息，通过信息网络有偿提供发布信息等服务，扰乱市场秩序，具有下列情形之一的：

“1. 个人非法经营数额在五万元以上，或者违法所得数额在二万元以上的；

“2. 单位非法经营数额在十五万元以上，或者违法所得数额在五万元以上的。

“（八）非法生产、销售“黑广播”“伪基站”、无线电干扰器等无线电设备，具有下列情形之一的：

“1. 非法生产、销售无线电设备三套以上的；

“2. 非法经营数额在五万元以上的；

“3. 虽未达到上述数额标准，但二年内因非法生产、销售无线电设备受过二次以上行政处罚，又非法生产、销售无线电设备的。

“（九）以提供给他人开设赌场为目的，违反国家规定，非法生产、销售具有退币、退分、退钢珠等赌博功能的电子游戏设施设备或者其专用软件，具有下列情形之一的：

“1. 个人非法经营数额在五万元以上，或者违法所得数额在一万元以上的；

“2. 单位非法经营数额在五十万元以上，或者违法所得数额在十万元以上的；

“3. 虽未达到上述数额标准，但二年内因非法生产、销售赌博机行为受过二次以上行政处罚，又进行同种非法经营行为的；

“4. 其他情节严重的情形。

“（十）实施下列危害食品安全行为，非法经营数额在十万元以上，或者违法所得数额在五万元以上的：

“1. 以提供给他人生产、销售食品为目的，违反国家规定，生产、销售国家禁止用于食品生产、销售的非食品原料的；

“2. 以提供给他人生产、销售食用农产品为目的，违反国家规定，生产、销售国家禁用农药、食品动物中禁止使用的药品及其他化合物等有毒、有害的非食品原料，或者生产、销售添加上述有毒、有害的非食品原料的农药、兽药、饲料、饲料添加剂、饲料原料的；

“3. 违反国家规定，私设生猪屠宰厂（场），从事生猪屠宰、销售等经营活动的。

“（十一）未经监管部门批准，或者超越经营范围，以营利为目的，以超过百分之三十六的实际年利率经常性地向社会不特定对象发放贷款，具有下列情形之一的：

“1. 个人非法放贷数额累计在二百万元以上的，单位非法放贷数额累计在一千万元以上的；

“2. 个人违法所得数额累计在八十万元以上的，单位违法所得数额累计在四百万元以上的；

“3. 个人非法放贷对象累计在五十人以上的，单位非法放贷对象累计在一百五十人以上的；

“4. 造成借款人或者其近亲属自杀、死亡或者精神失常等严重后果的。

“5. 虽未达到上述数额标准，但具有下列情形之一的：

“（1）二年内因实施非法放贷行为受过二次以上行政处罚的；

“（2）以超过百分之七十二的实际年利率实施非法放贷行为十次以上的。

“黑恶势力非法放贷的，按照第 1、2、3 项规定的相应数额、数量标准的百分之五十确定。同时具有第 5 项规定情形的，按照相应数额、数量标准的百分之四十确定。

“（十二）从事其他非法经营活动，具有下列情形之一的：

“1. 个人非法经营数额在五万元以上，或者违法所得数额在一万元以上的；

“2. 单位非法经营数额在五十万元以上，或者违法所得数额在十万元以上的；

“3. 虽未达到上述数额标准，但二年内因非法经营行为受过二次以上行政处罚，又从事同种非法经营行为的；

“4. 其他情节严重的情形。

“法律、司法解释对非法经营罪的立案追诉标准另有规定的，依照其规定”。

3. 量刑标准

《刑法》第二百二十五条规定，“违反国家规定，有下列非法经营行为之一，扰乱市场秩序，情节严重的，处五年以下有期徒刑或者拘役，并处或者单处违法所得一倍以上五倍以下罚金；情节特别严重的，处五年以上有期徒刑，并处违法所得一倍以上五倍以下罚金或者没收财产：（一）未经许可经营法律、行政法规规定的专营、专卖物品或者其他限制买卖的物品的；（二）买卖进出口许可证、进出口原产地证明以及其他法律、行政法规规定的经营许可证或者批准文件的；（三）未经国家有关主管部门批准非法经营证券、期货、保险业务的，或者非法从事资金支付结算业务的；（四）其他严重扰乱市场秩序的非法经营行为。单位犯本罪的，对单位判处罚金，并对其直接负责的主管人员和其他直接责任人员，依照上述规定处罚”。

需要提醒的是，关于“情节特别严重的”，我国法律并未规定统一的标准，主要散见于相关司法解释或规定中，如《最高人民法院、最高人民检察院关于办理非法生产、销售烟草专卖品等刑事案件具体应用法律若干问题的解释》第三条规定，“非法经营烟草专卖品，具有下列情形之一的，应当认定为刑法第二百二十五条规定的‘情节严重’:(一)非法经营数额在五万元以上的,或者违法所得数额在二万元以上的;(二)非法经营卷烟二十万支以上的;(三)曾因非法经营烟草专卖品三年内受过二次以上行政处罚,又非法经营烟草专卖品且数额在三万元以上的。具有下列情形之一的,应当认定为刑法第二百二十五条规定的‘情节特别严重’:(一)非法经营数额在二十五万元以上,或者违法所得数额在十万元以上的;(二)非法经营卷烟一百万支以上的”。

二、风险防控建议

1. 企业在开展需一定资质才能经营的业务时,应当先对这一领域的律法规进行深入了解、学习,明确准入资格以及经营要求。如果是国家禁止经营的业务,那么企业不宜继续从事该类业务的经营;如果是国家限制经营的业务,那么就要及时按照设定这一限制的相关规范的要求,到规定的部门办理审批手续。实务中,大部分被查处的非法经营行为都是因为企业经营者法律知识欠缺,不了解法律规定、存在错误认识而导致的,很多人在被公安机关抓获后还不明白自己的行为触犯《刑法》。因此,企业经营者要重视相关法律知识学习,提高风险防范意识,才能防患于未然。

2. 对于从事专卖、特许经营的企业,应当在法律授权的范围内进行经营,不要擅自扩大或改变经营范围。因业务发展需要,如确实需变更经营范围,要多向有关部门咨询,必要时可考虑聘请专业律师进行把关。

3. 本罪为结果犯,需要达到一定的危害结果且情节严重才构成犯罪,如非法经营烟草专卖品,非法经营数额在 5 万元以上或者违法所得数额在 2 万元以上才达到本罪的追诉标准。因此,当企业发现当下经营业务有可能触犯本罪时,应立即暂停经营并进行合法性审查,以降低触犯本罪的刑事风险。

三、典型案例

张某、柴某、毛某非法经营案①

【基本案情】

2019 年 8 月至 2020 年 9 月,×××公司(另案处理)在未取得医疗器械生产许可证的情况下,以山东 A 有限公司的名义从境外非授权经销商处进口“罗氏”等品牌第三类医疗器械,并在加贴自行或委托他人制作的带有伪造代理人信息、伪造具有识别产品资质功能二维码的中文标签及中文说明书后,向国内客户销售。张某作为×××公司仓储部内勤,在×××公司实际经营人刘某 1 和该公司仓储部主管刘某 2(均另

① 审理法院:上海市第三中级人民法院,案号:(2022)沪 03 刑初 10 号。

案处理)的指使和安排下,委托他人生成二维码并负责排版、印制等伪造工作,以提供给该公司其他人员加贴在上述第三类医疗器械上。柴某、毛某分别作为×××公司销售部主管、商务部内勤,在明知×××公司不具备第三类医疗器械生产资质的情况下,仍根据刘某1的指使,传递各自所负责相关客户的生产需求和二维码等生产素材给张某,用于伪造上述中文标签及中文说明书。

经上海××事务所有限公司审计,×××公司采用上述方式生产经营涉案第三类医疗器械的非法经营数额共计人民币5,640,327元(以下币种均为人民币),张某应当对上述全部非法经营数额负责,柴某应当负责的非法经营数额为2,177,500元,毛某应当负责的非法经营数额为678,100元。

2020年9月29日,张某、柴某被公安机关抓获,毛某主动前往公安机关配合调查,三名到案后均如实供述上述事实。

【裁判结果】

1. 张某犯非法经营罪,判处有期徒刑2年,缓刑2年,并处罚金人民币5万元。
2. 柴某犯非法经营罪,判处有期徒刑1年,缓刑1年,并处罚金人民币5万元。
3. 毛某犯非法经营罪,判处拘役6个月,缓刑6个月,并处罚金人民币2万元。
4. 退出的违法所得及供犯罪所用的本人财物等予以没收。

【律师评析】

本案涉及的是张某、柴某、毛某违反国家规定,在未取得医疗器械生产许可证情况下从事非法经营活动的行为,是否构成非法经营罪的问题。

根据《刑法》第二百二十五条的规定,违反国家规定,有下列非法经营行为之一,扰乱市场秩序,情节严重的,处5年以下有期徒刑或者拘役,并处或者单处违法所得1倍以上5倍以下罚金;情节特别严重的,处5年以上有期徒刑,并处违法所得1倍以上5倍以下罚金或者没收财产:未经许可经营法律、行政法规规定的专营、专卖物品或者其他限制买卖的物品的。

本案中,张某、柴某、毛某作为×××公司的其他直接责任人员,违反国家规定,在未取得医疗器械生产许可证的情况下,以山东A有限公司的名义从境外非授权经销商处进口"罗氏"等品牌第三类医疗器械,并在加贴自行或委托他人制作的带有伪造代理人信息、伪造具有识别产品资质功能二维码的中文标签及中文说明书后,向国内客户销售,并从中非法经营数额分别达564万余元、217万余元和67万余元,情节严重,均已构成非法经营罪。

实务中,部分企业为了非法牟利,在未经国家许可经营的情况下从事非法经营活动的行为极可能涉嫌非法经营罪。对此,企业在开展新的业务时,应当深入了解该领域的法律法规,如果是国家限制经营的业务,务必在取得经营许可证或者批准文件后再经营,以免触犯本罪。由本案可知,本罪犯罪主体不一定是企业或企业主,还包括受雇员工，故员工发现企业经营活动不在法律许可的范围内时，应当拒绝参与相关违法经营活动，否则可能触犯本罪。

第三节 逃汇罪

一、罪名概述

1. 罪名简介

逃汇罪，是指公司、企业或者其他单位，违反国家规定，擅自将外汇存放境外，或者将境内的外汇非法转移到境外，情节严重的行为。

2. 立案标准

《最高人民检察院、公安部关于公安机关管辖的刑事案件立案追诉标准的规定（二）》第四十一条规定，"公司、企业或者其他单位，违反国家规定，擅自将外汇存放境外，或者将境内的外汇非法转移到境外，单笔在二百万美元以上或者累计数额在五百万美元以上的，应予立案追诉"。

3. 量刑标准

《刑法》第一百九十条规定，"公司、企业或者其他单位，违反国家规定，擅自将外汇存放境外，或者将境内的外汇非法转移到境外，数额较大的，对单位判处逃汇数额百分之五以上百分之三十以下罚金，并对其直接负责的主管人员和其他直接责任人员处五年以下有期徒刑或者拘役；数额巨大或者有其他严重情节的，对单位判处逃汇数额百分之五以上百分之三十以下罚金，并对其直接负责的主管人员和其他直接责任人员处五年以上有期徒刑"。

关于"数额较大"和"数额巨大或者有其他严重情节的"，我国法律及司法解释没有明文规定，但可参考《陕西省高级人民法院关于适用刑法有关条款数额、情节标准的意见》第190条逃汇罪规定："数额较大：单笔在二百万美元以上或者累计数额在五百万美元以上的。数额巨大或者其他严重情节：1. 单笔在四百万美元以上或者累计数额在一千万美元以上的；2. 以伪造文件、编造虚假理由欺骗主管部门、银行等恶劣手段调出外汇的；3. 因逃汇受过外汇管理机关行政处罚二次以上，又继续逃汇的"。

二、风险防控建议

1. 切勿通过"地下钱庄"等方式将外汇转移到境外，也不得通过境外账户收取外汇逃避或者拒绝汇入境内。

2. 企业经营者及外汇管理人员应当加强对国家金融管理法律法规以及外汇管理

法律法规的学习，了解逃避外汇监管行为的性质及其后果，依法管理使用外汇。

3. 企业应当加强外汇资金的监督，对于企业大笔外汇资金的使用，应当经过集体审批，层层把关，确保外汇资金使用合规。

三、典型案例

上海大×同实业有限公司、上海昊×动力机械有限公司等逃汇案①

【基本案情】

2012年8月至2013年4月，王某财在经营上海大×同实业有限公司（以下简称大×同公司）期间，为赚取人民币定期存款利息（人民币定期存款利率大约在2.8%～3.3%）与外汇贷款资金成本（外汇贷款利率大约在1%～3%）之间的利差，虚构转口贸易背景，以虚假的销售合同、货物装箱单、货物提单等材料向银行申请外汇贷款；同时，王某财向他人借款、借用银票等，以用于向银行支付保证金、提供银票质押（保证金或银票金额等额于贷款金额）等，为外汇贷款提供担保，其中保证金存入银行保证金账户，利息按定期存款利率计算。

银行审核王某财提供的大×同公司的上述贸易资料后，即以"转口贸易"形式将外汇资金电汇至王某财控制的6家境外公司开设在汇丰银行（香港）账户，之后大×同公司又以转口收汇形式收到王某财控制的境外公司银行账户电汇划入境内的外汇资金，大×同公司将大部分外汇资金结汇人民币后用于归还保证金借款、银票，或作为保证金再向银行申请外汇贷款。

银行外汇贷款到期后，大×同公司的保证金账户被启封，同时银行向大×同公司支付相应的保证金利息，大×同公司归还给银行外汇贷款等额的人民币资金及贷款利息、手续费等，或银行直接从大×同公司保证金账户内扣划外汇贷款本息，大×同公司据此获取了人民币定期存款利息收入与外汇贷款成本之间的利差部分。

其间，王某财以大×同公司名义通过上述方式或办理进口押汇先后从7家国内银行获取外汇融资资金76笔，金额累计为29,493.11万美元（折合人民币181,885.17万元），均以转口贸易名义汇入王某财控制的境外公司银行账户。具体分述如下：

2012年9月至2013年4月，大×同公司向中信银行虹口支行申请外汇贷款39笔，金额总计为13,561.64万美元。截至2013年8月9日，大×同公司已归还贷款29笔，实现获利金额为人民币15.66万元；2013年10月18日，中信银行扣划大×同公司未归还贷款10笔本息，并存入大×同公司名下银行账户人民币保证金利息，大

---

① 审理法院：上海市浦东新区人民法院，案号：(2014)浦刑初字第2299号。

×同公司资金净收入人民币178.69万元。

2012年8月至2013年5月，大×同公司向工商银行奉贤支行申请进口融资20笔，金额总计为9918.66万美元。截至2013年8月9日，大×同公司已全额归还上述贷款，实现获利金额为人民币298.16万元。

2013年1月至2月，大×同公司向中国银行静安支行申请贸易融资7笔，金额总计为3,136.96万美元。截至2013年8月9日，大×同公司归还贷款1笔，实现获利折合人民币10.41万元；2013年10月15日，银行扣划大×同公司其余未归还贷款本息，并存入大×同公司名下银行账户人民币保证金利息，大×同公司资金净收入人民币143.88万元。

2012年12月至2013年1月，大×同公司向上海银行普陀支行申请外汇贷款5笔，金额总计为1,355.94万美元。2013年10月17日，银行扣划大×同公司未归还贷款本息，并存入大×同公司名下银行账户人民币保证金利息。

2012年8月，大×同公司向江苏银行上海分行申请贸易融资2笔，金额总计为804万美元。截至2013年8月9日，大×同公司已归还上述贷款本息，并收到人民币保证金利息收入。

2012年11月，大×同公司向农商行奉贤支行申请贸易融资2笔，金额总计为315.91万美元。截至2013年8月9日，大×同公司归还上述贷款本息，实现获利折合人民币9.32万元。

2012年11月，大×同公司向大连银行上海分行申请外币流动资金贷款1笔，金额总计为400万美元。截至2013年10月25日，上述贷款未到期。

还查明，2013年3月，王某财在经营上海昊×动力机械有限公司（以下简称昊×公司）期间，为赚取人民币定期存款利息与外汇贷款资金成本之间的利差，虚构转口贸易背景，提供虚假的境外购销合同、装箱单、货物提单等材料向交通银行上海新区支行申请付款保函，同时在交通银行上海新区支行存入等额于票面金额的人民币保证金。在交通银行上海新区支行向境外贴现行开具付款保函后，境外贴现行即将远期票据本金支付给票据收款人即王某财控制的境外公司银行账户，之后，昊×公司开立在交通银行上海新区支行的美元账户先后收到上述境外公司银行账户划入的美元资金，昊×公司结汇成人民币后划至大×同公司银行账户。王某财通过上述方式向交通银行上海新区支行申请付款保函业务6笔，金额总计6259.36万美元。

2013年9月4日至23日，上述保函业务陆续到期，境外贴现行向交通银行上海新区支行索偿上述票据贴现金额合计6259.35万美元，交通银行上海新区支行即购汇向境外贴现行付款6259.35万美元。2013年10月16日，昊×公司在交通银行上海新区支行的保证金账户内归还银行上述购汇垫款本金人民币3.8亿余元，偿还银行垫款逾期利息人民币300万余元，支付各项手续费人民币68万余元，银行支付给昊×公司保证金利息人民币739万余元，昊×公司获利人民币370万余元。

2013年7月30日，王某财被抓获，其到案后如实供述了上述事实。

【裁判结果】

1. 大×同公司犯逃汇罪，判处罚金人民币9100万元。

2. 昊×公司犯逃汇罪，判处罚金人民币2000万元。

3. 王某财犯(单位)逃汇罪，判处有期徒刑5年6个月。

4. 单位违法所得的钱款予以追缴或责令退赔后，予以没收。

【律师评析】

本案涉及的是企业及其管理人员违反国家规定，虚构转口贸易致使境内外汇被非法转移至境外的行为，是否构成逃汇罪的问题。

《最高人民检察院、公安部关于公安机关管辖的刑事案件立案追诉标准的规定(二)》(2010年)第四十六条规定，公司、企业或者其他单位，违反国家规定，擅自将外汇存放境外，或者将境内的外汇非法转移到境外，单笔在200万美元以上或者累计数额在500万美元以上的，应予立案追诉。

本案中，大×同公司、昊×公司虚构转口贸易背景，提供虚假的境外购销合同、装箱单、货物提单等材料向相关银行申请付款保函，并在相关银行向境外贴现行开具付款保函后，境外贴现行即将远期票据本金支付给王某财控制的境外公司银行账户，致使境内外汇被非法转移至境外，其中大×同公司涉及金额为2.9亿余美元，昊×公司涉及金额为6259万余美元，数额巨大，大×同公司、昊×公司均构成逃汇罪；王某财系大×同公司、昊×公司直接负责的主管人员，其行为构成逃汇罪。

实务中，部分企业违反国家规定，擅自将外汇存放境外，或者将境内的外汇非法转移到境外的行为极可能涉嫌逃汇罪。对此，企业应当加强外汇管理的法律法规学习，确保外汇的转入转出合法合规。

第四节　洗钱罪

一、罪名概述

1. 罪名简介

洗钱罪，是指明知是毒品犯罪、黑社会性质的组织犯罪、恐怖活动犯罪、走私犯罪、贪污贿赂犯罪、破坏金融管理秩序犯罪、金融诈骗犯罪的违法所得及其收益，为掩饰、隐瞒其来源和性质而提供资金账户的，或者协助将财产转换为现金、金融票据、有价证券的，或者通过转账或者其他结算方式协助资金转移的，或者协助将资金汇往境外的，或者以其他方法掩饰、隐瞒犯罪所得及其收益的来源和性质的行为。

2. 立案标准

《最高人民检察院、公安部关于公安机关管辖的刑事案件立案追诉标准的规定（二）》第四十三条规定，“为掩饰、隐瞒毒品犯罪、黑社会性质的组织犯罪、恐怖活动犯罪、走私犯罪、贪污贿赂犯罪、破坏金融管理秩序犯罪、金融诈骗犯罪的所得及其产生的收益的来源和性质，涉嫌下列情形之一的，应予立案追诉：（一）提供资金账户的；（二）将财产转换为现金、金融票据、有价证券的；（三）通过转账或者其他支付结算方式转移资金的；（四）跨境转移资产的；（五）以其他方法掩饰、隐瞒犯罪所得及其收益的来源和性质的”。

3. 量刑标准

《刑法》第一百九十一条规定，“掩饰、隐瞒毒品犯罪、黑社会性质的组织犯罪、恐怖活动犯罪、走私犯罪、贪污贿赂犯罪、破坏金融管理秩序犯罪、金融诈骗犯罪的所得及其产生的收益的来源和性质，有下列行为之一的，没收实施以上犯罪的所得及其产生的收益，处五年以下有期徒刑或者拘役，并处或者单处罚金；情节严重的，处五年以上十年以下有期徒刑，并处罚金：（一）提供资金帐户的；（二）将财产转换为现金、金融票据、有价证券的；（三）通过转帐或者其他支付结算方式转移资金的；（四）跨境转移资产的；（五）以其他方法掩饰、隐瞒犯罪所得及其收益的来源和性质的。单位犯前款罪的，对单位判处罚金，并对其直接负责的主管人员和其他直接责任人员，依照前款的规定处罚”。

关于“情节严重”，我国法律及司法解释未明确规定，但可参考《陕西省高级人民法院关于适用刑法有关条款数额、情节标准的意见》第 191 条洗钱罪第二款规定和《天津市高级人民法院关于刑法分则部分条款犯罪数额和情节认定标准的意见》第 22 条洗钱罪第二款规定。

根据《陕西省高级人民法院关于适用刑法有关条款数额、情节标准的意见》第 191 条洗钱罪第二款的规定，情节严重包括以下情形：(1)洗钱数额在 10 万元以上或者获利在 1 万元以上的；(2)手段恶劣的；(3)多次洗钱的；(4)以犯罪集团的成员身份实施洗钱行为的；(5)造成局部金融秩序紊乱或金融危机的；(6)导致重大的犯罪无法及时破获的；(7)银行或者其他金融机构工作人员利用职务便利为犯罪分子洗钱提供方便的。

根据《天津市高级人民法院关于刑法分则部分条款犯罪数额和情节认定标准的意见》第 22 条洗钱罪第二款的规定，具有下列情形之一的，应当认定为《刑法》第一百九十一条第一款规定的“情节严重”：“（一）洗钱数额在 50 万元以上的；（二）多次实施洗钱活动的；（三）个人以洗钱为业或者单位以洗钱为主要业务的；（四）其他情节严重的情形”。

二、风险防控建议

1. 企业应组织有关人员认真学习《刑法》《反法钱法》等相关法律法规，坚决抵制洗钱的不法行为，树立正确的价值观。

2. 企业应当建立资金流向的管理制度，并严格监控内部资金流向，对于不合规的资金流向，应及时弄清原因，及时控制不合规现象的发生。对于大型企业，可建立反洗钱检查机制，并保证该机制的健全性和有效性，同时，企业各相关部门之间加强联系，保证信息对称，定期公布和评估反洗钱的执行情况，确保其准确而全面，并在检查和监督的基础上分析存在的问题，提出完善建议。

3. 企业应当严格管理银行账户，不得将银行账户交给其他单位、个人使用，不得通过银行账户为其他单位、个人“走账”。

4. 如果有企业或个人要求借助公司渠道进行资金流转并许诺一定利益，应格外警惕，谨防触犯本罪。

三、典型案例

长沙石×通信设备有限公司法定代表人曾某洗钱案①

【基本案情】

2008年5月，湖南省高速公路管理局（以下简称高管局）决定对外融资，由时任高管局财务处副处长兼融资支付中心主任及湖南省高速公路投资集团有限公司总监的丁某（已判刑）具体经办。丁某通过时任北京亚×资产公司副总经理何某（已判刑）的介绍认识了上海慧×公司董事长朱某（已判刑）。何某告诉丁某，朱某与中国邮政银行有限责任公司（以下简称中国邮储银行）行长陶某（已判刑）关系很好，可以帮忙协调从中国邮储银行融资，但必须支付融资好处费。丁某经请示高管局局长冯某乙同意，向何某和朱某表达了请求帮忙融资的意愿。因朱某已与陶某等人商量，利用陶某的职权在融资业务中牟利，所以经朱某协调，陶某同意中国邮储银行向高管局发放专项贷款，高管局承诺将同期银行贷款基准利率与实际贷款利率的差额部分作为融资好处费支付给北京亚×资产公司和上海慧×公司。

2009年1月，高管局以省高速公路建设开发总公司（以下简称湖南高速）的名义，从中国邮储银行贷款50亿元。根据签订的贷款合同，高管局应向北京亚×资产公司和上海慧×公司支付2亿余元的融资好处费。为此，何某和朱某多次向丁某催

---

① 审理法院：湖南省华容县人民法院，案号：（2016）湘0623刑初114号。

要融资好处费，由于直接支付融资好处费不好从单位出账，高管局决定以北京亚×资产公司、上海慧×公司与湖南高速广×投资有限公司（高管局下属的全资子公司，以下简称广×公司）合作供应湖南高速公路主材分配利润的名义支付。丁某向何某提出，合作供应主材应有一家湖南本地的具有交通类资质的公司作为结算单位，何某便要丁某帮忙寻找一家公司。于是，丁某找到冯某甲，以长沙石×通信设备有限公司（以下简称石×公司）法定代表人曾某的名义，由丁某出资10万元购买了冯某甲控制的湖南××交通科技有限公司（以下简称××公司）。丁某与冯某甲、曾某约定：××公司所赚取利润的10%分给冯某甲，剩余部分曾某分得20%，丁某分得80%，××公司的具体业务由曾某负责经办。接着，丁某向何某提出，××公司作为北京亚×资产公司和上海慧×公司收取融资好处费的结算单位，需要收取融资好处费的三分之一作为报酬，何某将此情况向北京亚×资产公司董事长欧阳敬东和朱某汇报并取得了他们的同意。

2009年2月，广×公司、湖南高速广信物流信息公司（广×公司的分公司，以下简称广信物流公司）与××公司、北京红×天安投资有限公司（代表北京亚×资产公司，以下简称红×公司）、上海慧×公司签订了合作供应湖南高速公路主材协议。2009年3月16日，在上海慧×公司、红×公司、××公司实际上没有做任何主材供应业务的情况下，广×公司以材料供应业务利润预付费的名义支付1500万元到××公司账户上，经何某与丁某商议后，在丁某安排下，曾某于2009年3月18日将其中1400万元从××公司转账至自己任法定代表人的石×公司，并随后通过石×公司向上海慧×公司转账1000万元，向北京亚×资产公司转账300万元，××公司留取200万元作为报酬。

上海慧×公司董事长朱某因涉嫌犯受贿罪于2012年11月6日被河南省浚县公安局刑事拘留，2013年10月8日河南省鹤壁市人民检察院以朱某涉嫌犯受贿罪向河南省鹤壁市中级人民法院提起公诉，其中指控了朱某伙同他人共同收取湖南高速公路管理局融资好处费1550万元的犯罪事实。河南省鹤壁市人民检察院于2014年8月1日以陶某涉嫌犯受贿罪向河南省鹤壁市中级人民法院提起公诉，其中指控了陶某伙同朱某等人共同收受湖南高速融资好处费1550万元的事实。

曾某到案后，如实供述了自己的犯罪事实，并退赔了违法所得200万元。

【裁判结果】

1. 曾某犯洗钱罪，判处有期徒刑2年6个月，缓刑2年6个月，并处罚金人民币75万元；

2. 对被扣押在案的曾某所得赃款人民币50万元依法予以追缴，上缴国库。

【律师评析】

本案涉及的是企业经营者明知是贪污贿赂犯罪的违法所得，为掩饰、隐瞒其来源和性质，而提供资金账户及协助资金转移的行为，是否构成洗钱罪的问题。

《最高人民检察院、公安部关于公安机关管辖的刑事案件立案追诉标准的规定

（二）》（2010年）第四十八条规定，“明知是毒品犯罪、黑社会性质的组织犯罪、恐怖活动犯罪、走私犯罪、贪污贿赂犯罪、破坏金融管理秩序犯罪、金融诈骗犯罪的所得及其产生的收益，为掩饰、隐瞒其来源和性质，涉嫌下列情形之一的，应予立案追诉：（一）提供资金账户的；（二）协助将财产转换为现金、金融票据、有价证券的；（三）通过转账或者其他结算方式协助资金转移的；（四）协助将资金汇往境外的；（五）以其他方法掩饰、隐瞒犯罪所得及其收益的来源和性质的”。

本案中，石×公司法定代表人曾某明知高管局支付给朱某、陶某的融资好处费是贿赂款，为掩饰、隐瞒其性质，在高管局财务处副处长兼融资支付中心主任及湖南省高速公路投资集团有限公司总监丁某的指使下提供资金账户，通过转账或者其他结算方式协助资金转移，并收取报酬，其行为已构成洗钱罪。

由本案可知，企业经营者利用公司账户协助他人转移违法所得，该行为极可能涉嫌洗钱罪。对此，企业应组织董监高及相关人员认真学习《刑法》《反洗钱法》等相关法律法规，坚决抵制洗钱的不法行为。如果其他企业或个人要求借助公司账户进行资金流转并许诺一定利益，务必保持警惕，以免触犯本罪。

第五节　伪造、变造、买卖国家机关公文、证件、印章罪

一、罪名概述

1. 罪名简介

伪造、变造、买卖国家机关公文、证件、印章罪，是指非法制造、变造、买卖国家机关公文、证件、印章的行为。

2. 立案标准

根据《刑法》第二百八十条第一款的规定，“伪造、变造或者买卖国家机关的公文、证件、印章的，应当予以立案追诉”。

3. 量刑标准

根据《刑法》第二百八十条第一款的规定，“伪造、变造、买卖或者盗窃、抢夺、毁灭国家机关的公文、证件、印章的，处三年以下有期徒刑、拘役、管制或者剥夺政治权利，并处罚金；情节严重的，处三年以上十年以下有期徒刑，并处罚金”。

二、风险防控建议

1. 企业应当认真学习国家相关法律法规，坚决抵制伪造、变造、买卖国家机关公文、证件、印章的违法行为，树立正确的价值观。

2. 企业应坚守法律底线,不得非法制造、变造、买卖国家机关公文、证件、印章,否则将触犯本罪。

3. 企业应对员工加强法律培训工作,让员工了解伪造、变造、买卖国家机关公文、证件、印章所面临的法律风险及后果,鼓励员工积极举报不法行为。一经发现违规者,企业应收集更多证据,并主动向公安机关举报。

4. 企业在融资或者经营过程中,如需国家机关开具相关证明,应当依法向相关国家机关提出申请,切不可为了方便省事,自行伪造、变造或者对外买卖国家机关公文。

三、典型案例

贾某利买卖国家机关证件罪案①

【基本案情】

贾某利系一位个体户经营者,2019 年 4 月中旬,贾某利为办理银行贷款,在太原市万柏林区后王南街东一巷通过路边张贴的制作假证件的小广告联系制作假证人员,以人民币 200 元的价格购买了一本伪造的房屋不动产权证书(编号为 140××××××××,权利人为贾某利,坐落在晋祠路一段 8 号 6 幢 2 层 0201 号)。之后,贾某利在使用购买伪造的房屋不动产权证书办理贷款时,被侦查机关抓获。经鉴定,编号为 140××××××××的不动产权证书系伪造。

公诉机关提交了公安机关出具的抓获经过,微信聊天记录及转账记录,接受证据材料清单及伪造的不动产权证书。在庭审中,贾某利自愿如实供述自己的罪行,承认指控的犯罪事实,愿意接受处罚。

【裁判结果】

贾某利犯买卖国家机关证件罪,判处拘役 3 个月,缓刑 6 个月,并处罚金 2000 元。

【律师评析】

本案涉及的是行为人购买伪造的房屋不动产权证书的行为,是否构成买卖国家机关证件罪的问题。

我国《刑法》第二百八十条第一款规定,伪造、变造、买卖或者盗窃、抢夺、毁灭国家机关的公文、证件、印章的,处三年以下有期徒刑、拘役、管制或者剥夺政治权利,并处罚金;情节严重的,处三年以上十年以下有期徒刑,并处罚金。

本案中,贾某利购买伪造的房屋不动产权证书的行为,构成买卖国家机关证件罪。

实务中,有的企业经营者认为出售国家机关证件才构成犯罪,购买国家机关证件只是行政违法行为,不用承担刑事责任。由本案可知,企业经营者购买国家机关证

---

① 审理法院:山西省太原市中级人民法院,案号:(2020)晋 01 刑终 299 号。

件，亦触犯买卖国家机关证件罪被追究刑事责任。对此，企业应坚守法律底线，不得非法制造、变造、买卖国家机关公文、证件、印章，以免触犯本罪。

第六节　伪造公司、企业、事业单位、人民团体印章罪

一、罪名概述

1. 罪名简介

伪造公司、企业、事业单位、人民团体印章罪，是指伪造公司、企业、事业单位、人民团体印章的行为。

2. 立案标准

根据《刑法》第二百八十条第二款的规定，伪造公司、企业、事业单位、人民团体印章的，应当予以立案追究。

3. 量刑标准

根据《刑法》第二百八十条第二款的规定，“伪造公司、企业、事业单位、人民团体的印章的，处三年以下有期徒刑、拘役、管制或者剥夺政治权利，并处罚金”。

二、风险防控建议

1. 企业应当认真学习国家相关法律法规，坚决抵制伪造公司、企业、事业单位、人民团体印章的违法行为，树立正确的价值观。

2. 企业应坚守法律底线，不得伪造公司、企业、事业单位、人民团体印章，否则将触犯本罪。

3. 企业应对员工加强法律培训工作，让员工了解伪造公司、企业、事业单位、人民团体印章所面临的法律风险及后果，鼓励员工积极举报不法行为。一经发现违规者，企业应收集更多证据，并主动向公安机关举报。

三、典型案例

陈某栋犯伪造公司印章罪案①

【基本案情】

盛×资源再生（无锡）有限公司（以下简称盛×公司）系废弃资源综合利用业的

① 审理法院：江苏省无锡市中级人民法院，案号：（2021）苏02刑抗5号。

外国法人独资有限责任公司。2011 年 3 月 23 日，盛×公司董事会任命陈某栋为公司经理。同年 4 月，工商行政部门准予盛×公司进行变更登记，公司法定代表人变更为陈某 1(系陈某栋父亲)，经理为陈某栋。

2012 年 1 月，陈某栋在担任盛×公司经理期间，为向蔡某等人借款用于归还个人债务，伪造了“盛×公司”印章。2012 年 1 月至 5 月，陈某栋使用上述伪造的印章在借款合同、还款协议、借款保函等材料上加盖，承诺由盛×公司对上述债务承担连带担保责任。

2012 年 8 月 13 日，陈某 2 收购盛×公司。同日，盛×公司董事会决定免除陈某栋的经理职务，盛×公司的投资方决定免除陈某 1 董事长职务，并委派张某为公司董事长。同日，盛×公司新组成董事召开董事会，任命陈某 2 为公司经理。此后，盛×公司因履行上述连带担保责任，造成重大经济损失。

2016 年 7 月 1 日，陈某 2 至公安机关报案。2018 年 12 月 17 日，陈某栋就本案至公安机关，并如实供述了上述主要事实。2019 年 3 月 19 日，公安机关对本案立案侦查。

2020 年 4 月 24 日，经无锡市公安局物证鉴定所鉴定，陈某栋用于还款协议上的印章与盛×公司年检报告书上的印章不是同一枚印章盖印。

另查明:2018 年 7 月，陈某栋因犯拒不执行判决罪被湖南省张家界市永定区人民法院判处有期徒刑 1 年，缓刑 2 年。在该案刑事诉讼中，陈某栋共被羁押 61 日。

【裁判结果】

陈某栋犯伪造公司印章罪，判处有期徒刑 1 年，连同前罪判处的有期徒刑 1 年，决定执行有期徒刑 1 年 9 个月。

【律师评析】

本案涉及的是陈某栋伪造公司公章的行为，是否构成伪造公司印章罪的问题。

我国《刑法》第二百八十条第二款规定，“伪造公司、企业、事业单位、人民团体的印章的，处三年以下有期徒刑、拘役、管制或者剥夺政治权利，并处罚金”。

本案中，陈某栋在担任盛×公司经理期间，为向蔡某等人借款用于归还个人债务，伪造盛×公司印章，并使用伪造的印章在借款合同、还款协议、借款保函等材料上加盖，承诺由盛×公司对上述债务承担连带担保责任，其行为已构成伪造公司印章罪。

实务中，较多人认为伪造公司公章只是一般违法行为，不用承担刑事责任。由本案可知，伪造公司公章的行为构成伪造公司印章罪，要受到刑事处罚。对此，企业应对员工加强法律培训工作，让员工了解伪造公司印章所面临的法律风险及后果，以免触犯本罪。

第七节　非法侵入计算机信息系统罪

一、罪名概述

1. 罪名简介

非法侵入计算机信息系统罪，是指违反国家规定，侵入国家事务、国防建设、尖端科学技术领域的计算机信息系统的行为。

2. 立案标准

根据《刑法》第二百八十五条第一款的规定，违反国家规定，侵入国家事务、国防建设、尖端科学技术领域的计算机信息系统的，应当予以立案追究。

3. 量刑标准

《刑法》第二百八十五条第一款规定，“违反国家规定，侵入国家事务、国防建设、尖端科学技术领域的计算机信息系统的，处三年以下有期徒刑或者拘役”。

二、风险防控建议

1. 企业应当认真学习国家相关法律法规，坚决抵制非法侵入计算机信息系统的违法行为，树立正确的价值观。

2. 企业应坚守法律底线，不得侵入国家事务、国防建设、尖端科学技术领域的计算机信息系统，否则将触犯本罪。

3. 企业应对员工加强法律培训工作，让员工了解非法侵入计算机信息系统所面临的法律风险及后果，鼓励员工积极举报不法行为。一经发现违规者，企业应收集更多证据，并主动向公安机关举报。

三、典型案例

四川星×企业管理有限公司、陈某宇等人非法侵入计算机信息系统案[①]

【基本案情】

2017年4月，绵阳中×税务服务有限公司（以下简称中×公司）的姜某（另案处理）通过网络论坛购买到“四川省智慧工商一体化综合应用系统”的VPN设置方法

① 审理法院：四川省绵阳市安州区人民法院，案号：（2019）川0724刑初161号

以及“my－ceshi”账号和密码，用于其公司的业务运行。后陈某宇通过刘某在中×公司工作的便利条件，获取了登录“四川省智慧工商一体化综合应用系统”的VPN设置方法、账号、密码，通过登录该系统查询新注册企业的信息，用于四川星×企业管理有限公司（以下简称星×公司）经营的代理记账业务的电话销售。星×公司的实际负责人为陈某宇，法定代表人为覃某高，刘某、李某系星×公司的员工。陈某宇、覃某高、刘某、李某在星×公司工作期间，均通过VPN连接侵入四川省智慧工商系统专网，并利用“my－ceshi”账号侵入“四川省智慧工商一体化综合应用系统”非法查询过全省新注册企业数据。2017年4月至2018年10月，陈某宇、覃某高、刘某、李某非法查询全省新注册企业数据共计30,940条，该数据经绵阳市市场监督管理局认定，均为“四川省智慧工商一体化综合应用系统”内的数据。经四川省公安厅网络安全保卫总队检验，“四川省智慧工商一体化综合应用系统”的服务安全和数据安全均涉及国家事务，属于国家事务领域的重要计算机信息系统。

【裁判结果】

1. 星×公司犯非法侵入计算机信息系统罪，判处罚金人民币5000元；
2. 陈某宇犯非法侵入计算机信息系统罪，判处拘役2个月，缓刑4个月；
3. 覃某高犯非法侵入计算机信息系统罪，判处拘役1个月，缓刑2个月；
4. 刘某犯非法侵入计算机信息系统罪，判处拘役2个月，缓刑4个月；
5. 李某犯非法侵入计算机信息系统罪，判处拘役2个月，缓刑4个月；
6. 对随案移送的苹果牌银色笔记本电脑1台、DELL牌黑色笔记本电脑1台、U盘3个、goreche移动硬盘1个，依法予以没收，上缴国库；苹果牌黑色X手机1部、三星牌银色手机1部，依法发还陈某宇；meitu牌银色手机1部、苹果牌金色6plus手机1部，依法发还刘某；华为牌黑色NOTE2手机1部，依法发还李某。

【律师评析】

本案涉及的是企业及其管理人员侵入国家事务领域的计算机信息系统非法查询四川省新注册企业数据的行为，是否构成非法侵入计算机信息系统罪的问题。

我国《刑法》第二百八十五条第一款规定，违反国家规定，侵入国家事务、国防建设、尖端科学技术领域的计算机信息系统的，处3年以下有期徒刑或者拘役。

本案中，星×公司及其实际负责人陈某宇、法定代表人覃某高、员工刘某、李某，违反国家规定，通过VPN连接侵入四川省智慧工商系统专网，并利用“my－ceshi”账号侵入“四川省智慧工商一体化综合应用系统”（属于国家事务领域的计算机信息系统）非法查询全省新注册企业数据的行为，已构成非法侵入计算机信息系统罪。

本罪侵犯的客体是国家重要计算机信息系统安全。国家事务、国防建设、尖端科学技术领域的计算机系统，对保障经济社会发展、军事安全和人民生命财产安全等起十分重要的作用。这些重要的计算机信息系统一旦被非法侵入，就可能导致其中的重要数据遭受破坏或者某些重要、敏感的信息被泄露，可能造成严重的政治、经济损失，甚至还可能危及人民的生命财产安全。

由本案可知，并不是具有相当高计算机操作水平的人才可能触犯该罪，只要有人偷窥了属于国家事务领域的计算机信息系统的登录用户名和密码，在未经授权的情况下登录了系统，就可能触犯本罪。对此，企业应当组织员工认真学习相关法律法规，坚守法律底线，自觉抵制非法侵入国家计算机信息系统的违法行为，以免触犯本罪。

第八节　破坏计算机信息系统罪

一、罪名概述

1. 罪名简介

破坏计算机信息系统罪，是指违反国家规定，对计算机信息系统功能或计算机信息系统中存储、处理或者传输的数据和应用程序进行破坏，或者故意制作、传播计算机病毒等破坏性程序，影响计算机系统正常运行，后果严重的行为。

实务中，由于安全漏洞等原因导致的破坏计算机信息系统犯罪越来越猖獗，大量案例表明，破坏计算机信息系统的行为一旦发生，企业必将面临经济损失，日常生产经营也会受到影响，甚至遭受破坏性打击。破坏计算机信息系统的行为，除可能构成《刑法》中破坏计算机信息系统罪外，根据行为人侵害的客体和目的不同，还可能构成其他罪名。此外，对于未达到追诉标准的行为，执法机关依然可以根据《治安管理处罚法》《计算机信息系统安全保护条例》等法律法规追究行为人的法律责任。

2. 立案标准

根据《刑法》第二百八十六条的规定，违反国家规定，对计算机信息系统功能或计算机信息系统中存储、处理或者传输的数据和应用程序进行破坏，或者故意制作、传播计算机病毒等破坏性程序，影响计算机系统正常运行，后果严重的，应当予以立案追究。

3. 量刑标准

《刑法》第二百八十六条规定，“违反国家规定，对计算机信息系统功能进行删除、修改、增加、干扰，造成计算机信息系统不能正常运行，后果严重的，处五年以下有期徒刑或者拘役；后果特别严重的，处五年以上有期徒刑。违反国家规定，对计算机信息系统中存储、处理或者传输的数据和应用程序进行删除、修改、增加的操作，后果严重的，依照前款的规定处罚。故意制作、传播计算机病毒等破坏性程序，影响计算机系统正常运行，后果严重的，依照第一款的规定处罚。单位犯前三款罪的，对单位判处罚金,并对其直接负责的主管人员和其他直接责任人员,依照第一款的规定处罚”。

《最高人民法院、最高人民检察院关于办理危害计算机信息系统安全刑事案件应用法律若干问题的解释》第四条规定,“破坏计算机信息系统功能、数据或者应用程序,具有下列情形之一的,应当认定为刑法第二百八十六条第一款和第二款规定的‘后果严重’:(一)造成十台以上计算机信息系统的主要软件或者硬件不能正常运行的;(二)对二十台以上计算机信息系统中存储、处理或者传输的数据进行删除、修改、增加操作的;(三)违法所得五千元以上或者造成经济损失一万元以上的;(四)造成为一百台以上计算机信息系统提供域名解析、身份认证、计费等基础服务或者为一万以上用户提供服务的计算机信息系统不能正常运行累计一小时以上的;(五)造成其他严重后果的。实施前款规定行为,具有下列情形之一的,应当认定为破坏计算机信息系统‘后果特别严重’:(一)数量或者数额达到前款第(一)项至第(三)项规定标准五倍以上的;(二)造成为五百台以上计算机信息系统提供域名解析、身份认证、计费等基础服务或者为五万以上用户提供服务的计算机信息系统不能正常运行累计一小时以上的;(三)破坏国家机关或者金融、电信、交通、教育、医疗、能源等领域提供公共服务的计算机信息系统的功能、数据或者应用程序,致使生产、生活受到严重影响或者造成恶劣社会影响的;(四)造成其他特别严重后果的”。

二、风险防控建议

1. 企业应当认真学习国家相关法律法规,坚决抵制破坏计算机信息系统的违法行为,树立正确的价值观。

2. 企业应坚守法律底线,不得对计算机信息系统功能或计算机信息系统中存储、处理或者传输的数据和应用程序进行破坏,也不得故意制作、传播计算机病毒等破坏性程序,影响计算机系统正常运行,否则将触犯本罪。

3. 企业应对员工加强法律培训工作,让员工了解破坏计算机信息系统所面临的法律风险及后果,鼓励员工积极举报不法行为。一经发现违规者,企业应收集更多证据,并主动向公安机关举报。

三、典型案例

南通祥×和网络科技有限公司、万某银破坏计算机信息系统案[①]

【基本案情】

2017 年 11 月底、12 月初,南通祥×和网络科技有限公司(以下简称祥×和公司)

① 审理法院:江苏省南通市崇川区人民法院,案号:(2018)苏 0602 刑初 844 号。

法定代表人万某银与股东、技术总监杨某伟商议雇用黑客攻击江苏九×网络科技有限公司(以下简称九×公司)的“91家纺”网站。两人分别在网上寻找黑客,后万某银通过QQ搭识并雇用刘某(未成年,另案处理)攻击他人网站。2017年12月12日,刘某在“逸天道盟信息安全群”QQ群发布攻击“591wx.com”“91jf.com”的相关信息。朱某受雇后,通过自己及再雇用他人的方式对“91家纺”网站进行数次攻击,致使该网站于2017年12月12日17时15分至当日18时30分宕机,不能正常运行共计1小时15分钟。其间,万某银先后通过个人账户及公司账户向刘某转款共计人民币2300元,由杨某伟向刘某转款人民币800元。刘某先后3次向朱某转款共计人民币600元。次日下午,万某银雇用刘某继续攻击“91家纺”网站半个月,并安排员工向刘某转账8500元。

九×公司为应对流量攻击,恢复网站功能,于2017年12月12日14时41分向腾讯云购买高防服务包,但未能有效解决被攻击的问题。后九×公司于当日再次委托江苏原×信息科技有限公司(以下简称原×公司)进行安全防护、抗DDOS服务,并于12月20日补签了安全服务协议。2017年12月21日,九×公司向原×公司支付部分合同价款人民币76,600元。因2018年1月“91家纺”网站不再受到流量攻击,九×公司于2018年1月29日与原×公司提前终止安全服务协议。2018年1月30日,九×公司向原×公司支付剩余服务费用人民币56,918.9元,其中安全服务费用为人民币10,000元,抗DDOS基础服务费用为人民币41,280元。

万某银、杨某伟于2018年4月12日被抓获,朱某于2018年4月26日被抓获,到案后均如实供述主要的犯罪事实。经法院查明,2017年12月12日之前“91家纺”网注册用户达到1万名以上。2017年12月12日14时许,“91家纺”网受到攻击,购买了腾讯云高防服务包后未能有效应对攻击,后腾讯云将网站租赁的服务器予以封堵,17时15分至18时30分系统几乎没有流量,该网站明显不能正常运行。

【裁判结果】

1. 祥×和公司犯破坏计算机信息系统罪,判处罚金人民币10万元。
2. 万某银犯破坏计算机信息系统罪,判处有期徒刑3年,缓刑4年。
3. 杨某伟犯破坏计算机信息系统罪,判处有期徒刑2年,缓刑2年6个月。
4. 朱某犯破坏计算机信息系统罪,判处有期徒刑2年,缓刑2年6个月
5. 朱某违法所得人民币600元予以追缴,上缴国库。

【律师评析】

本案涉及的是企业及其管理人员雇用黑客攻击他人网站的行为,是否构成破坏计算机信息系统罪的问题。

根据《刑法》第二百八十六条的规定,违反国家规定,对计算机信息系统功能进行删除、修改、增加、干扰,造成计算机信息系统不能正常运行,后果严重的,处5年以下

有期徒刑或者拘役。《最高人民法院、最高人民检察院关于办理危害计算机信息系统安全刑事案件应用法律若干问题的解释》第四条规定，破坏计算机信息系统功能、数据或者应用程序，为1万名以上用户提供服务的计算机信息系统不能正常运行累计1小时以上的，应当认定为《刑法》第二百八十六条第一款和第二款规定的“后果严重”。

本案中，祥×和公司、朱某违反国家法律规定，对九×公司的计算机信息系统功能进行干扰，造成为1万名以上用户提供服务的计算机信息系统不能正常运行累计1小时以上，后果严重，其行为均已构成破坏计算机信息系统罪。万某银、杨某伟系祥×和公司直接负责的主管人员、其他直接责任人员，均应当以破坏计算机信息系统罪追究其刑事责任。

由本案可知，企业雇用黑客攻击攻击竞争对手网站的行为，不是普通的民事侵权行为，极可能涉嫌触犯破坏计算机信息系统罪。对此，企业应对员工加强法律培训工作，让员工了解破坏计算机信息系统所面临的法律风险及后果，以免触犯本罪。

第二十一章
企业注销环节的刑事风险及防控

第一节　妨害清算罪

一、罪名概述

1. 罪名简介

妨害清算罪，是指公司、企业进行清算时，隐匿财产，对资产负债表或者财产清单作虚假记载，或者在未清偿债务前擅自分配公司、企业财产，严重损害债权人或者其他人利益的行为。

2. 立案标准

《最高人民检察院、公安部关于公安机关管辖的刑事案件立案追诉标准的规定（二）》第七条规定，“公司、企业进行清算时，隐匿财产，对资产负债表或者财产清单作虚伪记载或者在未清偿债务前分配公司、企业财产，涉嫌下列情形之一的，应予立案追诉：（一）隐匿财产价值在五十万元以上的；（二）对资产负债表或者财产清单作虚伪记载涉及金额在五十万元以上的；（三）在未清偿债务前分配公司、企业财产价值在五十万元以上的；（四）造成债权人或者其他人直接经济损失数额累计在十万元以上的；（五）虽未达到上述数额标准，但应清偿的职工的工资、社会保险费用和法定补偿金得不到及时清偿，造成恶劣社会影响的；（六）其他严重损害债权人或者其他人利益的情形”。

3. 量刑标准

《刑法》第一百六十二条规定，“公司、企业进行清算时，隐匿财产，对资产负债表或者财产清单作虚伪记载或者在未清偿债务前分配公司、企业财产，严重损害债权人或者其他人利益的，对其直接负责的主管人员和其他直接责任人员，处五年以下有期徒刑或者拘役，并处或者单处二万元以上二十万元以下罚金”。

二、风险防控建议

1. 企业应当加强对破产财产的监管，依据法律规定分配破产财产，确保资产负债表和财产清单的合法、真实、完整。

2. 企业应当制定资产负债表或财产清单制作制度和相关监督管理规范，定期查阅、审核相关文件，确保数据真实准确。

3. 企业应当对清算过程中的各项开支纳入监管，确保每一项开支都通过清算组进行，不让他人乘虚而入动用企业的任何资产。

4. 严格遵循法定的财产清偿顺序，切忌实施损人利己的违法行为。企业面临破产清算时，有的股东为谋私利而将企业资产优先转移给自身或亲友，这正是本罪中的“未清偿债务前擅自分配公司、企业财产”，存在极大的刑事风险。

三、典型案例

赵某晋、赵某平、平某妨害清算案①

【基本案情】

2015 年 2 月 25 日，邹城市万 × 煤机装备集团有限公司（以下简称万 × 公司）股东赵某平、平某召开股东会，决定向法院申请重整万 × 公司，同年 10 月 27 日，万 × 公司以企业不能清偿到期债务，且面临一轮强大的诉讼潮后，现有资产无法变现，企业以明显丧失清偿能力为由，向法院提出了破产重整申请书。

2015 年 10 月 31 日，万 × 公司股东赵某平、平某及公司人员召开公司办公会，形成股东决议，决定将山东能源集团龙口物资有限公司、盘江重工有限公司等处债权用于偿还赵某尧、李某龙、解某、冯某亮、张某云、梁某望六处借款本金，以及赎回职工抵押的个人房产证及车辆等。上述借款所产生的所有利息及其他费用由 6 名债权人在万 × 公司进入破产重整、破产和解、破产清算等任一程序启动后，依照法院裁定，经计算确认后向法院申报债权。

2015 年 11 月 13 日法院裁定受理万 × 公司的重整申请，同年 11 月 16 日指定山东公 × 政和律师事务所担任万 × 公司破产重整期间的管理人，同日法院公告告知债权人于 2015 年 11 月 13 日受理了万 × 公司重整一案，并指定了管理人，告知了债权人申报债权的事项及第一次债权人会议的时间，并告知万 × 公司管理人及万 × 公司法定代表人、财务人员及其他经营管理人员在公司重整期间应承担的义务，告知自案件受理之日起停止清偿债务。在管理人接管时，法定代表人应向管理人移交手续并答复财产及业务的询问。告知第一次债权人会议定于 2016 年 2 月 26 日上午召开，法定代表人及财务管理人员必须准时参加。

2015 年 11 月 17 日，万 × 公司股东赵某平、平某召开股东会会决定，因万 × 公司

---

① 审理法院：山东省邹城市人民法院，案号：（2017）鲁 0883 刑初 464 号。

执行董事赵某平身体原因，不能承担公司在破产重整期间繁重的管理及营业事务，自法院受理破产重整之日起至重整程序终止，其间由赵某晋任公司总经理，全面负责公司重整期间各项管理及营业事务，平某为公司副总经理，协助总经理开展工作，如总经理外出或因其他原因不能行使总经理职责，由副总经理平某行使总经理职责，主持公司全面工作。公司重整期间的各项经营和管理事务依法接受管理人监督。

2015年11月26日，万×公司管理人制作了《关于重整期间加强公司管理的有关规定》，明确了公司在重整期间，公司现有管理人员的职责及要遵守的规章制度。明确了重整期间公司银行账户、资金收支管理的规定等。同时明确规定：重整受理之日（2015年11月13日）前公司所欠债务，一律停止支付；任何部门和个人不得对公司债权人进行个别清偿或承认债务；对重整之前及重整期间形成的公司对外债权（应收账款及其他应收款等），涉及该事项的部门和人员应及时清理并积极追收，避免债权超过诉讼时效，并及时向管理人报告有关情况；重整期间如果需要签订维持正常生产经营所需的合同以及因经营需要履行未履行完毕的合同等，应事先报管理人审批；凡涉及诉讼、案件执行、尚未履行完毕的合同、对外应收债权情况的部门，应按照分工和职责进行及时清理，并向管理人报告。

经管理人和万×公司申请，法院于2015年12月3日作出决定，准许万×公司在管理人的监督下自行管理财产和营业事务。同年12月8日，法院合议庭人员、管理人、万×公司高级管理人员及各部门负责人在万×公司会议室召开会议，宣读了法院的决定，并就重整期间继续营业相关事宜进行强调。万×公司管理人宣读了“关于重整期间加强公司管理的有关规定”及“关于重整期间公司人员出差费用标准的规定”。万×公司重整期间的负责人赵某晋就重整期间公司的事项发言。

2016年1月6日，管理人选定北京中×建华浩会计师事务所有限公司山东分所为重整案的审计机构，泰安天×资产评估事务所为评估机构，对万×公司的财务状况进行审计及资产评估。

2016年2月16日召开了万×公司破产重整案件的第一次债权人会议。2016年5月11日，法院根据管理人的初步审查及第一次债权人会议讨论核查，裁定确认了邹城市明岩建材物资营销中心等149位债权人的债权。该次确认的债权人中没有清偿的赵某尧、李某龙、解某、冯某亮、张某云、梁某望的债权。

2016年5月17日，法院裁定重整计划草案提交期限延长至2016年8月13日，同年8月12日，管理人向法院递交了破产重整草案。同年9月20日法院裁定驳回该公司破产重整的申请。

在管理人对万×公司的债权、债务进行管理后，赵某晋、平某安排相关人员或者本人亲自回收万×公司在山西、辽宁、山东龙口等地共计274万余元的债权，且回收的债权未经管理人，私自进行分配进行个别债务的清偿，其中，2016年2月3日，经平某协调，万×公司从平顶山市德×机械制造有限公司处收回了阳泉煤业集团华×机械有限公司拖欠的货款50万元，给付方式为承兑汇票。该款业务员张某及销售经理李某雯领取后直接交付给赵某晋。该款未进入管理人账户，由赵某晋直接将该款个别清偿给他人。该笔款项的收取及支付，管理人不知情；2016年2月至2017年1月24日，万×公司共从辽宁天×公司收回货款917,645.10元。其中，2016年2月19日收款50万元、2016年5月24日收款20万元、2016年7月14日收款10万元（该10万元收据没有日期，承兑汇票出票时间为2016年7月14日）、2016年10月28日收款10万元、2017年1月24日收款1万元、2017年1月24日收款7,645.1元。该部分款项的收取及支付，管理人不知情；2016年5月23日，万×公司与龙口煤×有限公司签订协议，龙口煤×有限公司将其所有的丰田兰德酷路泽汽车一辆偿给万×公司，抵减货款55万元。同年6月13日、7月14日，万×公司分别收回该公司拖欠货款50万元、40万元，共计145万元，未进入管理人账户。该部分款项的收取及支付，管理人不知情。另外，万×公司应当清偿的职工工资4,628,332.81元未能及时清偿，造成恶劣社会影响。

在万×公司破产重整期间，赵某晋负责该公司破产重整期间的事务，但该公司的决策性事务仍然由赵某平决定。

2017年9月14日，赵某晋被公安机关传唤到案；同年9月18日，平某被公安机关传唤到案；同年9月22日，赵某平被公安机关抓获归案。

【裁判结果】

1. 赵某平犯妨害清算罪，判处有期徒刑1年3个月，并处罚金人民币8万元。
2. 赵某晋犯妨害清算罪，判处有期徒刑1年，并处罚金人民币5万元。
3. 平某犯妨害清算罪，判处有期徒刑1年，并处罚金人民币5万元。

【律师评析】

本案涉及的是企业在进行清算时，企业管理人员对回收的债权私自进行分配的行为，是否构成妨害清算罪的问题。

根据《最高人民检察院、公安部关于公安机关管辖的刑事案件立案追诉标准的规定（二）》（2010年）第七条的规定，公司、企业进行清算时，隐匿财产，对资产负债表或者财产清单作虚伪记载或者在未清偿债务前分配公司、企业财产价值在50万元以上的，应予立案追诉。

本案中，赵某平、赵某晋、平某作为公司直接负责的主管人员和其他直接责任人员，在公司进行清算时，在未清偿债务前对回收的274万余元债权私自进行分配，严重损害了债权人或者其他人利益，其行为构成妨害清算罪。

实务中，有的企业管理人员为了规避破产管理人的监督，出于各种目的，在未清偿债务前擅自分配公司、企业财产进行个别债务清偿，该行为极有可能涉嫌妨害清算罪。对此，企业及其管理人员应当坚守法律底线，严格依照法律规定分配破产财产，对于拿不准的事情要征求破产管理人的意见或者听取专业律师的建议，以避免触犯本罪。

第二节　虚假破产罪

一、罪名概述

1. 罪名简介

虚假破产罪，是指公司、企业通过隐匿财产、承担虚构的债务或者以其他方法转移、处分财产，实施虚假破产，严重损害债权人或者其他人利益的行为。

2. 立案标准

《最高人民检察院、公安部关于公安机关管辖的刑事案件立案追诉标准的规定（二）》第九条规定，“公司、企业通过隐匿财产、承担虚构的债务或者以其他方法转移、处分财产，实施虚假破产，涉嫌下列情形之一的，应予立案追诉：（一）隐匿财产价值在五十万元以上的；（二）承担虚构的债务涉及金额在五十万元以上的；（三）以其他方法转移、处分财产价值在五十万元以上的；（四）造成债权人或者其他人直接经济损失数额累计在十万元以上的；（五）虽未达到上述数额标准，但应清偿的职工的工资、社会保险费用和法定补偿金得不到及时清偿，造成恶劣社会影响的；（六）其他严重损害债权人或者其他人利益的情形”。

3. 量刑标准

《刑法》第一百六十二条之二规定，“公司、企业通过隐匿财产、承担虚构的债务或者以其他方法转移、处分财产，实施虚假破产，严重损害债权人或者其他人利益的，对其直接负责的主管人员和其他直接责任人员，处五年以下有期徒刑或者拘役，并处或者单处二万元以上二十万元以下罚金”。

二、风险防控建议

1. 企业在选择投资方向时一定要结合自身情况，明确自己的发展方向和竞争优势，并围绕自身优势进行投资决策，增加收入，避免破产。

2. 组织全体股东及董监高认真学习《企业破产法》《最高人民法院关于适用〈中华人民共和国企业破产法〉若干问题的规定（一）》《最高人民法院关于适用〈中华人民共和国企业破产法〉若干问题的规定（二）》等法律法规，树立守法意识，坚决抵制通过破产的方式逃避债务。

3. 建立破产预警机制预先评估企业破产风险系数，进而在企业陷入破产危机前就发出警告，督促企业管理者及早采取措施，从而有效地避免破产。

4. 企业切勿协助其他企业申请虚假破产。通过破产恶意逃避债务的行为，往往需要外部企业或人员的配合才能实现“金蝉脱壳”，如虚构债务、夸大债务而第三人予以承认等。企业如果知道其他企业是出于虚假破产逃避债务的目的，仍为其提供帮助，则可能成为本罪的共犯。

三、典型案例

吴某翘等虚假破产案①

【基本案情】

1998年3月，吉林市龙×山制药厂（吉林市农业局下属国企龙×山鹿场二级法人）和美国建×公司共同出资成立吉林市鹿×制药有限公司（下称鹿×制药公司），注册资本金1250万元。其中，龙×山制药厂以“龙×山”商标权作价250万元入股，占股20%（1999年7月龙×山鹿场改制为吉林市龙×山鹿业有限责任公司，由该公司承接鹿×制药公司20%股份），崔某、姜某、萧某（美国建×公司负责人、已殁）共同出资1000万元，占股80%，法定代表人和董事长为萧某。鹿×制药公司成立后，承接了龙×山制药厂在中国农业银行股份有限公司吉林市分行（下称农行吉林市分行）的2000万元贷款。鹿×制药公司成立后，崔某委托王某1代管企业。2000年，姜某退股，后经崔某、萧某商议，由崔某前妻王某2代管企业，先后聘请王某波担任总经理、吴某翘担任财务总监，负责公司生产经营等事项，崔某实际控制该公司的人、财、物及公司的发展经营等重大决策事项。

鹿×制药公司承接龙×山制药厂在农行吉林市分行的2000万元贷款后，一直在该行继续办理抵押贷款，止于2009年9月，欠贷款本息合计8329万余元。

2007年年初，崔某、王某2、吴某翘经过多次预谋，企图借农行股改上市的机会，通过非法手段将上述贷款列入不良，并注册成立新公司，将抵押资产通过拍卖转移至新公司，将未抵押资产及无形资产通过非法途径转移至新公司，致使鹿×制药公司成为“空壳”，再通过破产程序宣告公司破产，从而达到核销贷款的目的。在操作过程中，由崔某负责协调有关部门及人员，吴某翘负责实施具体违法行为，王某波等人负责提供资金等帮助。为此，崔某找到时任农行吉林市分行行长王某3帮忙违规将企业贷款列入不良，同时王某2、吴某翘指使尹某鸿等人向银行提供虚假财务报表等材料，造成鹿×制药公司亏损假象。2007年6月至10月，王某3指使农行吉林市分行

---

① 审理法院：梅河口市人民法院，案号：(2019)吉0581刑初366号。

信贷部门和信贷管理部门有关人员违规将鹿×制药公司的抵押贷款列入次级类不良贷款，后经王某3签批，将不良贷款等级由次级类调整到可疑类。2008年8月至9月，吉林省银监局在检查中发现，鹿×制药公司在贷款过程中存在超授权办理授信业务等违规行为；同年10月，省农行联合吉林市分行组成清收小组对鹿×制药公司抵押资产及其他资产进行清查，并向吉林省银监局上报了整改方案和清收计划，对鹿×制药公司未抵押资产和无形资产等列为第二还款来源，但只是应付检查。2008年11月，农行吉林市分行将鹿×制药公司的贷款剥离处理。2009年9月，鹿×制药公司与农行吉林市分行签订还款协议，于10月对到期债权做了公证，农行吉林市分行于10月15日依据"执行证书"向吉林市中级人民法院申请强制执行。崔某、王某2再次找到王某3帮忙，王某3明示该行工作人员按照鹿×制药公司要求走执行程序，放弃追偿权利；同时崔某找到时任吉林市龙潭区工商局局长段某提供帮助，指使吴某翘、尹某鸿违规注册成立吉林市鹿×制药股份有限公司（以下简称鹿×股份公司），用于购买接手鹿×制药公司的相关财产，吴某翘等人授意评估公司低评抵押资产，王某2指使王某4作为陪衬与鹿×股份公司参与竞买鹿×制药公司的抵押财产，最终鹿×股份公司以2005万元的低价购买抵押资产。执行后，农行吉林市分行保留债权6400余万元，未予追偿。2009年1月至2014年7月，崔某、王某2指使倪某燕为鹿×制药公司私设个人账户，管理账外资金，用于转移鹿×制药公司销售收入。王某2、王某波指使尹某鸿、倪某燕等财务人员采取虚开发票、虚增成本等方式向账外转移资金，隐瞒鹿×制药公司真实盈利情况。王某2以鹿×制药公司安置职工为名，安排吴某翘将该企业未抵押资产及无形资产（清查时已作为第二还款来源）等无偿转移至鹿×股份公司。

2011年9月，鹿×制药公司向吉林市龙潭区法院申请破产，崔某通过时任龙潭区委书记魏某授意龙潭区人民法院副院长刘某办理鹿×制药公司破产案，帮助崔某尽快完成企业破产。在崔某的主导协调，吴某翘、王某波、尹某鸿、倪某燕等人的具体实施，农行吉林市分行工作人员及相关涉事部门人员违法违规配合下，鹿×制药公司在持续营利性生产经营的情况下，通过隐匿、转移资产，于2014年8月破产终结，予以注销，农行吉林市分行101,918,760.1元的贷款被核销。

经对鹿×制药公司（鹿×股份公司）2009年至2014年7月的账内账外银行可收回资产进行审计和评估：鹿×制药公司抵押的房产价值43,990,697.00元；抵押的机器设备价值4,405,660.18元；未抵押的资产评估价值35,087,208.22元，该部分资产除在建工程外，全部转移至鹿×股份公司。2009年至2014年7月，鹿×制药公司（鹿×股份公司）经营利润65,064,113.57元。鹿×制药公司（鹿×股份公司）在2009年至2014年7月，转移到账外资金264,610,803.31元，计入账外账资金178,340,670.84元，尚有86,270,132.47元没有记账，支付王某2、王某波分红款3690余万元，用于鹿

×股份公司注册资本金2000万元。鹿×制药公司(鹿×股份公司)2009年至2017年7月,账外账累计结余4,409,363.85元。

【裁判结果】

1. 吴某翘犯虚假破产罪,判处有期徒刑1年6个月,并处罚金人民币5万元。

2. 王某波犯虚假破产罪,判处有期徒刑1年1个月,并处罚金人民币3万元。

3. 尹某鸿犯虚假破产罪,判处有期徒刑1年1个月,并处罚金人民币3万元。

4. 倪某燕犯虚假破产罪,免予刑事处罚。

【律师评析】

本案涉及的是企业管理人员在企业盈利的情况下,通过隐匿、转移资产的方式实施虚假破产的行为,是否构成虚假破产罪的问题。

根据《最高人民检察院、公安部关于公安机关管辖的刑事案件立案追诉标准的规定(二)》(2010年)第九条的规定,公司、企业通过隐匿财产、承担虚构的债务或者以其他方法转移、处分财产,实施虚假破产,造成债权人或者其他人直接经济损失数额累计在10万元以上的,应予立案追诉。

本案中,身为鹿×制药公司直接负责的主管人员和其他责任人员的吴某翘、王某波、尹某鸿、倪某燕相互违法违规配合,在鹿×制药公司在持续营利性生产经营的情况下,通过隐匿、转移资产的方式实施虚假破产,使鹿×制药公司于2014年8月破产终结,予以注销,造成农行吉林市分行101,918,760.1元的贷款被核销,严重损害农行吉林市分行的债权利益,其行为已构成虚假破产罪。

由本案可知,企业通过虚假破产的手段规避债务的行为,极有可能涉嫌虚假破产罪。对此,企业经营者应当认真学习国家相关法律法规,坚守法律底线,自觉抵制通过破产的方式逃避债务的行为,以避免触犯本罪。

附录　企业合规改革的相关规定

最高人民检察院关于开展企业合规改革试点工作方案

检察机关开展企业合规改革试点工作是深入贯彻党的十九大和十九届二中、三中、四中、五中全会精神，认真贯彻习近平法治思想，助力实现“十四五”规划和2035年远景目标的重要举措，对于促进国家治理体系和治理能力现代化具有重要意义。为确保试点工作依法有序推进，制定如下方案。

一、内涵、目标和原则

（一）基本内涵

开展企业合规改革试点工作，是指检察机关对于办理的涉企刑事案件，在依法做出不批准逮捕、不起诉决定或者根据认罪认罚从宽制度提出轻缓量刑建议等的同时，针对企业涉嫌具体犯罪，结合办案实际，督促涉案企业作出合规承诺并积极整改落实，促进企业合规守法经营，减少和预防企业犯罪，实现司法办案政治效果、法律效果、社会效果的有机统一。

（二）主要目标

检察机关开展企业合规改革试点，旨在充分发挥检察职能，加大对民营经济平等保护，更好落实依法不捕不诉不提出判实刑量刑建议等司法政策，既给涉案企业以深刻警醒和教育，防范今后可能再发生违法犯罪，也给相关行业企业合规经营提供样板和借鉴，为服务“六稳”“六保”，促进市场主体健康发展，营造良好法治化营商环境，推动形成新发展格局，促进经济社会高质量发展，助推国家治理体系和治理能力现代化提供新的检察产品，贡献更大检察力量。

（三）基本原则

1. 坚持党的领导。服务和保障市场主体健康发展，促进经济社会高质量发展，是检察机关贯彻落实习近平法治思想的重要体现。试点地区检察机关要进一步提高认识，主动向党委、党委政法委汇报，争取人大、政府支持，加强与市场监管、税务、工商联、律师协会等单位联系，建立联席会议制度和第三方监管机制，在党委及其政法委领导下稳步推进改革试点工作。

2. 坚持检察职责定位。要立足于刑事、民事、行政、公益诉讼“四大检察”职能，督促企业履行合规承诺，促进企业合规经营，建立现代企业管理制度，服务保障经济社会高质量发展。

3. 严格依法有序推进。试点应严格依照法律规定，按照试点方案要求，有规划、分步进行。未经立法授权，各试点单位不得突破法律规定试行对涉企业犯罪附条件不起诉（暂缓起诉）等做法。地方检察院开展企业合规试点，要层报高检院同意。

二、主要内容

（一）企业范围和案件类型

企业范围包括各类市场主体，主要是指涉案企业以及与涉案企业相关联企业。国企民企、内资外资、大中小微企业，均可列入试点范围。案件类型包括企业经济活动涉及的各种经济犯罪、职务犯罪。

（二）试点形式和内容

1. 与依法适用认罪认罚从宽制度和检察建议结合起来。通过适用认罪认罚从宽制度等，对涉企案件，做到依法能不捕的不捕，能不诉的不诉、能不判实刑的要提出判缓刑的量刑建议，督促企业建立合规制度，履行合规承诺。

2. 与依法清理"挂案"结合起来。通过积极推动企业合规试点工作，提出企业合规建设意见和建议，包括整改方向和意见，同时促进"挂案"清理工作，依法平等保护企业合法权益。

3. 与依法适用不起诉结合起来。不起诉类型既包括刑事诉讼法第一百七十五条第四款规定的不起诉，也包括刑事诉讼法第一百七十七条第一款、第二款规定的不起诉，以及刑事诉讼法第一百八十二条规定的不起诉。对不起诉案件，做到应听证尽听证。

（三）积极探索建立第三方监管机制

各试点单位应当结合本地实际，探索建立包括市场监管部门、税务部门、工商联等以及律师、审计师、会计师、人民监督员、人大代表、政协委员等在内的企业合规第三方监管机制。通过第三方监管，监督、促进企业践行合规承诺。检察机关要定期检查合规建设情况，并根据案件具体情况依法作出相应处理。

三、工作步骤

（一）扩大试点范围，规范试点工作。对于前一时期试点工作中的不规范做法，依法予以规范，同时适当扩大试点范围，开展为期一至二年的试点。

（二）总结试点经验，申请全国人大常委会授权开展涉企业犯罪附条件不起诉试点。在第二期试点一年左右基础上，总结试点经验和效果，向中央政法委专题汇报；向全国人大常委会申请扩大附条件不起适用范围，对合规建设效果较好的涉案企业，可以附条件不起诉，同时授权部分检察机关开展试点。

（三）提出立法建议，推动立法。在总结试点经验基础上，向中央改革办、中央政法委和全国人大常委会专题报告，提出建立涉企业犯罪附条件不起诉制度的立法建议，推动相关立法修改。

四、第二期试点时间、范围和工作要求

（一）试点时间和范围

试点时间:2021年3月至2022年3月。

试点范围:北京、辽宁、上海、江苏、浙江、福建、山东、湖北、湖南、广东。上述省级检察院可根据本地情况,自行确定1至2个设区的市级院及其所辖基层院作为试点单位。已经试点的基层院所属市级院可将该市检察机关整体纳入试点范围,并报高检院备案。

（二）工作要求

1. 加强组织领导。各试点单位要严格按照高检院的统一部署,树立检察工作“一盘棋”意识,把试点工作抓紧抓实。试点院党组要将试点工作列入重要议事日程,成立以检察长为组长、有关院领导和业务部门负责人为成员的试点工作领导小组,一把手亲自抓,其他院领导负起应有的领导责任。上级院要加强对下督促检查,确保试点工作顺利进行,取得实效。

2. 依法有序推进试点。试点单位要严格按照现行法律规定和本方案的试点范围开展试点。遇到重大问题,要及时向上级院和当地党委政法委报告。试点期间确定适用企业合规的案件由省级院统一把关,争议案件可以对口向高检院相关业务厅请示。地方制发的有关规范性文件及时报高检院法律政策研究室备案。各地非试点单位不得以企业合规名义进行改革试点或宣传报道。

3. 积极向党委、党委政法委报告。各试点单位要及时向地方党委、党委政法委报告,积极争取人大、政府和有关部门的支持,注重与公安机关、工商联、市场监管部门等单位的沟通协调,共同推进试点工作有序稳妥开展。

最高人民检察院、司法部、财政部等关于建立涉案企业合规第三方监督评估机制的指导意见（试行）

为贯彻落实习近平总书记重要讲话精神和党中央重大决策部署,在依法推进企业合规改革试点工作中建立健全涉案企业合规第三方监督评估机制,有效惩治预防企业违法犯罪,服务保障经济社会高质量发展,助力推进国家治理体系和治理能力现代化,根据刑法、刑事诉讼法等法律法规及相关政策精神,制定本指导意见。

第一章　总　　则

第一条　涉案企业合规第三方监督评估机制（以下简称第三方机制）,是指人民检察院在办理涉企犯罪案件时,对符合企业合规改革试点适用条件的,交由第三方监督评估机制管理委员会(以下简称第三方机制管委会)选任组成的第三方监督评估组织(以下简称第三方组织),对涉案企业的合规承诺进行调查、评估、监督和考察。考察结果作为人民检察院依法处理案件的重要参考。

第二条 第三方机制的建立和运行,应当遵循依法有序、公开公正、平等保护、标本兼治的原则。

第三条 第三方机制适用于公司、企业等市场主体在生产经营活动中涉及的经济犯罪、职务犯罪等案件,既包括公司、企业等实施的单位犯罪案件,也包括公司、企业实际控制人、经营管理人员、关键技术人员等实施的与生产经营活动密切相关的犯罪案件。

第四条 对于同时符合下列条件的涉企犯罪案件,试点地区人民检察院可以根据案件情况适用本指导意见:

(一)涉案企业、个人认罪认罚;

(二)涉案企业能够正常生产经营,承诺建立或者完善企业合规制度,具备启动第三方机制的基本条件;

(三)涉案企业自愿适用第三方机制。

第五条 对于具有下列情形之一的涉企犯罪案件,不适用企业合规试点以及第三方机制:

(一)个人为进行违法犯罪活动而设立公司、企业的;

(二)公司、企业设立后以实施犯罪为主要活动的;

(三)公司、企业人员盗用单位名义实施犯罪的;

(四)涉嫌危害国家安全犯罪、恐怖活动犯罪的;

(五)其他不宜适用的情形。

第二章 第三方机制管委会的组成和职责

第六条 最高人民检察院、国务院国有资产监督管理委员会、财政部、全国工商联会同司法部、生态环境部、国家税务总局、国家市场监督管理总局、中国国际贸易促进委员会等部门组建第三方机制管委会,全国工商联负责承担管委会的日常工作,国务院国有资产监督管理委员会、财政部负责承担管委会中涉及国有企业的日常工作。

第三方机制管委会履行下列职责:

(一)研究制定涉及第三方机制的规范性文件;

(二)研究论证第三方机制涉及的重大法律政策问题;

(三)研究制定第三方机制专业人员名录库的入库条件和管理办法;

（四）研究制定第三方组织及其人员的工作保障和激励制度；

（五）对试点地方第三方机制管委会和第三方组织开展日常监督和巡回检查；

（六）协调相关成员单位对所属或者主管的中华全国律师协会、中国注册会计师协会、中国企业联合会、中国注册税务师协会、中国贸促会全国企业合规委员会（中国贸促会商事法律服务中心）以及其他行业协会、商会、机构等在企业合规领域的业务指导，研究制定涉企犯罪的合规考察标准；

（七）统筹协调全国范围内第三方机制的其他工作。

第七条　第三方机制管委会各成员单位建立联席会议机制，由最高人民检察院、国务院国有资产监督管理委员会、财政部、全国工商联负责同志担任召集人，根据工作需要定期或者不定期召开会议，研究有关重大事项和规范性文件，确定阶段性工作重点和措施。

各成员单位应当按照职责分工，认真落实联席会议确定的工作任务和议定事项，建立健全日常联系、联合调研、信息共享、宣传培训等机制，推动企业合规改革试点和第三方机制相关工作的顺利进行。

第八条　试点地方的人民检察院和国资委、财政部门、工商联应当结合本地实际，参照本指导意见第六条、第七条规定组建本地区的第三方机制管委会并建立联席会议机制。

试点地方第三方机制管委会履行下列职责：

（一）建立本地区第三方机制专业人员名录库，并根据各方意见建议和工作实际进行动态管理；

（二）负责本地区第三方组织及其成员的日常选任、培训、考核工作，确保其依法依规履行职责；

（三）对选任组成的第三方组织及其成员开展日常监督和巡回检查；

（四）对第三方组织的成员违反本指导意见的规定，或者实施其他违反社会公德、职业伦理的行为，严重损害第三方组织形象或公信力的，及时向有关主管机关、协会等提出惩戒建议，涉嫌违法犯罪的，及时向公安司法机关报案或者举报，并将其列入第三方机制专业人员名录库黑名单；

（五）统筹协调本地区第三方机制的其他工作。

第九条　第三方机制管委会应当组建巡回检查小组，按照本指导意见第六条第五项、第八条第三项的规定，对相关组织和人员在第三方机制相关工作中的履职情况开展不预先告知的现场抽查和跟踪监督。

巡回检查小组成员可以由人大代表、政协委员、人民监督员、退休法官、检察官以及会计审计等相关领域的专家学者担任。

第三章 第三方机制的启动和运行

第十条 人民检察院在办理涉企犯罪案件时,应当注意审查是否符合企业合规试点以及第三方机制的适用条件,并及时征询涉案企业、个人的意见。涉案企业、个人及其辩护人、诉讼代理人或者其他相关单位、人员提出适用企业合规试点以及第三方机制申请的,人民检察院应当依法受理并进行审查。

人民检察院经审查认为涉企犯罪案件符合第三方机制适用条件的,可以商请本地区第三方机制管委会启动第三方机制。第三方机制管委会应当根据案件具体情况以及涉案企业类型,从专业人员名录库中分类随机抽取人员组成第三方组织,并向社会公示。

第三方组织组成人员名单应当报送负责办理案件的人民检察院备案。人民检察院或者涉案企业、个人、其他相关单位、人员对选任的第三方组织组成人员提出异议的,第三方机制管委会应当调查核实并视情况做出调整。

第十一条 第三方组织应当要求涉案企业提交专项或者多项合规计划,并明确合规计划的承诺完成时限。

涉案企业提交的合规计划,主要围绕与企业涉嫌犯罪有密切联系的企业内部治理结构、规章制度、人员管理等方面存在的问题,制定可行的合规管理规范,构建有效的合规组织体系,健全合规风险防范报告机制,弥补企业制度建设和监督管理漏洞,防止再次发生相同或者类似的违法犯罪。

第十二条 第三方组织应当对涉案企业合规计划的可行性、有效性与全面性进行审查,提出修改完善的意见建议,并根据案件具体情况和涉案企业承诺履行的期限,确定合规考察期限。

在合规考察期内,第三方组织可以定期或者不定期对涉案企业合规计划履行情况进行检查和评估,可以要求涉案企业定期书面报告合规计划的执行情况,同时抄送负责办理案件的人民检察院。第三方组织发现涉案企业或其人员尚未被办案机关掌握的犯罪事实或者新实施的犯罪行为,应当中止第三方监督评估程序,并向负责办理案件的人民检察院报告。

第十三条 第三方组织在合规考察期届满后,应当对涉案企业的合规计划完成情况进行全面检查、评估和考核,并制作合规考察书面报告,报送负责选任第三方组织的第三方机制管委会和负责办理案件的人民检察院。

第十四条 人民检察院在办理涉企犯罪案件过程中,应当将第三方组织合规考察书面报告、涉案企业合规计划、定期书面报告等合规材料,作为依法作出批准或者不批准逮捕、起诉或者不起诉以及是否变更强制措施等决定,提出量刑建议或者检察建议、检察意见的重要参考。

人民检察院发现涉案企业在预防违法犯罪方面制度不健全、不落实，管理不完善，存在违法犯罪隐患，需要及时消除的，可以结合合规材料，向涉案企业提出检察建议。

人民检察院对涉案企业作出不起诉决定，认为需要给予行政处罚、处分或者没收其违法所得的，应当结合合规材料，依法向有关主管机关提出检察意见。

人民检察院通过第三方机制，发现涉案企业或其人员存在其他违法违规情形的，应当依法将案件线索移送有关主管机关、公安机关或者纪检监察机关处理。

第十五条 人民检察院对于拟作不批准逮捕、不起诉、变更强制措施等决定的涉企犯罪案件，可以根据《人民检察院审查案件听证工作规定》召开听证会，并邀请第三方组织组成人员到会发表意见。

第十六条 负责办理案件的人民检察院应当履行下列职责：

（一）对第三方组织组成人员名单进行备案审查，发现组成人员存在明显不适当情形的，及时向第三方机制管委会提出意见建议；

（二）对涉案企业合规计划、定期书面报告进行审查，向第三方组织提出意见建议；

（三）对第三方组织合规考察书面报告进行审查，向第三方机制管委会提出意见建议，必要时开展调查核实工作；

（四）依法办理涉案企业、个人及其辩护人、诉讼代理人或者其他相关单位、人员在第三方机制运行期间提出的申诉、控告或者有关申请、要求；

（五）刑事诉讼法、人民检察院刑事诉讼规则等法律、司法解释规定的其他法定职责。

第十七条 第三方组织及其组成人员在合规考察期内，可以针对涉案企业合规计划、定期书面报告开展必要的检查、评估，涉案企业应当予以配合。

第三方组织及其组成人员应当履行下列义务：

（一）遵纪守法，勤勉尽责，客观中立；

（二）不得泄露履职过程中知悉的国家秘密、商业秘密和个人隐私；

（三）不得利用履职便利，索取、收受贿赂或者非法侵占涉案企业、个人的财物；

（四）不得利用履职便利，干扰涉案企业正常生产经营活动。

第三方组织组成人员系律师、注册会计师、税务师（注册税务师）等中介组织人员的，在履行第三方监督评估职责期间不得违反规定接受可能有利益关系的业务；在履行第三方监督评估职责结束后一年以内，上述人员及其所在中介组织不得接受涉案企业、个人或者其他有利益关系的单位、人员的业务。

第十八条 涉案企业或其人员在第三方机制运行期间，认为第三方组织或其组成人员存在行为不当或者涉嫌违法犯罪的，可以向负责选任第三方组织的第三方机制管委会反映或者提出异议,或者向负责办理案件的人民检察院提出申诉、控告。

涉案企业及其人员应当按照时限要求认真履行合规计划,不得拒绝履行或者变相不履行合规计划、拒不配合第三方组织合规考察或者实施其他严重违反合规计划的行为。

第四章 附 则

第十九条 纪检监察机关认为涉嫌行贿的企业符合企业合规试点以及第三方机制适用条件,向人民检察院提出建议的,人民检察院可以参照适用本指导意见。

第二十条 试点地方人民检察院、国资委、财政部门、工商联可以结合本地实际,参照本指导意见会同有关部门制定具体实施办法,并按照试点工作要求报送备案。

本指导意见由最高人民检察院、国务院国有资产监督管理委员会、财政部、全国工商联会同司法部、生态环境部、国家税务总局、国家市场监督管理总局、中国国际贸易促进委员会负责解释,自印发之日起施行。

最高人民检察院、司法部、财政部等关于建立涉案企业合规第三方监督评估机制的指导意见(试行)实施细则

为深入学习贯彻习近平新时代中国特色社会主义思想,全面贯彻习近平法治思想,完整、准确、全面贯彻新发展理念,认真落实最高人民检察院、司法部、财政部、生态环境部、国务院国资委、税务总局、市场监管总局、全国工商联、中国贸促会《关于建立涉案企业合规第三方监督评估机制的指导意见(试行)》(以下简称《指导意见》),依法推进企业合规改革试点工作,规范涉案企业合规第三方监督评估机制管理委员会(以下简称第三方机制管委会)以及第三方监督评估机制(以下简称第三方机制)相关工作有序开展,结合工作实际,制定本实施细则。

第一章 第三方机制管委会的组成和职责

第一条 第三方机制管委会是承担对第三方机制的宏观指导、具体管理、日常监督、统筹协调等职责,确保第三方机制依法、有序、规范运行,以及第三方监督评估组织(以下简称第三方组织)及其组成人员依法依规履行职责的议事协调机构。

第二条 第三方机制管委会成员单位包括最高人民检察院、司法部、财政部、生

态环境部、国务院国资委、税务总局、市场监管总局、全国工商联、中国贸促会等部门，并可以根据工作需要增加成员单位。

第三条　第三方机制管委会履行下列职责：

（一）研究制定涉及第三方机制的规范性文件；

（二）研究论证第三方机制涉及的重大法律政策问题；

（三）研究制定第三方机制专业人员名录库的入库条件和管理办法；

（四）研究制定第三方组织及其组成人员的工作保障和激励制度；

（五）对试点地方第三方机制管委会和第三方组织开展日常监督和巡回检查；

（六）协调相关成员单位对所属或者主管的中华全国律师协会、中国注册会计师协会、中国企业联合会、中国注册税务师协会、中国贸促会全国企业合规委员会（中国贸促会商事法律服务中心）以及其他行业协会、商会、机构等在企业合规领域的业务指导，研究制定涉企犯罪的合规考察标准；

（七）统筹协调第三方机制的其他工作。

第二章　第三方机制管委会联席会议的职责

第四条　第三方机制管委会建立联席会议机制，以联席会议形式研究制定重大规范性文件，研究论证重大法律政策问题，研究确定阶段性工作重点和措施，协调议定重大事项，推动管委会有效履职尽责。

第五条　联席会议由最高人民检察院、国务院国资委、财政部、全国工商联有关负责同志担任召集人，管委会其他成员单位有关负责同志担任联席会议成员。联席会议成员因工作变动需要调整的，由所在单位提出，联席会议确定。

第六条　联席会议原则上每半年召开一次，也可以根据工作需要临时召开。涉及企业合规改革试点工作及重大法律政策议题的由最高人民检察院召集，涉及第三方机制管委会日常工作及民营企业议题的由全国工商联召集，涉及国有企业议题的由国务院国资委、财政部召集。召集人可以根据议题邀请其他相关部门、单位以及专家学者参加会议。

第七条　联席会议以纪要形式明确会议议定事项，印发第三方机制管委会各成员单位及有关方面贯彻落实，重大事项按程序报批，落实情况定期报告联席会议。

第八条　联席会议设联络员，由第三方机制管委会各成员单位有关司局负责同志担任。在联席会议召开之前，应当召开联络员会议，研究讨论联席会议议题和需提交联席会议议定的事项及其他有关工作。

联络员应当根据所在单位职能，履行下列职责：

（一）协调本单位与其他成员单位的工作联系；

（二）组织研究起草有关规范性文件，研究论证有关法律政策问题，对有关事项或者议题提出意见建议；

（三）组织研究提出本单位需提交联席会议讨论的议题；

（四）在联席会议成员因故不能参加会议时，受委托参加会议并发表意见；

（五）组织落实联席会议确定的工作任务和议定事项。

第九条 联席会议设联系人，由第三方机制管委会各成员单位有关处级负责同志担任，负责日常联系沟通工作，承办联席会议成员及联络员的交办事项。

第三章 第三方机制管委会办公室的职责

第十条 第三方机制管委会下设办公室作为常设机构，负责承担第三方机制管委会的日常工作。办公室设在全国工商联，由全国工商联有关部门负责同志担任办公室主任，最高人民检察院、国务院国资委、财政部有关部门负责同志担任办公室副主任。

第十一条 第三方机制管委会办公室履行下列职责：

（一）协调督促各成员单位落实联席会议确定的工作任务和议定事项；

（二）收集整理各成员单位提交联席会议研究讨论的议题，负责联席会议和联络员会议的组织筹备工作；

（三）协调指导联席会议联系人开展日常联系沟通工作；

（四）负责国家层面第三方机制专业人员名录库的建立选任、日常管理、动态调整，并建立禁入名单等惩戒机制；

（五）组织开展对试点地方第三方机制管委会和第三方组织日常监督和巡回检查；

（六）承担第三方机制管委会及其联席会议交办的其他工作。

第十二条 第三方机制管委会办公室应当采取有效措施，建立健全第三方机制管委会联合调研、信息共享、案例指导、宣传培训等机制，并加强与中华全国律师协会、中国注册会计师协会、中国企业联合会、中国注册税务师协会、中国贸促会全国企业合规委员会（中国贸促会商事法律服务中心）以及其他行业协会、商会、机构的工作联系。

第十三条 第三方机制管委会办公室牵头组建巡回检查小组，邀请人大代表、政协委员、人民监督员、退休法官、退休检察官以及会计、审计、法律、合规等相关领域的专家学者担任巡回检查小组成员，对试点地方第三方机制管委会和相关第三方组织及其组成人员的履职情况开展不预先告知的现场抽查和跟踪监督。

第三方机制管委会办公室应当将巡回检查情况及时报告第三方机制管委会及其联席会议，并提出改进工作的意见建议。

第十四条 第三方机制管委会办公室可以推动各成员单位、各工作联系单位根据工作需要互派干部挂职交流，探索相关单位工作人员兼任检察官助理制度，并协调各成员单位视情派员参与第三方机制管委会办公室工作，提升企业合规工作专业化规范化水平。

第十五条　试点地方的人民检察院和国资委、财政、工商联等有关单位应当结合本地实际，组建本地区的第三方机制管委会并建立联席会议机制，设立第三方机制管委会办公室负责日常工作。

第四章　第三方组织的性质

第十六条　第三方组织是试点地方第三方机制管委会选任组成的负责对涉案企业的合规承诺及其完成情况进行调查、评估、监督和考察的临时性组织。

第十七条　第三方组织的运行应当遵循依法依规、公开公正、客观中立、专业高效的原则。

第十八条　试点地方第三方机制管委会负责对其选任组成的第三方组织及其组成人员履职期间的监督、检查、考核等工作，确保其依法依规履行职责。

第五章　第三方机制的启动

第十九条　人民检察院在办理涉企犯罪案件时，应当注意审查是否符合企业合规试点以及第三方机制的适用条件，并及时听取涉案企业、人员的意见。经审查认为符合适用条件的，应当商请本地区第三方机制管委会启动第三方机制。

公安机关、纪检监察机关等办案机关提出适用建议的，人民检察院参照前款规定处理。

第二十条　涉案企业、人员及其辩护人、诉讼代理人以及其他相关单位、人员提出适用企业合规试点以及第三方机制申请的，人民检察院应当依法受理并进行审查。经审查认为符合适用条件的，应当商请本地区第三方机制管委会启动第三方机制。

第二十一条　第三方机制管委会收到人民检察院商请后，应当综合考虑案件涉嫌罪名、复杂程度以及涉案企业类型、规模、经营范围、主营业务等因素，从专业人员名录库中分类随机抽取人员组成第三方组织。

专业人员名录库中没有相关领域专业人员的，第三方机制管委会可以采取协商邀请的方式，商请有关专业人员参加第三方组织。

同一个第三方组织一般负责监督评估一个涉案企业。同一案件涉及多个涉案企业，或者涉案企业之间存在明显关联关系的，可以由同一个第三方组织负责监督评估。

第二十二条　涉案企业、人员的居住地与案件办理地不一致的，案件办理地第三方机制管委会可以委托涉案企业、人员居住地第三方机制管委会选任组成第三方组织并开展监督评估,或者可以通过第三方机制管委会成员单位及其所属或者主管的行业协会、商会、机构的异地协作机制,协助开展监督评估。

第二十三条　第三方组织一般由 3 至 7 名专业人员组成,针对小微企业的第三方组织也可以由 2 名专业人员组成。

同一名专业人员在不存在利益关系、保障工作质量的条件下,可以同时担任一个以上第三方组织的组成人员。

第三方机制管委会应当根据工作需要,指定第三方组织牵头负责人,也可由第三方组织组成人员民主推举负责人,并报第三方机制管委会审定。

第二十四条　第三方机制管委会应当将第三方组织组成人员名单及提出意见的方式向社会公示,接受社会监督。

公示期限由第三方机制管委会根据情况决定,但不得少于五个工作日。公示可以通过在涉案单位所在地或者有关新闻媒体、网站发布公示通知等形式进行。

第二十五条　涉案企业、人员或者其他相关单位、人员对选任的第三方组织组成人员提出异议,或者第三方组织组成人员申请回避的,第三方机制管委会应当及时调查核实并视情况作出调整。

公示期满后无异议或者经审查异议不成立的,第三方机制管委会应当将第三方组织组成人员名单报送负责办理案件的人民检察院备案。人民检察院发现组成人员存在明显不适当情形的,应当及时向第三方机制管委会提出意见建议,第三方机制管委会依照本条第一款的规定处理。

第二十六条　人民检察院对第三方机制管委会报送的第三方组织组成人员名单,经审查未提出不同意见的,应当通报第三方机制管委会,并由第三方机制管委会宣告第三方组织成立。

第三方组织存续期间,其组成人员一般不得变更。确需变更的,第三方机制管委会应当依照本实施细则相关规定处理。

第六章　第三方机制的运行

第二十七条　第三方组织成立后,应当在负责办理案件的人民检察院的支持协助下,深入了解企业涉案情况,认真研判涉案企业在合规领域存在的薄弱环节和突出问题,合理确定涉案企业适用的合规计划类型,做好相关前期准备工作。

第三方机制管委会可以根据工作需要,指派专门人员负责与选任组成的第三方组织及负责办理案件的人民检察院、涉案企业联络沟通,协调处理第三方机制启动和运行有关事宜。

第二十八条　第三方组织根据涉案企业情况和工作需要,应当要求涉案企业提交单项或者多项合规计划,对于小微企业可以视情简化。

涉案企业提交的合规计划，应当以全面合规为目标、专项合规为重点，主要针对与企业涉嫌犯罪有密切联系的企业内部治理结构、规章制度、人员管理等方面存在的问题，制定可行的合规管理规范，构建有效的合规组织体系，完善相关业务管理流程，健全合规风险防范报告机制，弥补企业制度建设和监督管理漏洞，防止再次发生相同或者类似的违法犯罪。

第二十九条　第三方组织应当对涉案企业合规计划的可行性、有效性与全面性进行审查，重点审查以下内容：

（一）涉案企业完成合规计划的可能性以及合规计划本身的可操作性；

（二）合规计划对涉案企业预防治理涉嫌的犯罪行为或者类似违法犯罪行为的实效性；

（三）合规计划是否覆盖涉案企业在合规领域的薄弱环节和明显漏洞；

（四）其他根据涉案企业实际情况需要重点审查的内容。

第三方组织应当就合规计划向负责办理案件的人民检察院征求意见，综合审查情况一并向涉案企业提出修改完善的意见。

第三十条　第三方组织根据案件具体情况和涉案企业承诺履行的期限，并向负责办理案件的人民检察院征求意见后，合理确定合规考察期限。

第三十一条　在合规考察期内，第三方组织可以定期或者不定期对涉案企业合规计划履行情况进行监督和评估，可以要求涉案企业定期书面报告合规计划的执行情况，同时抄送负责办理案件的人民检察院。

第三方组织发现涉案企业执行合规计划存在明显偏差或错误的，应当及时进行指导、提出纠正意见，并报告负责办理案件的人民检察院。

第三十二条　第三方组织发现涉案企业或其人员尚未被办案机关掌握的犯罪事实或者新实施的犯罪行为，应当中止第三方监督评估程序，并及时向负责办理案件的人民检察院报告。

负责办理案件的人民检察院接到报告后，依照刑事诉讼法及相关司法解释的规定依法处理。

第三十三条　第三方组织在合规考察期届满后，应当对涉案企业的合规计划完成情况进行全面了解、监督、评估和考核，并制作合规考察书面报告。

合规考察书面报告一般应当包括以下内容：

（一）涉案企业履行合规承诺、落实合规计划情况；

（二）第三方组织开展了解、监督、评估和考核情况；

（三）第三方组织监督评估的程序、方法和依据；

（四）监督评估结论及意见建议；

（五）其他需要说明的问题。

第三十四条 合规考察书面报告应当由第三方组织全体组成人员签名或者盖章后，报送负责选任第三方组织的第三方机制管委会、负责办理案件的人民检察院等单位。

第三方组织组成人员对合规考察书面报告有不同意见的，应当在报告中说明其不同意见及理由。

第三十五条 本实施细则第三十一条、第三十三条规定的监督、评估方法应当紧密联系企业涉嫌犯罪有关情况，包括但不限于以下方法：

（一）观察、访谈、文本审阅、问卷调查、知识测试；

（二）对涉案企业的相关业务与管理事项，结合业务发生频率、重要性及合规风险高低进行抽样检查；

（三）对涉案企业的相关业务处理流程，结合相关原始文件、业务处理踪迹、操作管理流程等进行穿透式检查；

（四）对涉案企业的相关系统及数据，结合交易数据、业务凭证、工作记录以及权限、参数设置等进行比对检查。

第三十六条 涉案企业及其人员对第三方组织开展的检查、评估应当予以配合并提供便利，如实填写、提交相关文件、材料，不得弄虚作假。

涉案企业或其人员认为第三方组织或其组成人员的检查、评估行为不当或者涉嫌违法犯罪的，可以向负责选任第三方组织的第三方机制管委会反映或者提出异议，或者向负责办理案件的人民检察院提出申诉、控告。

第三十七条 负责选任第三方组织的第三方机制管委会和负责办理案件的人民检察院收到第三方组织报送的合规考察书面报告后，应当及时进行审查，双方认为第三方组织已经完成监督评估工作的，由第三方机制管委会宣告第三方组织解散。

第三十八条 第三方组织组成人员系律师、注册会计师、税务师（注册税务师）等中介组织人员的，在履行第三方监督评估职责期间不得违反规定接受可能有利益关系的业务；在履行第三方监督评估职责结束后二年以内，上述人员及其所在中介组织不得接受涉案企业、人员或者其他有利益关系的单位、人员的业务。

第三十九条 第三方机制管委会或者负责办理案件的人民检察院发现第三方组织或其组成人员故意提供虚假报告或者提供的报告严重失实的，应当依照《指导意见》的规定及时向有关主管机关、协会等提出惩戒建议，涉嫌违法犯罪的，及时向有关机关报案或者举报，并将其列入第三方机制专业人员名录库禁入名单。

第四十条 负责办理案件的人民检察院应当要求知悉案情的第三方组织组成人员，参照执行防止干预司法“三个规定”，严格做好有关事项填报工作。

第七章　附　　则

第四十一条　试点地方第三方机制管委会可以结合本地实际，参照《指导意见》及本实施细则制定具体实施办法，并按照试点工作要求报送备案。

第四十二条　本实施细则由最高人民检察院、国务院国资委、财政部、全国工商联会同司法部、生态环境部、税务总局、市场监管总局、中国贸促会等部门组建的第三方机制管委会负责解释，自印发之日起施行。

涉案企业合规第三方监督评估机制专业人员选任管理办法（试行）

为深入学习贯彻习近平新时代中国特色社会主义思想，全面贯彻习近平法治思想，完整、准确、全面贯彻新发展理念，认真落实最高人民检察院、司法部、财政部、生态环境部、国务院国资委、税务总局、市场监管总局、全国工商联、中国贸促会《关于建立涉案企业合规第三方监督评估机制的指导意见（试行）》（以下简称《指导意见》），规范涉案企业合规第三方监督评估机制专业人员（以下简称第三方机制专业人员）选任管理工作，保障涉案企业合规第三方监督评估机制（以下简称第三方机制）有效运行，结合工作实际，制定本办法。

第一章　总　　则

第一条　第三方机制专业人员，是指由涉案企业合规第三方监督评估机制管理委员会（以下简称第三方机制管委会）选任确定，作为第三方监督评估组织（以下简称第三方组织）组成人员参与涉案企业合规第三方监督评估工作的相关领域专业人员，主要包括律师、注册会计师、税务师（注册税务师）、企业合规师、相关领域专家学者以及有关行业协会、商会、机构、社会团体（以下简称有关组织）的专业人员。

生态环境、税务、市场监督管理等政府工作部门中具有专业知识的人员可以被选任确定为第三方机制专业人员，或者可以受第三方机制管委会邀请或者受所在单位委派参加第三方组织及其相关工作，其选任管理具体事宜由第三方机制管委会与其所在单位协商确定。有关政府工作部门所属企事业单位中的专业人员可以被选任确定为第三方机制专业人员，参加第三方组织及其相关工作。

有关单位中具有专门知识的退休人员参加第三方组织及其相关工作的，应当同时符合有关退休人员的管理规定。

第二条 第三方机制专业人员选任管理应当遵循依法依规、公开公正、分级负责、接受监督的原则。

第三条 各级第三方机制管委会统筹协调本级第三方机制专业人员的选任、培训、考核、奖惩、监督等工作。

国家层面第三方机制管委会负责研究制定涉及第三方机制专业人员的规范性文件及保障激励制度，统筹协调全国范围内涉及第三方机制专业人员的相关工作。

上级第三方机制管委会应当加强对下级第三方机制管委会涉及第三方机制专业人员相关工作的具体指导。

第二章 第三方机制专业人员的选任

第四条 国家层面、省级和地市级第三方机制管委会应当组建本级第三方机制专业人员名录库（以下简称名录库）。经省级第三方机制管委会审核同意，有条件的县级第三方机制管委会可以组建名录库。

第五条 名录库以个人作为入库主体，不得以单位、团体作为入库主体。

名录库应当分类组建，总人数不少于五十人。人员数量、组成结构和各专业领域名额分配可以由负责组建名录库的第三方机制管委会根据工作需要自行确定，并可以结合实际进行调整。

省级以下名录库的入库人员限定为本省（自治区、直辖市）区域内的专业人员。因专业人员数量不足未达到组建条件的，可以由省级第三方机制管委会统筹协调相邻地市联合组建名录库。

第六条 第三方机制专业人员应当拥有较好的政治素质和道德品质，具备履行第三方监督评估工作的专业知识、业务能力和时间精力，其所在单位或者所属有关组织同意其参与第三方监督评估工作。

第三方机制专业人员一般应当具备下列条件：

（一）拥护中国共产党领导，拥护我国社会主义法治；

（二）具有良好道德品行和职业操守；

（三）持有本行业执业资格证书，从事本行业工作满三年；

（四）工作业绩突出，近三年考核等次为称职以上；

（五）熟悉企业运行管理或者具备相应专业知识；

（六）近三年未受过与执业行为有关的行政处罚或者行业惩戒；

（七）无受过刑事处罚、被开除公职或者开除党籍等情形；

（八）无其他不适宜履职的情形。

第七条 第三方机制管委会一般应当按照制定计划、发布公告、本人申请、单位推荐、材料审核、考察了解、初定人选、公示监督、确定人选、颁发证书等程序组织实施第三方机制专业人员选任工作。

第八条　第三方机制管委会组织实施第三方机制专业人员选任，应当在成员单位或其所属或者主管的律师协会、注册会计师协会、注册税务师协会等有关组织的官方网站上发布公告。

公告应当载明选任名额、标准条件、报名方式、报名材料和选任工作程序等相关事项，公告期一般不少于二十个工作日。

第九条　第三方机制管委会可以通过审查材料、走访了解、面谈测试等方式对报名人员进行审核考察，并在此基础上提出拟入库人选。

第三方机制管委会可以通过成员单位所属或者主管的有关组织了解核实拟入库人选的相关情况。

第十条　第三方机制管委会应当将拟入库人选名单及监督联系方式向社会公示，接受社会监督。公示可以通过在拟入库人选所在单位或者有关新闻媒体、网站发布公示通知等形式进行，公示期一般不少于七个工作日。

第三方机制管委会对于收到的举报材料、情况反映应当及时进行调查核实，视情提出处理意见。调查核实过程中可以根据情况与举报人、反映人沟通联系。

第十一条　第三方机制管委会在确定拟入库人选时应当综合考虑报名人员的政治素质、执业（工作）时间、工作业绩、研究成果、表彰奖励，以及所在单位的资质条件、人员规模、所获奖励、行业影响力等情况。同等条件下，可以优先考虑担任党代表、人大代表、政协委员、人民团体职务的人选。

第十二条　公示期满后无异议或者经审查异议不成立的，第三方机制管委会应当向入库人员颁发证书，并通知其所在单位或者所属有关组织。名录库人员名单应当在第三方机制管委会成员单位的官方网站上公布，供社会查询。

第三方机制管委会应当明确入库人员的任职期限，一般为二至三年。经第三方机制管委会审核，期满后可以续任。

第三章　第三方机制专业人员的日常管理

第十三条　第三方机制专业人员根据履职需要，可以查阅相关文件资料，参加有关会议和考察活动，接受业务培训。

第十四条　第三方机制专业人员应当认真履职、勤勉尽责，严格履行相关法律法规及《指导意见》等有关保密、回避、廉洁等义务。

第十五条　第三方机制管委会应当结合涉案企业合规第三方监督评估工作情况，定期组织第三方机制专业人员进行业务培训、开展调研考察和座谈交流，总结推广经验做法。

第三方机制管委会有关成员单位应当指导所属或者主管的有关组织，加强本行业、本部门涉及第三方机制相关工作的理论实务研究，积极开展业务培训和工作指导。

第十六条 第三方机制管委会可以通过定期考核、一案一评、随机抽查、巡回检查等方式，对第三方机制专业人员进行考核评价。考核结果作为对第三方机制专业人员奖励激励、续任或者调整出库的重要依据。

第十七条 第三方机制管委会应当建立健全第三方机制专业人员奖励激励制度，对表现突出的第三方机制专业人员给予奖励激励，或向其所在单位或者所属有关组织提出奖励激励的建议。

第十八条 第三方机制管委会应当及时将考核结果、奖励激励情况书面通知本人及所在单位或者所属有关组织，可以通过有关媒体向社会公布。

第十九条 第三方机制管委会应当建立健全第三方机制专业人员履职台账，全面客观记录第三方机制专业人员业务培训、参加活动和履行职责情况，作为确定考核结果的重要参考。

第二十条 第三方机制管委会在对第三方机制专业人员的履职情况开展考核评价时，应当主动征求办理案件的检察机关、巡回检查小组以及涉案企业等意见建议。

第二十一条 第三方机制专业人员有下列情形之一的，考核评价结果应当确定为不合格，并视情作出相应后续处理：

（一）不参加第三方组织工作或者不接受第三方机制管委会分配工作任务，且无正当理由的；

（二）在履行第三方监督评估职责中出现重大失误，造成不良影响的；

（三）在履行第三方监督评估职责中存在行为不当，涉案企业向第三方机制管委会反映或者提出异议，造成不良影响的；

（四）其他造成不良影响或者损害第三方组织形象、公信力的情形。

第二十二条 第三方机制管委会对违反有关义务的第三方机制专业人员，可以谈话提醒、批评教育，或视情通报其所在单位或者所属有关组织，情节严重或者造成严重后果的可以将其调整出库。

第三方机制专业人员有下列情形之一的，第三方机制管委会应当及时将其调整出库：

（一）在选任或者履职中弄虚作假，提供虚假材料或者情况的；

（二）受到刑事处罚、被开除公职或者开除党籍的；

（三）受到行政处罚或者行业惩戒，情节严重的；

（四）违反《指导意见》第十七条第二款第二项至第四项规定的；

（五）利用第三方机制专业人员身份发表与履职无关的言论或者从事与履职无关

的活动，造成严重不良影响的；

（六）考核评价结果两次确定为不合格的；

（七）实施严重违反社会公德、职业道德或者其他严重有损第三方机制专业人员形象、公信力行为的；

（八）其他不适宜继续履行第三方监督评估职责的情形。

第三方机制管委会发现第三方机制专业人员的行为涉嫌违规的，应当及时向有关主管机关，或其所在单位或者所属有关组织反映情况、提出惩戒或者处理建议；涉嫌违法犯罪的，应当及时向有关机关报案或者举报。

第二十三条　第三方机制管委会应当建立健全第三方机制专业人员名录库禁入名单制度。对于依照本办法第二十二条规定被调整出库的第三方机制专业人员，应当列入名录库禁入名单。

第三方机制管委会对列入名录库禁入名单的人员应当逐级汇总上报，实现信息共享。

第二十四条　第三方机制专业人员因客观原因不能履职、本人不愿继续履职或者发生影响履职重大事项的，应当及时向第三方机制管委会报告并说明情况，主动辞任第三方机制专业人员。第三方机制管委会应当及时进行审查并将其调整出库。

第二十五条　第三方机制管委会应当根据工作需要，结合履职台账、考核情况以及本人意愿、所在单位或者所属有关组织意见等，定期或者不定期对名录库人员进行动态调整。名录库人员名单调整更新后，应当依照本办法第十二条规定，及时向社会公布。

第四章　工作保障

第二十六条　第三方机制管委会各成员单位、第三方机制专业人员所在单位或者所属有关组织以及涉案企业，应当为第三方机制专业人员履行职责提供必要支持和便利条件。

第二十七条　第三方机制专业人员选任管理工作所需业务经费和第三方机制专业人员履职所需费用，试点地方可以结合本地实际，探索多种经费保障模式。

第五章　附　　则

第二十八条　地方各级第三方机制管委会可以结合本地实际，参照本办法制定具体实施细则，并按照试点工作要求报送备案。

有关部门、组织可以结合本行业、本部门实际，制定名录库人员的具体入选标准。

本办法出台前，已组建的各地各级名录库不符合本办法规定的，可以继续试点。

第二十九条　本办法由最高人民检察院、国务院国资委、财政部、全国工商联会同司法部、生态环境部、税务总局、市场监管总局、中国贸促会等部门组建的第三方机制管委会负责解释,自印发之日起施行。

涉案企业合规建设、评估和审查办法(试行)

为深入学习贯彻习近平新时代中国特色社会主义思想,全面贯彻习近平法治思想,完整、准确、全面贯彻新发展理念,认真落实最高人民检察院、司法部、财政部、生态环境部、国务院国资委、税务总局、市场监管总局、全国工商联、中国贸促会《关于建立涉案企业合规第三方监督评估机制的指导意见(试行)》(以下简称《指导意见》)及其实施细则,依法推进企业合规改革试点工作,规范第三方监督评估机制(以下简称第三方机制)相关工作有序开展,结合工作实际,制定本办法。

第一章 总 则

第一条 涉案企业合规建设,是指涉案企业针对与涉嫌犯罪有密切联系的合规风险,制定专项合规整改计划,完善企业治理结构,健全内部规章制度,形成有效合规管理体系的活动。

涉案企业合规评估,是指第三方监督评估组织(以下简称第三方组织)对涉案企业专项合规整改计划和相关合规管理体系有效性进行了解、评价、监督和考察的活动。

涉案企业合规审查,是指负责办理案件的人民检察院对第三方组织的评估过程和结论进行审核。

针对未启动第三方机制的小微企业合规,可以由人民检察院对其提交的合规计划和整改报告进行审查。

第二条 对于涉案企业合规建设经评估符合有效性标准的,人民检察院可以参考评估结论依法作出不批准逮捕、变更强制措施、不起诉的决定,提出从宽处罚的量刑建议,或者向有关主管机关提出从宽处罚、处分的检察意见。

对于涉案企业合规建设经评估未达到有效性标准或者采用弄虚作假手段骗取评估结论的,人民检察院可以依法作出批准逮捕、起诉的决定,提出从严处罚的量刑建议,或者向有关主管机关提出从严处罚、处分的检察意见。

第二章 涉案企业合规建设

第三条 涉案企业应当全面停止涉罪违规违法行为。退缴违规违法所得,补缴税款和滞纳金并缴纳相关罚款,全力配合有关主管机关、公安机关、检察机关及第三方组织的相关工作。

第四条 涉案企业一般应当成立合规建设领导小组,由其实际控制人、主要负责人和直接负责的主管人员等组成,必要时可以聘请外部专业机构或者专业人员参与或者协助。合规建设领导小组应当在全面分析研判企业合规风险的基础上,结合本行业合规建设指引,研究制定专项合规计划和内部规章制度。

第五条 涉案企业制定的专项合规计划,应当能够有效防止再次发生相同或者类似的违法犯罪行为。

第六条 涉案企业实际控制人、主要负责人应当在专项合规计划中作出合规承诺并明确宣示,合规是企业的优先价值,对违规违法行为采取零容忍的态度,确保合规融入企业的发展目标、发展战略和管理体系。

第七条 涉案企业应当设置与企业类型、规模、业务范围、行业特点等相适应的合规管理机构或者管理人员。

合规管理机构或者管理人员可以专设或者兼理,合规管理的职责必须明确、具体、可考核。

第八条 涉案企业应当针对合规风险防控和合规管理机构履职的需要,通过制定合规管理规范、弥补监督管理漏洞等方式,建立健全合规管理的制度机制。

涉案企业的合规管理机构和各层级管理经营组织均应当根据其职能特点设立合规目标,细化合规措施。

合规管理制度机制应当确保合规管理机构或者管理人员独立履行职责,对于涉及重大合规风险的决策具有充分发表意见并参与决策的权利。

第九条 涉案企业应当为合规管理制度机制的有效运行提供必要的人员、培训、宣传、场所、设备和经费等人力物力保障。

第十条 涉案企业应当建立监测、举报、调查、处理机制,保证及时发现和监控合规风险,纠正和处理违规行为。

第十一条 涉案企业应当建立合规绩效评价机制,引入合规指标对企业主要负责人、经营管理人员、关键技术人员等进行考核。

第十二条 涉案企业应当建立持续整改、定期报告等机制,保证合规管理制度机制根据企业经营发展实际不断调整和完善。

第三章 涉案企业合规评估

第十三条 第三方组织可以根据涉案企业情况和工作需要,制定具体细化、可操作的合规评估工作方案。

第十四条 第三方组织对涉案企业专项合规整改计划和相关合规管理体系有效

性的评估,重点包括以下内容:

(一)对涉案合规风险的有效识别、控制;

(二)对违规违法行为的及时处置;

(三)合规管理机构或者管理人员的合理配置;

(四)合规管理制度机制建立以及人力物力的充分保障;

(五)监测、举报、调查、处理机制及合规绩效评价机制的正常运行;

(六)持续整改机制和合规文化已经基本形成。

第十五条 第三方组织应当以涉案合规风险整改防控为重点,结合特定行业合规评估指标,制定符合涉案企业实际的评估指标体系。

评估指标的权重可以根据涉案企业类型、规模、业务范围、行业特点以及涉罪行为等因素设置,并适当提高合规管理的重点领域、薄弱环节和重要岗位等方面指标的权重。

第四章 涉案企业合规审查

第十六条 第三方机制管委会和人民检察院收到第三方组织报送的合规考察书面报告后,应当及时进行审查,重点审查,以下内容:

(一)第三方组织制定和执行的评估方案是否适当;

(二)评估材料是否全面、客观、专业,足以支持考察报告的结论;

(三)第三方组织或其组成人员是否存在可能影响公正履职的不当行为或者涉嫌违法犯罪行为。

经第三方机制管委会和人民检察院审查,认为第三方组织已经完成监督评估工作的,由第三方机制管委会宣告第三方组织解散。对于审查中发现的疑点和重点问题,人民检察院可以要求第三方组织或其组成人员说明情况,也可以直接进行调查核实。

第十七条 人民检察院对小微企业提交合规计划和整改报告的审查,重点包括合规承诺的履行、合规计划的执行、合规整改的实效等内容。

第十八条 第三方机制管委会收到关于第三方组织或其组成人员存在行为不当或者涉嫌违法犯罪的反映、异议,或者人民检察院收到上述内容的申诉控告的,双方应当及时互相通报情况并会商提出处理建议。

第十九条 第三方机制管委会或者人民检察院经审查合规考察书面报告等材料发现,或者经对收到的反映、异议或者申诉、控告调查核实确认,第三方组织或其组成人员存在违反《指导意见》及其实施细则规定的禁止性行为,足以影响评估结论真实性、有效性的,第三方机制管委会应当重新组建第三方组织进行评估。

第五章　附　　则

第二十条　本办法所称涉案企业，是指涉嫌单位犯罪的企业，或者实际控制人、经营管理人员、关键技术人员等涉嫌实施与生产经营活动密切相关犯罪的企业。

对与涉案企业存在关联合规风险或者由类案暴露出合规风险的企业，负责办理案件的人民检察院可以对其提出合规整改的检察建议。

第二十一条　涉案企业应当以全面合规为目标、专项合规为重点，并根据规模、业务范围、行业特点等因素变化，逐步增设必要的专项合规计划，推动实现全面合规。

第二十二条　大中小微企业的划分，根据国家相关标准执行。

第二十三条　本办法由国家层面第三方机制管委会负责解释。自印发之日起施行。